Verhandlungen

des

Vierzehnten deutschen Juristentages.

Herausgegeben

von

dem Schriftführer-Amt der ständigen Deputation.

Zweiter Band.

Berlin 1879.

Commissions-Verlag von J. Guttentag.

(D. Collin.)

Inhaltsverzeichniß.

Stenographische Berichte.

I.

Verzeichniß der Mitglieder

der

ständigen Deputation.

1878/79.

Nr.	Name.	Stand.	Wohnort.
1	Dr. Albrecht	Präses des Handelsgerichts	Hamburg.
2	Becker	Obergerichtspräsident	Oldenburg.
3	Dr. Borchardt	Geheimer Justizrath, Minister-Resident	Berlin. (**Schatzmeister.**)
4	Dr. Brunner	Professor	Berlin.
5	Dr. Drechsler	Reichsoberhandelsgerichts-Präsident	Leipzig.
6	Dr. Hauser	Appellationsgerichtsrath	München.
7	Dr. Jaques	Hof- und Gerichtsadvocat	Wien.
8	Dr. v. Keller	Hofrath u. Gerichtspräsident	Wien.
9	v. Köstlin	Vice-Direktor	Stuttgart.
10	Dr. Kühne	Appellationsgerichtspräsident	Greifswald.
11	Makower	Justizrath	Berlin.
12	Dr. Geo. Meyer	Professor	Jena.
13	Petersen	Kammerpräsident	Straßburg i. E.
14	Dr. v. Schwarze	Generalstaatsanwalt	Dresden.
15	Stenglein	Advocat	München.
16	v. Stößer	Kreis- und Hofgerichtsdirector	Mannheim.
17	Dr. Thomsen	Obergerichtsrath	Hannover.
18	Dr. v. Wächter	Wirkl. Geh. Rath u. Professor	Leipzig.
19	v. Wilmowski	Justizrath	Berlin. (**Schriftführer.**)

Dr. Gneist, Professor und Oberverwaltungsgerichtsrath, Berlin, **Präsident.**

II.

Statut

des

deutschen Juristentages.

§. 1.

Der Zweck des deutschen Juristentages ist: eine Vereinigung für den lebendigen Meinungsaustausch und den persönlichen Verkehr unter den deutschen Juristen zu bilden; auf den Gebieten des Privatrechts, des Prozesses und des Strafrechts den Forderungen nach einheitlicher Entwickelung immer größere Anerkennung zu verschaffen, die Hindernisse, welche dieser Entwickelung entgegenstehen, zu bezeichnen und sich über Vorschläge zu verständigen, welche geeignet sind, die Rechtseinheit zu fördern.

§. 2.

Der deutsche Juristentag tritt in der Regel alljährlich zusammen; doch ist die ständige Deputation ermächtigt, aus Gründen der Zweckmäßigkeit ausnahmsweise die Wiedereinberufung des Juristentages erst in dem auf dessen letzten Zusammentritt folgenden zweiten Kalenderjahre vorzunehmen.

§. 3.

Zur Mitgliedschaft berechtigt sind die deutschen Richter, Staatsanwälte, Advocaten und Notare, die Aspiranten des Richteramtes, der Anwaltschaft und des Notariats, sowie Jeder, der nach seinen Landesgesetzen zum Richteramte, zur Anwaltschaft oder zur Ausübung des Notariats für befähigt erkannt ist, ferner die Lehrer an den deutschen Hochschulen, die Mitglieder der gelehrten Akademieen, die Doctoren der Rechte und die rechtsgelehrten Mitglieder der Verwaltungsbehörden.

§. 4.

Die Mitgliedschaft beginnt mit dem Empfange der Mitgliedskarte. Sie berechtigt zur Theilnahme an den Verhandlungen und an der Abstimmung.

§. 5.

Der Beitrag der Gesellschaftsmitglieder beträgt Sechs Mark jährlich und ist innerhalb vier Wochen nach Beginn des neuen Jahres zu entrichten, widrigenfalls derselbe durch Postvorschuß eingezogen wird. Nimmt ein Mitglied den mit Postvorschuß beschwerten Brief nicht an, so wird dies einer ausdrücklichen Austrittserklärung gleich erachtet. — Für die am Orte des Juristentages selbst zu lösende Anmeldungskarte ist Drei Mark zu entrichten.

§. 6.

Den Plenarverhandlungen des deutschen Juristentages gehen der Regel nach Abtheilungsberathungen voraus. Zu diesem Zwecke werden durch freiwillige Einzeichnungen der Mitglieder folgende vier Abtheilungen gebildet:

1) Abtheilung für Privatrecht, insbesondere Obligationen- und Pfandrecht, juristisches Studium und praktische Ausbildung.
2) Abtheilung für Handels-, Wechsel-, See- und internationales Recht.
3) Abtheilung für Strafrecht, Strafprozeß und Gefängnißwesen.
4) Abtheilung für Gerichtsverfassung und Civilprozeß.

Die Abtheilungen wählen ihre Vorsitzenden, Schriftführer, Berichterstatter und benachrichtigen den Vorsitzenden der Plenarversammlung (§. 7), sobald ihre Berathungen über einzelne Gegenstände geschlossen sind; ihre Anträge sind schriftlich zu fassen. In jeder Abtheilung stimmen nur Diejenigen mit, welche sich in die betreffende Abtheilung bereits eingezeichnet haben.

Sämmtliche Beschlüsse der Abtheilungen werden in der Plenarversammlung mitgetheilt. Es findet jedoch eine Erörterung und Entscheidung im Plenum nur dann statt, wenn dieselbe von der betreffenden Abtheilung vorgeschlagen, oder wenn sie von mindestens zehn Mitgliedern beantragt und von der Plenarversammlung beschlossen wird. Ueber die Vorfrage, ob dem von mindestens zehn Mitgliedern gestellten Antrage auf Plenarentscheidung stattzugeben, wird nur einem der Antragsteller und dem Berichterstatter das Wort ertheilt.

§. 7.

Die Verhandlungen der Plenarversammlung leitet ein Vorsitzender, welcher für die Dauer eines jeden Juristentages in der ersten Plenarversammlung durch Stimmzettel oder Acclamation gewählt wird. Derselbe benennt zwei bis vier Stellvertreter und vier Schriftführer. Er bestimmt die Tagesordnung und kann einzelne Gegenstände, ohne Vorberathung in den Abtheilungen (§. 6), unmittelbar zur Plenarberathung stellen. Auch ist er befugt, Nichtmitglieder als Zuhörer zuzulassen.

§. 8.

Bei allen Beschlüssen der Plenarversammlung und der Abtheilungen entscheidet einfache Majorität der anwesenden Mitglieder, bei allen Wahlen relative Majorität und im Falle der Stimmengleichheit das Loos.

§. 9.

Wird Schluß der Debatte beantragt, so wird über diesen Antrag sofort abgestimmt. In der Plenarversammlung sind alle Anträge mit Ausnahme des Antrages auf Schluß der Debatte schriftlich zu stellen.

§. 10.

Vor dem Schlusse eines jeden Juristentages wird von der Plenarversammlung durch Acclamation oder in einem einzigen Scrutinium durch Stimmzettel eine aus neunzehn Mitgliedern und dem Präsidenten des letzten Juristentages als Ehrenpräsidenten bestehende ständige Deputation gewählt. Von jenen neunzehn Mitgliedern müssen mindestens drei am Orte des letzten Juristentages und jedenfalls zwölf auswärts wohnen. Die Liste der zur Acclamation vorzuschlagenden Personen wird durch den Präsidenten der Plenarversammlung, seine Stellvertreter und je zehn von jede Abtheilung gewählte Vertrauensmänner gemeinschaftlich festgestellt.

Die ständige Deputation hat folgende Befugnisse und Obliegenheiten:

1) sie sorgt für die Ausführung der von dem Juristentage gefaßten Beschlüsse, veranlaßt nach eignem Ermessen den Druck der Protokolle und Vorlagen, bewirkt die Vertheilung der Drucksachen an die Mitglieder und verwahrt alle Akten und Schriftstücke des Juristentages;
2) sie bestimmt Zeit und Ort des nächsten Juristentages, trifft die für denselben nöthigen Vorbereitungen, erläßt die Einladungen, stellt die vorläufige Tagesordnung auf, wobei sie in der Regel nur die bis zum 31. Mai des laufenden Jahres eingegangenen Vorlagen zu berücksichtigen hat, und bereitet Abänderungsvorschläge in Betreff der Geschäftsordnung für die Plenarversammlung vor;
3) sie nimmt die Beitrittserklärungen neuer Mitglieder entgegen, fertigt die Mitgliedskarten aus, empfängt die Beiträge, bestreitet die Ausgaben und legt der folgenden Deputation Rechnung;
4) sie ergänzt sich selbst, falls eins oder mehrere Mitglieder während des Geschäftsjahres ausscheiden.

Die Deputation wählt aus ihrer Mitte einen Vorsitzenden, einen Schriftführer, welcher ein von der Deputation festzusetzendes Pauschquantum für baare Auslagen erhält, und einen Kassirer. Der letztere ist verpflichtet, der ständigen Deputation bei ihrem jedesmaligen Zusammentritt einen Kassenabschluß vorzulegen. Die Deputation läßt durch eines oder mehrere ihrer Mitglieder die Rechnung prüfen und die Kasse revidiren.

Die Deputation bestimmt Ort und Zeit ihrer Zusammenkunft. Zur Giltigkeit ihrer Beschlüsse ist die Einladung sämmtlicher Mitglieder, sowie die Mitwirkung von wenigstens fünf Mitgliedern erforderlich.

§. 11.

Abänderungen dieses Statuts können zwar von der Plenarversammlung durch einfache Stimmenmehrheit, jedoch nur auf schriftlichen Antrag, der vier Wochen vor dem Zusammentritt des Juristentages der ständigen Deputation (§. 10) überreicht worden, beschlossen werden.

III.

Alphabetisches Verzeichniß

derjenigen

Mitglieder des deutschen Juristentages

welche

dem Verein im Jahre 1879 angehören.

Name.	Stand.	Wohnort.
Abel	Obergerichtsanwalt	Hannover.
Abesser	Landrichter	Camberg (Reg.-Bez. Wiesbaden).
Ackermann	Hofrath u. Rechtsanwalt	Dresden.
Ackermann	Rechtsanwalt	Berlin.
Adams	Advokatanwalt	Coblenz.
Adickes	Referendar	Hannover.
Adler	Rechtsanwalt	Stuttgart.
Dr. Aegidi	Prof., Geh. Legationsrath	Berlin.
Agricola	Geh. Justizrath und Ober-Appellationsgerichtsrath	Jena.
v. Aehrenfeld	Advokat	Löbau (Sachsen).
Dr. Ahlers	Landsyndikus, Advokat	Neubrandenburg.
Dr. Albrecht	Präses des Handelsgerichts	Hamburg.
Albrecht	Appellationsgerichtspräsident	Wiesbaden.
Albinger	Rechtsanwalt	Fürth (Bayern).
Alexander	Aktuar	Frankfurt a. M.
Alexander, Hermann	Rechtsconcipient	Nürnberg.
Alfken	Obergerichtsrath	Oldenburg i. Großherzogthum.
Amann	Kreis- u. Hofgerichtsdirector	Constanz.
Dr. André	Oberbürgermeister	Chemnitz (Sachsen).
Angelbeck	Obergerichtsanwalt	Lüneburg.
v. Anns	Landgerichtsassessor	Lauf (Bayern).
Anschütz	Advokat	Leipzig.
Anton	Geh. Justizrath	Dresden.
Anton	Appellationsgerichtspräsident	Ratibor.
Anz	Justizrath	Essen a. Ruhr (Rheinprovinz).

Name.	Stand.	Wohnort.
Dr. Apelt	Bezirksassessor	Löbau (Sachsen).
Appelius	Stadtrichter	Berlin.
Dr. Arndt, C.	Advokat	Hamburg.
Arndts	Justizrath	Wesel.
Dr. Aronheim	Advokat-Anwalt	Braunschweig
Aschenborn	Rechtsanwalt	Hirschberg (Schlesien).
v. Auer	Advokat	München.
v. Aweyde	Regierungsrath	Hannover.
Bach	Obergerichtsadvokat	Holzminden.
Bachelin	Kreis- u. Hofgerichtspräsident	Offenburg (Baden).
Bacher	Rechtsanwalt	Stuttgart.
Bachmann	Kreisrichter	Lübbecke.
Back	Bürgermeister und Advokat	Roda (Sachsen-Altenburg).
Bader	Kreisgerichtsrath	Heiligenstadt (Rgbz. Erfurt).
Dr. Baer, M.	Advokat	Frankfurt a. M.
Dr. Bähr	Obertribunalsrath	Berlin.
Bähr	Kreisgerichtsrath	Mannheim.
Baist	Oberamtsrichter	Rinteln.
Balz	Advokat-Anwalt	Alzey.
v. Bamberg	Kreisrichter	Düben.
Dr. Bandmann	Advokat	Hamburg.
Dr. Banks	Advokat	Hamburg.
Dr. v. Bar	Professor u. Geh. Justizrath	Breslau.
Bardeleben.	Kreisgerichtsdirektor	Dortmund.
Dr. Barkhausen	Obergerichtsanwalt	Bremen.
Barlet	Rechtsanwalt	Cronach (Bayern).
Dr. Bartels	Notar	Hamburg.
Barth, Friedr.	Hofgerichtsadvokat	Gießen.
Bartolomäus	Kreisgerichtsdirektor	Schrimm (Posen).
Dr. de Bary, E.	Advokat	Frankfurt a. M.
v. Basedow	Rechtsanwalt	Dessau.
v. Basse	Justizrath	Dortmund.
Bauch	Referendar	Greiz.
Bauer	Stadtgerichtsrath	Berlin.
Bauer	Kreisgerichtsrath	Constanz.
Bauer	Rechtsanwalt	Hoechst a. M.
Baur	Landgerichtsassessor	Offenbach a. M.
v. Beaulieu-Marconnay	Amtsrichter	Norden.
Baron v. Beaulieu-Marconnay	Oberappellationspräsident	Oldenburg i. Großherzogthum.

Name.	Stand.	Wohnort.
Bechthold	Notar	Alzey.
Beck	Rechtsanwalt	Baden-Baden.
Beck	Kreisgerichtsrath	Eßlingen (Württemberg).
Beck	Amtsrichter	Heidelberg.
Beck	Advokat	Leipzig.
Beck	Gerichtsassessor	Leipzig.
Becker	Obergerichtspräsident	Oldenburg i. Großherzogthum.
Beckh	Advokat	Nürnberg.
Dr. Behaghel	Professor	Freiburg (Baden).
Dr. Behr	Rechtsanwalt	Cöthen.
Behringer	Oberappellationsgerichtsrath	München.
Beiersdorf	Rechtsanwalt	Sprottau.
Beisert	Kreisgerichtsdirektor a. D.	Berlin.
Dr. Belmonte	Advokat	Hamburg.
Belser	Oberamtsrichter	Leonberg (Württemberg).
Dr. Benedix	Gerichtsassessor, committirt zur königl. Staatsanwaltschaft	Pleß (Oberschlesien).
Benfey	Obergerichtsanwalt	Hannover.
Berckenkamp	Kreisrichter	Bochum.
Berckenkamp	Justizrath	Mülheim a. Ruhr.
Dr. Berend	Advokat	Hannover.
Berentzen	Obergerichtsanwalt	Meppen.
Berghofer	Advokat	München.
Berlein	Rechtsanwalt und Notar	Rotenburg (Prov. Hessen).
Berlin	Stadtgerichtsassessor	Nürnberg.
Berlin	Rechtsconcipient	Nürnberg.
Berndt	Justizrath	Nordhausen.
Berninger	Oberstaatsanwalt	Eisenach.
C. Bernstein	Dr. jur.	Berlin.
v. Bernuth	Staatsminister a. D.	Berlin.
Berolzheimer	Advokat	Fürth (Bayern).
Dr. Berolzheimer	Advokat	Nürnberg.
Bertram	Staatsanwalt	Berlin.
Beschorner	Finanzprokurator und Hofrath	Dresden.
Dr. Beschütz	Advokat	Hamburg.
Dr. Beseler	Stadtgerichtsrath	Berlin.
Beseler	Rechtsanwalt	Wandsbeck bei Hamburg.
Beyermann	Referendar	Nordhausen.
Biebrach	Advokat	Kamenz (Sachsen).
Dr. Bielenberg	Advokat	Hamburg.
Bierwirth	Obergerichtsrath	Celle.

Name.	Stand.	Wohnort.
Billerbeck	Justizrath	Anklam.
v. Binder	Vice-Director	Stuttgart.
Dr. Bingnar	Justizministerialrath	Carlsruhe (Baden).
Dr. Birkmeyer	Professor	Rostock (Mecklenburg-Schwerin).
v. Blittersdorf	Kreisgerichtsrath	Carlsruhe (Baden).
Blochmann	Oberbürgermeister	Jena.
Block	Justizrath	Magdeburg.
Blüher	Advokat	Dresden.
Blumenbach	Obergerichtsrath	Osnabrück.
Dr. Bluntschli	Geh. Rath u. Professor	Heidelberg.
v. Bock	Oberappellationsrath	Celle.
Bockenheimer	Bezirksgerichtsrath	Mainz.
Bockshammer	Regierungsrath	Stuttgart.
Bödcher	Bürgermeister und Gerichtsassessor a. D.	Königshütte (Schlesien).
Bode	Handelsgerichtsdirektor	Braunschweig.
Bodecker	Obergerichtsrath	Varel.
Dr. Bohlmann	Justizrath	Berlin.
Böhmer	Obergerichtsanwalt	Verden (Hannover).
Bojunga	Obergerichtsanwalt	Hannover.
Bölte	Advokat	Grevesmühlen (Mecklenburg-Schwerin).
Bolza	Notar	Landau (Pfalz).
Bong-Schmidt	Kreisgerichtsdirektor	Flensburg.
Bonhard	Hofgerichts-Rath	Darmstadt.
Bönner	Rechtsanwalt	Attendorn.
Dr. v. Bönninghausen	Advokat	Hamburg.
Dr. Borchardt	Geh. Justizr., Minist.-Resid.	Berlin.
Borchers	Oberappellationsgerichtsanw.	Celle.
Dr. Bornemann	Kammergerichtsrath	Berlin.
Bornemann	Advokat	Schneeberg.
Dr. Boerner	Justizrath	Jena.
Bösche	Advokat	Leer (Hannover).
Dr. de Boselli	Landjustizamtmann	Frankfurt a. M.
Bossert	Bezirksgerichtsrath	Frankenthal (bair.-Pfalz).
Bossert, Friedr.	Justizreferendar	Stuttgart.
Bossert	Kreisgerichtsrath	Tübingen.
Dr. Böttger	Rechtsanwalt	Weimar.
Bouneß	Justizrath	Berlin.
Boyens	Rechtsanwalt und Notar	Cammin (Pommern).

Name.	Stand.	Wohnort.
Boysen	Kreisgerichtsrath	Bergen auf Rügen.
Dr. Brackenhoeft, Ed.	Rechtsanwalt	Hamburg.
Braikmann	Obergerichtsanwalt, Syndikus	Stade.
Bramigk II.	Rechtsanwalt	Cöthen.
Bramm	Bürgermeister	Gießen.
Dr. Bran	Universitätssekretär	Jena.
Brand	Direktor	Mainz.
Dr. Brandt	Advokat	Leipzig.
Brauer	Rechtsanwalt	Charlottenburg.
Braun	Advokat	Augsburg.
Braun	Obergerichtsrath	Berlin.
v. Braun	Bezirksgerichtsrath	Bayreuth.
v. Braun	Oberamtsrichter	Carlsruhe (Baden).
Braunbehrens	Obergerichtsassessor	Celle.
Breede	Rechtsanwalt	Trittau (Holstein).
Bregenzer	Justizassessor	Ulm.
Breithaupt	Obergerichtsanwalt	Göttingen.
Dr. jur. Breithaupt	Assessor	Wolfenbüttel.
Breitling	Kreisgerichtsrath	Stuttgart.
Bremig	Advokatanwalt	Coblenz.
Dr. Brie	Professor	Breslau.
Briesemann	Advokat	Wismar.
Brown	Kreisgerichtsrath	Posen.
Dr. Bruch	Advokatanwalt	Mainz.
Brügel	Bezirksgerichtsassessor	Nürnberg.
Dr. Brüger	Staatsrath	Weimar.
Brüggemann	Justizrath	Hannover.
Brümmer	Senator	Rostock (Mecklenburg-Schwerin).
Dr. Brunner, H.	Professor	Berlin.
Brunner	Advokat	Leipzig.
Dr. Brück	Obergerichtsanwalt	Wiesbaden.
Brüstle	Rechtsanwalt	Ludwigsburg.
Brütt	Senator	Altona bei Hamburg.
Dr. Buchheister	Richter	Hamburg.
Buchholtz	Appellationsgerichtsrath	Hamm (Westfalen).
Buff	Oberhandelsgerichtsrath	Leipzig.
Bulich	Advokat	Cöln.
Bumiller	Anwalt	Offenburg (Baden).
Burchard, Hans	Advokat	Rostock (Mecklenburg-Schwerin).

Name.	Stand.	Wohnort.
v. Bürger	Obertribunalsrath a. D.	Tübingen.
Burger	Advokat	Roda (Sachsen-Altenburg).
Dr. Bürklin, Albert	Oberschulrath	Carlsruhe (Baden).
Dr. Burmeister	Advokat	Ahrensböck (Holstein).
Busch	Bürgermeister	Kröplin (Mecklenburg-Schwerin).
Busch, Ed.	Advokat	M. Gladbach.
Büsch	Advokat	Hannover.
Buttel	Advokat	Neustrelitz.
Buttmann	Kreisrichter	Genthin.
Büttner	Stadtgerichtsassessor	Bamberg.
Dr. Cadenbach	Staatsanwalt	Mannheim.
Canzler	Advokat	Dippoldiswalde (Sachsen).
Cappell	Kreisrichter	Essen a. Ruhr (Rheinprovinz).
Cäsar	Rechtsanwalt	Homburg v. d. Höhe.
Cäsar	Obergerichtsanwalt	Varel.
Caspari	Rechtsanwalt	Detmold.
Dr. jur. Caspari, F.	Advokat	Frankfurt a. M.
Castagne, W.	Rechtsanwalt, Justizrath	Kiel.
Dr. v. Chelius	Obergerichtsrath	Mannheim.
Christensen	Amtsrichter	Hohenwestedt bei Itzehoe
v. Clausewitz	Amtsrichter	Tondern.
Clauß	Advokat	Glauchau.
Clausz	Advokat	Straßburg (Elsaß).
Cleeves	Obergerichtsanwalt	Hannover.
Dr. Cnyrim	Advokat	Frankfurt a. M.
Dr. Cohen, J.	Advokat	Hamburg.
Dr. Cohen, M.	Advokat	Hamburg.
Dr. Cohn, G.	Docent der Rechte	Heidelberg
Cohn	Advokat	Neustrelitz
v. Cöllen	Advokat	Cöln.
v. Cölln	Amtsrichter	Suhlingen.
Consbruch	Kronoberanwalt	Celle.
Cöster	Obergerichtsanwalt	Hanau.
Courtin, O.	Kreisgerichtsrath	Freiburg (Baden).
Dr. Crome	Rechtsanwalt	Lübeck.
v. Cronmüller	Obertribunalspräsident	Stuttgart.
Dr. Cropp	Senator	Hamburg.
Crüll	Advokat	Schwerin (Mecklenburg).
Crusen	Oberamtsrichter	Hannover.
Cucumus, Frz.	Staatsanwalt am obersten Gerichtshofe	München.

Name.	Stand.	Wohnort.
Culemann	Oberamtsrichter	Burgdorf b. Celle.
Cuny	Kaiserl. Regierungsrath	Straßburg (Elsaß).
Curtmann	Hofgerichtsadvokat	Friedberg i. d. Wetterau.
Daeumling	Kreisrichter	Brakel (Kreis Hörter).
Dalcke	Oberstaatsanwalt	Marienwerder.
Damke	Justizrath	Filehne.
Dammer	Bezirksgerichtsrath	Nürnberg.
Dann, Rud.	Notar	Stuttgart.
Darmstädter	Gerichtsaccessist	Mannheim.
Daudistel	Advokatanwalt	Alzey.
Dauenhauer	Landrichter	Pirmasens (Pfalz).
Daumer	Justizassessor	Ellwangen.
David	Advokatanwalt	Frankenthal (Bayern).
Davidsohn, C.	Hofgerichtsadvokat	Offenbach a. Main.
Decrignis	Oberappellationsgerichtsrath	München.
Deegen	Kammergerichtsrath	Berlin.
Dr. Degenkolb	Professor	Tübingen
Dernburg	Chefredacteur d. Nat.-Ztg.	Berlin.
Dr. Dernburg	Professor u. Geh. Justizrath	Berlin.
Detmold	Referendar	Hannover.
Dettmar	Obergerichtsanwalt	Hildesheim.
Dr. Diehl, Th.	Advokat u. Consistorialrath	Frankfurt a. M.
Diery	Hofgerichtsadvokat	Gießen.
Dieterich	Rechtsanwalt	Demmin.
Disse	Rechtsanwalt	Brakel (Kreis Hörter).
Distel, Fr.	Notar	Stuttgart.
Ditterich	Rechtsconcipient	München.
Dr. Dittmar	Hofgerichtsadvokat	Gießen.
Dr. Dittmar	Rechtsanwalt	Sonneberg (S.-Meining.).
Dr. Dochow	Professor	Halle a. Saale.
Döffinger	Staatsanwalt	Roda (Sachsen-Altenburg).
Dohrn	Bürgermeister	Itzehoe.
Dölitzsch	Advokat	Altenburg (Sachsen-Altenb.).
Donle	Bezirksgerichtsdirektor	Fürth (Bayern).
Dr. Donnenberg	Advokat	Hamburg.
Dorn	Geh. Justizrath	Berlin.
Dornseiff	Hofgerichtsadvokat	Gießen.
Dose	Rechtsanwalt	Neustadt (Holstein).
Dr. Drechsler	Oberhandelsgerichtspräsident	Leipzig.
Drewcke	Advokatanwalt	Cöln.
Dürr	Advokat	München.
Dürre	Justizrath	Magdeburg.

Name.	Stand.	Wohnort.
Dursy	Kais. Regierungsrath	Straßburg (Elsaß).
Düsberg, Otto	Justizrath	Bochum.
Ebel, Ludw.	Landgerichtsassessor	Grünberg (Großherzogthum Hessen).
Eberhard	Justizrath	Hanau.
Eberlein	Landgerichtsassessor	Berneck (Bayern).
Dr. Eberstein	Sekretär des Bürger-Ausschusses	Hamburg.
Dr. Eberty	Stadtgerichtsrath	Berlin.
Dr. Ebhardt	Obergerichtsanwalt	Hannover.
Dr. Ebner	Advokat	Frankfurt a. M.
Ebner	Rechtsanwalt	Ulm.
Echels	Stadtsyndicus	Einbeck.
v. Eck	Justizrath	Wiesbaden.
v. Eckenbrecher	Kreisgerichtsdirektor	Stralsund.
Dr. Eckhard	Appellationsgerichtsrath	Frankfurt a. M.
Eckhard	Anwalt	Mannheim.
Eckstein	Advokat	Leipzig.
Eding	Obertribunalsrath	Berlin.
Ehlers	Advokat	Rostock (Mecklenburg-Schwerin).
Ehnick	Bezirksgerichtsrath	Dresden.
Ehrlenspiel	Obertribunalsrath	Stuttgart.
v. Ehrne	Stadtgerichtsassessor	München.
Eigenbrot	Landgerichtsassessor	Grünberg (Großherzogthum Hessen).
Einert	Gerichtsrath	Strehlen bei Dresden.
Eisemann, Nicol.	Notar	Wörrstadt.
Eisenberger	Notar	Tölz (Bayern).
Eisinger	Notar a. D.	Baden-Baden.
Eißner	Advokat	Pulsnitz (Sachsen).
Ekert	Direktor	Bruchsal (Baden).
Dr. Elder	Richter	Lübeck.
Elenz	Landgerichtsassessor	Simmern (R.-B. Coblenz).
Eller	Referendar	Mühlhausen (Thüringen).
Dr. Ellissen	Justizrath	Frankfurt a. M.
Frh. v. Elmendorff	Appellationsgerichtsrath	Magdeburg.
Elven	Advokatanwalt	Cöln.
Dr. Emden, Ed.	Advokat	Frankfurt a. M.
Enderlein	I. Staatsanwalt	Fürth (Bayern).
Enderlein	Advokat	Windsheim (Bayern).
Engel, J.	Rechtsanwalt	Neumünster (Holstein).

Name.	Stand.	Wohnort.
Dr. Engel, E. A.	Assessor	Leipzig.
Engel	Amtsverwalter	Warin (Mecklenburg-Schwerin).
Engels	Rechtsanwalt	Potsdam.
Dr. Enneccerus	Professor	Marburg (Hessen).
Enzmann	Dr. jur., Advokat	Chemnitz (Sachsen).
Erler	Rechtsanwalt	Leipzig.
Erythropel	Obergerichtsanwalt	Celle.
v. Eschstruth	Kreisrichter	Kammin (Pommern).
v. Eschwege	Kreisrichter	Braunschweig.
Esselen	Rechtsanwalt	Dortmund.
Eßl	K. Obersthofmarschallstabs-Sekretär	München.
Euler	Notar	Düsseldorf.
Dr. Euler	Justizrath	Frankfurt a. M.
Euler, Eduard	Notar	St. Goar.
Evers	Oberappellationsgerichts-anwalt	Celle.
Dr. Eysoldt	Rechtsanwalt	Pirna.
Faas	Anwalt	Mannheim.
v. Faber	Staatsminister	Stuttgart.
Dr. Fabricius	Stadtgerichtsrath	Frankfurt a. M.
Dr. Falker	Advokatanwalt	Mainz.
Faller	Notar	Klingenberg (Bayern).
Fasoldt	Advokat	Dresden.
Fatken	Rechtsanwalt	Beuthen (Ob.-Schl.).
Faul	Rechtsanwalt	Aalen (Württemberg).
Dr. v. Fäustle	Staatsminister der Justiz	München.
Fechner	Rechtsanwalt	Hamm (Westfalen).
Fechner	Kreisgerichtsrath	Mülheim a. Ruhr.
Fecht	Oberjustizrath	Schwäbisch-Hall.
v. Feder	Anwalt	Mannheim.
Dr. Feill	Advokat	Hamburg.
Feldmann	Oberamtsrichter	Itzehoe.
Fendler	Rechtsanwalt	Myslowitz.
Fenner	Rechtsanwalt	Berlin.
Dr. Fenz	Advokat	Hamburg.
Dr. Fester	Justizrath	Frankfurt a. M.
Dr. Fester	Assessor	Cassel.
Fetzer	Justizassessor	Stuttgart.
Feuerbach	Oberjustizrath a. D.	Stuttgart.
Ficker	Advokat	Leisnig (Sachsen).

Name.	Stand.	Wohnort.
Fiebiger	Justizrath	Halle a. S.
Dr. Fiebiger	Rechtsanwalt	Leipzig.
Dr. Finger	Ministerialrath	Darmstadt.
Fischer	Bürgermeister	Augsburg.
Dr. Fischer	Geh. Oberpostrath	Berlin.
Fischer	Justizrath	Breslau.
Fischer II.	Advokat	Hannover.
Fischer	Advokatanwalt	Cöln.
Fischer, Ed.	Advokat	Leipzig.
Flach	Oberauditeur, Geh. Justizr.	Hannover.
Flechsig	Advokat	Zwickau.
Fleck	Stadtamtmann	Frankfurt a. M.
Dr. Fleischauer	Reichsoberhandelsgerichtsrath	Leipzig.
v. Flembach	Oberappellationsgerichtsrath	München.
Flierdl	Appellationsgerichtsrath	Cöln.
Forkel	Justizrath	Coburg.
Förster	Kreisrichter	Johannisburg (Ostpreußen).
Dr. Förtsch	Kammerpräsident	Metz.
Dr. jur. Fösser	Advokat	Frankfurt a. M.
Francke	Appellgerichtspräsident	Celle.
Francke	Advokat	Meißen.
Francke	Amtsrichter	Neustadt a. Rübenberge.
Frank	Kreisgerichtsrath	Crossen a. O.
Frank	Stadt- und Kreisrichter	Danzig.
Franken	Advokatanwalt	Cöln.
Frauenholz	Notar	Rothenburg a. d. Tauber.
Frauenknecht	Advokat	Fürth (Bayern).
Frege	Staatsanwaltsgehilfe	Perleberg.
Freisleben	Rechtskonsulent	Heidenheim (Württemberg).
Frenckel	Advokatanwalt	Kaiserslautern (Bayerische Pfalz).
Frenkel	Advokat	Leipzig.
Fresenius	Landrichter-Vicar	Büdingen.
Dr. Fretter	Anwalt	Heidelberg.
Fretzdorff	Justizrath	Berlin.
Freudenthal	Rechtsconcipient	Augsburg.
Freund	Rechtsanwalt	Breslau.
Frey	Gerichtsamtmann	Meerane.
Dr. v. Freydorf	Wirkl. Geheimrath	Carlsruhe (Baden).
Freytag, Bernh.	Advokat	Leipzig.
Freytag, Otto, Emil	Advokat	Leipzig.

Name.	Stand.	Wohnort.
Dr. Friedberg	Staatssekretär	Berlin.
Dr. Friedberg	Professor	Leipzig.
Dr. Friedenthal	Staatsminister	Berlin.
Friederichs	Amtshauptmann	Ribnitz (Mecklenburg).
Friedländer	Referendar	Berlin.
Friedländer, Emil	Rechtsanwalt	Bielefeld.
Dr. Friedleben	Advokat	Frankfurt a. M.
Friedrich, L.	Advokat u. Notar	Roda (Sachsen-Altenburg).
Friedrichs	Oberamtsrichter	Rotenburg b. Verden.
Fritsch	Kreisgerichtsrath	Görlitz.
Fritz	Großherz. Notar	Baden-Baden.
Fromherz	Anwalt	Freiburg (Baden).
Dr. Fuld, L.	Advokat	Frankfurt a. M.
Funke	Amtsassessor	Bremerhafen.
Fürst	Anwalt	Heidelberg.
Dr. Fürst	Anwalt	Mannheim.
Dr. Fürst	Notar	Peine (Hannover).
v. Furtenbach	II. Stadtrichter	Nürnberg.
Fux	Landgerichtsassessor	Schweinfurt.
Gabler	Justizrath	Altenburg (Sachsen-Altenb.).
Dr. Gaedertz	Erster Beamter des Stadt- und Landamts	Lübeck
Gallus	Hofgerichtsadvokat	Darmstadt.
Ganzhorn	Oberamtsrichter	Neckarsulm (Württemberg).
v. Gärttner	Staatsrath	Stuttgart.
Gaßner	Advokat	Amberg.
Gaettens	Advokat	Ribnitz (Mecklenburg).
Gaupp	Kreisgerichtsrath	Ellwangen.
Dr. Gebhard	Ministerialrath	Berlin.
Gebhard	Staatsanwalt	Eichstädt (Bayern).
Gebhard	I. Staatsanwalt	Straubing.
Gebhardt	Stadtgerichtsassessor	Gießen.
Geck	Rechtsanwalt	Hagen (Westfalen).
Geiger, B.	Dr. jur.	Frankfurt a. M.
Geißmar	Anwalt	Mannheim.
v. Gemmingen	Kreisgerichtsrath	Stuttgart.
Dr. Gensel	Sekretär der Handelskammer	Leipzig.
Dr. Georgi	Advokat	Leipzig.
Dr. Georgii	Oberamtsrichter	Rottweil.
v. Gerhard	Syndikus	Königsberg (Preußen).
Dr. Gerhard	Advokat	Leipzig.

Name.	Stand.	Wohnort.
Gerhardt	Regierungsrath	Carlsruhe.
Gerhardt	Obergerichts-Advokat	Helmstedt.
Gerlach	Advokat	Dresden.
Gerth-Noritzsch	Anwalt	Pirna.
Gesenius	Stadtrath	Berlin.
Dr. v. Geßler	Kultusminister	Stuttgart.
Geßler	Justizrath	Bromberg.
Dr. Getz	Advokat	Frankfurt a. M.
Dr. Geyer	Professor	München.
Geyler	Gerichtsamtmann	Treuen (Sachsen).
Dr. Gierke	Professor	Breslau.
Gierse	Rechtsanwalt	Münster (Westfalen).
Dr. Gieschen	Advokat	Hamburg.
Dr. Giese	Senator	Rostock (Mecklenburg-Schwerin).
Dr. jur. et phil. Gille	Justizrath	Jena.
Giller	Rechtsanwalt	Nikolai.
Gilmer	Gerichtsassessor	Gießen.
Dr. Gitzler	Professor	Breslau.
Glaser	K. Landrichter	Lauterecken (Pfalz).
Glasewald	Kreisgerichtsrath	Naumburg a. S.
Gleim	Rechtsanwalt	Rotenburg a. F.
Dr. Glöckner jun.	Advokat	Frankfurt a. M.
Glorckner	Gerichtsrath	Blasewitz bei Dresden.
Dr. Gloy	Advokat	Hamburg.
Gmelin	Oberamtsrichter	Wangen (Württemberg).
Gmelin	Oberamtsrichter	Kirchheim unter der Teck.
Dr. Gneist	Professor, Oberv.-Gerichtsr.	Berlin.
Goehde	Regierungsrath	Cassel.
Dr. v. Gohren	Advokat	Schandau.
Goldschmidt	Dr. jur.	Berlin.
Dr. Goldschmidt	Professor, Geh. Justizrath	Berlin.
Gönner	Bezirksamtmann	Neustadt b. Constanz.
Dr. Gordan, F.	Staatsanwalt	Frankfurt a. M.
Goering	Rechtsanwalt	Jena.
Goering	Rechtsanwalt	Schlawe (Pommern).
Görlitz	Obergerichtsanwalt	Birkenfeld (Rhein-Oldenburg).
Görz	Obergerichtsrath	Mainz.
Göschen	Amtsrichter	Dorum (Ostfriesland).
Gotthard	Obergerichtsadvokat	Braunschweig.
Gotthelf	Advokat	München.
Gotther	Dr. jur.	Ravensburg.

Name.	Stand.	Wohnort.
Götting, Karl	Obergerichtsanwalt	Hildesheim (Hannover).
Dr. Götting, L.	Obergerichtsanwalt	Hildesheim (Hannover).
Gottschalck	Advokat	Dresden.
Gottschalk	Appellationsgerichtsrath	Arnsberg.
Dr. Götz, O.	Professor	Leipzig.
Dr. Götze	Advokat	Hamburg.
Grabowski	Stadtrath	Dresden.
Graf	Gerichtsassessor	Sonneberg (Sachsen-Meiningen).
Graf, Ed.	Notar	Fürth (Bayern).
Gräfe	Kammergerichtsrath	Berlin.
Gräff	Advokatanwalt	Coblenz.
Gran	Bürgermeister	Lucka (Sachsen-Altenburg).
Gräper	Obergerichtsrath	Varel.
Graeßner	Rechtsanwalt	Magdeburg.
Gravenhorst	Obergerichtsanwalt	Lüneburg.
Dr. v. Grävenitz	Obertribunalsrath	Berlin.
Greiner	Stadtrichter	Ansbach.
Greiner	Appellationsgerichtsrath	Nürnberg.
Dr. Grimm	Präsident des Ministeriums des großherzoglichen Hauses und der Justiz	Carlsruhe (Baden).
Grimm	Rechtsanwalt	Glauchau.
Dr. Grimm	Obergerichtsanwalt	Marburg (Hessen).
Grimm	Advokat	Reichenbach i. Voigtland.
Grobe	Kreisgerichtsrath	Delitzsch.
v. Grobbeck	Justizrath	Marienwerder.
Gropp	Geheimer Justizrath	Hannover.
Freih. Dr. v. Groß	Geheimer Staatsrath	Weimar.
Große	Advokat	Hohenstein b. Chemnitz (Sachsen).
Dr. Großmann	Rechtsanwalt	Wiesbaden.
Grote	Advokat	Burgdorf (Hannover).
Groth	Advokat	Schwerin (Mecklenburg).
Grotrian	Ministerialrath	Braunschweig.
Dr. Gruner	Justizrath	Weimar.
Grupe	Amtsverwalter	Schwerin (Mecklenburg).
Gubitz	Notar	Berlin.
Dr. Gundermann	Rechtsanwalt	München.
v. Guntermann	Rechtsconcipient	Augsburg.
Güntzer	Advokat	Trier.
Gunzenhäuser	Advokat	Fürth (Bayern).

Name.	Stand.	Wohnort.
Dr. Güterbock	Stadtgerichtsrath u. Professor	Königsberg (Preußen).
Gutfletsch	Dr. jur., Hofger.-Advokat	Gießen.
Guth	Advokat	Hof (Bayern).
Gutsche	Stadt- u. Kreisrichter	Magdeburg.
Gützloe	Justizrath	Essen a. Ruhr (Rheinprovinz).
Dr. Haag	Advokat	Frankfurt a. M.
Haarmann	Oberappell.-Gerichtsanwalt	Celle.
Haarmann	Obergerichtsanwalt	Goslar.
Haas	II. Staatsanwalt	Kaiserslautern.
Haas	Gerichtsassessor	Wiesbaden.
Haaß	Kanzler des Oberhofgerichts	Carlsruhe (Baden).
Haberland	Kreisrichter	Holzminden.
Dr. Haeberlin	Advokat	Frankfurt a. M.
Hackenberg	Justizrath	Düsseldorf.
Häcker	Kreisgerichtsrath	Stuttgart.
Hagemann	Kreisrichter	Arolsen.
Hagen	Advokat	München.
Haehmeister	Advokat	Hannover.
Hahn	Gerichtsamtmann a. D.	Niederlößnitz b. Dresden.
Hahndorff	Appell.-Gerichtsvicepräsident	Bromberg.
Halberstadt	Oberamtsrichter	Bergen i. Hessen-Nassau.
Haldenwang	Oberamtsrichter	Ludwigsburg.
Hall	Appellationsgerichtsrath	Kiel.
v. Hallberger	Obertribunalsrath	Stuttgart.
Hallwachs	Ministerialrath	Darmstadt.
Hambrook, D.	Kais. Staatsanwalt beim Reichsoberhandelsgericht	Leipzig.
Dr. Hamburger	Advokat und Notar	Frankfurt a. M.
Hamburger	Rechtsanwalt	Hanau.
Hammacher	Dr. jur.	Berlin.
Hammer	Advokat	Chemnitz (Sachsen).
Hänel, Arth.	Advokat	Dresden.
Haniel	Landgerichts-Assessor	Coblenz.
Hänle	Advokat	Ansbach.
Hanssen	Regierungsassessor	Mittelwalde (Grafschaft Glatz).
Hantelmann	Justizrath	Bromberg.
Dr. Harden	Kreis- u. Hofgerichtssekretär	Freiburg (Baden).
v. Harlessem	Obergerichtsanwalt	Hannover.
Härlin	Oberamtsrichter	Künzelsau i. Württemberg.
Harmening	Stadtgerichtsaccessist	Eisenach.

Name.	Stand.	Wohnort.
Frh. v. Harsdorf	Bezirksgerichtsdirector	München.
Harseim	Gouvernementsauditeur u. Justizrath	Straßburg (Elsaß).
Hartmann	Advokat	Nürnberg.
Hartung	Senator	Waren (Mecklenburg).
Hase, Otto	Advokat	Altenburg (Sachsen-Altenb.).
Dr. Hase	Geh. Justizrath	Jena.
Hase	Justizrath	Schmölln.
Dr. Hase	Geh. Justizrath	Weimar.
Hattenbach	Ober-Appellationsrath	Oldenburg i. Großherzogthum.
Haubenschmied	Appellationsgerichtspräsident	München.
Dr. Haubold	Advokat	Leipzig.
Dr. Hauck	Advokat	Frankfurt a. M.
v. Haupt	Bezirksgerichtsrath	Bamberg.
Hauschild	Gerichtsamtmann und Justizrath	Ronneburg.
Hauschteck	Oberregierungsrath	Stralsund.
Hauser	Appellationsgerichtsrath	München.
Häusler	Obergerichtsadvokat	Braunschweig.
Haußmann	Staatsanwalt	Ulm.
Hebting	Ministerialrath	Freiburg (Baden).
Hecht	Referendar	Breslau.
Dr. Hecht	Direktor	Mannheim.
Hecht	Gerichtsnotar	Mannheim.
Hecht	Justizrath	Rawicz.
Hecke	Rechtsanwalt	Ratibor.
Hecker, Georg	Rechtsanwalt	Dresden.
Hecker	Oberstaatsanwalt	Hamm i. Westfalen.
Hecker	Staatsanwalt	Rottweil.
Hegler, A.	Kreisgerichtsrath	Stuttgart.
Dr. Heidenfeld	Rechtsanwalt	Berlin.
Dr. Heilbluth	Advokat	Hamburg.
Heilborn	Justizrath	Berlin.
Heimbrod	Appell.-Gerichtsvicepräsident	Glogau.
Heimburg	Bürgermeister	Worms.
Heimerdinger	Kreisgerichtsrath u. Vorsitzender d. Handelsgerichts	Carlsruhe (Baden).
Dr. Heimsöth	Geh. Oberjustizrath u. Präs.	Cöln.
Dr. Heinsen	Advokat	Hamburg.
Heinsheimer	Kreisgerichtsrath	Mannheim.
Heintzmann	Kreisgerichtsrath	Dortmund.
Heinzemann	Staatsanwalt	Limburg a. Lahn.

Name.	Stand.	Wohnort.
Heinzerling	Hofgerichtsrath	Darmstadt.
Heiß	Kreisgerichtsrath	Constanz (Baden).
Hellmann	Kreisrichter	Iserlohn.
Hellwig	Amtsrichter	Oldendorf (Regbez. Cassel).
Hemptenmacher	Rechtsanwalt	Wanzleben.
Dr. Henle, Sigm.	Advokat	München.
Dr. Henning	Rechtsanwalt	Greiz.
Hentschel, Mor.	Advokat	Leipzig.
Heppner	Staatsanwaltsgehilfe	Danzig.
Hering	Rechtsanwalt	Eisenach.
Hermes	Advokat u. Stadtrichter	Röbel (Mecklenb.-Schw.).
Herr	Rechtsanwalt	Cöslin.
Herrmann	Kreisgerichtsrath	Stuttgart.
Dr. Hertel	Bürgermeister	Dresden.
Hertel	Gerichtsamtmann, Hofrath	Leipzig.
Hertel	Rechtsanwalt	Salzungen (Sachsen-Meiningen).
Hertz	Geh. Ober-Justizrath	Berlin.
Dr. Hertz, Eduard	Advokat	Hamburg.
Dr. Hertz, G.	Advokat	Hamburg.
Dr. Herz	Rechtsanwalt	Mannheim.
Herz	Bezirksgerichtsrath	Nürnberg.
Dr. Herz	Rechtsanwalt	Wiesbaden.
Herzfeld	Rechtsanwalt	Halle a. S.
Herzfeld	Rechtsanwalt	Insterburg.
Herzog	Ober-Staatsanwalt	Wolfenbüttel.
Dr. Hesdörffer	Advokat	Frankfurt a. M.
Hesekiel, Franz	Stadtrichter	Danzig.
Heß	Rechtsanwalt	Eisenach.
Heß	Oberjustizprokurator	Ulm.
Heßler	Hofgerichtsr. u. Universitätsrichter	Leipzig.
Hetzer	Obergerichtsrath	Göttingen.
Heubner	Advokat	Zwickau (Sachsen).
Heumann	Hofgerichtsadvokat	Darmstadt.
Heuser	Rechtsanwalt	Bückeburg.
Heusgen	Gerichtsassessor	Elberfeld.
Heydemann	Stadtrichter u. Bürgermeister	Tessin.
Dr. Heyden, W.	Advokat	Hamburg.
Heydenreich	Advokat	Dresden.
Heyder	Kreisgerichtsrath	Templin.

Name.	Stand.	Wohnort.
Heydweiler	Kreisgerichtsrath a. D.	Stuttgart.
Heyland	Kreisrichter	Iserlohn.
Heymann	Advokat	Altona bei Hamburg.
Dr. Hierl	Bezirksgerichtsrath	München.
Hilf	Rechtsanwalt	Limburg (Nassau).
Dr. Hillig	Advokat	Leipzig.
Hillmar	Justizrath	Cöslin.
Hilpert	Advokat	Nürnberg.
Dr. Hilse	Eisenbahnsyndikus	Berlin.
Dr. Hilse	Kreisgerichtsrath	Gnesen.
Dr. Hinschius	Professor	Berlin.
Hintrager	Rechtsanwalt	Schwäb. Hall.
Hirsch	Rechtsanwalt	Cassel.
Dr. Hirsch	Advokat	Frankfurt a. M.
Hirsch	Kreisgerichtsrath	Loslau (Oberschlesien).
Hirschhorn	Hofgerichtsadvokat	Gießen.
Hirschmann	Rechtsanwalt	Crailsheim (Württemberg).
Hochstetter	Oberstaatsanwalt	Heilbronn.
Hofer	Anwalt	Constanz.
Dr. Hoffmann, E.	Oberappellationsgerichtsrath	Darmstadt.
Hoffmann, M. T.	Dr. jur.	Dresden.
Hoffmann, Konr.	Advokat	Leipzig.
Hoffmann	Oberamtsrichter	Nürtingen (Württemberg).
Hoffmann, Theodor	Bezirksgerichtsassessor	Windsheim i. Bayern.
Höffner	Advokat	Nossen (Sachsen).
Hofmann	Advokat	Aschaffenburg.
Hofmann I.	Hofgerichtsadvokat	Darmstadt.
Hofmann	Bezirksstrafrichter	Darmstadt.
Dr. Hofmann	Assessor	Frankfurt a. M.
Hofmann, Joseph	Rechtsanwalt	Meiningen.
Hofmann	Rechtsanwalt	Würzburg.
Hofmeister	Advokat	Limbach b. Chemnitz.
Hohenadel	Appellationsgerichtsdirektor	Passau.
Dr. Höhn	Stadt- und Landrichter	Kitzingen.
Holbein	Rechtsanwalt	Apolda.
Holland	Kreisrichter	Ellwangen.
Holthoff	Rechtsanwalt	Berlin.
Dr. v. Holtzendorff	Professor	München.
Hölzke	Kreisgerichtsrath	Neuhaldensleben.
Hommer	Notar	Kirn (Reg.-Bez. Coblenz).
Höniger	Rechtsanwalt	Inowrazlaw.
Hopmann	Justizrath	Bonn.

Name.	Stand.	Wohnort.
Hoppe	Obergerichtsanwalt	Hameln a. d. Weser.
Hornbostel	Regierungsrath	Gotha.
Dr. Horwitz	Rechtsanwalt	Berlin.
v. Höß	Ministerialrath	München.
Höß	Stabsauditor	München.
Dr. Hoyer	Obergerichtsanwalt	Oldenburg i. Großherzogthum.
Hübener	Rechtsanwalt	Paderborn.
v. Huber	Kreisgerichtshofdirektor	Heilbronn.
Huber	Advokatanwalt	Straßburg (Elsaß).
Hübner	Dr. jur.	Burgdorf bei Celle
Huch	Obergerichtsadvokat	Braunschweig.
Huck	Rechtsanwalt	Gleiwitz.
Hufschmid	Oberhofgerichtsrath	Mannheim.
v. Hügel	Kreisrichter	Heilbronn.
Hugenberg I.	Obergerichtsanwalt	Osnabrück.
Hullmann	Reichsoberhandelsgerichtsrath	Leipzig.
Humbert	Justizrath	Berlin.
Dr. Humser	Advokat	Frankfurt a. M.
Hupfeld	Justizrath	Cassel.
Huther	Bürgermeister	Hagenow (Mecklenburg-Schwerin).
Jacobs	Oberappellationsgerichtsrath	Jena.
Dr. Jacobson	Advokat	Hamburg.
Jaeger, Fr. W.	Landrichter	Vilbel.
Jäger	Oberbürgermeister	Elberfeld.
Jahn, Anton	Justizamtmann	Hirschberg b. Schleiz.
Dr. Jahrsdörffer	Advokat	München.
Jasper	Kreisgerichtsrath	Flensburg.
Jaspis	Staatsanwalt	Zittau.
Dr. Jckelheimer	Advokat	Frankfurt a. M.
Jecklin	Regierungsrath	St. Johann-Saarbrücken.
Jeidels	Dr. jur.	Berlin.
Jelito	Polizeianwalt	Bergzabern (Rheinpfalz).
Jerusalem	Landgerichtsassessor	Saarbrücken.
Jeuthe	Rechtsanwalt	Oppeln.
Jllgner	Rechtsanwalt am Reichsoberhandelsgericht	Leipzig.
Jlsemann	Amtsrichter	Hannover.
Jmwalle	Obergerichtsassessor	Celle.
Dr. Joachim	Kreisgerichtsrath	Mosbach (Baden).
Jöckel	Hofgerichtsadvokat	Friedberg i. d. Wetterau

Name.	Stand.	Wohnort.
Joël	Rechtsanwalt	Greiffenberg (Schlesien).
Johannsen	Rechtsanwalt a. Obertribunal	Berlin.
Dr. Jolly	Staatsminister	Carlsruhe (Baden).
Jonas	Rechtsanwalt	Marienthal b. Wandsbeck.
Jonas	Staatsanwalt	Wolfenbüttel.
Jordan	Rechtsanwalt	Ragnit.
Jordan	Kollegiumsassessor u. Rechtskonsulent	Stuttgart.
Josephthal, Gust.	Rechtsanwalt	Nürnberg.
Isenbart	Obergerichtsassessor	Hannover.
Dr. Israel, John	Advokat	Hamburg.
Dr. Israel, Simon	Advokat	Hamburg.
Juch	Assessor	München.
Dr. Jucho, sen.	Justizrath	Frankfurt a. M.
Jübell II.	Obergerichtsanwalt	Celle.
Jübell	Obergerichtsanwalt	Hannover.
Dr. Juncker	Advokat	Frankfurt a. M.
Dr. Jung	Fiskal	Frankfurt a. M.
Dr. Jung, G. F.	Stadtgerichtsrath	Frankfurt a. M.
Jung	Geh. Justizrath	Freiburg (Baden).
Jungher	Justizamtmann	Creuzburg a. d. Werra.
Jusatz, O.	Stadtgerichtsassessor	Gotha.
Kade	Rechtsanwalt	Breslau.
Kah	Dr. jur.	Heidelberg.
Kahr	Rechtsanwalt	Cronach
Dr v. Kalb	Oberappellationsgerichts-Direktor	München.
Dr. Karsten	Advokat.	Rostock (Mecklenburg-Schwerin).
Kastner	Oberappellationsgerichtsrath	München.
Kaufmann, Felix	Kreisrichter	Friedeberg i. d. Mark.
Kaufmann	K. preuß. Garnison-Auditeur	Neubreisach (Elsaß).
Kaulla, Max	Rechtsanwalt	Stuttgart.
Keferstein	Advokat	Lüneburg.
v. Kehler	Geh. Legationsrath	Jena.
Keibel	Geh. Justizrath	Berlin.
Keil	Rechtsanwalt	Weimar.
Keim	Kreisgerichtsrath	Wiesbaden.
Kekulé	Hofgerichtsadvokat	Darmstadt.
Keller	Rechtsanwalt	Hagen (Westfalen).
Keller	Gerichtsnotar	Stuttgart.
Kempff	Ministerialdirektor	Darmstadt.

Name.	Stand.	Wohnort.
Kerckhoff	Kronanwalt	Osnabrück.
Kern	Oberamtsrichter	Hameln a. d. Weser.
Kern	Kreisgerichtsrath	Waldshut (Baden).
v. Kern	Kreisgerichtsdirektor	Stuttgart.
Kerstein	Kreisrichter	Bochum.
Dr. Edler v. Kerstorf	Hofrath	Augsburg.
Keßler	Kreisgerichtsrath	Burg b. Magdeburg.
Kettler	Staatsanwalt	Cöthen.
Keysserlitz	Advokat	Großenhain.
Kiefer	Amtsrichter	Sinsheim a. d. Elsenz.
Kielmeyer	Rechtskonsulent	Stuttgart.
Dr. Kierulff	Advokat	Hamburg.
Dr. Kierulff	Oberappellationsgerichts-Präsident	Lübeck.
Dr. Kiesselbach	Advokat	Bremen.
Dr. Kilzer, W.	Advokat	Frankfurt a. M.
Kindler	Advokat	Schönberg (Ratzeburg).
Kirch, Eug.	Advokat	M.-Gladbach.
Kircheisen	Advokat	Eisenberg i. S.-Altenburg.
Dr. Kirchner	Stadtgerichtsrath	Frankfurt a. M.
Kirschner	Bezirksgerichtsrath	München.
Dr. Kistemaker	Obergerichtsanwalt	Meppen.
Kleiner	Appellationsgerichtsrath	Nürnberg.
Kleinrath	Obergerichtsanwalt	Hannover
Kleinmann	Kreisgerichtsrath	Ellwangen i. Württemberg.
Kleinschmidt	Hofrath, Advokat	Leipzig.
Dr. Klemm	Advokat	Leipzig.
Klemm	Appellationsgerichtspräsident	Dresden.
Klett	Obertribunalsrath	Stuttgart.
Dr. Klett, F. R.	Rechtsanwalt	Heilbronn.
Dr. Kleucker	Staatsanwaltsgehilfe	Johannisburg (Ost-Preußen).
Kleyboldt	Obergerichtsanwalt	Oberstein i. Oldenburg.
Klingel	Anwalt	Heidelberg.
Klinger	Advokat	Burgstedt i. Sachsen.
Dr. Klitzing	Hofrath, Bürgermeister und Stadtrichter	Plau i. Mecklenburg.
Kloeppel	Advokat	Berlin.
Klotz	Kreisgerichtsrath	Berlin.
Klüpfel	Beamter in dem Krupp'schen Etablissement	Essen a. Ruhr (Rheinprovinz).
Dr. Kniep	Professor	Jena.
Koch	Rechtsanwalt	Habelschwerdt.

Name.	Stand.	Wohnort.
Koch, Th.	Advokat	Buchholz (Sachsen).
Dr. Koch	Advokat	Chemnitz (Sachsen).
Koch	Stadt- und Kreisgerichtsrath	Magdeburg.
Kochann	Stadtgerichtsrath	Berlin.
Köchling	Rechtsanwalt	Bochum.
Kohl	Geh. Hofrath	Chemnitz (Sachsen).
Köhler II.	Hofgerichtsadvokat	Darmstadt.
Kohlrausch	Advokat	Hannover.
Reichsfreiherr Kolbe v. Schreeb	Regierungsrath a. D.	Jena.
König	Justizrath	Cleve.
König	Amtsrichter	Hannover.
König	Advokat	Jena.
Körner	Geh. Rath u. Dep.-Direktor im Ministerium d. Innern	Dresden.
Dr. Körner	Stadtamtmann	Frankfurt a. M.
Körner	Advokat	Lengenfeld im Voigtlande.
Körner	Advokat	Zwickau (K. Sachsen).
Korpulus	Rechtsanwalt u. Notar	Ratibor.
Kortum I.	Rechtsanwalt	Halberstadt.
Kortum II.	Rechtsanwalt	Halberstadt.
Koschella	Rechtsanwalt	Habelschwerdt.
Koester	Kreisgerichtsrath	Hagen (Westfalen).
Köstlin	Direktor d. Zellengefängnisses	Heilbronn.
v. Köstlin	Vice-Direktor	Stuttgart.
Krah, C.	Oberamtsrichter	Braubach a. Rhein.
Krah	Rechtsanwalt	Segeberg.
Kraus	Rechtsanwalt	Ploen.
Kraus	Kreisrichter	Ravensburg.
v. Kraus	Obertribunalsrath	Stuttgart.
Kraußold	Advokat	München.
Krauth	Amtsnotar	Rottenburg i. Württemberg.
v. Kräwel	Geh. Justizrath	Naumburg.
Kremer, L.	Bez.-Ger.-Assessor	Würzburg.
Kremnitz	Justizrath	Berlin.
Kreppel	Notar	Scheßlitz (Bayern).
Dr. Freih. v. Kreß	Advokat	Nürnberg.
Kretschmann	Rechtsanwalt	Burg b. Magdeburg.
Kretschmar II.	Rechtsanwalt	Großenhain.
Kretzschmar	Advokat	Dresden.
Dr. Kretzschmar	Professor	Rostock (Mecklenburg-Schwerin).

Name.	Stand.	Wohnort.
Krippendorf	Advokat	Dresden.
Krobitsch	Amtsrichter	Hannover.
Krug	Hofgerichtsadvokat	Darmstadt.
Dr. v. Kübel	Obertribunalspräsident	Stuttgart z. Z. in Berlin.
Küchendahl	Justizrath	Stettin.
Dr. Kugler	Appellationsgerichtsrath	Frankfurt a. M.
Kugler	Advokat	Freiberg (Sachsen).
Kuhn, Albert	Advokat	Dresden.
Dr. Kühn	Landesbankdirektor u. Advokat	Dessau.
Kühn	Rechtsanwalt	Trachenberg (Schlesien).
Kühnas	Kreisgerichtsrath	Torgau.
Kühne	Appellationsgerichtspräsident	Greifswald.
Kullmann	Bezirkstrafrichter	Gießen.
Dr. Kunhardt	Richter	Hamburg.
Kunitz	Staatsanwalt	Frankfurt a. M.
v. Kunowski	Kreisgerichtsdirektor	Nordhausen.
v. Kunowski	Appellationsgerichtspräsident	Posen.
Dr. Kuntze	Professor	Leipzig.
Kuntze	Bürgermeister	Plauen im Voigtlande.
Kurlbaum A. F. I.	Geh. Oberjustizrath	Berlin.
Kurlbaum C. II.	Geh. Oberjustizrath	Berlin.
Kusel	Anwalt	Carlsruhe (Baden).
Kyll jun.	Advokat	Cöln.
Laage	Kreisgerichtsrath	Eisleben (Bez. Halle a. S.).
Labroisse, L.	Hofgerichtsadvokat	Gießen.
Dr. Ladenburg	Anwalt	Mannheim.
Dr. Lahr	Gerichtsaccessist	Friedberg (Hessen).
Lähr	Kreisgerichtsrath	Marienwerder.
Lambrecht	Kreisgerichtsrath	Burg b. Magdeburg.
Dr. Lamey	Staatsrath und Ministerial-Präsident a. D.	Mannheim.
Lamm	Oberappellationsgerichtsrath	Dresden.
Lammfromm	Oberjustizprokurator	Tübingen.
Dr. Lamprecht	Amtsaktuar	Bergedorf.
Landerer	Kreisgerichtsrath	Ulm.
Landgraf	Justizamtmann	Dornburg.
Landgraff	Dr jur.	Heidelberg.
Landwehr	Notar und Justizrath	Cöln.
Landwehr, P.	Advokat	Cöln.
Dr. Lang	Advokat	Frankfurt a. M.
Lang, H.	Kreisgerichtsrath	Rottweil.
Lang	Landgerichtsrath	Straßburg (Elsaß).

Name.	Stand.	Wohnort.
Lang	Obergerichtsanwalt	Wiesbaden.
Langenbach	Hofgerichtsadvokat	Darmstadt.
Langermann	Landgerichts-Assessor	Friedberg (Großh. Hessen).
Langrock	Direktor	Löbau (Westpreußen).
Laport	Obergerichtsanwalt	Hannover.
Dr. Lappenberg	Advokat	Hamburg.
Larenz	Obergerichtsrath	Hameln a. d. Weser.
Dr. Lasker	Rechtsanwalt	Berlin.
Laudenheimer	Hofgerichtsadvokat	Darmstadt.
Laué	Justizrath	Berlin.
Lauenstein	Obergerichtsanwalt und Consistorialprokurator	Diepholz i. Hannover.
Lauer	Landgerichtsrath	Barmen.
Lauhn	Polizeiassessor	Leipzig.
v. Lauhn	Oberstaatsanwalt	Halberstadt.
Laur	Kreisrichter	Ravensburg.
Dr. Lazarus	Advokat	Hamburg.
Dr. Lebin	Rechtsanwalt	Oranienburg.
Lebrecht	Rechtsanwalt	Ulm.
Legeler	Justizassessor	Leonberg.
Lehmann	Advokatanwalt	Cöln.
Dr. Lehmann, Gust.	Advokat	Dresden.
Lehmann, E.	Advokat	Dresden.
Dr. Lehmann	Vicepräs. d. Handelsgerichts	Hamburg.
Lehne	Justizassessor	Rottenburg i. Württemberg.
Leicht	Bezirksgerichtsassessor	Weiden (Bayer. Oberpfalz).
Leidner	Amtsrichter	Wiesbaden.
Leipheimer	Rechtskonsulent	Stuttgart.
Dr. Leisler, jun.	Rechtsanwalt	Wiesbaden.
Dr. Lenel	Docent der Rechte	Leipzig.
v. Lengrießer	Stadtgerichtsassessor	München.
v. Lenthe	Appellationsgerichtsrath	Kiel.
Lentz, A.	Obergerichtsdirektor	Eutin.
Dr. Lenz	Rechtsanwalt	Greifswald.
Dr. Leo	Sekretär d. Bürgerausschusses	Hamburg.
Dr. Leo	Rechtsanwalt	Magdeburg.
Leonhard	Rechtsanwalt	Berlin.
Leonhardi	Regierungsrath	Zwickau (Sachsen).
Frh. v. Leonrod	II. Bezirksgerichts-Direktor	München.
Leske, O. Fr.	Kammergerichtsrath	Berlin.
Lesse	Justizrath	Berlin.
Lesser	Obertribunalsrath	Berlin.

Name.	Stand.	Wohnort.
Lettgau	Obergerichtsrath	Hannover.
Dr. jur. Leuthold	Professor u. Bergamts-Rath	Freiberg (Sachsen).
Leuthold	Advokat	Schöneck (Sachsen).
Graf v. Leutrum	Geh. Staatsrath	Stuttgart.
Levy	Advokatanwalt	Mainz.
Dr. Levy, B.	Advokatanwalt	Mainz.
Levi	Rechtskonsulent	Stuttgart.
Levin	Rechtsanwalt	Berlin.
Dr. Levita	Advokatanwalt	Mainz.
Dr. Levy	Advokat	Amsterdam (Holland).
Dr. Levy	Advokat	Hamburg.
Lewald	Rechtsanwalt	Breslau.
Lewald, C.	Anwalt	Heidelberg.
Leykauf	Stadtgerichtsrath	Frankfurt a. M.
Lezius	Rechtsanwalt	Cöthen.
Liba	Stadtgerichtsrath	Berlin.
Libawsky	Rechtsanwalt	Creuzburg i. Oberschlesien.
Lichtschlag	Advokatanwalt	Düsseldorf.
Liebisch	Justizrath	Straßburg i. Elsaß.
Linckelmann	Obergerichtsanwalt	Hannover.
Graf v. Linden	Justizassessor	Stuttgart.
Dr. Lindenberg	Hypothekenbeamter	Hamburg.
Lindner	Rechtsanwalt	Danzig.
Dr. v. Lingen	Obergerichtsanwalt	Bremen.
Graf zur Lippe	Staatsminister a. D.	Berlin.
Lippold	Advokat	Altenburg (Sachsen-Altenburg).
Listmayr	Advokat	München.
Litthauer	Rechtsanwalt	Schrimm.
Löbell	Kreisgerichtsrath	Luckau i. d. Mark.
Dr. Lochte	Rechtsanwalt	Magdeburg.
Löhmann	Staatsprokurator	Bonn.
Löhr	Bürgermeister	Bautzen.
Lömmle	Rechtsanwalt	Laupheim.
Loreck	Rechtsanwalt	Berlin.
Lorenz	Advokat	Dresden.
Dr. Lorey, W.	Advokat	Frankfurt a. M.
Löschbrand	Justiz- u. Verwaltungsbeamter	Wernigerode a. Harz.
Lother	Rechtsanwalt	Eppingen (Baden).
Lottermoser	Rechtsanwalt	Festenberg (Schlesien).
Löwenstein	Prokurator	Ellwangen (Württemberg).
Löwenthal, F.	Advokat	Schwerin (Mecklenburg).

Name.	Stand.	Wohnort.
Löwenthal, M.	Advokat	Schwerin (Mecklenburg).
Löwer	Landgerichtsassessor	Michelstädt i. Odenwalde.
Lübbes	Rechtsanwalt	Altona bei Hamburg.
Lubowsky	Rechtsanwalt	Breslau.
Dr. Luden	Professor u. Oberappellationsgerichtsrath	Jena.
Dr. Luden	Rechtsanwalt	Weimar.
Dr. Ludolph, E.	Obergerichtssekretär	Detmold.
Ludwig	Advokat und Notar	Leipzig.
Dr. Ludwig	Advokat	Lüchow (Hannover).
Ludwig	Königliche Hoheit, Prinz von Bayern	München.
Dr. Lüntzel, Alfr.	Rechtsanwalt	Berlin.
Dr. Lürmann	Senator	Bremen.
Macco	Kreisgerichtsrath	Flensburg.
Magnus	Justizrath	Hannover.
Dr. Magnus	Advokat	Braunschweig.
Mahlstedt	Kreisgerichtsrath	Schleswig.
Maier	Amtsrichter	Großenlüder b. Fulda.
Dr. Maier, Herm.	Bezirksgerichtsrath	München.
Maiß	Staatsanwalt	Gleiwitz.
Makower	Justizrath	Berlin.
Malblanc	Oberstaatsanwalt und Kreisgerichtsrath	Tübingen.
Mallebrein	Oberamtsrichter	Baden-Baden.
Mandel	Kais. Friedensrichter	Albersdorf (Lothringen).
Dr. v. Mandry	Professor	Tübingen.
Mangold	Obergerichtsanwalt	Celle.
Dr. Manheyn	Advokat	Frankfurt a. M.
Mansfeld	Obergerichtsrath	Wolfenbüttel.
Marbach	Advokat	Leipzig.
Marcard, Carl	Advokat	Hoya (Hannover).
Dr. Marck	Stadtrath	Breslau.
Marckhoff	Justizrath	Bochum.
Dr. Marquardsen	Professor	Erlangen.
Dr. Marquier	Anwalt	Constanz (Baden).
v. Martens	Oberamtsrichter	Waldsee (Württemberg).
Dr. Martin	Richter am Niedergericht	Hamburg.
Dr. Martin	Justizamtmann	Jena.
Martini	Advokat	Meerane (Sachsen).
Martins	Landgerichtsrath	Elberfeld.

Name.	Stand.	Wohnort.
Martins	Oberbürgermeister	Glogau.
Martins	Staatsanwalt	Hamm (Westfalen).
Martiny	Rechtsanwalt	Danzig.
Dr. Matsen	Advokat, Bibliothekar der Commerz-Bibliothek	Hamburg.
Matthiä	Obergerichtsrath	Wolfenbüttel.
Matthiesen	Amtsrichter	Cismar.
Dr. Matti, A.	Advokat	Frankfurt a. M.
Maurer	Assessor	Herbstein (Oberhessen).
Dr. May	Advokat	Frankfurt a. M.
Dr. May	Advokat	Hamburg.
May, L.	Justizrath	Hörde.
Dr. Mayer, C.	Justizassessoratsverwalter	Heilbronn.
Dr. Mayer, F. P.	Advokatanwalt	Mainz.
Mayer, F.	I. Staatsanwalt	Neunburg vorm Walde (Bayern).
Mayer, Ph.	Bezirksgerichtsdirector	Wasserburg (Oberbayern).
Dr. Mayersohn	Advokat	Aschaffenburg.
Mays	Oberhofgerichtsrath	Mannheim.
Mecke	Justizrath, Rechtsanwalt beim Obertribunal	Berlin.
Meibauer	Rechtsanwalt	Conitz (Westpreußen).
Dr. v. Meibom	Professor, Reichsoberhandelsgerichtsrath	Leipzig.
Meier, Henry	Rechtsanwalt	Kiel.
Meischner	Advokat und Notar	Penig.
Meisner	Advokat	Bamberg.
Dr. Meisner	Kreisrichter	Thorn.
Meister	Amtshauptmann	Hannover.
Melchers	Kreisrichter	Haigerloch.
Melchior	Justizrath	Dortmund.
Melssen	Coogsinspektor	Christian-Albrechts-Coog (Amt Tondern) i. Schleswig.
Mellien	Rechtsanwalt und Notar	Berlin.
Dr. Mentz	Friedensrichter	Jena.
Merkel	Appellationsgerichtsrath	Nürnberg.
Dr. Merkel	Professor	Straßburg (Elsaß).
Merkle	Advokatanwalt	Frankenthal (Pfalz).
Messerschmidt	Kreisgerichtsrath	Marienwerder.
Metz	Rechtsanwalt	Pr. Minden.
v. Metzsch	Rechtsanwalt	Leipzig.
Meurer	Advokatanwalt	Cöln.

Name.	Stand.	Wohnort.
Meyen	Justizrath	Berlin.
Meyer, Adolph	Advokat	Altona bei Hamburg.
Dr. Meyer, Julius	Bezirksgerichtsassessor	Ansbach.
Dr. Meyer	Geh. Oberregierungsrath	Berlin.
Meyer, Sigmund	Rechtsanwalt	Berlin.
Dr. Meyer, Al.	Chef-Redacteur d. Schlesischen Presse	Breslau.
Meyer	Obergerichtsassessor	Celle.
Dr. Meyer, Aug.	Notar	Hamburg.
Dr. Meyer	Professor	Jena.
Meyer, H.	Advokat und Notar	Rabingen b. Melle.
Meyer	Kreisrichter	Samter.
Meyersburg	Oberappellationsgerichtsanw.	Celle.
Meyn, Ludw.	Rechtsanwalt und Notar	Berlin.
Mezger	Justizassessor	Mergentheim (Württemb.).
Michaelis	Kreisgerichtsrath	Bunzlau (Schlesien).
Dr. Michaelis	Rechtsanwalt	Hildburghausen.
Milch	Gerichtsassessor	Breslau.
Miller	Justizassessor	Münsingen (Württemberg).
Dr. Minckwitz	Rittergutsbesitzer	Thun b. Chemnitz (Sachsen).
Minsberg	Justizrath	Bunzlau (Schlesien).
Dr. Mirus	Advokat	Leisnig.
Mirus	Amtsassessor	Weimar.
v. Mittelstädt	Kreisrichter	Altenkirchen (Coblenz).
v. Mittelstädt	Justizrath	Neuwied.
Dr. Mittelstedt	Obergerichtsrath	Hamburg.
Dr. Mittelstrauß	Advokat	Hamburg.
Dr. Mittenzwey	Amtsrichter	Creuzburg a. d. Werra.
Mittenzwey	Referendar	Stralsund.
Mittermaier, Franz	Dr. jur.	Heidelberg.
Dr. v. Mittnacht	Staatsminister	Stuttgart.
Model	Stadtgerichtsrath	Berlin.
Dr. Mohr, Ed.	Obergerichtssekretär	Hamburg.
Mohr, O.	Rechtsanwalt	Rudolstadt (Schwarzburg-Rudolstadt).
Dr. Mohrmann, J.	Rechtsanwalt	Hamburg.
Dr. Mohrmann	Reichsoberhandelsgerichtsrath	Leipzig.
Möller	Kreisrichter	Guben.
Möller G.	Obergerichtsrath	Stade.
Dr. Momberger	Kreisassessor	Darmstadt.
Dr. Mönckeberg, J. G.	Senator	Hamburg.
v. Monschaw	Justizrath	Bonn.

Name.	Stand.	Wohnort.
Morgenroth	Rechtsanwalt	Beuthen in Oberschlesien.
Mosse	Kreisrichter	Spandau.
Dr. Moßner	Rechtsanwalt	Luckenwalde.
Müldner	Justizrath	Rotenburg (Prov. Hessen)
Müller	Justizrath	Berlin.
Müller	Referendar	Camburg (Sachsen-Meiningen).
Müller, L.	Obergerichtsanwalt	Celle.
Müller	Advokatanwalt	Cöln.
Müller	Hofgerichtsadvokat	Darmstadt.
Müller, Ottomar	Advokatanwalt	Frankenthal.
Müller	Oberhofgerichtsrath	Mannheim.
Müller	Appellationsgerichtsrath	Münster (Westfalen).
Müller, C. H.	Advokat	Rostock (Mecklenburg-Schwerin).
Müller	Rechtsanwalt	Schweinfurt.
Müller, H. E.	Advokat	Zwickau (Sachsen).
Dr. Mumm v. Schwarzenstein	Oberbürgermeister	Frankfurt a. M.
Münch	Staatsanwalt	Schleiz.
Mürmann	Kreisgerichtsrath	Bielefeld.
Nake	Advokat	Leisnig.
Dr. Naumann I.	Appellationsgerichtsanwalt	Celle.
Naumann II.	Obergerichtsanwalt	Celle.
Neidhardt	Geh. Justizrath	Dresden.
Nessel	Appellationsgerichts-vicepräsident	Frankfurt a. O.
Dr. Neukirch, A.	Advokat	Frankfurt a. M.
Neumayer	Advokatanwalt	Kaiserslautern.
v. Neumayr	Oberappell.-Gerichtspräsident	München.
Neumeier	Rechtsanwalt	Heilbronn.
Neundörfer	Gerichtsaccessist	Darmstadt.
Nick	Kreisgerichtsrath	Ellwangen (Württemberg).
Nick	Kanzleirath	Ravensburg.
Dr. Nicol	Justizrath	Hannover.
Niemand	Landpfennigmeister	Heide (Holstein).
Niemeyer	Rechtsanwalt	Essen a. d. Ruhr (Rheinprovinz).
Niewandt	Justizrath	Halle a. S.
Dr. Nissen	Professor	Straßburg (Elsaß).
Nokk	Ministerialrath	Carlsruhe (Baden).

Name.	Stand.	Wohnort.
Nokk, Rud.	Oberstaatsanwalt	Carlsruhe (Baden).
Noelbecke	Oberappellationsrath	Celle.
Nolden	Advokatanwalt	Düsseldorf.
Nöthig	Bezirksgerichtsrath	Aschaffenburg.
Obermiller	Rechtsanwalt	Stuttgart.
Oberniedermaier	Bezirksgerichtsdirektor	Bamberg.
Obkircher	Oberhofgerichtspräsident	Mannheim.
Obrock	Obergerichtsanwalt	Hannover.
Oehl	Anwalt	Constanz (Baden).
Dr. Ohlenschlager	Advokat und Direktor	Frankfurt a. M.
Oehr	Rechtsanwalt	Breslau.
Dr. Oldenburg	Bürgermeister	Bergedorf bei Hamburg.
Oelschläger	Geh. Justizrath	Berlin.
Dr. Olshausen	Kreisrichter	Cottbus.
Oelzen	Kreisgerichtsrath	Erfurt.
Omeis	Notar	Nürnberg.
Dr. Oppe	Rechtsanwalt	Chemnitz (Sachsen).
Oppenheim	Obertribunalsrath	Berlin.
Dr. Oppenheim, Ludw.	Gerichtsaccessist	Mainz.
Dr. Oppenheimer, C.	Advokat	Hamburg.
Oppert	Stadtgerichtsrath	Berlin.
Orb	Advokat	Königstein (Sachsen).
Ordolf	Domänenkanzleidirektor	Castell (Bayern).
Dr. Orthenberger	Advokat	Frankfurt a. M.
Osius	Amtsrichter	Hanau.
Oßwald	Stadtgerichtsassessor	Altenburg (Sachsen-Altenb.).
Oßwald	Rechtsanwalt	Ulm.
Oesten	Hofrath, Stadt- u. Amtsrichter	Stargard (Mecklenburg-Strelitz).
Oesterlen	Rechtskonsulent	Stuttgart.
Dr. Osterloh	Hofrath u. Professor	Leipzig.
Dr. Oswalt	Advokat	Frankfurt a. M.
Ottendorf	Oberhofgerichtsrath	Mannheim.
Dr. Otto	Rechtsanwalt	Heilbronn.
Otto	Notar	München.
Dr. v. Oven	Senator	Frankfurt a. M.
Pahl	Anwalt	Lahr (Baden).
Panse	Rechtsanwalt	Erfurt.
Paus	Advokat	Chemnitz (Sachsen).
Dr. Peacock	Advokat	Lübeck.
v. Pestel	Obergerichtsdirektor	Celle.

Name.	Stand.	Wohnort.
Dr. Peters	Obergerichtsanwalt	Braunschweig.
Peters	Rechtsanwalt	Cassel.
Petersen	Appellationsgerichtsrath	München.
Petersen	Kammerpräsident	Straßburg (Elsaß).
Petri	Advokatanwalt	Alzey.
Petri, Rich.	Staatsanwalt	Bautzen.
Dr Petschke	Advokat	Leipzig.
Pfaff	Oberstaatsanwalt	Ulm.
Pfaffenzeller	Notar	Dachau (Bayern).
Pfannenstiel	Advokatanwalt	Saargemünd.
Dr. Pfefferkorn, R.	Advokat	Frankfurt a. M.
Dr. Pfeffinger	Hofgerichtsadvokat	Offenbach a. M.
Dr. Pfeiffer	Senator	Bremen.
Pfeiffer	Rechtsanwalt	Wiesbaden.
Pfister	Kreisrichter	Haigerloch (Hohenzollern).
Pfizer	Kreisrichter	Ulm.
Pflesser	Kreisgerichtsrath	Görlitz.
v. Pfretzschner	Finanzminister	München.
Philipp	Rechtsanwalt	Altona bei Hamburg.
Pietzker	Justizrath	Naumburg a. S.
Pinckert	Justizrath	Erfurt.
Pistor	Landrichter	Friedberg (Großh. Hessen).
Pitschky	Justizrath	Stettin.
Planck	Appellationsgerichtsrath	Berlin.
Dr. v. Planck	Professor	München.
Dr. Plath	Hypothekenbeamter	Hamburg.
Plathner	Obertribunalsrath	Berlin.
Dr. Platner	Professor	Marburg (Hessen).
Plato	Justizrath	Colberg.
Dr. Plessing	Senator	Lübeck.
Plessing	Rechtsanwalt	Lübeck.
Plitt	Rechtsanwalt	Borken (Reg.-Bez. Cassel).
Dr. Plitt	Senator	Lübeck.
Pohl	Advokat	Frohburg (Sachsen).
Pohlentz	Advokat	Leipzig.
Pöhn	Landgerichtsrath	Straßburg (Elsaß).
Pöschmann	Advokat	Pirna.
Dr. v. Pözl	Professor, Reichsrath	München.
v. Praun	Obergerichtsrath	Wolfenbüttel.
Prechtl	Advokat	Weiden (Bayern).
Preuß	Justizrath	Tilsit.

Name.	Stand.	Wohnort.
Preußer	Oberamtsrichter	Diez a. d. Lahn.
Dr. Preußer	Appellationsgerichtspräsident a. D.	Kiel.
Priber	Advokat	Frankenberg (Sachsen).
Primker	Justizrath	Berlin.
Probst	Kreisgerichtsrath	Ravensburg.
Probst	Rechtskonsulent	Stuttgart.
Protzen	Kreisrichter	Stolpe (Pommern).
Dr. Puchelt	Reichsoberhandelsgerichtsrath	Leipzig.
Pürckhauer	Notar	Ansbach.
v. Puttkammer	Appellationsgerichtsrath a. D.	Deutsch-Carstenitz bei Hebron-Damnitz.
Quaet-Faslem	Dr. jur.	Melle (Hannover).
Quedenfeldt	Kreisgerichtsrath	Conitz (Westpreußen).
Quenstedt, M.	Rechtsanwalt	Berlin.
Rabe, C.	Staatsanwalt	Rotenburg a. Fulda.
Rackow	Advokat	Schönberg (Fstth. Ratzeburg).
v. Radecke	Justizrath	Halle a. Saale.
Rademacher	Kreisgerichtsrath	Soest (Westfalen).
Radlkofer	Stadtgerichtsassessor	München.
Raht	Justizrath	Weilburg.
Rambke	Bürgermeister	Elze (Hannover).
Dr. Rapantz	Richter	Hamburg.
Rath	Advokatanwalt	Bonn.
Rau	Anwalt	Hof (Bayern).
Dr. Rau	Advokat	München.
Rau	Kreisgerichtsrath	Ulm.
Rayß	Hypothekenbewahrer	Colmar (Elsaß).
Dr. Reatz	Privatdocent u. Hofgerichts-Advokat	Gießen.
v. Reden	Obergerichtsassessor	Lüneburg.
Regelsberger	Universitäts-Professor	Würzburg.
Dr. Regensburger	Rechtsanwalt	Mannheim.
Rehm	Bezirksgerichts-Rath	Bayreuth.
Reich	Appellationsgerichtsrath	Magdeburg.
Reichardt	Kreisgerichtsrath	Ulm.
Reiche-Eisenstuck	Staatsanwalt	Dresden.
Frhr. v. Reichenau	Hofgerichtsrath	Wiesbaden.
Reimkasten	Advokat	Schwerin (Mecklenburg).
Reinach	Advokatanwalt	Mainz.
Reincke	Appellationsgerichtsrath	Breslau.
Reiner	Bürgermeister	Bernstadt (Sachsen).

Name.	Stand.	Wohnort.
Reinhard	Kreis- u. Hofgerichtsdirektor	Offenburg (Baden).
Reinhold	Advokat	Regensburg.
Reinholdt	Advokat	Frankenberg (Sachsen).
Reinking	Oberamtsrichter	Celle.
Dr. Reiß, P.	Advokat	Frankfurt a. M.
Renz	Kreisrichter	Ravensburg.
Reul, J.	Kreisgerichtsrath	Hanau.
Dr. Reuling	Rechtsanwalt	Leipzig.
v. Reuß	Kreisgerichtsrath	Tübingen.
Rhamm	Assessor	Wolfenbüttel.
Rheder	Klostersyndicus	Preetz (Holstein).
Rheinwald	Kreisgerichtsrath	Stuttgart.
Richter	Advokat	Leipzig.
Richter	Justizrath u. Domsyndicus	Naumburg a. S.
Richter	Rechtsanwalt	Osterburg i. d. Altmark.
Dr. Riecke, Gustav	Richter am Niedergericht	Hamburg.
Riedel	Advokat	Pomßen bei Grimma (Sachsen).
Rieß	Rechtsanwalt	Spandau.
Rieth	Adv. b. Appell.-Gerichtshofe	Cöln.
Riffart, J.	Advokatanwalt	Cöln.
Dr. Risch	Professor	Würzburg.
Ritter	Divisionsauditeur	Hannover.
Ritter	Notar	Stuttgart.
Rittler	Justizrath	Torgau.
Rittmayer	rechtsgel. Stadtrath	Braunschweig.
Rizi	Anwalt	Constanz.
Robert	Justizrath	Berlin.
Roch	Advokat	Zwickau (Sachsen).
Rocholl	Kreisrichter	Bochum.
Dr. Rockinger, Ludw.	Professor	München.
Röder	Rechtsanwalt	Driesen.
Frhr. v. Röder	Oberregierungsrath	Stuttgart.
Dr. Rödler	Landgerichtsrath	Colmar (Elsaß).
Romberg	Justizrath	Berlin.
Romberg	Rechtsanwalt	Meiningen.
Dr. Römer	Stadtgerichtssecretär	Frankfurt a. M.
Römer	Oberamtsrichter	Neuenburg (Württemberg).
Römer, M.	Rechtskonsulent	Stuttgart.
Dr. Rommel	Advokat	Flensburg.
v. Rönne	Kreisgerichtsrath	Stettin.
Roos	Kreisgerichtsrath	Constanz.

Name.	Stand.	Wohnort.
Dr. Roscher	Obergerichtsdirektor	Celle.
Dr. Rosenberg II.	Hofgerichtsadvokat	Gießen.
Dr. Rosenthal, F.	Rechtsconcipient	Nürnberg.
Rosenthal	Rechtspractikant	Würzburg.
Roßbach	Advokat	Leipzig.
Dr. Roßhirt	Oberhofgerichtsvicekanzler	Mannheim.
Roßtäuscher	Staatsanwalt	Bautzen.
Dr. v. Roth, P.	Professor u. Oberbibliothekar	München.
v. Rotteck	Oberamtsrichter	Emmendingen.
Dr. Roux	Advokat	Leipzig.
Dr. Rubo	Stadtgerichtsrath u. Professor	Berlin.
Rüger	Advokat	Dresden.
Rühl	Notar	Nürnberg.
Dr. Ruhwandl	Advokat	München.
Rumpelt	Bürgermeister	Radeberg b. Dresden.
Dr. Rumpf, E.	Stadtamtmann	Frankfurt a. M.
Saaßen, J. H.	Notar	Wittlich.
Sachs	Notar	Heidelberg.
Sander	Rechtsanwalt	Guben.
Sänger	Rechtsanwalt	Ulm.
Sartig.	Justizrath	Eilenburg.
Sauerhering	Geh. Oberregierungsrath	Hannover.
Schad v. Mittelbiberach, M.	Kreisgerichtsrath	Ulm.
Schäfer	Landgerichtsassessor	Langen b. Darmstadt.
Schäffer	Amtshauptmann	Kamenz (Sachsen).
Schaffert	Notar	Ochsenhausen (Württemberg).
Schall	Rechtsanwalt	Schwäb-Hall.
Schall	Rechtsanwaltsprokurator	Ulm.
v. Schamberger	Generaldirektionsrath	München.
Schaper	Kammergerichtsrath	Berlin.
Dr. Scharlach	Advokat	Hamburg.
Scharmann	Hofgerichtssekretär	Gießen.
Scheele	Advokat	Dresden.
Dr. Schenck	Advokat	Altenburg (Sachsen-Altenb.).
Schenk	Rechtsanwalt	Wiesbaden.
Scherer	Rechtsanwalt	Aschaffenburg.
Dr. Scherlensky	Advokat und Notar	Frankfurt a. M.
Scheuffler II.	Advokat	Meißen.
Scheurich	Rechtsanwalt	Crossen a. O.
Schick, Ed.	Rechtsanwalt	Wiesbaden.

Name.	Stand.	Wohnort.
Schilling	Oberamtsrichter	Freudenstadt (Württemberg).
Dr. Schilling	Appellationsrath u. Bezirksgerichtsdirektor	Mittweida (Sachsen).
Schindling	Rechtsanwalt	Limburg a. d. Lahn.
Schlegel	Advokat	Dresden.
Dr. Schlemmer	Advokat	Frankfurt a. M.
Schlesinger	Oberappellationsrath	Lübeck.
Schlick, Georg	Rechtsanwalt	Schleiz.
Schloß	Rechtsanwalt	Heilbronn.
Schlotter	Obergerichtsadvokat	Schleiz.
Schlüter	Appellationsgerichtsrath	Wiesbaden.
Schlüter	Rechtsanwalt	Witten.
Schmedes	Appellationsgerichtsrath	Naumburg a. S.
Schmid, Gustav B.	Advokat	Dresden.
v. Schmidsfeld	Gutsbesitzer	Schmidsfelden per Friesenhofen (Württemberg).
Schmidt, Ad.	Advokat	Altona bei Hamburg.
Dr. Schmidt	Referendar	Bonn.
Schmidt	Appellationsgerichtsvicepräs.	Celle.
Dr. Schmidt, Carl	Landgerichtsrath	Colmar (Elsaß).
Schmidt, F. Chr.	Advokat	Dresden.
Dr. Schmidt	Finanzprokurator	Dresden.
Dr. Schmidt	Rechtsconcipient	Fürth (Bayern).
Schmidt, C. Th.	Gerichtsrath	Leipzig.
Schmidt	Ministerialrath	Schwerin (Mecklenburg).
Schmidt	Vicepräsident	Wolfenbüttel.
Dr. Schmidt	Advokat	Zwickau (Sachsen).
Schmidt-Eberstein	Kreisgerichtsrath	Offenburg (Baden).
Schmidtmüller	Advokatanwalt	Zabern (Elsaß).
Schmitz	Appellationsgerichtsrath	Hamm (Westfalen).
Schmitz, C.	Advokat	Thann (Elsaß).
Schmitz-Pranghe, C.	Advokat	Cöln.
Schmolze	Oberprokurator	Colmar (Elsaß).
Schmorl, Alf.	Advokat	Leipzig.
Dr. Schnapper	Advokat	Frankfurt a. M.
Dr. Schneider	Oberappellationsgerichtsrath	München.
Dr. Schnell	Advokat	Zittau (Sachsen).
Schnitzer	Rechtsanwalt	Biberach (Württemberg).
Schoedler	Gerichtsaccessist	Darmstadt.
Schomann	Appellationsgerichtsrath	Oldenburg i. Großherzogthum.
Schöneseiffen	Advokat	M.-Gladbach.
Schönfeld	Rechtsanwalt	Anclam.

Name.	Stand.	Wohnort.
Schönhardt	Rechtsconsulent	Stuttgart.
Schoppe	Bezirksgerichts-Rath	Weilheim i. Bayern.
Schorcht	Obergerichtsanwalt	Hameln a. d. Weser.
Schorndorf	Advokat	Röbel (Mecklenburg-Schw.).
Schott, Karl	Rechtsanwalt	Stuttgart.
Schott	Justizassessor	Ulm.
Schott	Oberamtsrichter	Welzheim.
Schrader	Obergerichtsrath	Stade.
Dr. Schramm, W. E.	Advokat	Hamburg.
Dr. Schreiner	Advokatanwalt	Cöln.
Schrey	Advokat	Leipzig.
Schröder	Rechtsanwalt	Altona bei Hamburg.
Dr. Schroeder	Professor	Würzburg.
Schubarth	Advokat	Markneukirchen.
Schubert	Bezirksgerichtsrath	Bamberg.
Schuberth	I. Staatsanwalt	Regensburg.
Schüler	Rechtsanwalt	Gotha.
Schuler	Oberappellationsgerichtsrath	München.
Dr. Schulin, Paul	Advokat	Frankfurt a. M.
v. Schultes	Rechtsanwalt	München.
Dr. Schultz, Ludw.	Rechtsanwalt	Hagen (Westfalen).
Schultz	Justizrath	Magdeburg.
Schultze, Gustav	Rechtsanwalt	Torgau.
Schulz	Kreisgerichtsdirektor	Cassel.
Dr. Schulz, H.	Notar	Frankfurt a. M.
Dr. Schulz	Assessor	Jena.
Dr. Schulz	Oberappellationsgerichtsrath	Hildburghausen.
Schumann	Rechtsanwalt	Apolda.
Schurig	Bürgermeister	Stollberg b. Chemnitz (Sachsen).
Schüßler	Obergerichtsdirektor	Birkenfeld (Oldenburg).
Schuster	Justizrath	Eisleben.
Schuster	Justizassessor	Ulm.
Dr. Schwabe	Advokat	Leipzig.
Dr. Schwartze	Obergerichtsrath	Hamburg.
Schwarz	Obertribunalsrath	Berlin.
Schwarz	Rechtsanwalt	Wasserburg (Bayern).
Dr. v. Schwarze	Generalstaatsanwalt	Dresden.
Schwarzmann	Direktor des Verwaltungsgerichtshofes	Carlsruhe (Baden).
Schwauß	Polizeidirektor	Dresden.
Schwenger	Kreisrichter	Duisburg.

Name.	Stand.	Wohnort.
Schwing	Kreisrichter	Franzburg.
Dr. v. Seeger	Professor	Tübingen.
Seeger	Oberamtsrichter	Urach (Württemberg).
Dr. Seelemann	Advokat	Hamburg.
Sehlmacher	Rechtsanwalt	Stettin.
Dr. Seibert	Hofgerichtsadvokat	Darmstadt.
Seibert	Gerichtsassessor	Zwingenberg (Großh. Hessen).
Seidler	Kreisgerichtsrath	Worbis.
Seiferling, Georg	Bezirksgerichtsrath	Weiden (Oberpfalz).
Seiler	Bürgermeister	Nürnberg.
Seitz	Bezirksgerichtsrath	Lohr a. M.
Selb, G.	Anwalt	Mannheim.
Seligmann	Advokatanwalt, Justizrath	Coblenz.
Selkmann	Staatsrath	Oldenburg i. Großherzogthum.
Sertürner	Obergerichtsanwalt	Hameln a. d. Weser.
Dr. Seuffert, H.	Professor	Gießen.
Seume	Advokat	Crimmitschau (Sachsen).
Seyd	Hofgerichtsadvokat	Friedberg (Großh. Hessen).
v. Seydewitz	Kammergerichtsrath	Berlin.
Dr. v. Sicherer	Professor	München.
Dr. v. Sick	Staatsminister	Stuttgart.
Siebdrat	Polizei-Director	Chemnitz (Sachsen).
Siebert	Dr. jur.	Frankfurt a. M.
Siebert	Landgerichtsassessor	Fürth (Hessen).
Siegel	Rechtspraktikant	Bamberg.
Sieger	Advokatanwalt	Cöln.
Siegfried	Oberlandesgerichtspräsident	Dessau.
Sieveking	Rechtsanwalt	Altona bei Hamburg.
Dr. Sieveking, J. H.	Senatssekretär	Hamburg.
Sievert	Obergerichtsadvokat	Wiesbaden.
Dr. Silberschlag	Stadt- u. Kreisgerichtsrath	Magdeburg.
Dr. Simon	Obergerichtsanwalt	Hannover.
Dr. Simonis	Senator	Rostock (Mecklenburg-Schw.).
Simonson	Justizrath	Berlin.
Dr. Simson	Appell.-Gerichts-Chef-Präs.	Frankfurt a. O.
Sinz	Kreisrichter	Laasphe.
Sommer	Rechtsanwalt	Grottkau.
Sommer	Advokat	Parchim.
Sommer	Justizamtmann	Stuttgart.
Dr. Sontag, Rich.	Professor	Freiburg (Baden).
Speck	Advokat	Meerane (K. Sachsen).
Spickhoff	Advokatanwalt	Düsseldorf.

Name.	Stand.	Wohnort.
Spohr	Rechtsanwalt	Cassel.
Dr. v. Stabel	Staatsminister a. D.	Carlsruhe (Baden).
Staehler	Rechtsanwalt	Hadamar.
Dr. Stammann	Generalconsul	Caracas (Venezuela).
Ständer	Justizrath	Essen a. Ruhr.
Stapff	Rechtsanwalt	Vieselbach.
Stebel	Rechtsanwalt	Freiburg (Baden).
Stegemann	Justizrath und Anwalt am Reichsoberhandelsgericht	Leipzig.
Dr. Stein I.	Rechtsanwalt	Dresden.
Steinbach	Justizrath und Notar	Magdeburg.
Steinberger	Hofgerichtsadvokat	Gießen.
Steinberger	Rechtsanwalt	Neustadt a. d. Orla.
Steinbrüchel	Bezirksgerichtsrath	Nürnberg.
Steineck	Kreisgerichtsdirektor	Arolsen.
Steinhard	Gerichtsassessor	Hildburghausen.
Steinhausen	Kammergerichtsrath	Berlin.
Dr. Steinle	Referendar	Frankfurt a. M.
Stemann	Advokat	Segeberg.
Frh. v. Stengel	Landgerichtsrath	Mülhausen (Elsaß).
Stenglein	Rechtsanwalt	München.
Frh. v. Sternenfels	Rechtsanwalt	Ravensburg.
Frh. v. Sternenfels	Obertribunalsvicepräsident	Stuttgart.
Frh. v. Sternenfels, E.	Regierungsrath	Stuttgart.
Stettin	Rechtsanwalt	Belgard.
Stettner	Bezirksgerichtsrath	Würzburg.
v. Stettner-Garbenhofen	Stadt- u. Landrichter	Weißenburg (Mittelfranken).
Stichling	Kreisgerichtsrath	Weimar.
Dr. Stickel, Oscar	Garnisonauditeur	Cassel.
Stimmel	Finanzprokurator	Plauen (Sachsen).
Stinner	Rechtsanwalt	Schlochau.
Stöckel	Bezirksgerichtsassessor	Cronach (Bayern).
v. Stockhausen	Vicedirektor	Hannover.
Stoltz	Obergerichtsaccessist	Hannover.
Stöpel	Justizrath	Potsdam.
Storr	Kreisgerichtsrath	Stuttgart.
v. Stößer	Kreis- u. Hofgerichtsdirektor	Mannheim.
Strauß, Adolf	Anwalt	Carlsruhe (Baden).
Strauß, C.	Rechtsanwalt	Heilbronn.
Strecker	Hofgerichtsadvokat	Offenbach a. M.
Strempel	Senator	Wismar.

Name.	Stand.	Wohnort.
Ströbel	Advokat	Dresden.
Frh. v. Stromer	I. Bürgermeister	Nürnberg.
Struckmann	Oberverwaltungsgerichtsrath	Berlin.
Struckmann	Obergerichtsrath	Berlin.
Strupp	Rechtsanwalt	Hildburghausen.
Dr. Strupp	Bankier	Meiningen.
v. Stubenrauch	Staatsanw. a. Appell.-Gericht	München.
Stumpf	Finanzassessor bei der königl. Forstdirektion	Stuttgart.
Stumpf	Rechtsanwalt	Stuttgart.
Stumpff	Kreisgerichtsrath	Wiesbaden.
Süpfle	Anwalt	Carlsruhe (Baden).
Süpfle	Oberamtsrichter	Heidelberg.
Tafel	Rechtsanwalt	Oehringen.
Tafel, Herm.	Rechtsanwalt	Stuttgart.
Tamms	Anwalt	Stralsund.
Tamsen	Kreisrichter	Altona bei Hamburg.
Teichen	Syndikus der Discontogesellschaft u. Senator a. D.	Berlin.
Dr. A. Teichmann	Professor	Basel (Schweiz).
Teucher	Stadtrath	Dresden.
Teuscher	Kreisrichter	Treptow a. d. Tollense.
Thalmann	Advokatanwalt	Frankenthal in Bayern.
Then	Staatsanwalt	Bayern.
Theremin	Kreisgerichtsrath	Schweidnitz.
Thewald	Oberamtsrichter	Königstein (R.-B. Wiesbaden).
Thiemann	Bürgermeister	Bielefeld.
Thiemer sen.	Advokat	Zittau.
Dr. Thöl	Amtsrichter	Geestemünde.
Thomsen	Amtsrichter	Emden.
Dr. Thomsen	Obergerichtsrath	Hannover.
Dr. Thon	Professor	Rostock (Mecklenburg-Schwerin).
Thönnessen	Notar	Randerath (Rg.-Bz. Aachen).
Throner	Rechtsanwalt	Schweinfurt.
Dr. Thudichum	Professor	Tübingen.
Thurm	Advokat	Ronneburg (Sachsen-Altenburg).
Tietz	Advokat	Leipzig.
Dr. Timm	Advokat	Hamburg.
zum Tobel	Rechtsanwalt	Ulm.

Name.	Stand.	Wohnort.
Tornau	Rechtsanwalt	Bitterfeld.
Dr. Trabert	Landrichter	Mellrichstadt (Unterfranken).
Traub, Berth.	Staatsanwalt	Mannheim.
Treplin	Kronanwalt	Celle.
Triebsies	Advokat	Rostock (Mecklenburg-Schwerin).
Dr. Trieps	Geheimrath	Wolfenbüttel.
Trimborn	Advokatanwalt	Cöln.
Trinks	Oberbürgermeister	Hildburghausen.
Trogg	Bezirksgerichtsrath	Augsburg.
Trump	Kreisrichter	Gleiwitz.
Turban	Staatsminister und Minister-Präsident	Carlsruhe (Baden).
Ufer	Appellationsgerichtsrath	Zwickau (Sachsen).
Ukert	Appellationsgerichtspräsident	Magdeburg.
Dr. Ullrich	Richter am Niedergericht	Hamburg.
Dr. Ulrichs	Obergerichtsanwalt	Bremen.
v. Ungern-Sternberg	Geh. Legationsrath	Carlsruhe (Baden).
Untersee	Rechtsanwalt	Gmünd (Württemberg).
Urban	Advokat	Zwickau (Sachsen).
Dr. v. Uttenhofen	Staatsrath	Meiningen.
v. Vahl	Rechtsanwalt	Greifswald.
Velde	Rechtsanwalt	Diez a. d. Lahn.
Venus	Justizrath	Eisenach.
Dr. Versmann	Senator	Hamburg.
Vette	Rechtsanwalt	Wittenberg (Prov. Sachsen).
Vielvoye	Appellationsgerichtsrath	Cöln.
Viëto	Obergerichtsassessor	Hildesheim.
Vogel	Hofgerichtsrath	Berlin.
Dr. Vogel	Professor	Erlangen.
Dr. Voigt, J. F.	Verwaltungsbeamter	Hamburg.
Dr. Voigt sen. J. F.	Reichsoberhandelsgerichtsrath	Leipzig.
Voigt	Appellationsgerichtsrath und Oberstaatsanwalt	Hildburghausen.
Dr. Völk	Advokat	Augsburg.
Volland	Kreisgerichtsrath	Suhl.
Dr. Vollert	Geh. Staatsrath und Chef des Fürstl. Reußischen Justiz- u. Kultus-Ministeriums	Gera (Reuß j. L.).
Dr. Vollert	Regierungsassessor	Weimar.
Völter	Oberamtsrichter	Herrenberg.
Vorbeck	Advokat	Wittenburg (Mecklenb.-Schw.).

Name.	Stand.	Wohnort.
Dr. Wach	Professor	Leipzig.
Wachenhusen	Advokat	Boitzenburg i. Mecklenburg.
Wachtel	Dr. jur.	Leipzig.
Dr. Wächter, L.	Notar	Hamburg.
Dr. v. Wächter	Wirkl. Geh. Rath u. Prof.	Leipzig.
Wächter	Amtsrichter	Elze (Hannover).
Wagner, Aug.	Anwalt	Heidelberg.
Wagner, H.	Landrichter	Tegernsee (Oberbayern).
Walcher	Rechtsanwalt	Stuttgart.
Dr. Waldeck, R.	Amtsrichter	Arolsen.
Wallau	Oberamtmann	Donaueschingen.
Wallersteiner	Rechtsanwalt	Ravensburg.
Walter	Advokat	Meerane (Sachsen).
Walter	Justizrath	Beuthen (Ober-Schlesien).
Warburg	Justizrath	Altona bei Hamburg.
Warmuth	Stadtgerichtsassessor	Augsburg.
Warnkönig	Hofrath	Donaueschingen.
Graf Dr. v. Wartensleben	Stadtgerichtsrath	Berlin.
Wassermeyer	Advokatanwalt	Bonn.
Dr. Wasserschleben	Geh. Justizrath u. Professor	Gießen.
Weber	Advokatanwalt	Aachen.
Weber	Advokat	Elberfeld.
Dr. Weber	Hofgerichtsadvokat	Offenbach a. M.
Dr. Weber	Kaiserl. Friedensrichter	Rufach (Ober-Elsaß).
Weber	Gerichtsamtmann	Schmölln.
Dr. Weber	K. Notar	Würzburg.
Wedekind	Obergerichtsassessor	Hameln a. d. Weser.
Wedekind	Rechtsanwalt	Altona bei Hamburg.
Dr. v. Wedekind	Hofgerichtsadvokat	Darmstadt.
Wegelin	Landrichter	Laubach (Großh. Hessen).
Wegner	Rechtsanwalt	Berlin.
Wegner	Kreisgerichtsrath	Stolp (Pommern).
Weibezahn	Amtsrichter	Stade.
Weichsel	Stadt- und Kreisgerichtsrath	Magdeburg.
Weicker	Rechtsanwalt	Biedenkopf.
Weidinger	Justizrath	Greiz.
Dr. Weigel	Rechtsanwalt	Cassel.
Weigelt	Kreisgerichtsrath	Zeulenroda.
v. Weinschenk	Kreisgerichtshofdirektor	Eßlingen.
Weismann	Rechtsanwalt	Coburg.
Weiß	Rechtsanwalt	Breslau.

Name.	Stand.	Wohnort.
Weiß	Obertribunalssekretär	Stuttgart.
Weisser, P.	Kreisrichter	Stuttgart.
Weißleder	Kreisrichter	Grätz.
Weizsäcker	Oberamtsrichter	Oehringen.
Weizsäcker	Finanzrath	Stuttgart.
Wentzel	Obertribunalsrath	Berlin.
Dr. Werenberg	Rechtsanwalt	Berlin.
Werner	Rechtsanwalt	Stettin.
Werner	Obergerichtsanwalt	Hannover.
Werner	Rechtsanwalt	Naumburg a. Saale.
Westedt	Amtsrichter	Albersdorf in Holstein.
Dr. Westerkamp	Professor der Rechte	Marburg i. Hessen-Nassau.
Wettke	Kreisgerichtsdirektor	Elbing.
Wetzlich	Gerichtsrath	Meißen.
Wiarda	Obergerichtsdirektor	Aurich.
v. Widemann	General-Auditeur	Stuttgart.
Dr. Wieding	Professor	Kiel.
Wielandt, Friedr.	Ministerialrath	Karlsruhe (Baden).
Wielandt, K.	Oberhofgerichtsrath	Mannheim.
Wiener	Rechtsanwalt	Breslau.
Dr. Wiener	Oberhandelsgerichtsrath	Leipzig.
Wiester	Rechtsanwalt	Hirschberg (Schlesien).
Wiethaus	Kreisrichter	Werl (Westfalen).
Wiggers	Rechtsanwalt	Rendsburg.
Dr. Wilckens, Joh.	Obergerichtsanwalt	Bremen.
Dr. Wilckens	Jüd. Prokurator	Hamburg.
Wilhelm	Notar	Lichtenfels.
Wilhelmi, W.	Staatsanwalt	Cassel.
Wilckens	Oberamtsrichter	Lahr.
Wilke	Justizrath	Berlin.
v. Wilmowski	Justizrath	Berlin.
Windhorst	Kreisrichter	Herford.
Windscheid	Hypothekenbewahrer	Cöln.
Dr. Windscheid	Professor, Geh. Rath	Leipzig.
Winter	Prokurator a. D.	Höchst a. M.
Winter	Anwalt	Stuttgart.
Wintterlin	Oberfinanzrath	Stuttgart.
Frh. v. Wirsing	Amtshauptmann	Schwarzenberg (Sachsen).
Wirth	Oberamtsrichter	Oberndorf (Württemberg).
Wißmann	Kreisgerichtsrath	Wiesbaden.
Witschel	Advokat	Dresden.

Name.	Stand.	Wohnort.
Witschel	Rechtsconcipient	Nürnberg.
Witte, E.	Stadtgerichtsrath	Breslau.
Wittelshöfer	Rechtsconcipient	Fürth (Bayern).
Wittenbacher	Gerichtsrath	Glauchau.
Wittgenstein, Jos.	Advokat	Perl a. d. Mosel.
v. Witzleben	Regierungsrath	Leipzig.
Wohlfahrt	Finanzrath	Rudolstadt (Schwarzb.-R.).
Woide	Gerichtsrath	Rawicz.
Wolbach	Rechtsanwalt	Stuttgart.
Dr. Wolf	Advokat	Dresden.
Wolf, A.	Rechtsanwalt	Hagen.
Wölfel	Rechtsanwalt	Lützen b. Merseburg.
Wolff	Rechtsanwalt	Berlin.
Wolff, Hugo	Anwalt	Karlsruhe (Baden).
Wolff	Rechtsanwalt	Frankfurt a. O.
Wolff	Obergerichtsrath	Wolfenbüttel.
Dr. Wolffson, S.	Advokat	Hamburg.
Dr. Wolfskehl	Advokatanwalt	Mainz.
Wollaib	Kreisgerichtsrath	Ulm.
Wollner	Bezirksgerichtsrath	Fürth (Bayern).
Wörner	Rechtsanwalt	Stuttgart.
Woerrlein	Notar	Herzogenaurach (Bayern).
Woyand	Advokat	Dresden.
Wulfert	Obertribunalsrath	Berlin.
Wulff	Amtsrichter	Segeberg.
Wundt	Oberhofgerichtsrath	Mannheim.
Wündisch	Advokatanwalt	Zabern (Elsaß).
Wüst	Oberbürgermeister	Heilbronn.
Wüstefeld	Oberamtsrichter	Wöltingerode b. Vienenburg in Hannover.
Wüstenfeld	Oberhofgerichtsrath	Mannheim.
Zacke	Kreisgerichtsrath	Suhl.
Graf v. Zech	Bezirksgerichtsrath	Straubing.
Zedelius	Amtmann	Ovelgönne (Oldenburg).
Zegelin	Bürgermeister	Wittenburg (Meckl.-Strelitz).
Zeiß	Advokat	Jena.
Dr. Zeller	Assessor	Offenbach a. M.
Zeller	Rechtsanwalt	Stuttgart.
Zenker	Rechtsanwalt	Breslau.
v. Zerbst	Geh. Justizrath	Greifswald.
Dr. Zerbst	Rechtsanwalt	Jena.
Zickermann	Advokat	Schwerin (Mecklenburg).

Name.	Stand.	Wohnort.
Ziegler	Kreisgerichtsrath	Gotha.
Dr. Zimmermann	Kammergerichtsassessor a. D. und Engl. Rechtsanwalt	Berlin.
Zimmermann	Hofgerichtsadvokat	Darmstadt.
Zimmermann	Referendar	Gera (Reuß j. Linie).
Zink	Advokatanwalt	Straßburg (Elsaß).
Zirkler	Oberjustizrath	Tübingen.
Zöller	Oberstaatsanwalt	Zweibrücken (Bayer. Pfalz).
Zückler	Advokat	Glauchau.
Zülzer	Kreisrichter	Beuthen (Oberschlesien).
Zündorf	Advokat	Cöln.
Zutt	Anwalt	Mosbach a. N.

Name.	Stand.	Wohnort.

Kaiserreich Oesterreich.

Dr. Adam	Advokat	Wien.
Dr. Adensamer	Advokat	Wien.
Dr. Alexy	Advokat	Salzburg.
Dr. Altmann	Advokat	Graz.
Dr. Angerer	Advokat	Wien.
Dr. Anthofer	Oberlandesgerichtsrath	Wien.
Dr. Atlaß	Advokat	Czernowitz.
Dr. Ritter v. Kremer-Auenrode	Professor	Prag.
Ritter v. Aull	Staatsanwalt	Jicin.
Dr. Bach, Josef	Advokat	Wien.
Dr. Bahr	Advokat	Linz.
Dr. Bareuther	Advokat	Wien.
Dr. Barth	Advokat	Wien.
Dr. Ritter v. Bauer	Advokat	Wien.
Dr. Beczicz ka	Magistratssecretär	Wien.
Dr. v. Benak	Advokat	Linz.
Dr. Berg	Advokat	Wien.
Dr. Berggrün	Advokat	Wien.
Dr. Berthold	Advokat	Wien.
Dr. Biach	Advokat	Wien.
Dr. Blitzfeld	Advokat	Brünn.
Dr. v. Bozoki	Professor	Großwardein.
Breinreich	Notar	St. Pölten.
Dr. Bresnig	Advokat	Pettau.
Dr. Brezina, Jos.	Advokat	Wien.
Brezina	Notar	Wien.
Dr. Brichta	Advokat	Wien.
Dr. Bruck	Notar	Wien.
Dr. Büchse	Advokat	Krumau (Böhmen).
Dr. Burian	Advokat	Wien.
Dr. v. Busbach	Advokat	Pest.
Dr. Freih. v. Canstein	Universitätsprofessor	Czernowitz.
Dr. Chornitzer	Hofrath	Wien.
Dr. Crobath	Advokat	Wien.
v. Csemegy, Karl	Senatspräsident des obersten Gerichtshofes	Pest.
Czuka, Eduard	Advokat	S. a. Ujheli
Dr. Ritter v. Demel	Notar	Teschen.

Name.	Stand.	Wohnort.
Dr. Diebl	Advokat	Brünn.
Dr. Dietrich	Landeshauptmann Stellv.	Troppau.
Dr. Dinstl	Advokat	Krems.
Dosch	Landesgerichtsrathssecretär	Salzburg.
Dr. Dostal, Franz	Advokat	Wien.
Dr. Dürnberger	Advokat	Linz.
Dum	Gerichtsadjunkt	Obernberg am Inn.
Dr. Ebermann	Advokat	Wien.
Dr. Ehrenfest	Advokat	Temesvar.
Dr. Eltz	Advokat	Wien.
Dr. Freih. v. Elvert	Landesgerichtspräsident	Brünn.
Dr. Erwein	Advokat	Klagenfurt.
Dr. Exner	Professor	Wien.
Dr. Fayer	Privatdozent	Pest.
Dr. Ritter v. Feist-mantel, Carl	Advokat	Wien.
Feld	Advokat	Darda.
Dr. Ritter v. Mündel-Feldberg	Advokat	Wien.
Dr. Ritter v. Floch	Finanzrath u. Advokat	Pest.
Dr. Fochtmann	Notar	Kalsching.
Dr. Foltanek	Notar	Wien.
Forstner	Bezirksgerichtsadjunkt	Mahrenberg.
Dr. Frank	Advokat	Prag.
Dr. Frantz	Advokat	Wien.
Dr. Fried	Advokat	Wien.
Dr. Friedmann	Advokat	Pest.
Dr. Fuchs, Wilhelm.	Advokaturcandidat	Wien.
Landgraf zu Fürsten-berg, Excellenz	Wirkl. Geh. Rath u. Senats-präsident des obersten Gerichtshofes	Wien.
Fürth	Notar	Steyr.
Funke	Landgerichtsrath	Leitmeritz.
Dr. Ganzwohl	Advokat	Wien.
Dr. Geißler	Advokat	Krakau.
Dr. Ritter v. Glanz	Advokat	Linz.
Dr. Glaser, Excellenz	Wirkl. Geh. Rath, Justiz-Minister	Wien.
Dr. Freiherr v. Hye-Glunek, Excellenz	Wirkl. Geh. Rath	Wien.
Dr. Freiherr v. Hye-Glunek	Landgerichtsrath	Wien.

Name.	Stand.	Wohnort.
Dr. Götz	Advokat	Nikolsburg.
Dr. Goldenberg	Advokat	Wien.
Dr. Goldschmid	Advokat	Prag.
Dr. Ritter v. Görner	Advokat	Prag.
Dr. Graf	Advokat	Elbogen.
Dr. Groß	Notar	Wels.
Dr. Groß	Advokat	Wien.
Dr. Grünhut	Professor	Wien.
Dr. Grysar	Advokat	Wien.
Dr. Edl. v. Gschmeidler	Advokat	Ober-Hollabrunn.
Dr. Guln	Advokat	M. Theresiopel.
Dr. v. Györy	Advokat	Pest.
Dr. Haas	Rechtskonsulent	Wien, IX. Collingasse 15.
Dr. Ritter v. Haberler	Advokat	Wien.
Dr. Freiherr von Haerdtl, Carl	Advokat	Wien.
Dr. Haele	Advokat	Ried.
Freiherr v. Handel	Landgerichtspräsident	Linz.
Dr. Hanel	Notar	Wagstadt, k. k. Schles.
Dr. Hanisch	Advokat	Wien.
Hanisch	Bezirksrichter	Grein.
Dr. Ritter v. Harrasowsky	Justizministerialrath	Wien.
Dr. Hauschild	Advokat	Prag.
Heinrich	General-Adjunkt	Leitmeritz.
Dr. Heinz	Advokat	Troppau.
Dr. Heller	Professor	Wien.
Ritter v. Scharfen-Hennedorf	Landgerichtsrath	Korneuburg.
Dr. Herbst, Excellenz	Wirkl. Geh. Rath	Wien.
Dr. Hermann	Advokat	Wien.
Hiekel	Magistratsadjunkt	Teplitz.
Dr. Hiller	Professor	Czernowitz.
Dr. Hochhauser	Advokat	Steyr.
Dr. Höchsmann	Advokat	Urfahr bei Linz.
Dr. Hönig	Advokat	Wien.
Dr. Hoffmann, Herm.	Advokat	Salzburg.
Dr. Hoke	Advokat	Linz.
Dr. Homann	Notar	Murau (Ober-Steiermark).
Dr. Horn	Advokat	Wien.
Horowitz, Leo	Doktor der Rechte	Krakau.
Horrak	Oberlandesgerichtsrath	Wien.

Name.	Stand.	Wohnort.
Dr. Huber	Advokat	Wien.
Dr. Hugelmann	Privatdozent	Wien.
Dr. Jäger	Advokat	Werffen bei Salzburg.
Dr. Jaques	Advokat	Wien.
Dr. Johanny	Advokat	Wien.
Dr. Kaiser	Advokat	Ung. Hradisch.
Dr. Kaiser	Notar	Wien.
Dr. v. Kaltenegger	Finanzrath	Laibach.
Dr. Kaserer	Ministerialsekretär	Wien.
Dr. Kaserer	Landgerichtsadjunkt	Salzburg.
Dr. Kaufmann	Advokat	Znaim.
Dr. Ritter v. Keller	Vicepräsident des obersten Landesgerichts	Wien.
Dr. Kerpal	Advokaturcandidat	Wien.
Dr. Ritter v. Kindinger	Oberstaatsanwalt	Innsbruck
Dr. Kirschler	Advokat	Schwanenstadt.
Dr. Ritter v. Kißliug	Advokat	Linz.
Dr. Klein	Advokat	Prag.
Dr. Kleiner	Notar	Marchegg.
Dr. Klier	Advokat	Teschen.
Dr. Kling	Anskultant	Salzburg.
Dr. Klob	Advokat	Brünn.
Koch	Staatsanwalt	Ried.
Konrad	Notar	Tachau.
Dr. Környei	Advokat	Pest.
Dr. Kokoschinegg	Advokat	Graz.
Dr. Kolbe, Dominik	Advokat	Wien.
Kopfinger	Landgerichtsrath	Linz.
Dr. Kopp, Eduard	Advokat	Wien.
Dr. Koreff	Advokat	Prag.
Dr. Kosjek	Advokat	Graz.
Dr. Kratky, Theod. jun.	Advokat und Vorstand des Wiener Bureaus des deutschen Juristentages	Wien.
Krausenek	Doktor der Rechte	Triest.
Frh. v. Krauß, Excell.	Wirkl. Geh. Rath u. Präsident des Reichsgerichts	Wien.
Ritter v. Krumhaar	Ministerialrath	Wien.
Dr. Kunwald	Advokat	Wien.
Laaber	Bezirksrichter	Gloggnitz.
Lasch	Advokat	Prag.
Dr. Ritter v. Lechner	Notar	Wien.

Name.	Stand.	Wohnort.
Dr. Leidesdorf	Notar	Wien.
Dr. Lentner	Universitätsdozent	Wien.
Dr. Leyrer	Advokat	Wien.
Dr. Libitzky	Advokat	Wien.
Dr. Lichtenstern, Ludw.	Advokat	Wien.
Dr. Lichtenstern, Wilhelm	Advokat	Wien.
Dr. Ritter v. Liszt	General-Prokurator am obersten Gerichtshofe.	Wien.
Dr. Ritter v. Liszt, Franz	Privatdozent	Graz.
Dr. Löw	Notar	Wien.
Dr. Löw	Oberstaatsanwalts-Stellv.	Pest.
Dr. Ludwig	Advokat	Retz.
Dr. Lukats v. Borosnyo	Advokat	Wien.
Dr. Maschek	Advokat	Chrudim.
Mahler	Notar	Korneuburg.
Dr. Major	Advokat	Eger.
Dr. Markbreiter	Advokat	Wien.
Mathes	Landesgerichtsvicepräsident	Linz.
Dr. Maurer	Auskultant	Salzburg.
Dr. Mauthner	Advokat	Wien.
Dr. Mayer	Professor	Wien.
Dr. Mayerhofer	Notar	Wien.
Dr. v. Menger, Max	Advokat	Wien.
Mikschiczek	Notar	Brünn.
Dr. Milanich	Advokat	Wien.
Dr. Mitlacher	Advokat	Wien.
Dr. Ritter v. Mitscha	Bankvereinsdirektor	Wien.
Dr. Mörtl	Advokat	Graz.
Dr. Moosmann	Advokat	Ravelsbach.
Dr. Mükisch	Notar	Gloggnitz.
Müller, R.	Notar	Wallern.
Dr. v. Nagel	Advokat	Mattighofen.
Dr. Neubauer	Universitätsprofessor	Graz.
Dr. Neumann, Herm.	Advokat	Stuhlweißenburg.
Dr. Neumeister	Advokat	Zwittau.
Dr. Neußer	Advokat	Troppau.
Dr. Ritter v. Newald	Bürgermeister	Wien.
Dr. Oberhuber	Advokat	Ried.
Dr. Pann, Arnold	Professor u. Advokat	Wien.
Paravicini	Notar	Hainburg a. d. Donau.

Name.	Stand.	Wohnort.
Dr. Paregger	Rechtsconcipient	Salzburg.
Dr. Pernitza	Advokat	Brünn.
Dr. Peter	Advokat	Falkenau a. d. Eger.
Dr. Pfaff	Professor	Wien.
Dr. Pfol	Advokat	Wien.
Dr. Pieta	Advokat	Brünn.
Dr. Pisko	Advokat	Wien.
Dr. Plattner	Advokat	Steyr.
Dr. Pobeheim	Notar	Wien.
Dr. Pöschel	Advokaturcandidat	Ried.
Dr. Pohl	Advokat	Eger.
Dr. Pokorny, Eduard	Advokat	Wien.
Dr. Pollak	Advokat	Hohenstadt (Mähren).
Dr. Poschacher	Notar	Salzburg.
Dr. Pozorny	Landessekretär	Brünn.
Preiß	Bezirksrichter	Schwechat
Prusik, Eduard	Stadtrath	Iglau.
Dr. Placzek	Advokat und Notar	Boskowitz.
Dr. Purtscher	Advokat	Ried.
Dr. Freiherr v. Vesque-Püttlingen	Sektionschef	Wien.
Dr. Ritter v. Raimann	Landesgerichtsrath	Wien.
Ratoliska	Bezirksrichter	Prägarten.
Dr. Raudnitz	Advokat	Prag.
Dr. Rechbauer, Exc.	Wirkl. Geh. Rath u. Präsident des Abgeordnetenhauses, Advokat	Graz.
Dr. Redtenbacher	Notar	Saalfelden.
Dr. Reif	Advokat	Kaaden.
Dr. Reif	Advokat	Wien.
Reindl	Notar	Urfahr bei Linz.
Dr. Reiser	Advokat	Wien.
Dr. Reiser	Notar	Marburg.
Dr. Reißig	Advokat	Zwittau.
Dr. Renger	Advokat u. Notar	Tetschen.
Dr. Remer	Advokat	Komotau.
Dr. Richter	Oberlandesgerichtsrath	Prag.
Dr. Richter, Karl	Advokat	Wien.
Dr. Richl	Advokat	Wr. Neustadt.
Dr. Freiherr von Rizy, Excellenz	Wirkl. Geh. Rath, Senats-Präsident des obersten Gerichtshofes	Wien.

Name.	Stand.	Wohnort.
Rizy	Bezirksrichter	Neuhofen a. d. Krems.
Rosenbacher	Doktor der Rechte	Prag.
Dr. Rosenblatl	Advokaturcandidat	Krakau.
Dr. Rosian	Advokat	Salzburg.
Dr. Rossi	Advokat	Troppau.
Dr. Rösler	Advokat	Zistersdorf.
Dr. Rottensteiner	Advokat	Mürzzuschlag.
Dr. v. Ruthner	Advokat	Salzburg.
Dr. Rziha	Advokat	Budweis.
Dr. Salomon	Advokat	Wien.
Dr. Samuely	Advokat	Brünn.
Scheiz	Staatsanwalt	Korneuburg.
Dr. Schick	Notar	Wien.
Dr. Schießtl, Jos.	Advokat	Innsbruck.
Dr. Schinhann	Notar	Wolkersdorf.
Ritter v. Schinnern	Notar	Windischgarsten.
Dr. Schmelkes	Advokat	Nikolsburg.
Dr. Ritter v. Schmerling, Excellenz	Wirkl. Geh. Rath, erster Präsident des obersten Gerichtshofes	Wien.
Dr. Schmettan	Advokat	Freiwaldau.
Dr. Schmeykal	Advokat	Prag.
Dr. Schmidt	Advokat	Elbogen.
Dr. Schmidt	Advokat	Wien.
Dr. Schneider	Advokat	Mauerkirchen.
Ritter v. Schöbl	Ministerialrath	Wien.
Dr. Schranzhofer	Notar	Schwechat.
Dr. Schreiter	Finanz-Prok.-Conc.-Praktikant	Komotau.
Dr. Schrenzl	Advokat	Wien.
Schubert	Notar	Böhm. Kamnitz.
Dr. Schüßler	Advokat	Wien.
Dr. Schütze	Professor	Graz.
Schuster	Kreisgerichtsadjunkt	Ried.
Schustler	Notar	Neutitschein.
Dr. Schwach	Advokat	Wien.
Dr. Seen	Advokat	Ried.
Dr. Sieber	Gerichtsadjunkt	St. Johann.
Dr. Singer, Jakob	Advokat	Wien.
Simon	Notar	Königswart.
Dr. Söldner	Advokat	Liezen.

Name.	Stand.	Wohnort.
Dr. Frhr. v. Sommaruga	Advokat	Wien.
Dr. Spanner	Advokat	Wien.
Dr. Ritter v. Spann	Ministerialsekretär	Wien.
Dr. Spitzer	Advokat	Wien.
Ritter v. Stahl	Ministerialsekretär a. D.	Wien.
Dr. Stall	Advokat	Wien.
Dr. Stampfer	Advokat	Brünn.
Dr. Steinwender, Paul	Notar	Leonfelden.
Dr. Stella	Advokat	Hietzing.
Dr. Stern, Alfred	Advokat	Wien.
Stieger	Auskultant	Salzburg.
Stiepanek	Notar	Neustadt (Mähren).
Still	Landgerichtssekretär	Wien.
Dr. Stingl	Advokat	Krems.
Dr. Stöhr	Advokat	Wien.
Dr. Straberger	Advokat	Wels.
Dr. Stradal	Advokat	Teplitz.
Dr. Straßer	Notar-Concipient	Salzburg.
Dr. Strauß	Advokat	Wien.
Ritter v. Streeruritz	Bürgermeister	Mies.
Dr. Sturm	Advokat	Wien.
Dr. Suchanek	Verwaltungsrath	Wien.
Dr. Süß	Notar	Wildstein (Böhmen).
Dr. Taussig	Advokat	Prag.
Dr. Thamer	Universitätsprofessor	Innsbruck.
Theumer	Notar	Elbogen.
Theumer	Oberlandesgerichtsrath	Prag.
Dr. Theumer	Advokat	Aussig a. d. Elbe.
Dr. Tobisch	Advokat	Bilin.
Dr. Tremel	Advokat	Wien.
Dr. Turteltaub	Advokaturcandidat	Wien.
Dr. Ullmann	Professor	Innsbruck.
Dr. Unger, Excellenz	Wirkl. Geh. Rath und Minister	Wien.
Dr. Urban	Gerichtsadjunkt	Prag.
Dr. v. Vaszary	Advokat	Kosposvar
Vogel	Notar	Kaplitz.
Volkelt	Notar	Prag.
Vormaier	Notar	Braunau (Ob.-Oest.)

Name.	Stand.	Wohnort.
Dr. Wahlberg	Hofrath u. Universitätsprofessor	Wien.
Wallaschek	Notar	Brünn.
Dr. Ritter v. Waser, Excellenz	Wirkl. Geh. Rath, Oberlandesgerichtspräsident	Graz.
Dr. Weeber	Advokat	Olmütz.
Weinert	Bezirksgerichtsadjunkt	Woseritz.
Dr. Weißel, L. F.	Advokat	Wien.
Dr. Weißmann	Sectionschef	Wien.
Dr. Weitlof	Advokat	Wien.
Dr. Werner	Professor	Kaschau.
Dr. Widmann	Advokat	Salzburg.
Dr. Ritt. v. Wiedenfeld	Advokat	Wien.
Dr. Ritter v. Wiener	Advokat	Prag.
Dr. Willner	Advokat	Wien.
Dr. Wittek	Advokat	Znaim.
Ritter v. Wolff	Hofrath	Wien.
Dr. Woslaczek	Advokat	Graslitz.
Dr. Zahn	Advokat	Prag.
Dr. Ritter v. Zailner	Advokat	Proßnitz.
Dr. Zapletal	Advokaturcandidat	Rudolfsheim bei Wien.
Dr. Zatecky	Advokat	Wien
Dr. Zimmer	Advokat	Wiegstadtl (Schlesien).
Dr. Zimmermann	Advokat	Wien.
Dr. Zloch	Notar	Carlsbad.
Dr. Zoll	Regierungsrath und Universitätsprofessor	Krakau.
Dr. Zoll	Advokat	Bielitz.
Dr. Zucker	Universitätsprofessor	Prag.

Verzeichniß der Redner.

Die Zahlen bezeichnen die Seiten des vorliegenden Bandes der Verhandlungen.

I. **Vorsitzende:**

v. Groß, Geheimer Staatsrath aus Weimar, Ehrenpräsident, 4.

Gneist, Professor Dr., aus Berlin, in den Plenarversammlungen, 3, 5, 6, 25, 242, 264, 265, 266, 267, 269, 279, 286, 287, 289.

Albrecht, Präses Dr., aus Hamburg, in der vereinigten I. u. II. Abtheilung, 26, 57, 59, 86, 100, 119.

v. Schwarze, Generalstaatsanwalt Dr., aus Dresden, in der III. Abtheilung, 120, 137, 148, 150.

Becker, Obergerichtspräsident, aus Oldenburg, in der IV. Abtheilung, 185, 195, 202, 237, 240.

II. **Stellvertreter der Vorsitzenden:**

Vollert, Geheimer Staatsrath Dr., aus Gera, in der Plenarversammlung, 272, 276, 278.

Hase, Geheimer Justizrath Dr., aus Jena, in der I. und II. Abtheilung, 26, 35, 56, 57.

v. Köstlin, Obertribunals-Vicedirektor, 120, 152, 184.

Dr. Kühne, Appellationsgerichts-Präsident, aus Greifswald, 185.

III. **An den Diskussionen haben Theil genommen:**

Albrecht, Präses Dr., aus Hamburg, 26—35 (Referat), 55, 243, 263.

André, Oberbürgermeister, aus Chemnitz, 228.

Antoine-Feill, Advokat Dr., aus Hamburg, 94, 112.

Beckh, Rechtsanwalt, aus Nürnberg, 73, 80, 239, 240, 288.

Blochmann, Oberbürgermeister, aus Jena, 6.

Dernburg, Geh. Justizrath Professor Dr., aus Berlin, 45, 239, 254, 264.

Drechsler, Reichsoberhandelsgerichts-Vicepräsident Dr., aus Leipzig, 44, 118, 265.

Enneccerus, Professor Dr., aus Marburg, 49, 231.

Erythropel, Obergerichtsanwalt, aus Celle, 186—194 (Referat), 278.

Abschluß der Kasse des Deutschen

Einnahme.

Mai 1878.	1. Bestand laut Abschluß vom 30. Mai 1878 a) 1000 Thlr. Bayersche 4 % Präm.-Anl. b) 800 „ Badische 4 % Präm.-Anl. c) 4000 „ Preuß. Central-Boden-Cred. 4½ % Hypothek.-Pfdbrf. d) 1800 „ Preuß. 4½ % Consf. Anl. e) 2000 „ Pomm. 4 % Pfandbriefe . f) Baarbestand . . . . Mark	10870	70
Juni 1878.	2. Zinsen auf 1000 Thlr. Bayersche 4 % Präm.-Anleihe	120	—
Juli 1878.	3. Zinsen auf 4000 Thlr. Preuß. 4½ % Hypotheken-Pfandbriefe	270	—
	4. Zinsen auf 2000 Thlr. Pommersche 4 % Pfandbriefe	120	—
	Mark	11380	70

Das Vermögen des Juristentages ist gegenwärtig:

1. 1000 Thlr. Bayersche 4 % Präm.-Anl.
2. 800 „ Badische 4 % Präm.-Anl.
3. 4000 „ Preuß. Central-Bod.-Cred. 4½ % Hypoth.-Pfdbrf.
4. 1800 „ Preuß. 4½ % Consf. Anl.
5. 2000 „ Pomm. 4 % Pfandbriefe.
6. 3640,50 Reichsmark Baarbestand.

Juristentages. Juli 1878.

Ausgabe.

Juni 1878.	1. Diäten und Reisekosten an die Mitglieder der ständigen Deputation behufs der Conferenz in Jena	1138	80
	2. An Herrn Justizrath v. Wilmowski Pauschquantum des Schriftführer-Amts pro I. Semester 1878	600	—
	3. An das Localcomité in Jena Vorschuß zur Bestreitung der Kosten des dortigen Juristentages . . . . . Mark 6000 — Pf. Porto " 1 40 "	6001	40
		7740	20
	4. Baarbestand	3640	50
		11380	70

Berlin, den 15. Juli 1878.

S. Borchardt.

Stenographische Berichte.

Erste Plenarsitzung

des

Vierzehnten Deutschen Juristentages

in Jena

am Donnerstag, den 29. August 1878.

General-Staatsanwalt Dr. v. **Schwarze** eröffnet im Auftrage der ständigen Deputation die Verhandlungen und schlägt zum Präsidenten des 14. deutschen Juristentags den Prof. Dr. Gneist vor. Die Versammlung wählt durch Acclamation den Prof. Dr. Gneist zum Präsidenten.

Professor Dr. **Gneist**: Meine hochgeehrten Herren! Ich würde die elementarsten Gebote der Bescheidenheit verletzen, wenn ich nicht vorweg anerkennen wollte, daß in dieser verehrten Versammlung und in der ständigen Deputation eine Reihe von Mitgliedern sind, welche höhere Ansprüche auf die Ehre des Vorsitzes haben. Ich darf wie früher, nicht anders als diese Ehre mit dem Bekenntniß annehmen, daß es nur zur Förderung der Geschäfte geschieht, wenn Sie die Geneigtheit haben, dem bisherigen Geschäftsführer die Leitung der Plenarversammlung anzuvertrauen. Ich nehme mit gleich herzlichem Dank wie früher, die hohe Ehre an, die Sie mir wieder zu Theil werden lassen, mit der Bitte, mich durch Ihre nachsichtige und freundliche Unterstützung in den Geschäften fördern zu wollen.

Meine Herren! Das erste Geschäft der heutigen Sitzung ist die Konstituirung des Büreaus. Gemäß den Statuten bitte ich folgende geehrte Herren als Präsidenten im Vorsitz mich unterstützen zu wollen: den Herrn Oberappellationsgerichtsrath Professor Dr. Luden von hier; Herrn Wirklichen Geheimrath Dr. v. Freydorff aus Karlsruhe, Geheimen Staatsrath Dr. Vollert aus Gera, Oberappellationsgerichtsrath Lamm aus Dresden; — und trotz der Bedenken Savigny's bitte ich, für diesen Fall gelten zu lassen: qui tacet consentire videtur, und ersuche die geehrten Vicepräsidenten, wenn es Ihnen beliebt, hier auf der Tribüne Platz nehmen zu wollen, um vorkommenden Falls mich gütigst zu vertreten.

Als Schriftführer für das Plenum würde ich vorschlagen die Herren Professor Dr. Schulz von Jena, Herrn Rechtsanwalt Dr. Zeiß von Jena, Herrn Professor Dr. Zucker aus Prag und Herrn Landsyndicus Dr. Ahlers aus Mecklenburg. Darf ich Ihrer gütigen Zustimmung für Herrn Professor Dr. Schulz, Dr. Zeiß, Professor Zucker und Landsyndicus Ahlers mich versichern?

(Ja!)

Nachdem das Büreau constituirt ist, darf ich den 14. deutschen Juristentag hiermit für eröffnet und die erste Plenarversammlung als begonnen erklären.

Ich muß den ersten Augenblick unseres legalen Daseins benutzen, um dem ehrerbietigen Dank einen Ausdruck zu geben, daß uns heute die Auszeichnung zu Theil geworden ist, Se. Königliche Hoheit den Erbgroßherzog unserer Versammlung beiwohnen zu sehen. Deutschland ehrt in dem großherzoglichen Hofe von Weimar den Protektor aller geistigen Bestrebungen unseres Volkes, den Schutz und die Förderung der höchsten geistigen und künstlerischen Richtungen der Nation. Wir können wohl sagen, in der europäischen Welt gilt die Auszeichnung durch den weimarischen Hof als eine Ehrenmedaille. Zu um so größerem Danke sind wir verpflichtet, wenn eine solche Auszeichnung auch dem Juristentag in seinen patriotischen und wirksamen Bestrebungen zur Förderung der Rechtseinheit des deutschen Volkes zu Theil wird. Ich bitte Sie, meine hochgeehrten Herren Kollegen, unserm ehrerbietigen Dank einen Ausdruck zu geben, indem wir uns erheben, um Se. Königliche Hoheit zu begrüßen.

(Die Versammlung erhebt sich.)

Geh. Staatsrath **von Groß**: Herr Präsident! Meine Herren! Im Namen und Auftrage der Großherzoglichen Staatsregierung heiße ich diese hohe und geehrte Versammlung hier im Lande willkommen. Ich thue dies in Vertretung unseres Justizministers, des Geh. Raths Stichling, meines Kollegen, welcher durch seine Mitwirkung bei den Geschäften des Bundesraths und seine dadurch veranlaßte Anwesenheit in Berlin verhindert ist und zu seinem lebhaften Bedauern sich versagen muß, hier zu erscheinen und sich an dieser Versammlung zu betheiligen. Daß gerade mir der Auftrag zu Theil wurde, unser Justizministerium hier zu vertreten, gereicht mir persönlich zu besonderer Freude, da ich den größten Theil der Zeit meiner amtlichen Laufbahn mit Hingebung und Liebe dem

Justizdienst gewidmet habe und da ich auch dem Verein des Juristentags von Anfang bis zuletzt angehört und mich an vielen seiner Sitzungen betheiligt habe.

Meine Herren! Sie sind hier im Lande und auf dem Boden klassisch-literarischer Erinnerungen, und da darf ich wohl das Wort eines unserer größten Dichter auf den Juristentag anwenden:

„Wem wohl das Glück die höchste Palme beut?
Wer freudig thut, sich des Gethanen freut!"

Der Juristentag ist in ein Stadium seiner Existenz und Wirksamkeit eingetreten, in welchem er auch der zweiten der vom Dichter erwähnten Lebensäußerungen rückhaltlos sich hingeben kann. Er freue sich des Gethanen, des Erreichten, des Errungenen! Wenn aber auch die höchsten Ziele unserer Bestrebungen theils erreicht sind, theils in bald zu erhoffender und angebahnter Erreichung, wie das Land der Verheißung, vor uns liegen, so fehlt es uns doch nimmer auch an Veranlassung und Stoff zum freudigen Thun. Noch leben wir in der Periode großer Rechtsschöpfungen, großer gesetzgeberischer Aufgaben und da haben die deutsche Wissenschaft und der Verein des deutschen Juristentages, diese Faktoren, welche die Juristen im deutschen Reich und in Oesterreich so innig verbinden, noch manche Lösung zu finden, noch manche Förderung herbeizuführen.

Möge es auch der diesjährigen Versammlung vergönnt sein, zu dieser Förderung so Erhebliches und Erfreuliches beizutragen, wie ihre Vorgängerinnen.

Ich wiederhole zum Schluß mein herzliches Willkommen und spreche noch in besonderem Auftrage den Wunsch Sr. Königlichen Hoheit des Großherzogs, meines gnädigsten Landesherrn, hiermit aus, daß es Ihnen, meine Herren, persönlich in Thüringen recht wohl gefallen möge und daß angenehme Erinnerungen Sie von hier in die Heimath begleiten.

(Bravo!)

Präsident Professor Dr. **Gneist**: Ich darf dem Herrn Vertreter der großherzoglichen Staatsregierung unserer Aller Dank aussprechen für die wohlwollende, anerkennende Beurtheilung der Leistungen unseres Vereins. Wir konnten nach der Stellung, welche die großherzogliche Regierung unsern großen deutschen Gesetzeswerken gegenüber stets eingenommen hat, einer wohlwollenden Aufnahme an dieser Stelle wohl sicher sein, aber es konnte uns keine angenehmere Ueberraschung bereitet werden, als daß das hohe Justizministerium uns begrüßt durch einen Vertreter, den wir die Ehre gehabt haben, zu den Unsrigen zu zählen in jener ersten schwersten Zeit, in der Herr Dr. von Groß sich als Mitglied an der ständigen Deputation betheiligt hat, zu einer Zeit, wo es noch recht schwer war, unsern Verein in's Leben zu führen, wo die höheren Beamten der Justiz zum Theil noch Bedenken trugen, sich unsern Bestrebungen anzuschließen. Wollen Sie mir gestatten, daß ich in Aller Namen unser verehrtes Mitglied, welches dem ältesten Seniorenconvent des Juristentags angehört hat, heute nach Verlauf fast eines halben Menschenalters bitte, als Ehrenpräsident an unseren Versammlungen Theil nehmen zu wollen, und ich darf hoffen, daß der Herr Geheime Staatsrath v. Groß uns diese Bitte nicht abschlagen wird.

(Bravo!)

Oberbürgermeister **Blochmann** (Jena): Hochansehnliche Versammlung! Im Namen der Stadt Jena spreche ich zuvörderst der ständigen Deputation meinen Dank dafür aus, daß sie unserer Stadt die Ehre erwiesen hat, der 14. Versammlung des deutschen Juristentages in diesem Jahre die Stätte zu bereiten.

Unserer Freude darüber einen großstädtischen Ausdruck zu geben, gestattet uns, wie das schon gestern an anderer Stelle gesagt worden ist, die Kleinheit unserer Stadt nicht. Dennoch aber bin ich nicht besorgt. Einmal erwarten Sie ja, meine verehrten Herren, wie wir das auch gestern schon aus beredtem Munde gehört haben, dergleichen von uns nicht. Dann wird unsere Freude schon auf anderem Wege, in anderer Weise sich bald genug kenntlich machen, und etwas hat unsere kleine Stadt vor vielen großen Städten doch voraus. Den Vorzug verdanken wir vor Allem und hauptsächlich unserer Universität und ihrem seit Jahrhunderten überwiegenden Einfluß auf das Leben, — ich meine die jugendliche Frische des Geistes und Gemüths, welche jedes Herz, wenn es auch nur kurze Zeit in Jena geschlagen hat, bewegt, die schönsten Erinnerungen in der Seele wachruft und eine unerschöpfliche Kraft zur Freude gewährt, die jugendliche Frische, welche sich erquickt und nährt an den uralten Idealen, an den idealen Gütern, welche das Leben erst des Lebens werth machen.

Das, meine Herren, ist, wie ich glaube, auch der Boden, auf welchem das ächte, aus Sitte und Gesinnung, aus dem Gewissen des Volkes herauswachsende Recht am schönsten gedeiht, auf welchem das Recht am herrlichsten sich entwickelt, welches mit unserer Nation, so weit die deutsche Zunge klingt und Gott im Himmel Lieder singt, geboren ist.

Mögen die bevorstehenden festlichen Tage meine Worte bewahrheiten! Mit diesem Wunsche, meine hochverehrten Herren, rufe ich Ihnen Namens der Stadt Jena ein herzliches Willkommen zu!

(Bravo!)

Präsident Professor Dr. **Gneist**: Ich kann dem verehrten Haupte der Bürgerschaft Jenas die Versicherung abgeben, daß diejenigen von uns, die das Glück und die Ehre gehabt haben, dem Universitätsjubiläum Jenas beizuwohnen, sehr wohl wissen, daß Jena nicht blos akademische, sondern auch noch gastliche Genüsse vieler Art darbietet, und daß nicht zum Wenigsten dazu gehört das herzliche gemüthliche Wesen der Einwohner. Wir dürfen deshalb sagen, daß wir zwar freudig bewegt, aber nicht überrascht worden sind durch den herzlichen Empfang in dieser Stadt. Uns, die wir unsere Jugend zum Theil in Thüringen zugebracht haben, uns braucht nicht gesagt zu werden, was die jenenser Bürgerschaft auszeichnet, insbesondere auch gegenüber unsern Studenten. Es ist eine Bürgerschaft, die nicht nur ihre herzliche Theilnahme den anwesenden Studirenden widmet, sondern auch ihr ganzes Leben hindurch an ihnen Theil nimmt, was aus dem Studenten geworden, wie er in hohe Stellungen gekommen ist und wie er seinem Beruf in späteren Stadien Ehre macht. Ich kann dem Herrn Bürgermeister heute nur einen abschläglichen Theil des Dankes aussprechen, von dem ich weiß, daß wir ihn am Schluß pleno pectore aussprechen werden.

Ich muß zunächst noch einige Entschuldigungen von Mitgliedern der Deputation zur Kenntniß der Versammlung bringen, namentlich von solchen, die den Wunsch ausgedrückt haben, die Motive ihrer Abwesenheit hier mitzutheilen. Wir vermissen vor Allem das ehrwürdige Haupt, den pater patratus des Juristentages, Geh. Rath Dr. von Wächter, der uns anzeigt, daß er in Folge einer heftigen Erkältung nicht an der Versammlung Theil nehmen kann, aber seinen herzlichen Gruß an die Versammlung sendet mit dem Wunsch, daß unsere Arbeiten gedeihen mögen. Ebenso bedauert es Herr Dr. Jaques in Wien, daß es ihm sein nervöser Zustand nicht möglich macht, der Versammlung beizuwohnen. So müssen wir noch mehrere Lücken in unseren Reihen diesmal beklagen, namentlich auch in Folge von Unglücksfällen in der Familie.

Indem wir nun zur Tagesordnung übergehen, beginnen wir in üblicher Weise mit Erstattung des Jahresberichts über den Stand der deutschen und österreichischen Gesetzgebung in den beiden letzten Jahren. Der Bericht wird uns erstattet werden von dem Schriftführer des Juristentages, Herrn Justizrath von Wilmowski.

Justizrath v. **Wilmowski** (Berlin):

Jahresbericht des Schriftführeramts für den XIV. Deutschen Juristentag über die Gesetzgebung von 1876/78.

Die beiden Jahre seit unserm letzten Juristentage bildeten für die deutsche Gesetzgebung eine eminent wichtige Epoche. Die einheitliche Gesetzgebung für das deutsche Reich ist für die Organisation der Gerichtsverfassung hinsichtlich der ordentlichen streitigen Gerichtsbarkeit, für das

Verfahren in bürgerlichen Rechtsstreitigkeiten, Konkursangelegenheiten und Strafsachen, sowie für die Anwaltschaft festgestellt. Das Gerichtsverfassungsgesetz vom 27. Januar 1877, die Civilprozeßordnung vom 30. Januar 1877, die Strafprozeßordnung vom 1. Februar 1877, die Konkursordnung vom 10. Februar 1877, die deutsche Rechtsanwaltsordnung vom 1. Juli 1878 und das Gerichtskostengesetz nebst den Gebührenordnungen für Gerichtsvollzieher, und für Zeugen und Sachverständige von diesem Jahre sollen an einem, durch Kaiserliche Verordnung mit Zustimmung des Bundesraths festzusetzenden Tage, spätestens am 1. October 1879 in Kraft treten.

Eine Charakterisirung dieser umfassenden Gesetzeswerke würde, selbst wenn sie sich auf die knappste Skizzirung beschränkte, die Aufgabe dieses Berichts über das Fortschreiten unserer Gesetzgebung überschreiten. Für die Mitglieder des Juristentags sind wir ohnehin in der glücklichen Lage, auf die umfassenden Berichte Bezug nehmen zu können, welche dem 13. Juristentage von unserm verehrten Präsidenten Professor Dr. Gneist über das Gerichtsverfassungsgesetz und die Strafprozeßordnung, und von dem Obergerichts-Präsidenten Becker zu Oldenburg über die Civilprozeßordnung erstattet worden sind. Die damals, wenngleich noch vor der definitiven Genehmigung des Reichstags und des Bundesraths berichteten Darstellungen enthalten im Wesentlichen die Feststellungen, welche demnächst auch in den Gesetzgebungswerken beibehalten sind. Modifizirt wurden in der dritten Lesung des Reichstags namentlich einige Bestimmungen über die Zeugnißbefreiung und den Gerichtsstand in Preßstrafsachen. Die Zuständigkeit der Schwurgerichte in Preßstrafsachen wurde zwar da, wo sie besteht, aufrecht erhalten, soll aber sonst als allgemeine Regel nicht eingeführt werden; sondern die gewöhnlichen Regeln über die Zuständigkeit der Gerichte sind auch für diese Sachen maßgebend. Die Anfechtbarkeit von Urtheilen wegen einer zu protokollirenden falschen Rechtsbelehrung des Vorsitzenden an die Geschworenen wurde beseitigt, und einzelne Modifikationen der Bestimmungen über Vertretung von Richtern, Beschlagnahme bei Post- und Telegraphen-Anstalten, Unterredung des Verhafteten mit dem Vertheidiger, über Erstattung der Auslagen eines fruchtlos Angegriffenen und über Beschwerden betreffs der Anklage, wurden getroffen. Der Reichstag genehmigte diese Aenderungen, weil nur unter dieser Bedingung die Genehmigung der Gesetzgebungswerke seitens des Bundesraths in Aussicht gestellt wurde.

Die Reichs-Konkursordnung schließt sich im Wesentlichen an die preußische Konkursordnung vom 8. Mai 1855 an. Sie ordnet, gleichmäßig für Konkurse über Kaufleute und Nichtkaufleute, eingreifend auch die durch den Konkurs bedingten materiellen Rechte. Das Unvermögen des Schuldners, seine laufenden Zahlungen zu leisten, die Zahlungsunfähigkeit ohne Rücksicht auf eine objective Vermögensunzulänglichkeit, begründet den Anspruch jedes Gläubigers auf Konkurseröffnung behufs der Verwendung und Theilung des Vermögens unter den Gläubigern. Durch die hierdurch bestimmte Zeit der Entstehung dieses subjectiven Konkursanspruchs, und durch die Kenntniß Anderer hiervon, werden die Bedingungen und Grenzen der Gültigkeit von Rechtshandlungen des Gemeinschuldners, der Erwerbung besonderer Rechte seitens der Gläubiger, der Anfechtbarkeit von Rechtshandlungen, und der Zulässigkeit der Aufrechnung von Gegenforderungen, bestimmt. Während für die Rechte auf abgesonderte Befriedigung hinsichtlich des unbeweglichen Vermögens die Landesgesetzgebung mit Rücksicht auf die Verschiedenheit der Civilrechtssysteme noch maßgebend geblieben ist, hat die Konkurs-Ordnung in Betreff des beweglichen Vermögens Minimalrequisite aufgestellt, welche vorhanden sein müssen, um Pfand- und Quasipfandgläubigern im Konkurse ein Recht auf vorzugsweise abgesonderte Befriedigung zu gewähren. Wesentlich beruhen sie darauf, daß die Berechtigten ein durch Besitz, Erkennbarkeit für Andere, und Beziehung auf das Absonderungsobject unterscheidbares Recht unter bestimmten Voraussetzungen haben müssen. Im Uebrigen ist ein Vorzugsrecht nur für 5 Klassen von Forderungen: Lohnforderungen, öffentliche Abgaben, Leistungen und Abgabe an Kirche, Schulen und öffentliche Verbände, Kur- und Pflegekosten und Forderungen von Kindern und Pflegebefohlenen wegen ihres gesetzlich vom Gemeinschuldner zu verwaltenden Vermögens bewilligt. Der Ehefrau ist kein Vorrecht eingeräumt; als Vindicantin kann sie Gegenstände, welche sie während der Ehe erworben hat, nur beanspruchen, wenn sie beweist, daß sie nicht mit den Mitteln des Mannes erworben sind. Das Konkursverfahren steht unter der Aufsicht des Amtsgerichts als „Konkursgericht". Die Geltendmachung von Ansprüchen auf Gegenstände, welche dem Gemeinschuldner nicht gehören (Aussonderung), und auf abgesonderte Befriedigung, ist vom Konkursverfahren ausgeschieden. Die Konkursgläubiger verwalten die Masse durch ihre Organe: den Verwalter, den Gläubigerausschuß und die Gläubigerversammlung. Das Konkursgericht hat indeß darauf seinen Einfluß durch die von ihm abhängige Ernennung des Verwalters, durch seine Aufsicht über denselben, durch die Entscheidung über streitige Stimmberechtigung, durch die Berufung und Leitung der Gläubigerversammlung, und durch das Veto des Gerichts, wenn der Beschluß dem gemeinsamen Interesse der Konkursgläubiger widerspricht. Die Anmeldung der Konkurs-Gläubiger muß beim Gerichte erfolgen; einen Widerspruch seitens des Verwalters oder eines andern Gläubigers müssen die Betheiligten durch besondere

Prozesse im Rechtswege betreiben. Die in der bestimmten Anmeldefrist nicht gemeldeten Forderungen sind nicht präkludirt und können noch später gemeldet werden, können aber die bei früheren Vertheilungen bestimmten Prozente nur aus der Restmasse, soweit diese reicht, bekommen. Vertheilungen sollen erfolgen, so oft hinreichende Masse vorhanden ist; unter Entscheidung des Konkursgerichts über Einwendungen, welche in präklusivischer Frist gegen das bekannt zu machende Verzeichniß der vertheilungsberechtigten Forderungen geltend zu machen sind. Einem Zwangsvergleiche muß sich die Minderheit unterwerfen, wenn die Mehrheit der im Termine vertretenen Gläubigerpersonen für mindestens drei Viertheile der stimmberechtigten Forderungen dem Vergleiche zustimmt und wenn das Konkursgericht den Vergleich bestätigt. Das Gericht muß außer bei Nichtbeobachtung der formalen Vorschriften den Vergleich verwerfen, wenn der Gemeinschuldner flüchtig ist, den Offenbarungseid weigert, oder wegen betrüglichen Bankerotts in Untersuchung oder bestraft ist; außerdem auf Antrag eines stimmberechtigten Gläubigers, wenn der Vergleich durch Begünstigung eines Gläubigers oder sonst in unlauterer Weise zu Stande gebracht ist, oder dem gemeinsamen Interesse der nicht bevorrechtigten Konkursgläubiger widerspricht. Nach Beendigung der Verfahrens haben die Gläubiger für ihre festgestellten und nicht vom Gemeinschuldner im Prüfungstermine bestrittenen Forderungen gegen den Gemeinschuldner das Recht auf Zwangsvollstreckung wegen ihres Ausfalls bez. wegen der akkordmäßigen Verpflichtungen.

Die vom Juristentage erstrebte einheitliche Gesetzgebung für das deutsche Reich hat sonach, nachdem sie schon früher für das Strafrecht begründet wurde, durch die Reichsjustizgesetze von 1877 nun auch ihre Feststellung für das Verfahren in Straf- und Civilstreitsachen in umfassender Weise erhalten. Mögen auch die Gesetzgebungswerke nicht in allen Einzelnheiten den, von den verschiedensten Standpunkten aus an sie gemachten, Anforderungen in unanfechtbarer Weise genügen: zu dem Resultate können wir uns jedenfalls Glück wünschen, daß im deutschen Reiche eine erhebliche Verkehrsschranke fallen wird, welche in der Verschiedenheit des Verfahrens und damit in der Schwierigkeit der Verfolgung von Ansprüchen und von Delikten bestand. Damit ist zugleich die Grundlage gegeben, auf welcher die bessernde Hand aus deutscher Sitte und aus deutschem Rechtsbewußtsein mit gemeinsamer Wirkung für das ganze Reich weiter bauen kann. Das zur Erhaltung und Förderung der Rechtseinheit wesentlich berufene Reichsgericht erhält gemäß dem Reichsgesetz vom 11. April 1877 seinen Sitz in Leipzig. Von dem Vorbehalte des § 8 Einführungsgesetz zur Gerichts-Verfassung: ein oberstes Landesgericht für Revisionen und Beschwerden in bürgerlichen Rechtsstreitigkeiten (außer in solchen, welche zur Zuständigkeit des Reichsoberhandels-Gerichts gehören, oder durch besondere Reichsgesetze dem Reichsgerichte zugewiesen werden) zu errichten, wird voraussichtlich nur Bayern Anwendung machen.

Die Normativbestimmungen, welche die Reichs-Justizkommission in ihrem Entwurf des Gerichtsverfassungsgesetzes hinsichtlich der Rechtsanwaltschaft aufgenommen hatte (XIII. Juristentag Band 2, Seite 53), wurden bei der endgültigen Feststellung des Gerichtsverfassungs-Gesetzes aus demselben ausgeschieden, um dafür in umfassender Weise durch besonderes Gesetz die Rechtsanwaltschaft für das deutsche Reich zu organisiren. Dies ist nun durch die Rechtsanwaltsordnung vom 1. Juli 1878 geschehen. Sie gestattet ohne Unterscheidung zwischen Anwaltschaft (Rechtsvertretung, Prokuratur) und Advokatur (Rechtsausführung) den freien Eintritt in die Anwaltschaft Jedem, welcher die Fähigkeit zum Richteramte erlangt hat; ohne Beschränkung durch ein ministerielles Anstellungsrecht, oder durch die schon fungirende Zahl der Anwälte. Zur Zeit freilich ist der Eintritt unbedingt nur für die Gerichte desjenigen Bundesstaats frei, in welchem der Anwalt die befähigende Prüfung bestanden hat. Die Zulassung in einem andern Staate hängt noch von diesem fakultativ ab. Zur Erstrebung eines wirklich deutschen und nicht bloß partikularistischen Juristenstandes ist der Reichskanzler vom Reichstage um einen Gesetzentwurf zur einheitlichen Regelung des juristischen Prüfungwesens im Reiche ersucht. Eine Ausschließung darf nur aus gesetzlich normirten Gründen verminderter Ehre erfolgen; die Entscheidung hierüber erfolgt seitens der Landesjustizverwaltung, jedoch sofern der Grund nicht schon vorher durch gerichtliche Entscheidung festgestellt ist, nach dem Resultate eines ehrengerichtlichen Verfahrens über den Grund. Die Advokatur kann aber auch denen versagt werden, welche drei Jahre lang nach bestandener Richterprüfung einen juristischen Beruf nicht verfolgt haben. Für die Zulassung beim Reichsgeriche ist außerdem eine fünfjährige Praxis als Richter, Anwalt oder ordentlicher Universitäts-Rechtslehrer Vorbedingung; und auch über die Zulassung der hiernach an sich Zulassungsfähigen beim Reichsgerichte entscheidet das Präsidium des Reichsgerichts nach freiem Ermessen.

Mit Rücksicht auf den Anwaltszwang soll die Zulassung zur Anwaltsvertretung in Civilsachen nur bei einem bestimmten Kollegialgerichte erfolgen, in dessen Bezirke der Anwalt seinen Wohnsitz nehmen muß; während im Uebrigen die Plädirfreiheit in Civil- und Strafsachen unabhängig vom Wohnsitze besteht. Abweichungen von jenem Principe der Lokalisation sind zu Gunsten von anderen Kollegialgerichten am Orte des Wohnsitzes, von den übergeordneten Oberlandesgerichten, und widerruflich auch von benachbarten Landgerichten für Bedürfnißfälle, normirt. Am Orte jedes Gerichts, bei welchem der Anwalt zugelassen ist, ohne daselbst seinen Wohnsitz zu haben, muß er einen Zustellungsbevollmächtigten bestellen. Die Zulassung zur Anwaltschaft beim Reichsgericht ist jedoch mit der Zulassung bei einem andern Gerichte unvereinbar; die beim Reichsgerichte zugelassenen Anwälte dürfen bei andern Gerichten nicht auftreten, auch die Vertretung als Prozeßbevollmächtigte einem beim Reichsgerichte nicht zugelassenen Anwalt nicht übertragen; während die Rechtsausführung in Civilsachen und die Vertheidigung in Strafsachen auch beim Reichsgerichte anderen Anwälten gestattet ist.

Der Anwalt ist nicht Beamter, und in der Annahme der Mandate frei, abgesehen von der Vertretung für Arme, und von einer, soweit Anwaltsvertretung geboten ist, zulässigen Zuordnung. Er hat indeß einen Berufseid zu leisten, und muß, wenn er sich über eine Woche von seinem Wohnsitze entfernen will, für seine Stellvertretung sorgen, und diese seinem Gerichte anzeigen.

Die Anwälte im Bezirke eines Oberlandesgerichts, bez. des Reichsgerichts, bilden eine Anwaltskammer, welche sich ihren Vorstand wählt, ihre Geschäftsordnung bestimmt, vermögensfähig ist, gemeinschaftliche Ausgaben und die Beiträge dazu normirt, und die Rechnung des Vorstandes abnimmt. Dem Vorstande liegt die Verwaltung des Vermögens, Erstattung von Gutachten, Vermittelung von Streitigkeiten und vor Allem die Aufsicht über die Erfüllung der den Mitgliedern obliegenden Pflichten, und die Handhabung der ehrengerichtlichen Strafgewalt ob. Der Anwalt hat seine Berufsthätigkeit gewissenhaft auszuüben und sich in und außer seinem Berufe der Achtung würdig zu bezeigen, welche sein Beruf erfordert. Ueber die Verletzung dieser Pflichten entscheidet der Vorstand als Ehrengericht in der Besetzung mit fünf Mitgliedern, nämlich dem Vorsitzenden des Vorstandes, seines Stellvertreters, und drei anderen vom Vorstande gewählten Vorstandsmitgliedern. Das Ehrengericht erkennt auf Warnung, Verweis, Geldstrafen bis zu 3000 Mark und Ausschließung aus der Rechtsanwaltschaft. Für das Verfahren sind die Vorschriften der Strafprozeßordnung über die vor Landgerichte gehörigen Strafsachen unter Zuziehung der Staatsanwaltschaft mit einigen Modifikationen entsprechend anwendbar. Gegen die Urtheile des Ehrengerichts ist die Berufung an den Ehrengerichtshof zulässig, welcher aus dem Präsidenten des Reichsgerichts als Vorsitzenden, aus drei vor Beginn des Geschäftsjahres durch das Präsidium bestimmten Mitgliedern des Reichsgerichts und aus drei vor Beginn des Geschäftsjahres von der Kammer gewählten Mitgliedern der Reichsgerichtsanwaltkammer besteht.

Durch Uebergangsbestimmungen sind für diejenigen, welche zur Zeit der Rechtskraft des Gesetzes schon Anwälte oder zur Anwaltschaft befähigt sind, entsprechende Rechte auf Zulassung gesichert. Im Interesse der Bedürfnisse des Justizdienstes ist nachgelassen, daß durch landesherrliche Verordnung die Landesjustizverwaltung auf fünf Jahre ermächtigt werden kann, die Zulassung zur Anwaltschaft denjenigen zu versagen, welche als Richter oder Beamte der Staatsanwaltschaft angestellt sind und nicht nach dem Ausscheiden aus dem Amte zur Anwaltschaft zugelassen sind.

Die Freiheit der Advokatur für geprüfte Rechtsverständige, die Beseitigung des Unterschiedes zwischen Anwaltschaft und Advokatur, und die Disciplinirung durch Anwaltskammern, entsprechen den Grundsätzen, welche schon der 4. und der 7. Juristentag angenommen haben. Die von dem letztern ebenfalls postulirte Freizügigkeit erwartet hinsichtlich der verschiedenen Bundesstaaten ihre Erledigung freilich erst von der erstrebten einheitlichen Regelung der Juristenprüfung. Die Lokalisirung, welche die Civilprozeß-Ordnung und der Anwaltszwang für Zulassung und Wohnsitz bei Kollegialgerichten in Civilsachen nothwendig machen, hat theils aus Rücksicht auf die Rechtsuchenden und theils zur Vermeidung eines Klassenunterschiedes zwischen Amtsgerichts- und Landgerichts-Anwälten, Einschränkungen erlitten, deren Tragweite und Zulässigkeit demnächst die praktische Erfahrung zu prüfen haben wird. Der Ehrengerichtshof, welcher Richter und Anwälte des Reichsgerichts als letzte Instanz für die Disciplinarjurisdiction verbindet, bildet, den Vorschlägen des kürzlichen Frankfurter Anwaltstages entsprechend, ein glückliches Compromiß zwischen den Ansprüchen des Anwaltstandes, daß neben den allgemeinen Strafbestimmungen die thatsächliche Beurtheilung seiner besonderen Verhältnisse nur ihm zu unterbreiten ist, und der Forderung des Staats, im öffentlichen Interesse ihn seiner Aufsicht und Korrektur in jeder Beziehung zu unterwerfen.

Außer dieser umfassenden Reichsjustizgesetzgebung sind aus derselben Periode noch einige Reichsgesetze für gewerbliche Verhältnisse zu erwähnen. Das Patentgesetz vom 25. Mai 1877 nebst den Verordnungen vom 18. Juni 1877 und 1. Mai 1878 begründet im Anschluß an die Reichsgesetze vom Januar 1876 für neue Erfindungen, welche eine gewerbliche Verwerthung gestatten, ein für das gesammte deutsche Reich wirksames ausschließendes Patentrecht auf die Dauer von 15 Jahren, und regelt die Anmeldung und Prüfung der Patentgesuche, die Beschlußfassung und Patentertheilung durch ein Kaiserliches Patentamt, sowie die Verfolgung der Verletzungen von Patentrechten. — Das Gesetz vom 27. Juli 1877 ordnet die Untersuchung von Seeunfällen durch Seeämter an, welchen das Recht verliehen ist, dem Schiffer oder Steuermann die Befugniß zur

Ausübung ihres Gewerbes zu entziehen. — Der letzte Reichstag hat auch noch Abänderungen der Gewerbeordnung berathen, insbesondere betreffs des Verhältnisses der Lehrlinge, der Frauen und Kinder, der Arbeitsbücher, der Fabrikinspektoren und der Gewerbegerichte. Die desfallsigen Gesetzesvorschläge des Reichstags haben indeß bis jetzt (Mitte Juli) die Genehmigung des Bundesraths und die Kaiserliche Sanktion noch nicht erhalten.

Für das Staatsrecht ist das Gesetz vom 17. März 1878 betreffend die Stellvertretung des Reichskanzlers hervorzuheben. Die zur Gültigkeit der Anordnungen und Verfügungen des Kaisers erforderliche Genehmigung des Reichskanzlers, sowie die sonstigen demselben durch Verfassung und Reichsgesetze übertragenen Obliegenheiten können durch Stellvertreter, welche der Kaiser auf Antrag des Reichskanzlers in Fällen der Behinderung desselben ernennt, dergestalt wahrgenommen werden, daß ein Stellvertreter allgemein für den ganzen Umfang der Geschäftsthätigkeit ernannt werden kann, und daß für diejenigen einzelnen Amtszweige, welche sich in der eigenen und unmittelbaren Verwaltung des Reichs befinden, die Vorstände der obersten Reichsbehörden mit der Stellvertretung des Reichskanzlers im ganzen Umfang oder in einzelnen Theilen ihres Geschäftskreises beauftragt werden können. Dem Reichskanzler ist vorbehalten, jede Amtshandlung auch während der Dauer einer Stellvertretung selbst vorzunehmen. Der Artikel 15 der Reichsverfassung bleibt aufrecht erhalten.

Zu erwähnen sind noch die Noth- und Lootsen-Signalordnung für Schiffe auf See und auf den Küstengewässern vom 14. August 1876; die Verordnung vom 15. August 1876 über das Verhalten von Schiffern nach einem Zusammenstoß von Schiffen auf See; die Gründung eines internationalen Maaß- und Gewichtsbureaus zu Paris durch die Meterkonvention vom 20. Mai 1875; der Niederlassungsvertrag zwischen dem deutschen Reiche und der Schweiz vom 27. April 1876; das Gesetz vom 1. Mai 1878 über die Beglaubigung öffentlicher Urkunden; das Gesetz vom 21. Mai 1878, welches specielle Strafen für Zuwiderhandlungen gegen die Vorschriften des Gesetzes vom 7. April 1869 zur Verhütung der Einschleppung der Rinderpest anordnet.

Durch das Gesetz vom 2. Mai 1877 ist endlich für das Reichsland Elsaß-Lothringen bestimmt, daß Landesgesetze einschließlich des Landesetats mit Zustimmung des Bundesraths vom Kaiser erlassen werden können, wenn der Landesausschluß zugestimmt hat. Die Erlassung von Landesgesetzen im Wege der Reichsgesetzgebung bleibt jedoch vorbehalten, und die auf Grund dieses Vorbehalts erlassenen Reichsgesetze können nur im Wege der Reichsgesetzgebung geändert oder aufgehoben werden. Die Rechnungen über den Landeshaushalt werden dem Bundesrath und dem Landesausschuß zur Entlastung vorgelegt; versagt der Landesausschuß die Entlastung, so kann sie durch den Reichstag erfolgen.

Die Gesetzgebung in den Einzelnstaaten hat sich namentlich in der letzten Zeit stark mit den Bestimmungen zur praktischen Ausführung der formalen Reichsjustizgesetzgebung beschäftigt. In Preußen ist durch das Gesetz vom 4. März 1878 die Errichtung der Oberlandesgerichte (durchschnittlich eines in jeder Provinz) und der Landgerichte (und zwar durchschnittlich je eines für 200,000 bis 300,000 Einwohner) normirt. Das Ausführungsgesetz zum deutschen Gerichtsverfassungsgesetze vom 24. April 1878 regelt die Stellung, Beschäftigung, Vertretung und Aufsicht hinsichtlich der Referendarien, der Assessoren und der Richter, der Staatsanwaltschaft, der Gerichtsschreiber und Gerichtsvollzieher; die Zuständigkeit der Gerichte, insbesondere der zugelassenen besonderen Gerichte für streitige Gerichtsbarkeit und der Gerichte für die, von der Reichsgesetzgebung nicht betroffenen Angelegenheiten der nicht streitigen Gerichtsbarkeit, sowie das Verfahren, die Rechtshülfe und die Ordnungspolizei in Angelegenheiten der nicht streitigen Gerichtsbarkeit; ferner die Berufung und Wahl der Schöffen und der Geschworenen, soweit darüber landesgesetzlich noch neben dem deutschen Gerichts-Verfassungsgesetze Bestimmungen zu treffen sind. Das Oberlandesgericht zu Berlin ist in Gemäßheit des § 9 des Einführungs-Gesetzes zum Gerichts-Verfassungsgesetze ausschließlich zuständig erklärt zur Verhandlung und Entscheidung

1. über die nicht zur Zuständigkeit des Reichsgerichts gehörenden Revisionen gegen Urtheile der Strafkammern in erster Instanz,
2. über die Revisionen gegen Urtheile der Strafkammern in der Berufungsinstanz und über alle Beschwerden gegen Entscheidungen der Strafkammern, sofern eine nach Landesrecht strafbare Handlung den Gegenstand der Untersuchung bildet.

Gegenüber der gegnerischerseits ausgesprochenen Befürchtung, daß hierdurch ein partikulares, tendenziöses, politisches Sondergericht, namentlich für die kirchenpolitischen Kontraventionen geschaffen werden würde, überwog für die Bestimmung der Wunsch nach einer einheitlichen höchsten Instanz für die dem Reichsgerichte nicht unterliegenden Gegenstände der Landesstrafgesetzgebung.

Das Gesetz ordnet ferner für die Angelegenheiten der nicht streitigen Gerichtsbarkeit nebst der Beschwerde gegen die Entscheidungen der Amtsgerichte auch das Rechtsmittel einer „weiteren Beschwerde“ gegen die Entscheidungen der Landgerichte. Für diese weitere Beschwerde, welche in entsprechender Anwendung der §§ 512, 513 Civilprozeßordnung nur darauf gestützt werden kann, daß die Entscheidung auf einer Verletzung des Gesetzes beruhe, ist das Oberlandesgericht zu Berlin ebenfalls ausschließlich zur Verhandlung und Entscheidung für zuständig erklärt. Diese Schöpfung einer einheitlichen Gerichtsinstanz für die Handlungen nicht streitiger Gerichtsbarkeit kommt einem, bei den differirenden Auslegungen verschiedener Oberlandesgerichte in Preußen vielfach empfundenen, Bedürfnisse entgegen. Schließlich enthält das Gesetz Uebergangsbestimmungen namentlich hinsichtlich der künftigen Verwendung der zur Zeit der Gesetzeskraft der Gerichtsverfassungsgesetze angestellten Beamten.

Von der sonstigen preußischen Gesetzgebung ist besonders das Gesetz betreffend den Forstdiebstahl vom 15. April 1878 zu erwähnen. Der besonders charakterisirte Forstdiebstahl an Holz, welches noch nicht vom Stamme oder vom Boden getrennt ist, sowie an gleichgestelltem Bruch, Abraum und andern Walderzeugnissen soll mit der Geldstrafe des 5fachen Werths (nicht unter 1 Mark), im ersten Rückfalle und in andern qualificirten Fällen mit dem 10fachen Werthe (nicht unter 2 Mark) unter Verhandlung vor dem Amtsgerichte ohne Schöffen bestraft werden. Der Geldstrafe wird bei Unvermögen Gefängniß oder Strafarbeit substituirt. Im wiederholten Rückfalle, sowie bei Begehung entweder von dreien oder Mehreren in gemeinschaftlicher Ausführung oder zur Veräußerung und bei gewerbs- oder gewohnheitsmäßiger Hehlerei wird unter Zuziehung von Schöffen verhandelt, und ist Gefängnißstrafe neben der Geldstrafe bestimmt. Für die Vereidigung von Forstschutzbeamten ein für allemal, für den Erlaß und die Vollstreckung der Strafbefehle, und für die Behandlung der Einsprüche sind besondere Vorschriften erlassen.

Das Gesetz betreffend die Unterbringung verwahrloster Kinder vom 13. März 1878 gewährt dem Vormundschaftsgerichte das Recht, durch Beschluß festzustellen, daß Kinder, welche mindestens 6 Jahr und nicht mehr als 12 Jahr alt eine strafbare Handlung begehen, zur Zwangserziehung in eine geeignete Familie oder in eine Erziehungs- oder Besserungsanstalt untergebracht werden sollen, wenn dies zur Verhütung weiterer sittlicher Verwahrlosung erforderlich ist. Die Provinzial- und Kommunalverbände haben die Unterbringung herbeizuführen. Das Verfahren vor dem Beschlusse, die Beschwerde dagegen, die Beendigung der Zwangserziehung (mit dem Alter von 16 Jahren oder durch einen Entlassungsbeschluß), die Ausführung, die Aufsicht darüber, und die Tragung der Kosten sind speciell geregelt. Das Gesetz vom 13. Februar 1878 ordnet die Befugniß der Kommissarien für die bischöfliche Vermögensverwaltung, Exekutivgeldstrafen und unmittelbaren Zwang zur Durchführung ihrer Anordnungen zu bestimmen. Das Gesetz vom

25. August 1876 regelt unter Aufhebung der entsprechenden früheren Vorschriften für die altpreußischen Provinzen mit Ausnahme der Rheinprovinz die Vertheilung der öffentlichen Lasten bei Grundstückstheilungen im Verwaltungswege vorbehaltlich einer Klage im Verwaltungsstreitverfahren, sowie die Genehmigung der Ortspolizeibehörde zu einer Wohnungs-Ansiedelung außerhalb einer im Zusammenhange gebauten Ortschaft, die Gründe zur Versagung dieser Genehmigung, das Verfahren, und die Zulassung der Klage im Verwaltungsstreitverfahren. Für das Civilrecht ist kein allgemeines Gesetz aus dem Zeitraum dieser 2 Jahre zu vermerken. Das mehr polizeiliche Gesetz vom 27. Februar 1878 betreffend Maaßregeln gegen die Verbreitung der Reblaus mag noch erwähnt werden.

Als provinzielle Gesetze sind zu verzeichnen: die Fischerei-Verordnungen vom 20. Mai und 2. November 1877, welche für die einzelnen Provinzen auf Grund und zur Ausführung des Fischereigesetzes vom 30. Mai 1874 erlassen sind; ferner die Gesetze vom 16. und 28. März 1877, zur Aufhebung des Lehnsverbandes im Bezirke des ostpreußischen Provinzialrechts und in den Provinzen Sachsen und Brandenburg; das Gesetz vom 19. März 1877, durch welches die Provinz Preußen in Westpreußen und Ostpreußen getheilt ist; die evangelischen Kirchengemeinde- und Synodalordnungen vom 4. November 1876 für Schleswig-Holstein, vom 7. November 1877 für Lauenburg, vom 4. Juli 1877 für den Bezirk des Consistoriums zu Wiesbaden, und das Gesetz vom 6. April 1878 über die evangelische Kirchenverfassung in diesen Landestheilen; die Gesetze vom 16. Juni 1876 betreffend Ablösung der Reallasten in Hessen und Nassau; vom 2. Juli 1876 über die Ablösbarkeit der Erbzins- und Erbpacht-Verhältnisse in den Moor- und Vehn-Kolonieen von Hannover; vom 23. Januar 1878 über die Aufhebung der Beschränkungen bei Uebergabe des Grundbesitzes von Eltern an Kinder in Hessen-Nassau.

In Bayern hat die Gesetzgebung in den beiden letzten Jahren kein civilrechtlich, strafrechtlich oder prozessualisch wichtiges Gesetz producirt.

In Betreff der Gesetzgebung des Königreichs Sachsen sind zu erwähnen: ein Gesetz vom 22. Mai 1876, durch welches die Geistlichen und Kirchendiener für den Wegfall ihrer Gebühren in Folge der Einführung der Civilehe eine volle Entschädigung erhalten; ein Gesetz vom 3. Juni 1876, durch welches verschiedene gesetzliche Bestimmungen über die Verhältnisse der Civilstaatsdiener abgeändert werden; ein Gesetz vom 11. Juli 1876, durch welches die öffentliche Angelegenheit der öffentlichen Schlachthäuser geregelt wird; ein Gesetz vom 17. Juli 1876, den Schutz der Waldungen gegen schädliche Insecten betreffend, und ein Gesetz vom

22. Juli 1876, die Schonzeit der jagdbaren Thiere betreffend. Ferner ist, nachdem bereits das Volksschulwesen durch umfassende frühere Gesetze vollständig geregelt worden ist, unter dem 22. August 1876 ein Organisationsgesetz über die Gymnasien, Realschulen und Seminare erlassen worden. Unter dem 13. November 1876 sind zwei Gesetze, das eine über die Erbschaftssteuer, das andere über den Urkundenstempel, erlassen.

Besonders hervorzuheben ist das Gesetz vom 23. August 1876, die Ausübung des staatlichen Oberaufsichtsrechts über die katholische Kirche im Königreiche Sachsen betreffend. In diesem Gesetze ist die staatliche Oberaufsicht über die katholische Kirche in der weitesten Ausdehnung gewahrt und sicher gestellt worden. Folgende besondere Bestimmungen des Gesetzes mögen hier erwähnt werden: Verordnungen der katholisch-geistlichen Behörden dürfen nichts enthalten, was den Gesetzen des Staates oder den auf Grund derselben von den zuständigen Behörden erlassenen Anordnungen widerspricht. Verordnungen allgemeinen Inhalts, welche ausschließlich und allein dem Gebiete der inneren kirchlichen Angelegenheiten angehören, sind vor der Verkündung der Staatsregierung vorzulegen. Als Verordnungen allgemeinen Inhalts im Sinne dieses Gesetzes sind diejenigen anzusehen, welche die Geistlichkeit oder die Diöcesanen im Bezirke der verordnenden Behörden insgesammt angehen. Als Straf- oder Zuchtmittel dürfen von der katholischen Kirche oder deren Organen nur solche angedroht, verhängt, vollzogen oder verkündet werden, welche dem rein religiösen Gebiete angehören oder die Entziehung eines innerhalb der Kirche wirkenden Rechts oder die Ausschließung aus der Kirche betreffen. Straf- oder Zuchtmittel gegen Leib, Vermögen, Freiheit oder bürgerliche Ehre sind unzulässig. Von den kirchlichen Straf- oder Zuchtmitteln darf niemals zu dem Zwecke Gebrauch gemacht werden, die Befolgung der Staatsgesetze oder der auf Grund derselben von den zuständigen Behörden erlassenen Anordnungen oder die freie Ausübung staatsbürgerlicher Rechte zu hindern. Die Kirche darf zur Vollziehung ihrer Straf- oder Zuchtmittel niemals äußeren Zwang anwenden. Die Staatsregierung kann ferner die Amtsentlassung eines Geistlichen verlangen, wenn sich derselbe wiederholt grober Verletzung der auf sein Amt oder seine geistlichen Amtsverrichtungen bezüglichen Vorschriften der Staatsgesetze oder der auf Grund derselben von den zuständigen Behörden erlassenen Anordnungen schuldig macht, und in Folge dessen sein ferneres Verbleiben im Amte als der öffentlichen Ordnung gefährlich erscheint. Wird diesem Verlangen nicht in angemessener Frist von der katholisch-geistlichen Behörde genügt, so kann die Staatsregierung für alle staatlichen Beziehungen die Stelle für erledigt erklären. Die Mitglieder und alle übrigen Angestellten der katholisch-geistlichen Behörden haben bei ihrer Anstellung den im § 139 der Verfassungsurkunde vom 4. September 1831 vorgeschriebenen Eid zu leisten. Ein geistliches Amt darf nur einem Deutschen übertragen werden, welcher seine wissenschaftliche Vorbildung nach den Vorschriften dieses Gesetzes dargethan hat, und nicht zur Bekleidung eines geistlichen Amtes unfähig ist. Ausländer, welchen vor Verkündung dieses Gesetzes ein geistliches Amt übertragen worden ist, haben innerhalb sechs Monaten die Reichsangehörigkeit zu erwerben. Als Vorbildung zu einem geistlichen Amte wird die Ablegung der Entlassungsprüfung auf einem deutschen Gymnasium und die Zurücklegung eines dreijährigen theologischen Studiums auf einer deutschen Universität erfordert. In keinem Falle darf zu einem geistlichen Amte berufen werden, wer in einem unter Leitung des Jesuitenordens oder einer diesem Orden verwandten religiösen Genossenschaft stehenden Seminare seine Vorbildung erlangt hat. Kandidaten, welche nicht ihre Vorbildung nach diesen Bestimmungen dargethan haben, müssen eine besondere wissenschaftliche Prüfung bestehen. Auch darf die Staatsregierung den zu einem geistlichen Amte Gewählten zurückweisen, wenn wider ihn auf Grund seines bisherigen Verhaltens die Annahme gerechtfertigt ist, daß er den Staatsgesetzen oder den innerhalb ihrer gesetzlichen Zuständigkeit erlassenen Anordnungen der Obrigkeit entgegenwirken oder den öffentlichen Frieden stören werde. Erst wenn von der Staatsregierung eröffnet worden ist, daß den Erfordernissen dieses Gesetzes genügt ist, darf die Uebertragung des geistlichen Amtes an den Ernannten geschehen. Diese Vorschriften kommen zur Anwendung, gleichviel, ob das Amt dauernd oder widerruflich übertragen worden, oder nur eine Stellvertretung oder Hilfsleistung in demselben stattfinden soll. Neue geistliche Einrichtungen jeder Art, welche in irgend einer Hinsicht die staatlichen oder bürgerlichen Verhältnisse berühren, dürfen nur mit Genehmigung der Staatsregierung ausgeführt werden. Die Genehmigung darf nur aus staatlichen Gründen versagt werden. Das Schutz- und Oberaufsichtsrecht des Staates über das Vermögen kirchlicher Stiftungen (§ 60 der Verfassungsurkunde) erstreckt sich auf das Vermögen der katholischen Kirchen, Kirchenämter und kirchlichen Anstalten. Die zu einem solchen Vermögen gehörigen Grundstücke und nutzbaren Rechte dürfen nicht ohne Genehmigung der Staatsregierung veräußert, das Stammvermögen nicht ohne Genehmigung der Staatsregierung vermindert werden.

Aus dem Jahre 1877 ist ein bemerkenswerthes Werk der Gesetzgebung nicht zu verzeichnen. Im Jahre 1878 ist unter dem 28. Februar ein Gesetzentwurf publicirt worden, durch welches die besondere Gerichtsbarkeit des Universitätsgerichts Leipzig über die daselbst Studirenden in Civil- und Strafsachen aufgehoben wird. Haftstrafen werden jedoch im

Carcer verbüßt und die Vereine und Versammlungen der Studirenden unterliegen ausschließlich der Aufsicht der akademischen Behörde. Die Disciplinargewalt über die Studirenden steht dem Universitäts-Gerichte auch ferner zu.

Gegenwärtig ist die Gesetzgebung mit der Ausführung der Reichs-Justizgesetze beschäftigt. Eine Mehrzahl Vorlagen ist an den Landtag gelangt und wird von letzterem berathen. Ueber dieselben ist erst im nächsten Jahresberichte zu berichten.

In Württemberg ist durch das Gesetz über die Verwaltungsrechtspflege vom 16. Dezember 1876 die Regelung der Rechtspflege in Beziehung auf Streitigkeiten des öffentlichen Rechts erfolgt.

Eine Rechtssprechung in Fragen des öffentlichen Rechts bestand in Württemberg seit der Verfassungsurkunde von 1819 und gründete sich auf den § 60 Z. 1 derselben, wonach der Geheimerath unter Zuziehung der zwei Vorstände des Obertribunals die entscheidende und verfügende Behörde bei Rekursen gegen Verfügungen der Departementsminister ist, eine Bestimmung, welche in der Praxis des Geheimenraths sich zu dem Grundsatz ausbildete, daß, soweit nicht Specialgesetze eine Ausnahme begründen, eine Beschwerde an den Geheimenrath in allen Fällen zulässig sei, in welchen Jemand behauptet, durch die Verfügung eines Ministeriums in einem ihm zustehenden Recht verletzt zu sein.

I. Die Behörden, welchen nun das Gesetz vom 16. December 1876 die Ausübung der Verwaltungsrechtspflege überträgt (Art. 3 bis 9), sind

1. der Verwaltungsgerichtshof, dessen Mitglieder auf das Gutachten des Hofs und den Vorschlag des Staatsministeriums von dem Könige ernannt werden. Der Hof verhandelt und beschließt in der Besetzung mit fünf Mitgliedern einschließlich des Vorsitzenden. Der Vorstand und die Hälfte der Mitglieder müssen die Befähigung zum Richteramt besitzen. Ein Theil der Mitglieder wird aus den Mitgliedern des obersten Landesgerichts und bis auf Weiteres — in der Beschränkung auf zwei — aus den Mitgliedern des Geheimenraths genommen. In Beziehung auf Versetzung, Pensionirung und Entfernung vom Amt finden die für richterliche Beamte geltenden Bestimmungen Anwendung;
2. die vier Kreisregierungen, welche als Verwaltungsgerichte erster Instanz in der Besetzung mit drei Mitgliedern einschließlich des Vorsitzenden verhandeln und beschließen;
3. die Ablösungskommission, die Centralstelle für Landeskultursachen, das Oberbergamt und die Lehenskom-

mission als erste Verwaltungsrechtsinstanz für die denselben durch besondere gesetzliche Bestimmungen zugewiesenen Streitsachen.

II. Was die Gegenstände der verwaltungsrichterlichen Zuständigkeit betrifft, so scheidet das Gesetz (Art. 2) als vor die bürgerlichen Gerichte gehörig aus:

Streitigkeiten über Rechtsansprüche auf Besoldungen und Ruhegehalte öffentlicher Diener, über vermögensrechtliche Ansprüche des Staats, der Gemeinden und Corporationen gegen Beamte auf Grund der von diesen geführten Verwaltung, über Familienstiftungen, über Brandschadensentschädigung und über Entschädigungsansprüche für Eingriffe in das Privatrecht auf Grund einiger Bestimmungen der Bauordnung.

Sodann unterscheidet das Gesetz

1. Verwaltungsrechtsstreitigkeiten im engeren Sinn, in welchen die Kreisregierungen als Verwaltungsgerichte erster Instanz zu entscheiden haben (Art. 10), mit Berufung an den Verwaltungsgerichtshof (Art. 12);
2. Verwaltungsrechtsstreitigkeiten, in welchen der Verwaltungsgerichtshof als Gericht erster Instanz entscheidet (Art. 11), darunter diejenigen Fälle, in welchen die Berufung an das Bundesamt für das Heimathwesen stattfindet;
3. Beschwerden gegen Verfügungen der Verwaltungsbehörden, wenn Jemand — ein Einzelner oder ein Verein oder eine Corporation — behauptet, daß die auf Gründe des öffentlichen Rechts gestützte Verfügung rechtlich nicht begründet und daß er hierdurch in einem ihm zustehenden Rechte verletzt oder mit einer ihm nicht obliegenden Verbindlichkeit belastet sei (Art. 13). Der Verwaltungsgerichtshof entscheidet hier als erste und letzte Instanz; wenn von der Verwaltungsbehörde die Nichtigkeitsklage wegen Competenzüberschreitung erhoben wird, in der Besetzung mit sieben Mitgliedern, wobei erforderlichen Falls Mitglieder des obersten Landesgerichts beigezogen werden.

III. In den Art. 17 bis 72 des Gesetzes wird das Verfahren einschließlich der Rechtsmittel geregelt, wobei in einzelnen Beziehungen das preußische Gesetz vom 3. Juli 1875 als Vorbild diente. Das Verfahren ist im Wesentlichen nach den Grundsätzen der Oeffentlichkeit und Mündlichkeit geregelt und der Rechtszug in den eigentlichen Verwaltungsrechtsstreitigkeiten auf zwei Instanzen beschränkt.

Das Gesetz ist am 1. October 1877 in Wirksamkeit getreten.

Entwürfe für Ausführungsgesetze zur deutschen Gerichtsverfassung,

Civilprozeß-, Strafprozeß- und Konkursordnung sind im Laufe dieses Frühjahrs von der Regierung festgestellt und zur landständischen Berathung übergeben worden.

Durch die Regierungen von Württemberg, Baden und Hessen sind zur Ausführung der Reichsgesetze vom 9., 10. und 11. Januar 1876 über das Urheberrecht an Werken der bildenden Künste, den Schutz der Photographien und über das Urheberrecht an Mustern und Modellen mit Rücksicht auf die Instruktion des Reichskanzleramts vom 29. Februar 1876 die daselbst in Aussicht genommenen Sachverständigenvereine gemeinschaftlich für jene Staaten gebildet, wie das schon früher hinsichtlich des Gesetzes vom 11. Juni 1870, betreffend das Urheberrecht an Schriftwerken, Abbildungen, musikalischen und dramatischen Werken geschehen war. Zu dem aus 10 Mitgliedern bestehenden gewerblichen Sachverständigenvereine werden von Württemberg 4 Mitglieder, von Baden und Hessen je 3 Mitglieder ernannt.

Im Großherzogthum Oldenburg ist der je in dreijährigen Perioden wirkende Landtag während der beiden letzten Jahre nicht versammelt gewesen und sind deshalb auch keine legislatorische Ereignisse zu melden.

Im Großherzogthum Baden ist das, im Jahresberichte von 1876 bereits erwähnte Landesgesetz über Benutzung und Instandhaltung der Gewässer inzwischen als Gesetz vom 25. August 1876 (am 4. September 1876) verkündet und laut Verordnung vom 23. December 1876 mit dem 1. Januar 1877 nebst umfangreichen Vollzugsverordnungen vom 23. und 24. December 1876 in Wirksamkeit getreten.

In Ausführung der Reichsgesetze ist ein Gesetz vom 21. December 1877 zur Modifizirung der Kompetenz in Strafsachen erlassen. Das Gesetz vom 28. December 1871 zur Einführung des deutschen Strafgesetzbuches, welches 18 Vergehen unter der Voraussetzung, daß im gegebenen Falle nicht über 3 Monate Gefängniß bez. 300 Gulden Geldstrafe (außer Confiscation einzelner Gegenstände) zu erkennen sei, vor die Amtsgerichte unter Beschränkung der amtsgerichtlichen Strafgewalt auf diesen Umfang verwies, ist dahin modifizirt, daß auch alle Körperverletzungen der §§ 223, 223a, 230 des Strafgesetzbuchs in diesem Umfange dem Amtsgerichte überwiesen wurden. Außerdem ist das Verbrechen der Unzucht mit Personen unter 14 Jahren gemäß § 176 Nr. 3 Strafges. denjenigen Verbrechen zugewiesen, welche nach jenem Einführungsgesetze nur dann vor die Schwurgerichte gehören, wenn nach den Umständen des Falles eine Zuchthausstrafe von mehr als 3 Jahren begründet erscheint. Hinsichtlich der Ausführung der neuen Reichsjustizgesetze sind Vorlagen vom 8. December 1877, betreffend die Gerichtsverfassung, Civilprozeß- und Strafrechtspflege, und vom 5. December 1877, betreffend die Aenderung von Bestimmungen der Gesetze über die Verwaltung der freiwilligen Gerichtsbarkeit und das Notariat, berathen worden; die Berathungen haben indeß bis jetzt noch nicht definitive Gesetze zum Resultate gehabt.

Für das Großherzogthum Hessen sind in letzter Zeit ebenfalls Gesetze zur Einführung der Reichsjustizgesetze berathen, ohne schon zum vollständigen Abschlusse gekommen zu sein. Außerdem hat sich hier die Gesetzgebung namentlich mit dem öffentlichen Unterrichte befaßt.

Die Gesetzgebung der Thüringischen Staaten aus den letzten zwei Jahren — mit Ausnahme des Großherzogthums Coburg-Gotha — beschäftigt sich mit Ausführungs-Verordnungen zu den Reichsgesetzen, namentlich mit dem Reichsgesetze über Beurkundung des Personenstandes; mit dem Reichsstrafgesetzbuche, indem bezüglich einzelner Uebertretungen, so zu § 361 Nr. 6, § 368 Nr. 11 und bezüglich der Fischerei specielle Normen gegeben werden; mit dem Reichsgesetze über eingetragene Hilfskassen; ferner mit der gesetzlichen Ordnung der durch das erste Gesetz veränderten Stellung der Geistlichen; mit dem Volksschulwesen und einigen anderen Angelegenheiten der inneren Verwaltung.

Im Herzogthum Coburg-Gotha andrerseits ist unter dem 1. März 1877 eine wesentlich veränderte Gesetzgebung über Erwerb des Eigenthums an Immobilien, dingliche Belastung derselben, sowie der Bergwerke und selbstständiger Gerechtsame zugleich mit einer neuen Grundbuchsordnung erlassen. Dem Staatsministerium ist es anheimgestellt, den Zeitpunkt zu bestimmen, mit welchem die Gesetze, welche auf die neuen preußischen über denselben Gegenstand sich stützen, überhaupt oder für einzelne Gerichtsbezirke in Wirksamkeit treten sollen.

Im Herzogthum Anhalt ist durch Gesetz vom 11. März 1877 die Anlegung von Grundbüchern vorgeschrieben und durch Gesetz vom 11. April 1877 das Notariat eingeführt worden. Das erstere Gesetz schließt sich an das frühere über Anlegung von Grundakten an, und bestimmt weiter, daß für den Erwerb von Privat-Grundstücken und von dinglichen Rechten daran an die Stelle der richterlichen Bestätigung des Vertrages die Eintragung, bezüglich Ab- und Zuschreibung im Grundbuche tritt; daß gegen eingetragenes Eigenthum und eingetragene Rechte weder Ersitzung noch Verjährung stattfindet, die durch Eintragung begründeten Eigenthums- und anderen Rechte vielmehr nur durch Löschung im Grundbuche aufgehoben werden können. Mehrere Grundstücke desselben Eigenthümers können, auch wenn sie Zubehörungen nicht sind, auf einem Grundbuchsfolium ebenso geführt werden, wie ideelle Theile eines Grundstückes. Sind dergleichen verschiedenartig belastet, so sind sie auf getrennten

Folien zu führen. Ueber die erfolgten Einschreibungen werden schriftliche Benachrichtigungen ertheilt, Urkunden aber nur da, wo sie bisher ausgefertigt zu werden pflegten. Durch Gesetz vom 28. März 1877 ist ferner in Anhalt die Kompetenz der Geschworenengerichte dadurch beschränkt worden, daß alle mit Zuchthaus von höchstens 5 Jahren allein oder zugleich mit anderen Strafen bedrohte Verbrechen, mit Ausnahme der in §§ 86, 100, 106 des Reichsstrafgesetzbuchs aufgezählten, ferner die in §§ 176 Nr. 3, 243, 244, 261 Nr. 1, 264 daselbst bezeichneten, an die Kreisgerichte verwiesen sind; dagegen ist die Kompetenz der Polizeibehörden erweitert worden, indem ihnen das Recht eingeräumt ist, die Strafen der Uebertretungen vorläufig, vorbehaltlich jedoch einer Berufung auf gerichtliche Entscheidung, festzusetzen.

Aus der Gesetzgebung von Hamburg, Bremen und Lübeck ist aus unsrer Periode nichts Erwähnungswerthes zu verzeichnen.

Die österreichische Gesetzgebung war in den letzten 2 Jahren fast ganz von den schwierigen Vorbereitungen und Unterhandlungen zwischen den im österreichischen Reichsrathe vertretenen Ländern einerseits und Ungarn andererseits zur Zustandebringung der sogenannten Ausgleichsgesetze in Anspruch genommen: nämlich des Gesetzes über die Beitragsleistung beider Reichshälften zu dem Aufwande für die allen Ländern der österreichischen Monarchie gemeinsamen Angelegenheiten, — des Zoll- und Handelsbündnisses zwischen den beiden Reichshälften und des Uebereinkommens beider Regierungen mit der österreichischen Nationalbank. Die bezüglichen Gesetze und Bündnisse kamen endlich am 27. Juni 1878 zu Stande.

Dagegen war die Thätigkeit der Justizgesetzgebung in den letzten 2 Jahren eine geringere.

Am 19. Juli 1877 erschien ein Gesetz, welches den Zweck hat, wider unredliche Vorgänge bei Creditgeschäften Abhilfe zu schaffen.

Unter demselben Datum erschien ein sowohl civil- als strafrechtliche Bestimmungen enthaltendes Gesetz zur Hintanhaltung der Trunkenheit.

Das Gesetz vom 31. December 1877 enthält eine Vereinfachung der Normen der Strafprozeßordnung vom 23. Mai 1873 über Nichtigkeitsbeschwerden — zum Zwecke der Entlastung des Cassationshofes.

Am 18. Februar 1878 erschien ein 48 Paragraphen enthaltendes Gesetz über die Enteignung (Expropriation) zum Zwecke der Herstellung und des Betriebes von Eisenbahnen.

In parlamentarischer Behandlung sind: seit 7. November 1874 ein neues Strafgesetzbuch über Verbrechen, Vergehen und Uebertretungen und seit 28. Februar 1876 eine neue Civilprozeßordnung.

In der neuesten Zeit scheint neben dem Berliner Kongresse, welcher den Frieden der Reiche besiegelt, in Deutschland der innere Friede schwer gefährdet. Die entsetzlichen Attentate gegen das Leben unsers im seltenen Grade verehrten und geliebten Kaisers und die Grundsätze und Agitationen einer Partei, welche dem Umsturze der Grundlagen unseres gesellschaftlichen Lebens zustrebt, erwecken den Schein, als wenn das Gefühl für die Gerechtigkeit noch recht weit davon entfernt sei, in das allgemeine Volksbewußtsein gedrungen zu sein, und als wenn die Justiz nur mehr die besondere Angelegenheit der Juristen und nicht die allgemeine Aller sei. Aber die Geschichte, welche niemals in einem ganz gleichmäßigen Taktschritte fortschreitet, lehrt uns, daß auch die strafende Justiz eine heilende ist. Der Uebermuth, welchen schon die Götter Griechenlands als Gegenstand ihrer strafenden Gerechtigkeit bezeichneten, er mag bei Großen oder Kleinen, bei Völkern, Ständen oder Einzelnen hervortreten, verfällt der Justiz, und sie bleibt die kräftige Stütze der Hoffnung, so lange sie selbst kräftig bleibt. Die alte Wahrheit bewährt sich stets aufs Neue: Justitia fundamentum regnorum!

Präsident Professor Dr. **Gneist**: Ich darf dem Herrn Schriftführer für die Erstattung des Jahresberichts unsern Dank aussprechen.

Nun wird uns das Geschäft der Vertheilung der Berathungsgegenstände auf die Abtheilungen obliegen. Wir sind diesmal endlich in der Lage, dem immer ausgesprochenen Wunsche gerecht zu werden, die Anträge der Referenten bereits gedruckt vorzulegen; ebenso ist in der Tagesordnung darauf Bedacht genommen, die Gegenstände so zu ordnen, wie sie sich nach unseren Statuten auf die Abtheilungen vertheilen. Ich bitte sich damit einverstanden zu erklären.

(Zustimmung der Versammlung. Schluß.)

Erste Sitzung der ersten Abtheilung am 29. August 1878.

Auf den Vorschlag des Reichsoberhandelsgerichts = Vicepräsidenten Dr. Drechsler wird Herr Handelsgerichts-Präses Dr. Albrecht (Hamburg) durch Acclamation zum Vorsitzenden ernannt. Derselbe nimmt mit verbindlichem Dank die auf ihn gefallene Wahl an. Auf seinen Vorschlag wird zum Vicepräsidenten ernannt Geheimer Justizrath Dr. Hase (Jena), zu Schriftführern die Herren Rechtsanwalt Lippold (Altenburg) und Dr. Oswalt (Frankfurt a. M.). Ein Vorschlag des Vorsitzenden wird genehmigt, dahin gehend, daß in der nächsten Sitzung die statutenmäßig zu wählenden 10 Vertrauensmänner zur Wahl der ständigen Deputation vom Büreau der Abtheilung vorgeschlagen werden sollen.

Gegen den Vorschlag, die in der Tagesordnung beobachtete Reihenfolge der Berathungsgegenstände beizubehalten, erhebt sich kein Widerspruch. Da Herr Dr. Albrecht in dem ersten Gegenstande selbst Referent ist, übernimmt den Vorsitz Geheimer Justizrath Dr. Hase.

Referent Dr. **Albrecht** (Hamburg): Meine Herren, die Frage, über die wir zu berathen haben, lautet:

> Soll nach dem deutschen bürgerlichen Gesetzbuch das Eigenthum an einer beweglichen Sache durch Vertrag, sobald solcher abgeschlossen, oder erst durch Uebergabe der Sache erworben werden?

Diese Frage wird bekanntlich im römischen Recht in dem Sinne beantwortet, daß Eigenthums = Uebertragung nur geschehen kann durch Tradition und nicht durch Vertrag. Traditionibus et usucapionibus dominia rerum, non nudis pactis, transferuntur, heißt es in der L. 20. C. de pactis. Dieser Satz gilt gleichmäßig für bewegliche Sachen, wie für unbewegliche, für Grundstücke. Es ist auch keine Ausnahme von dieser Regel des römischen Rechts, daß die brevi - manu - Tradition und das constitutum possessorium zugelassen sind. Wenn ich in Folge eines Rechtsgeschäfts Eigenthum erwerbe an einer Sache, die ich schon jetzt besitze, so ist die Uebertragung eo ipso als vollzogen anzusehen. Ebenso ergiebt es sich aus den Grundsätzen, die von dem Erwerbe des Besitzes durch Stellvertreter handeln, daß ich anfangen kann, eine Sache, die mein ist, auf Grund eines Rechtsgeschäftes für einen Anderen zu besitzen.

Ein zweiter Grundsatz des römischen Rechtes ist der, daß das Eigenthum ein absolutes Recht ist. Ubi invenio, ibi vindico, sagt der römische Eigenthümer, und wenn auch derjenige, der iusto titulo und bona fide eine Sache erworben hat, seinerseits von dem Minderberechtigten die Sache abfordern kann, so befindet er sich doch nicht in gleicher Lage dem wahren Eigenthümer gegenüber, er seinerseits muß vielmehr dem wahren Eigenthümer weichen.

Andere Grundsätze nach verschiedenen Richtungen hin stellt das germanische Recht auf. Nach demselben ist zu unterscheiden zwischen Mobilien und Immobilien. Für Immobilien galt von Alters her der Grundsatz, daß zur Eigenthumsübertragung die Auflassung vor Gericht oder wenigstens vor Zeugen erforderlich ist; ein Grundsatz, der nunmehr dahin geführt hat, daß der Eigenthumsvertrag in die Grundbücher eingetragen, oder zu den Grundbüchern der Consens zur Uebertragung erklärt werden muß. Eine zweite Abweichung des germanischen Rechts bezieht sich auf das Verfolgungsrecht, auf die Vindikabilität der Mobilien. Sie Alle wissen, daß das deutsche Recht den redlichen Erwerber in umfassender Weise schützt und zwar gilt der Grundsatz, daß ich dasjenige, was ich freiwillig aus meiner Were gelassen habe, dem gutgläubigen Besitzer nicht abfordern kann. Nur dasjenige, was mir gestohlen ist, was ich verloren habe, nach einigen Rechten auch was mir abgetragen ist, kann ich auch dem gutgläubigen Erwerber abfordern. Das ist auch das Prinzip, das sich im französischen Rechte findet. „En fait de meubles la possession vaut titre“ ist die Regel des französischen Rechtes, eine Regel, die dem Wortlaut nach sogar den bösgläubigen Besitzer schützt. Dieses Recht ist auch für den Handelsbetrieb durch Reichsgesetzgebung sanktionirt, indem Artikel 306 des Handelsgesetzbuches diese Grundsätze für Kaufleute in ihrem Geschäftsbetrieb aufstellt. Von dem Prinzipe kommen indeß mannigfache Abweichungen in den germanischen Rechten vor. Ich kann diese unmöglich hier einzeln recitiren, denn selbst wenn ich sie am Schnürchen auswendig wüßte, würde ich Sie damit nicht aufhalten dürfen. Auf einige Abweichungen will ich jedoch mit kurzen Worten eingehen. Ich will daran erinnern, daß das preußische Landrecht dem Prinzip des alten lübischen Rechts folgt, welches in minder umfassender Weise den redlichen Erwerber schützt, indem es ihm nur das Recht giebt, die Auslieferung abhängig zu machen von dem Ersatz seiner gemachten Ausgaben. Die Vindikation gestohlener Sachen ist in der Regel einer kurzen Verjährung unterworfen, und nach manchen Rechten dann ausgeschlossen, wenn die Sache auf offenem Markte oder in öffentlichen Kaufläden gekauft ist. Ich glaube, diese Modifikationen kommen für unser Thema heute weniger in Betracht. Ein Prinzip des germanischen Rechtes des Inhalts, daß Eigenthum an beweglichen Sachen durch Vertrag allein ohne Tradition übergehen kann, ist von Niemand bisher behauptet. Auch das germanische Recht läßt den Eigenthumsübergang an Mobilien durch die Besitzübertragung erfolgen. Abweichend sind auch in dieser Beziehung nicht die neueren Landesrechte. Das preußische Landrecht hat den Grundsatz, daß Tradition erforderlich ist, das österreichische Gesetzbuch hat denselben Grundsatz und ebenso das sächsische Gesetzbuch. Das französische Recht weicht aber bekanntlich davon ab. Nach dem französischen Recht geht par l'effet des obligations das Eigenthum über, wenigstens in so weit das Rechtsverhältniß zwischen dem Promittenten und dessen Gläubiger einerseits und dem Promissar andererseits in Frage steht. Im Uebrigen scheint das französische Recht der Ansicht zuzuneigen, daß aus einem Vertrag einem Dritten gegenüber, der nicht Gläubiger des Veräußerers ist, der Empfänger verfolgbares Eigenthum nicht ableiten kann. Nach Artikel 1583 des Code wird durch den Vertrag das Eigenthum übertragen nur „à l'égard du vendeur." Das englisch-amerikanische Recht stimmt insofern mit dem französischen Recht überein, als die alte Rechtsregel lautet: „As soon as the basgain is struck, the property of the goods is transferred to the vendee." Sowie der Handel geschlossen ist, geht das Eigenthum der Waare auf den Käufer über. Aber auch dieses Prinzip wird im englischen und nordamerikanischen Recht vielfach durch Ausnahmen durchlöchert. — Nun, meine Herren, ist es ganz natürlich, daß wir, die wir im Begriff stehen, ein neues Recht zu kodificiren, uns die Frage vorlegen, ob wir dem römisch-germanischen Prinzip, oder dem französisch-englischen Prinzip folgen sollen. Die ständige Deputation hat diese Frage begutachten lassen und es liegen Ihnen drei Gutachten vor. Eins vom Appellationsgerichtsrath Bornemann, ein zweites vom Bezirksgerichtsrath Dr. Seitz und ein drittes vom Kammergerichtspräsidenten Petersen in Straßburg i. E. Bornemann entscheidet sich für die Tradition. Er geht davon aus, daß man einem obligatorischen Vertrag an und für sich nur obligatorische Wirkungen beilegen soll. Er meint auch, daß die Zulassung der Eigenthumsübertragung durch Vertrag dem muthmaßlichen Willen der Parteien nicht entspreche. Er sucht dann auszuführen, daß konsequent dieses letzte

Prinzip nicht durchführbar sei und er kommt schließlich zu dem Resultat, das ich bereits angedeutet habe. Den ganz entgegengesetzten Weg schlägt der zweite der von mir genannten Gutachter ein, Herr Bezirksgerichtsrath Dr. Seitz. Er geht aus von einer von ihm an anderer Stelle begründeten Idee, daß die römische possessio ein Eigenthum nach ius gentium sei und daß die Tradition wesentlich bestimmt sei, dieses Ius gentium Eigenthum zu übertragen. Es sei daher ein Mißgriff der späteren Kaiserzeit, wenn man die Tradition verallgemeinert habe; man hätte sagen müssen, es genüge der Vertrag. Jetzt sei die Tradition etwas für uns Bedeutungsloses, wir hätten sie nur, weil sie uns überliefert sei. Es sucht dann dieser Gutachter nachzuweisen, daß die Tradition nicht den Vortheil gewähre, Sicherheit dem Verkehr zu geben. Er meint, sie träte mit dem Volksbewußtsein in Widerspruch, und er geht sogar über die Bestimmungen des französischen Rechtes hinaus. Artikel 1141 des Code schreibt nämlich vor, daß wenn der Eigenthümer zwei Personen nach einander den Gegenstand verkauft habe, derjenige vorgehe, dem der Gegenstand tradirt worden ist, vorausgesetzt, daß er in gutem Glauben war. Unser Gutachter geht aber davon aus, daß diese Bestimmung das Vertragseigenthum nicht in gehöriger Weise respectire; es müsse derjenige vorgehen, der zuerst mittelst Vertrages Eigenthum erworben habe, ohne Unterschied, ob tradirt ist oder nicht. — Das dritte Gutachten ist das des Kammerpräsidenten Petersen. Man muß diesem Gutachten, abgesehen von allem anderen, jedenfalls das nachrühmen, daß es in umfassender Weise die Literatur berücksichtigt. Es wird in demselben zunächst darauf aufmerksam gemacht, daß dingliche Rechte sehr wohl auch durch obligatorischen Vertrag erworben werden können, indem daran erinnert wird, daß iura in re und speciell das Pfandrecht durch Vertrag erworben werden können. Es wird angeführt, daß die Vortheile, die man der Tradition in der hier fraglichen Beziehung nachrühmt, ihr nicht beizumessen seien. Wenn man sage, die Parteien würden sich beim Traditionssystem klar, was sie eigentlich thun, wenn sie Eigenthum übertragen, so meint der Gutachter gewiß mit Recht, daß man das den Parteien überlassen könne, daß man sie nicht zu bevormunden brauche. Wenn dem System nachgerühmt werde, daß es für den Richter erkenntlicher mache, ob Eigenthum übertragen sei oder nicht, so sei auch das nicht zutreffend. Es führt dann das Gutachten aus, daß die Tradition dem Verkehr manche Schwierigkeiten bereite und weist darauf hin, daß in Folge dieser Schwierigkeiten die sogenannten Dispositionspapiere, ich meine den Ladeschein, das Konnossement und den Lagerschein, ihre Bedeutung erhalten hätten. Es geht dann schließlich das Gutachten darauf hinaus, daß kein Grund vorliege, wenn nicht das Gegentheil verabredet ist, dem Vertrag, auch wenn keine Tradition hinzukommt, keine volle Wirksamkeit beizulegen. Eventuell spricht der Gutachter sich dahin aus, daß man jedenfalls den Parteien gestatten sollte, ihrerseits zu beschließen, daß das Eigenthum ohne Weiteres übergehen solle. Ich kann, meine Herren, ein näheres Eingehen auf dieses Gutachten unterlassen; zu meiner Freude befindet sich unter ihnen der Verfasser desselben und ich hoffe, daß er gegen die Angriffe, die ich glaube, gegen denselben richten zu müssen, selber das Wort ergreifen wird. Daß ich geneigt bin, dem Gutachten des Appellationsgerichtsraths Bornemann zuzustimmen und gegen die beiden anderen Gutachten mich aussprechen möchte, haben Sie aus den gedruckten Anträgen der Referenten ersehen.

Meine Herren, ich bekenne offen, daß es mir gehen kann, wie es häufig dem Praktiker geht, daß er in den Anschauungen seines heimischen Rechts allzu befangen ist. Es ist leicht erklärlich, wenn wir Praktiker abgestumpft werden durch die Gewohnheit gegen die Uebelstände, die unser Recht mit sich bringt, und wenn wir aus Mangel an genügender Bekanntschaft die Vorzüge des auswärtigen Rechtes verkennen. Es hat deshalb gewiß die ständige Deputation Recht gehabt, wenn sie mir nicht allein die Relation über diese Frage überlassen, sondern einen Correferenten aus der Gegend des rheinisch-französischen Rechts mir zur Seite stellen wollte; zu meinem Bedauern hat aber dasjenige Mitglied des Juristentags, welches um Uebernahme der Correlation angegangen ist, sich an der Uebernahme verhindert gesehen. Sie müssen daher vorläufig mit mir vorlieb nehmen und mir erlauben, die Gründe, die mich bewegen, kurz zu entwickeln.

Es ist zunächst wesentlich auch für die Ueberflüssigkeit der Tradition gesagt worden, daß man eine solche Tradition bei Grundstücken nicht habe. Nun, meine Herren, das ist richtig, aber man hat dafür etwas Anderes. Das Eigenthum von Grundstücken kann durch einen Vertrag allein nicht erworben werden, es muß noch eine Förmlichkeit hinzukommen der Art, daß zugleich die Eigenthumsübertragung eine Publicität erhält, es muß die Transscription des Grundstücks erfolgen, die Consensertheilung zum Grundbuch. Selbst nach dem neueren französischen Recht, nach dem Gesetz vom März 1855, ist, wenn das Eigenthum gegen Dritte wirksam sein soll, bei Grundstücken die Eintragung in die Grundbücher erforderlich. Eben so, meine Herren, meine ich, wie dem Vertrage über das Eigenthum bei Grundstücken eine Förmlichkeit folgt, durch welche erst der Abschluß der Eigenthumsübertragung bewirkt wird, kann man davon ausgehen, daß bei beweglichen Sachen dem Vertrage eine Förmlichkeit in der Tradition zu folgen habe. Die Tradition ist ja auch in neuerer Zeit vielfach, namentlich von Exner in seinem bekannten Buche, als eine Förmlichkeit aufgefaßt worden, und zwar als eine dem Wesen der Sache adäquate, welcher der Gedanke zu Grunde liegt, daß derjenige, der die factische Herrschaft über die Sache einräumt, damit zugleich die rechtliche Herrschaft über die Sache einräumen will. Nun, meine Herren, meine ich ferner auch, daß die Eigenthumsübertragung durch Vertrag principiell unvereinbar ist mit dem Schutz, den dem bonae fidei possessor das germanische Recht gewährt. Wenn ich nicht im Besitz der Sache bin und vielleicht ein Anderer, ein bonae fidei possessor, Besitzer der Sache ist, so ist das Wort: „ich übertrage Eigenthum" ein leerer Schall, der wirkungslos verhallt. Ich kann mir nicht denken, daß ein solches System consequent durchführbar ist und ich will später einen Fall anführen, in welchem meiner Meinung nach, ein bedeutender Zweifel an der Ausführbarkeit eines solchen Systems entstehen muß.

Ich finde auch, daß Prof. Goldschmidt in der Abhandlung in seiner Zeitschrift „über den Erwerb dinglicher Rechte" Recht hat, wenn er annimmt, daß das System der Eigenthumsübertragung durch Vertrag sich viel besser mit dem Grundsatz des römischen Rechts vertrage, nach welchem man von jedem, auch dem bonae fidei possessor die Sache vindiciren kann. Denn wenn ich gegen den bonae fidei possessor vindiciren kann, so gewinnt die Uebertragung des Eigenthums durch Vertrag denn doch einige Bedeutung. — Nun wird in den Gutachten ausgeführt, daß es ein entscheidendes Bedürfniß des Verkehrs sei, daß man mittelst des Vertrages das Eigenthum übergehen läßt. Es wird namentlich von Dr. Seitz folgendes Beispiel angeführt: Zwei Viehhändler kommen auf einem Markte zusammen, das Pferd, was verkauft werden soll, ist an Ort und Stelle, sie handeln darüber, können sich aber über den Preis nicht einigen, der Handel kommt nicht zu Stande. Am nächsten Tage treffen sie sich wieder, nun ist aber das Pferd nicht mehr da und jetzt machen sie aus: Das Pferd soll zu dem und dem Betrage verkauft sein. Warum soll das Eigenthum nun nicht ohne weiteres übergehen, fragt der Gutachter. M. H., ich möchte fragen: Warum soll es übergehen? Der Verkäufer seinerseits hat ein directes Interesse an der Uebertragung des Eigenthums gewiß nicht, er hat das indirecte Interesse, daß wenn er Eigenthum überträgt, er auch seinerseits den Kaufpreis bekommt. Ich glaube aber auch, daß der Käufer nicht geneigt sein wird, wenn er nicht Credit geben will, den Kaufpreis zu zahlen. Traut der Käufer der Ehrlichkeit des Verkäufers, so kann er bezahlen, wenn er auch noch nicht das Pferd in den Händen hat, vertraut er nicht, so wird ihm mit dem Eigenthumsrecht an und für sich, das er doch immer nur gegen einen bösgläubigen Besitzer geltend machen könnte, nicht viel gedient sein. Sie meinen, er vertraue vielleicht der Ehrlichkeit, nicht aber der Solvenz des Verkäufers; es sei möglich, daß die Gläubiger des Verkäufers kommen und ihm das Pferd abpfänden. Ich glaube, wenn überhaupt nicht volles Vertrauen auch zu der Solvenz des Verkäufers vorhanden ist, der Käufer sein Geld gegen die nackte Eigenthumsübertragung nicht zahlen wird; er würde es auf die Gefahr zahlen, mit den Gläubigern in Conflict zu kommen, herausprozessiren zu müssen, was ihm gebührt. M. H., man sagt bei uns: „Haben ist Haben, und Kriegen ist eine Kunst“, und ich glaube, das wird in einem solchen Fall auch meistentheils der Käufer sagen.

Ein fernerer Vorzug, den man dem Vertragssystem, um mich kurz auszudrücken, nachrühmt, ist der, daß die Waare übertragen werden kann, während sie sich auf dem Transport befindet. Ich glaube, daß es sich mit der Waare auf dem Transport ganz eben so verhält, wie mit dem Pferd auf dem Markte. Was man nicht sicher hat, für das leistet man, wenn man überhaupt keinen Credit geben will, keine Zahlung. Es ist richtig, daß die Dispositions-Papiere die Mittel in die Hand geben, auch wenn die Waare nicht zur Stelle ist, das Eigenthum zu übertragen, daß wenigstens nach der Vorschrift des Artikels 649 des Handelsgesetzbuches die Uebertragung des Konnossements genügt, um das Eigenthum an der Waare zu erwerben, wenn nämlich das Konossement an Ordre ausgestellt ist. Es ist ferner richtig, daß man auch durch den Ladeschein des Flußschiffers eine Verfügung über die Waare erhält, die man möglicher Weise als Eigenthumsübertragung bezeichnen kann und daß Lagerpapiere, wie der Lagerschein, die gleiche Bedeutung haben. Das scheint mir aber kein Beweis zu sein dafür, daß das Eigenthum durch Vertrag den Vorzug verdient, sondern es scheint nur die Uebertragbarkeit dieser Papiere ein Beweis dafür zu sein, daß in diesen Fällen der Käufer nichts giebt, ehe er nicht Sicherheit dafür hat, daß er seine Waare bekommt, und ich glaube, wenn wir sofort das Vertragsystem einführen, daß diese Mittel, sich in den Besitz der Sachen zu setzen, diese Mittel, sich die Waare unterwegs zu sichern, ebensowohl fortbestehen werden. Sie stehen in keinem Zusammenhang mit der Frage der Eigenthumsübertragung, es kommt bei ihnen wesentlich darauf an, daß sie die Besitzübertragung erleichtern. — Nun, m. H., beruft man sich, und scheinbar mit gutem Grunde, auf eine Ausnahme von der Regel, die bereits reichsgesetzlich sanctionirt ist. Man macht darauf aufmerksam, daß Artikel 439 des Handelsgesetzbuches das Eigenthum an Seeschiffen übergehen läßt ohne Tradition, wenn die Parteien einig sind, daß Eigenthum übergehen soll. Das ist keine principielle Ausnahme, eine Ausnahme welche sich auf ein Princip zurückführen läßt, es ist eine Exception, die nur die Eine Sache betrifft. Ein solches Schiff ist nicht zu erreichen und unterscheidet sich dadurch von allen anderen Gegenständen. Auch in seinem Heimathshafen soll es seiner Bestimmung zufolge niemals sich aufhalten, sondern immer vagabondiren, so daß es oft Jahre lang unterwegs ist. — Eine andere Behauptung ist die, daß es vortheilhaft ist, das Vertragsystem einzuführen deßhalb, weil eine successive Eigenthumsübertragung stattfinden kann, mit der Wirkung, daß der letzte in der Reihe seinen Vindicationsanspruch gegen den ersten geltend machen kann. Ich muß aufrichtig sagen, daß mir das nicht recht verständlich ist. Denken Sie sich den Fall: A verkauft an B, B verkauft an C, ohne daß B und C in den Besitz der Waare gekommen sind. Nun denken Sie sich, B hätte die Waare noch nicht an A bezahlt und C käme und vindicirte die Sache von A. Wie soll nun A zu seinem Gelde kommen, da er nur ein Retentionsrecht hat gegenüber dem, gegen den ihm eine Forderung zusteht? Eben so liegt die Sache, wenn B dem A, aber C dem B nicht gezahlt hat. Dann kann C ganz ruhig das Eigenthum der Waare in Anspruch nehmen, dem A gegenüber, denn A hat dem C gegenüber kein Retentionsrecht, weil nicht er, sondern B die Forderung gegen C hat. Mir scheint das, m. H., ein Grund zu sein, der, wenn mir nicht eine andere Aufklärung zu Theil wird, auf das deutlichste beweist, daß das Vertragsystem, wenn man nicht die nöthigen Beschränkungen, und Ausnahmen hinzufügen will, die die Regel nahezu aufheben, nicht haltbar ist. Ich glaube, daß dieser Grund, der auf das deutlichste zeigt, daß dem Verkäufer mit der Eigenthumsübertragung mittelst Vertrag gar nicht gedient sein kann, vollkommen durchschagend ist, um das System zu beseitigen.

Nun, m. H., wüßte ich auch nicht, daß man im Publikum bisher in so eklatanter Weise geltend gemacht hätte, daß das zur Zeit in Deutschland geltende System ein solches ist, welches erhebliche Mißstände mit sich führt. Ich sehe deßhalb nicht ein, daß unser Gesetzbuch von dem bisherigen Recht abweichen soll, von dem Recht, welches im ganzen deutschen Reich mit Ausnahme derjenigen Parzellen gilt, wo französisches Recht Geltung hat. Etwas anderes wäre es, wenn im praktischen Leben sich Mißstände herausgestellt hätten. Das ist aber nicht der Fall und ich glaube, daß unsere Gesetzgebungscommission vollkommen richtig gehandelt hat, wenn sie ihrerseits sich für die Tradition erklärt hat. Die Gesetzgebungscommission hat nämlich nach den veröffentlichten Berichten den Grundsatz aufgestellt: „Zu der Uebertragung des Eigenthums an einer beweglichen Sache ist erforderlich, daß in der auf diesen Zweck gerichteten Absicht beider Theile die Uebergabe der Sache von dem bisherigen Eigenthümer an den Erwerber erfolgt.“ Ich glaube, daß wir keinen Grund haben, uns in anderer Weise auszusprechen, und meine deßhalb, daß der von mir gestellte Antrag:

„Es empfiehlt sich, die Uebertragung des Eigenthums an beweglichen Sachen in dem deutschen bürgerlichen Gesetzbuch in der Weise zu regeln, daß das Eigenthum nicht schon durch Vertrag, sondern erst durch Tradition erworben wird.“

den jetzigen Verhältnissen entspricht und jedenfalls nicht als ein irrationeller betrachtet werden kann.

Ich will dabei noch einige Bemerkungen über den eventuellen Antrag des Herrn Kammerpräsidenten Petersen mir erlauben, der dahin geht, daß die Parteien übereinkommen können, daß die Eigenthumsübertragung vor sich gehen und daß dieser Vertrag die Eigenthumsübertragung bewirken solle. Nach meinen Principien könnte ich meinerseits einem solchen Antrag jedenfalls nur dann zustimmen, wenn derjenige, der einen solchen Vertrag als Promittent abschließt, seinerseits im Besitz der Sache wäre; aber richtig würde ich einen solchen Antrag auch dann nicht finden und Ihnen denselben nicht empfehlen. Ich glaube nicht, daß in dieser Weise ein constitutum gesetzgeberisch anerkannt werden dürfte. Denn m. H., wo wird diese Vertragsklausel, daß Eigenthum übergehen soll, vorkommen können anders als in schriftlichen Verträgen. Bei diesen wird sie die Regel bilden, zwischen den mündlichen Verträgen und den schriftlichen also ein großer Unterschied bestehen. Dabei wird man auf Mißverständnisse gefaßt sein müssen; die Parteien werden dem Sinne sehr häufig nicht Rechnung tragen, namentlich wenn nicht vor oder zugleich mit der Ausmachung dieser Klausel der Kaufpreis bezahlt ist. Was ich befürworten könnte, wäre ein System des Inhalts, daß man davon ausginge, daß mit dem Augenblick, in welchem das Geschäft vollständig perfect geworden ist und der Käufer den Kaufpreis gezahlt hat, vorausgesetzt, daß der Verkäufer sich im Besitz befindet, das Eigenthum als übergegangen zu betrachten sei. Das, m. H., wäre, wie es mir scheint, ein Weg, den das römische Recht mit Aufstellung des constituti possessorii angebahnt hat; der würde sich im Anschluß daran civilistisch construiren lassen. Man könnte sagen: von dem Augenblick an, in welchem der Verkäufer alles erhalten hat, was er zu empfangen hat, fängt er an, für den Käufer zu besitzen. Es ist das jedenfalls eine der Voraussetzungen des constituti possessorii, daß der Verkäufer gar keinen Grund mehr haben darf, für sich zu besitzen, sondern, daß er nur noch verständiger Weise den Besitz ausüben kann für den Käufer. Diesem Requisit des constituti possessorii würde Rechnung zu tragen sein. Unter dem Besitz desjenigen, in dessen Person sich das constitutum vollziehen soll, verstehe ich aber nicht den juristischen Besitz sondern nur die Detention. Wenn Jemandem also der Verkaufspreis vollständig gezahlt wird, so daß er keinen Grund hat, die Sache, die in seiner Detention ist, für sich zu behalten, so würde man annehmen können, daß ein Aufbewahrungsvertrag stillschweigend geschlossen sei. Niemals aber würde ich annehmen, daß wenn der Verkäufer nicht selbst die Sache besitzt, sondern ein Anderer für ihn, alsdann wenn der Kaufpreis vollständig bezahlt ist, das Eigenthum übergehe; vielmehr würde ich dann sagen, daß das Eigenthum erst dann übertragen würde, sobald der dritte anfängt, für den Käufer zu besitzen.

Nun, m. H., schließe ich mit der Bemerkung, daß es meinerseits nicht beabsichtigt ist, die Frage hier zur Erörterung zu bringen, ob in der Weise, wie ich es angedeutet habe, das constitutum possessorium als zulässig gelten soll. Die Frage scheint mir ein eigenes schriftliches Gutachten vorauszusetzen, das jeder Einzelne vorher prüfen kann. Ich meine, daß mein Antrag, wie ich ihn gestellt habe, diese Frage offen läßt. Ich habe nämlich in Bezug auf die Formulirung meines Antrages von der ursprünglich gestellten Frage mir eine Abweichung erlaubt. Die gestellte Frage spricht von Uebergabe; da könnte man sehr leicht die Uebergabe von Hand zu Hand verstehen. Ich meine, daß es richtiger ist, diesen Ausdruck durch den technischen der Tradition zu ersetzen, sodaß die traditio brevi manu und die Tradition durch constitutum nicht ausgeschlossen ist. Ich glaube ferner auch, daß, wenn man überall nicht weiter geht, als daß man nur das Princip aufstellt, daß Tradition zum Eigenthumsübergang erforderlich ist, man die Frage vollständig offen lassen kann, unter welchen Voraussetzungen die Tradition durch constitutum possessorium als vollzogen zu betrachten sein würde. Diese Frage des constitutum wäre, meine ich, auf einen der nächsten Juristentage zu verweisen.

Das ist das, was ich zur Befürwortung meines Antrages zu sagen habe, und es sollte mich freuen, wenn Sie in der Hauptsache sich zustimmend zu demselben erklären könnten.

(Lebhaftes Bravo!)

Stellvertretender Vorsitzender Geh. Justizrath **Dr. Hase** (Jena): Der Herr Vorredner hat bereits hervorgehoben, daß wir das Glück haben, einen der Herren, die die Güte gehabt haben, diese wichtige Frage zu begutachten, nämlich Herrn Kammerpräsidenten Petersen aus Straßburg unter uns zu haben.

Von demselben ist ein Antrag eingereicht:

Der Uebergang des Eigenthums an beweglichen Sachen ist in der

Weise zu regeln, daß derselbe schon durch Abschluß des Vertrages geschlossen werden soll, die Uebergabe der Sache sonach nicht erforderlich ist.

Kammer-Präsident **Petersen** (Straßburg i. E.): Ich gehe auf die geschichtliche Darstellung, welche der Herr Referent in genügender Weise gegeben hat, nur ganz kurz ein. Es handelt sich um einen Gegensatz zwischen den Bestimmungen des römischen Rechts und einer Reihe neuerer Gesetzgebungen, besonders der französischen und der englisch-nordamerikanischen. Daß auch das germanische Recht den Grundsatz der Tradition bei Mobilien gekannt habe, vermag ich nicht zuzugestehen. Ich will auf diese Frage nicht näher eingehen. Wir kennen die Grundsätze des germanischen Rechts genauer bezüglich der Uebertragung von Grundstücken und wissen, daß hier die Tradition nicht erforderlich war. Ein hervorragender Germanist, Professor Sohm in Straßburg hat sogar die Ansicht aufgestellt, daß die Bestimmungen des französischen Rechts, wonach die Tradition nicht erforderlich ist, nur in den Traditionen des germanischen Rechts ihre Grundlage haben und nur eine Consequenz derselben sind, eine Ansicht, über welche sich allerdings streiten läßt. Die Begründung der Nothwendigkeit der Tradition hat man sich früher sehr leicht gemacht. Man hat von Seiten der Romanisten behauptet, es sei eine innere Nothwendigkeit, es sei undenkbar, daß durch Vertrag überhaupt Eigenthum oder irgend ein anderes dingliches Recht begründet würde. Es hat das zur Controverse geführt bezüglich der Servituten und man hat deshalb an dem Grundsatz festgehalten, daß bei Begründung von Servituten Quasitradition erforderlich sei — im Gegensatz zu der jetzt ziemlich allgemein herrschenden Ansicht, daß dieselbe nicht erforderlich ist — weil man sagte: der Vertrag als solcher kann nur obligatorische Wirkungen hervorbringen. Diese Begründung kann ich als vollkommen überwunden bezeichnen. Nicht blos ist innerhalb des gemeinen Rechts die Constituirung von dinglichen Rechten durch Vertrag zugegeben, sondern es ist auch nicht der mindeste Zweifel vorhanden, daß wir bezüglich des Eigenthumserwerbs an Grundstücken von der Tradition vollkommen absehen müssen. Es ist heute schon im größten Theile Deutschlands geltendes Recht, daß die Tradition zur Uebertragung des Eigenthums an Grundstücken nicht erforderlich ist und in kurzer Zeit wird dieser Grundsatz allgemeine Geltung erlangen.

Die Sache liegt so, daß man mit dieser allgemeinen Begründung nicht durchkommt, sondern zugegeben werden muß, daß Eigenthum durch Vertrag übertragen werden kann. Daß dies bei Grundstücken geschehen, die Tradition also dort beseitigt werden muß, wird allgemein zugegeben.

Es müssen also besondere Gründe angegeben werden, welche im Gegensatz dazu die Tradition bei beweglichen Sachen nothwendig machen. Die Beweislast würde hiernach eigentlich den Herren zufallen, die die Ansicht theilen, die der Herr Referent ihnen vorgetragen.

Es giebt in neuerer Zeit eine ziemliche Literatur über die Frage. Während man in Frankreich und England niemals daran gedacht hat, die Tradition als nothwendige Form der Eigenthumsübertragung einzuführen, sind in Deutschland Ansichten laut geworden, die sagen, es handele sich um Ueberbleibsel aus einer Zeit, die einen anderen Verkehr hatte, und um eine Einrichtung, die für unsere heutigen Zustände nicht mehr passe. Dem entgegen werden mehrere Gründe dafür vorgeführt, daß die Tradition nothwendig sei, und ich will dieselben in der Reihenfolge, in der ich in meinem Gutachten darauf eingegangen bin, in Kurzem nochmals vorführen und bekämpfen. Es ist zu unterscheiden zwischen jenen Gründen, welche abgeleitet werden aus dem Verhältniß zwischen den Parteien selbst, bez. aus der Nothwendigkeit, die Absicht der Parteien festzustellen, und zwischen den Gründen, welche in dem Verhältniß zu dritten Personen beruhen. Was die ersten Gründe anbelangt, so wird im Allgemeinen ausgeführt, es sei überhaupt nicht rathsam, von Förmlichkeiten abzusehen, man solle womöglich, besonders bei so wichtigen Handlungen, an einer Form festhalten, schon deßhalb, um den Parteien selbst Gelegenheit zu geben, sich die Sache reiflich zu überlegen. Das ist nun ein Grund, der, wie auch einer der hervorragendsten Vertheidiger der Traditionstheorie, Exner, selbst anerkennt, hier durchaus nicht zutrifft. Wer einen Vertrag über den Verkauf oder die sonstige Eigenthumsübertragung einer beweglichen Sache abschließt, ist durch denselben gebunden; er ist verpflichtet, die Tradition vorzunehmen. Kann er das nicht, so muß er eine Entschädigung zahlen; die Ueberlegung, die nach dem Vertragabschluß kommt, kommt also zu spät. Unter diesem Gesichtspunkt müßte man jedes pactum für unverbindlich erklären und nur der Tradition obligatorische Wirkungen beilegen. So weit wird aber Niemand gehen wollen. Ein anderer Grund, der sich ebenfalls auf das Verhältniß unter den Parteien bezieht, hat die Feststellung der Absicht derselben zum Gegenstand. Es wird heute allgemein anerkannt, daß es dingliche Verträge gebe. Es wird aber darauf hingewiesen, wie schwer es sei, im einzelnen Fall festzustellen, ob die Parteien einen obligatorischen oder einen dinglichen Vertrag abgeschlossen haben, ob sie die Absicht hatten, Eigenthum sofort zu übertragen oder sich lediglich durch eine Obligation zu verpflichten. Das ist der Grund, den besonders Exner vorbringt, der nach seiner Ansicht der allein entscheidende ist für die Tradition. Ich kann auch diesen Grund nicht als berechtigt ansehen. Ich glaube meinestheils, daß man die Schwierigkeiten der Feststellung der Absicht der Parteien übertreibt, daß man Schwierigkeiten schafft, die in der Praxis gar nicht existiren. Wenn über den Vertrag eine Urkunde errichtet ist, die sagt, daß Eigenthum übertragen werden solle, so wird sie auch eine Bestimmung darüber enthalten, zu welcher Zeit die Eigenthumsübertragung einzutreten habe. Es ist auch nach englischem und französischem Recht nicht so, daß das Eigenthum unter allen Umständen sofort übertragen wird durch den Vertrag, sondern es sollen die Parteien nur das Recht haben, sofern nichts anderes bestimmt ist, die sofortige Uebertragung des Eigenthums als gewollt zu erklären. Die Parteien haben ebensowohl bezüglich aller anderen Vertragsbestimmungen, wie hinsichtlich des Preises sich zu einigen, und ist eine Urkunde vorhanden, so wird eine Streitigkeit über diese Punkte so wenig wie über andere entstehen. Fehlt es an jedem Beweis, so müssen vielleicht Zeugen verhört werden, und diese werden eben so gut darüber Auskunft geben, was die Parteien bezüglich der Zeit des Eigenthumsübergangs wollten, wie in anderen Beziehungen. Allein selbst wenn man diesem Grunde mehr Gewicht beilegt und die Schwierigkeiten höher anschlägt, sehe ich durchaus keinen Grund, die Parteien selbst in der Weise zu bevormunden, daß man sagt: Auch wenn Ihr einig darüber seid, daß sofort das Eigenthum übertragen werden solle, so darf dies doch nicht geschehen. Dieser Grund würde nur zu einer Bestimmung im Gesetz führen, welche ausdrücklich bestimmt, wie es zu halten ist, wenn die Parteien nichts vereinbart haben und eine solche Bestimmung würde ich unter allen Umständen für erforderlich halten. Ich würde es für zweckmäßig halten, die Bestimmungen so zu formuliren: Wenn die Parteien nichts anderes beschließen, ist anzunehmen, daß das Eigenthum sofort übertragen werden soll. Aber es ist denkbar, daß man auch umgekehrt verfügt: Wenn die Parteien nichts ausmachen, so ist anzunehmen, daß das Eigenthum erst durch die Tradition übergehen soll; die Parteien haben jedoch das Recht, auch das Gegentheil zu beschließen und ausdrücklich zu vereinbaren, daß das Eigenthum sofort übergehen solle. Es würde das eine Bestimmung sein, wie sie heute bezüglich der Seeschiffe schon besteht. Wenn die Tradition gar keine sonstigen Nachtheile hätte, könnte man vielleicht noch sagen, es sei besser, eine dieselbe ausdrücklich vorschreibende Vorschrift zu treffen. Allein so unschuldig und einfach ist die Sache nicht, wie der Referent sie aufgefaßt hat, daß man nirgends Klagen hört. In Wirklichkeit kann die Tradition den Zweck, den man ihr beilegt, nur erfüllen, wenn wirklich eine körperliche Uebergabe erfolgt ist, und auch dann nicht mit Bestimmtheit; denn die Uebergabe einer Sache beweist noch nicht, daß sie zum Zwecke der Eigenthumsübertragung erfolgt ist, vielmehr muß die Absicht der Uebertragung mit nachgewiesen sein, es muß das, was angeblich so viel Schwierigkeiten macht festzustellen, nämlich die Absicht der Uebertragung, auch im Falle der Tradition festgestellt sein, sonst beweist die Tradition nichts. Am wenigsten beweist die Tradition, die nicht in der körperlichen Uebergabe besteht, vielmehr scheint mir gerade die Einführung aller künstlichen Traditionen, insbesondere der symbolischen Tradition, die Erfindung der Dispositionspapiere, die umfangreiche Benutzung des constitutum possessorium zu beweisen, daß die Festhaltung der wirklichen körperlichen Uebergabe absolut unmöglich ist. Der Verkehr hat allerdings in vielen Fällen das Bedürfniß, daß Eigenthum übertragen werden kann, obgleich die Uebergabe nicht möglich ist oder obgleich sie nicht sofort erfolgen soll. Nur für diese Fälle hat die Differenz, in der ich mich mit dem Referenten befinde, überhaupt Bedeutung. Auch in Frankreich wird in der großen Mehrzahl der Fälle die Eigenthumsübertragung durch Tradition vorgenommen. In allen Fällen, in denen die Tradition möglich ist, und in denen die Parteien nicht ihren besonderen Grund haben, die Uebergabe zu verschieben, wird sie vorgenommen werden. Nun giebt es aber eine Menge von Fällen, in denen diese nicht möglich ist oder wo die Parteien ein bestimmtes Interesse haben, sie nicht vorzunehmen und doch Eigenthum übertragen wollen. Hier fehlt jeder Grund, die Parteien zu zwingen und zu sagen: Das, was ihr ausführen wollt, ist nicht möglich, ihr dürft nicht Eigenthum übertragen; die Uebertragung ist unwirksam, wenn nicht sogleich die Uebergabe erfolgt. Daß nun die gesetzlichen Bestimmungen in einer großen Menge von Ländern diese Schwierigkeit den Bedürfnissen des Verkehrs entgegensetzen, hat unstreitig dazu geführt, gerade so wie bei Immobilien, wo die Tradition nie eine Wirklichkeit geworden ist, sich zu helfen mit der fictiven Tradition oder den erwähnten Papieren. Die symbolische Tradition haben auch alle neueren Schriftsteller als ein solches Hülfsmittel betrachtet; insbesondere giebt Exner dies bereitwillig zu und sagt: „Im preußischen und österreichischen Landrecht wurde durch die symbolische Tradition nichts Anderes als die Möglichkeit der Eigenthumsübertragung durch bloßen Vertrag herbeigeführt, weil der Verkehr mit absoluter Nothwendigkeit die Möglichkeit einer solchen Uebertragung fordert." Wenn solche Wege gestattet sind, wenn man insbesondere wie die Vertheidiger der Tradition es verlangen, das constitutum possessorium in ausgedehntem Maße zuläßt, hat der hier angeführte Grund nicht die mindeste Bedeutung; man kann sich nicht mehr auf die Behauptung stützen, die Absicht der Parteien bezüglich der Eigenthumsübertragung im Allgemeinen sei so schwierig festzustellen. Ebenso ist es mit dem constitutum possessorium. Wird darüber eine Urkunde gemacht, so ist der Zusatz, daß das constitutum erfolgt sei, überflüssig; diese Urkunde wird bezüglich des Beweises ganz genau dasselbe leisten, gleichgültig, ob die Clausel, daß das constitutum erfolgt sei, dabei steht oder nicht.

Von einer Menge von anderen Schriftstellern wird nun auch angeführt, daß diese Gründe nicht entscheidend seien. Man behauptet aber, es sei im Interesse der Sicherheit des Verkehrs nothwendig, an der Tradition festzuhalten. Der Referent hat Ihnen diesen Grund schon angegeben und ausgeführt, daß die Tradition dasselbe leisten solle, wie die Eintragung in das Grundbuch bei der Uebertragung des Eigenthums an Grundstücken. Wenn das richtig wäre, so würde ich ganz gewiß deren Nothwendigkeit befürworten. Hier kommen wir nun auf den Hauptunterschied zwischen den Grundsätzen des römischen und germanischen Rechts. Nach römischem Recht ist das Eigenthum etwas ganz Absolutes; der Eigenthümer vindicirt seine Sache, wo er sie findet, der dritte redliche Besitzer kann sehen, wie er zu seinem Rechte kommt oder er hat kein Recht. Das germanische Recht hat umgekehrt bezüglich der Mobilien und Immobilien immer an dem Grundsatz festgehalten: ein absolutes Recht, das Jedermann gegenüber wirken soll, muß in allgemeiner Weise erkennbar sein; eine in heimlicher Weise erfolgte Eigenthumsübertragung, von der Niemand etwas wissen kann, kann nicht dieselben Wirkungen haben wie die Eigenthumsübertragung, die sich vollständig erkennen läßt. Auf diesem Grundsatz der Publicität beruht unser Grundbuchsystem und wenn es etwas Aehnliches für Mobilien gäbe, würde es aus denselben Gründen eingeführt werden müssen, aus denen wir von der Nothwendigkeit des Grundbuches überüberzeugt sind. Aber wie soll die Tradition die Publicität ersetzen? Die bloße Uebertragung beweist gar nichts, sondern es muß die Absicht der Eigenthumsübertragung nachgewiesen werden. Bei der wirklichen Tradition hat man Anhaltspunkte, aber bei dem constitutum ist nicht der mindeste Unterschied für den Dritten zwischen Uebertragung durch bloßen Vertrag und durch constitutum. Der Eigenthümer sitzt ruhig in seinem Hause und hat die beweglichen Sachen nach wie vor im Besitz. Zeugen brauchen nicht einmal bei der Errichtung des constitutum zugegen gewesen sein. Also die Tradition ist in keiner Weise geeignet, Publicität zu schaffen. Wollte man an der wirklichen körperlichen Uebergabe festhalten, so könnte man mit einem gewissen Schein von Berechtigung sagen: Es ist doch etwas sichtbares dabei, es ist besser, als wenn die Sache im Besitz des Eigenthümers bleibt. Die Fälle des constitutum possessorium sind aber gerade diejenigen, um welche sich der Streit dreht. Während der Grundsatz der Publicität bei der Uebertragung von Grundstücken sich durchführen läßt, ist er bei beweglichen Sachen offenbar nicht durchführbar.

Was folgt aber daraus? Einfach, was das deutsche Recht schon seit früher Zeit angenommen hat, daß Eigenthum an beweglichen Sachen nicht die absoluten Wirkungen haben kann, wie Eigenthum an Grundstücken, daß die Vindication des Eigenthümers nicht eine durchgreifende sein darf auch dem redlichen Besitzer gegenüber, daß die Vindicationsbefugniß dem redlichen Besitzer gegenüber ausgeschlossen oder beschränkt werden muß. Ob man dies System in der strengeren Form annimmt, in der es im deutschen Handelsgesetzbuch Aufnahme gefunden hat, oder ob man zu der milderen Form greift, die in dem preußischen Landrecht und in dem sächsischen Recht sich findet, daß der Eigenthümer dem redlichen Besitzer seine Auslagen bezahlen muß, ist eine Frage für sich. Aber es wird unter allen Umständen nothwendig sein, in das neue Civilgesetzbuch eine Bestimmung aufzunehmen, die dem Art. 306 des Handelsgesetzbuchs entspricht oder dem preußischen und sächsischen Recht. Dadurch wird der redliche Erwerber geschützt gegenüber dem wirklichen Eigenthümer, entweder in der Art, daß er selbst Eigenthum erwirbt, oder daß das Eigenthum des anderen erlischt oder in der theoretisch natürlicheren Weise, daß ihm das, was er bezahlt hat, vergütet wird. Wenn ein solches System angenommen ist, besteht nach meiner Auffassung nicht der mindeste Grund, nun zu sagen: weil dem Dritten gegenüber dieses Eigenthum, sei es so oder so erworben, nicht die volle durchgreifende Wirkung hat, die man sonst dem Eigenthum zuschreibt, weil die Vindication des Eigenthümers dem redlichen Besitzer gegenüber beschränkt sein muß, dürft ihr Parteien auch nicht mit Wirksamkeit für das Verhältniß unter euch selbst und zu bösgläubigen Besitzern das Eigenthum sofort übertragen. Der Käufer wird nach gemeinem Recht erst Eigenthümer, wenn ihm tradirt ist. Welcher Grund liegt aber vor, die frühere Eigenthumsübertragung, an der der Käufer ein großes Interesse haben kann, zu verhindern?

Der Referent hat gesagt, es seien Klagen gegen das bestehende System nicht vorgebracht. Ich habe neuerdings von Kollegen aus dem Juristentag gehört, daß man in Hamburg und Umgegend durchaus nicht so zufrieden sei mit dem System, das der Herr Berichterstatter als ein vollkommen erträgliches und gutes dargestellt hat. Es wird Klage darüber geführt, daß der Käufer, wenn die Formalität der Tradition oder des constitutum versäumt wurde, in eine schlimme Lage kommen kann, daß die Gläubiger des Verkäufers kommen, und das, was derselbe schon verkauft hat, mit Beschlag belegen und dem Käufer dadurch die Möglichkeit entziehen, sich in den Besitz der Waare zu setzen. Die Frage, wie das Verhältniß zwischen dem Käufer und den Gläubigern geregelt werden soll, ist übrigens eine Frage für sich.

Der Herr Referent findet im Anschluß an die Ausführungen von Goldschmidt einen Widerspruch zwischen den Bestimmungen des französischen Rechts, die einestheils die Uebertragung durch bloßen Vertrag gestatten, andererseits den redlichen Besitzer doch den Grundsätzen des deutschen Rechts entsprechend schützen gegen jede Vindication. Ich kann einen Widerspruch darin nicht finden; ich glaube auch dargelegt zu haben, daß ein solcher nicht besteht. Es handelt sich um zwei ganz verschiedene Dinge; in unserem Fall handelt es sich um die Form der Uebertragung und im anderen Fall um die Wirkung des Eigenthums, um die Befugniß zur Klage auch einem redlichen Erwerber gegenüber und die eventuelle Verpflichtung des Eigenthümers, diesem die Auslagen bezüglich des Erwerbs zu ersetzen. Das muß ich zugeben, daß die Differenz zwischen der Ansicht des Referenten und der meinigen sich in der Praxis auf einige wenige Verschiedenheiten zurückführen läßt, daß diese Differenz, die scheinbar so groß ist, in Wirklichkeit sich sehr reducirt. Für das Verhältniß unter den Parteien ist es in der Regel gleichgültig, ob der Käufer gegen den Verkäufer eine persönliche Klage hat oder die Vindication, und für das Verhältniß zu Dritten hilft ihm dieses Eigenthum nicht in allen Fällen, sondern er muß es sich gerade wie nach den Bestimmungen des anderen Rechts gefallen lassen, daß ihm der Besitz des redlichen Erwerbers entgegen gehalten wird. Immerhin lassen sich einige Vortheile als solche aufstellen, die nicht zu bestreiten sind. Es ist das Vindicationsrecht des Käufers dem Verkäufer gegenüber im Falle des Concurses von großer Bedeutung, denn daran knüpft sich das Aussonderungsrecht. Der Käufer ist also nach den Grundsätzen des französischen Rechts besser gestellt; wenn er die Sache auch noch nicht im Besitz hat, kann er sicher sein, daß, wenn der Verkäufer nicht böswilligerweise sich des Besitzes entäußert, er diesen Besitz erlangen kann. Ein weiterer Vortheil ist der, daß auch bösgläubigen Besitzern gegenüber der Käufer sofort ein direktes Klagerecht hat. Wenn dem Verkäufer die Sache verloren geht, so hat der Käufer, wenn er durch Vertrag Eigenthum erwerben kann, die Möglichkeit, diese Sache sofort von dem dritten Besitzer zu vindiciren, ein Recht, das sehr wesentlich ist, weil es sich darum handelt, sofort zuzugreifen. Dann hat er das Recht, die Sache weiter zu veräußern. Auf diesen Fall muß ich etwas näher eingehen, weil der Herr Referent daraus zu deduciren geglaubt hat, daß das ganze System unmöglich sei. Wenn Jemand eine Sache verkauft hat, so kann der Käufer sie weiter veräußern an Dritte; der Käufer kann sie von dem Verkäufer direkt vindiciren. Solche Fälle sind im Handelsverkehr gewiß nicht selten. Eine Waare liegt in einem bestimmten Magazin; es hat Jemand Lust, sie zu kaufen, einfach weil er schon einen Käufer dafür hat. Da ist es unter allen Umständen für den neuen Käufer angenehm, wenn er sagen kann: ich bekomme hier Eigenthum, ich kann möglichenfalls mit den beiden Verkaufsurkunden bewaffnet den Verkäufer zur Herausgabe zwingen durch den Beweis, daß ich Eigenthümer geworden bin. Nun sagt der Herr Referent: der Verkäufer kann die Sache nicht herausgeben, wenn er nicht bezahlt ist. Hier bringt derselbe aber eine Frage herein, die von der hier erörterten ganz unabhängig ist, die Frage, wie man den Verkäufer schützt, der gegen Credit verkauft hat, ob man ihm ein Retentionsrecht oder wie nach französischem Recht ein Privileg geben soll. Der Verkäufer wird sich hüten, die Sache herauszugeben, ehe sie bezahlt ist und er wird einen dahin gehenden Vertrag nicht schließen. Die Einwendung wäre richtig, wenn das Gesetz sagte: Mit dem Augenblick des Vertrages muß das Eigenthum übergehen, die Parteien sind nicht in der Lage, das zu hindern. In dem Falle wird aber der Vertrag so geschlossen: Ich verkaufe die Waare, bei der Bezahlung wird sie übergeben und in dem Moment wirst du Eigenthümer. Praktischen Vortheil kann die Möglichkeit der sofortigen Eigenthumsübertragung für den Käufer immerhin in vielen Fällen haben, weil es vorkommen kann, daß der Käufer bei dem Abschluß des Handels den Preis bezahlt, z. B. indem er dem Verkäufer einen Wechsel giebt und sich dagegen schriftlich eine Urkunde über den Kauf geben läßt, womit der Verkäufer in die Unmöglichkeit kommt, die Waare weiter zu veräußern. Da spielt die Frage der Zahlung dann keine Rolle. Das sind immerhin Vortheile, die man nicht leugnen kann. Aber wenn diese Vortheile auch nicht so groß wären, würde schon das ein Grund sein, sich gegen die Nothwendigkeit der Tradition zu erklären, weil keine Gründe dafür sprechen. Man übt jetzt unnöthigerweise einen Zwang aus gegen die Parteien, die ohne Grund beschränkt, ja ich glaube, wenn nicht die Macht der Tradition für die Tradition spräche, würde man es nicht verstehen, daß man es den Parteien verbieten will, die Zeit des Eigenthumsüberganges selbst zu bestimmen. Wenn man so in ganz unnöthiger Weise die Parteien beeinträchtigt, bekommen wir ein viel complicirteres und unnatürlicheres System und mehr Streitigkeiten, als wenn die einfache Uebertragung durch Vertrag gestattet wird.

In der mehrfach citirten Arbeit von Exner wird die Befürchtung ausgesprochen, es müsse das zu Zweifeln über die Absicht der Parteien führen, während man in Ländern, wo das Vertragssystem besteht, nichts davon kennt. Ist der Vertrag mündlich, so ergeben sich dieselben Beweisschwierigkeiten, wie bezüglich aller anderen Punkte, und ist er schriftlich, so kann kein Zweifel entstehen. Wenn man den Parteien eine unnöthige Beschränkung auferlegt, wird die Gesetzgebung nicht blos unnöthig verkünstelt, wie durch das Constitutum, sondern man ist, wie es heute schon in den meisten Gesetzgebungen geschehen ist, genöthigt, die Tradition selbst anders zu gestalten und dadurch auf diesem Gebiete eine Menge von Streitigkeiten zu schaffen. Ich erinnere an die Streitigkeiten über die Nothwendigkeit der justa causa, über die ganze Bibliotheken geschrieben sind. Wenn die Tradition nur dazu dient, den Besitz zu übertragen, so fällt das alles fort, und man kann im übrigen die Parteien darüber entscheiden lassen, ob sie das Eigenthum sofort übertragen wollen, oder ob sie den Eigenthumsübergang an die Besitzübertragung oder an ein anderes Moment binden wollen. Ich glaube, wir fahren besser, wenn wir den Grundsatz, daß Eigenthum durch Vertrag übertragen werden kann, der sich auf Umwegen immer Geltung verschafft, direkt in das Gesetz aufnehmen, als wenn wir an Beschränkungen festhalten, für die keine genügenden Gründe sprechen, und die sich nur mittelst einer Reihe von Einrichtungen aufrecht halten lassen, welche sich durch Einfachheit nicht empfehlen.

Ich empfehle Ihnen daher, meinen Antrag anzunehmen.

(Bravo!)

Reichsoberhandelsgerichts-Vicepräsident Dr. **Drechsler** (Leipzig): Ich will nicht versuchen, die Frage so weitläufig zu erörtern als mein Vorredner; ich will auch nicht auf die historische Entwickelung eingehen, wie es gekommen ist im römischen Recht, daß das Eigenthum nur durch Tradition übergehen kann. Ich will Sie nur an eins erinnern, was mir aufgefallen ist und was die beiden Herren nicht erwähnt haben, daß man nämlich die Erwerbung von dinglichen Rechten an unbeweglichen Sachen in Parallele hat stellen wollen mit der Tradition. Herr Petersen hat ausgeführt, an unbeweglichen Sachen bedürfe es nicht der Tradition, weil mehr verlangt würde als Tradition, weil äußerste Publicität erstrebt würde bei der Constituirung des Eigenthums an Immobilien. Nun bewegt sich hier die Frage auf dem Gebiet: Wie soll es mit beweglichen Sachen gehalten werden? Ich will von Servituten, für die besondere Formen vorgeschrieben sind, nicht reden. Ich erinnere Sie indessen an einen Vorgang in der geschichtlichen Entwickelung in Betreff des Pfandrechts an beweglichen Sachen. Als das römische Recht dahin gelangt war, Hypotheken an beweglichen Sachen anzuerkennen, sogar hypotheca omnium bonorum anzuerkennen, als diese Hypothek zum Schaden der theoretischen Entwickelung in Deutschland eingedrungen war, hat sich eine lebhafte Reaktion geltend gemacht und man ist mit Ausnahme weniger kleiner Staaten Deutschlands endlich dahin gekommen, diese Hypothek an beweglichen Sachen, die durch Vertrag lediglich entstehen kann, zu beseitigen und wiederum festzustellen, daß nur die Besitzübertragung ein Pfandrecht an beweglichen Sachen geben soll. M. H., ich glaube, derselbe Grund, der hier bestimmend gewesen ist, sollte bestimmend sein für den Eigenthumserwerb, um grundsätzlich dem Dritten gegenüber klar zu stellen: hier ist ein Pfandrecht konstituirt, hier ist Eigenthum konstituirt. Vor allen Dingen hat man die Tradition als ein sehr wesentliches Schutzmittel, um den Eigenthumsübergang äußerlich klarzustellen, festgehalten. Man ist soweit gegangen, das Constitutum zu beseitigen und habe ich kein Bedenken dagegen, sofern das Constitutum (in Folge von Simulationen) zu Unfug führt. Aber man soll sich wohl hüten, dasjenige, was man beim Pfandrecht für nothwendig gehalten hat, so ohne weiteres nicht zu beachten in Beziehung auf das weitergehende Eigenthum. Für mich steht die Sache so: so weit es möglich ist im Verkehr, ist die Tradition zu erstreben und nur insoweit wirklich berechtigte Ausnahmen nöthig sind, ist eine solche Ausnahme zuzulassen. Eine solche ist gemacht in Bezug auf Schiffe. Ob nicht das deutsche Handelsgesetzbuch schon in der Begünstigung der Eigenthumsübertragung an beweglichen Sachen zu weit gegangen ist, will ich dahingestellt sein lassen. Jedenfalls warne ich Sie, ohne weiteres zu sagen: die Tradition ist ganz werthlos. Für mich hat sie in Bezug auf das Eigenthum dieselbe Berechtigung, die anerkannt ist auch durch die neuesten Reichsgesetze im Concursrecht in Bezug auf das Pfandrecht.

(Bravo!)

Professor Dr. **Dernburg** (Berlin): Meine Herren, indem ich mich den Worten meines Vorredners anschließe, daß, nachdem das preußische Landrecht den großen und wichtigen Schritt gethan hat, das Pfandrecht an Mobilien an die Tradition zu knüpfen, wir nicht gut thun würden, einen Rückschritt zu machen, indem wir das Eigenthum an den bloßen Vertrag binden, glaube ich, daß es sich jetzt handelt um das Verhältniß zwischen Verkäufer und Käufer. Nach dieser Richtung hat Herr Petersen mit Recht bemerkt, daß es nicht allzu erheblich an und für sich für das Verhältniß zwischen Käufer und Verkäufer ist, ob wir dem Käufer blos persönliche Rechtsmittel dem Verkäufer gegenüber geben oder dingliche, und in der That, wenn wir dem Käufer gegenüber dem Verkäufer eine dingliche Klage geben, so wird doch der Verkäufer stets das ganze obligatorische Verhältniß hineinziehen, es werden alle die persönlichen Beziehungen zwischen Käufer und Verkäufer, wenn auch die Klage Vindication genannt werden sollte, verhandelt werden müssen, sodaß eine Vindication nach meiner Meinung nichts praktisches sein würde. Wohl aber würde die Consequenz entstehen, daß man dann, wenn der Verkäufer über die in das Eigenthum des Käufers übergegangenen Mobilien verfügen würde, eine Unterschlagung annehmen könnte. Ich würde das nun nicht für richtig halten, bei den so schwierigen Beziehungen zwischen Verkäufer und Käufer schlechthin zu sagen, daß der Verkäufer, wenn er die Sache verkauft hat, bei jeder weiteren Verfügung eine Unterschlagung begehen würde. Kommt nun aber, und das ist wichtiger, das Verhältniß zu dritten Personen in Betracht, so hat Herr Petersen mit Recht die Nachtheile des constitutum possessorium geschildert und die mannigfachen Kontroversen dieser Lehre. Allein wenn das constitutum possessorium im Verhältniß zu dritten Personen nachtheilig ist, würde es doch nicht unsere Aufgabe sein, das constitutum possessorium gleichsam zu verallgemeinern, indem wir sagen: „Der Vertrag überträgt Eigenthum schlechthin in allen Fällen," und indem wir das constitutum possessorium in allen Fällen unterstellen, wenn nicht die Parteien, wie Herr Petersen zugeben will, das Gegentheil verabreden. Unsere Aufgabe ist es, im Anschluß an das Pfandrecht das System des constitutum possessorium zu beschränken und nicht zu verallgemeinern. Nach meiner Meinung würde es für das Verhältniß der Gläubiger, und das ist der brennende Punkt, der Gläubiger des Verkäufers, der Gläubiger der Konkursmasse, zu wenig erwünschten Resultaten führen, wenn die Verpfändung gehindert wäre durch ein Vindikationsrecht des Käufers. Die Konkursordnung hat bestimmt, daß ein Pfändungs-Pfandrecht nur aufgehalten werden kann durch ein Pfandrecht, bei welchem der Pfandgläubiger bereits in den Besitz der Sache gesetzt ist. Was hätte die Reichscivilproceßordnung für einen Sinn, wenn sie auf der einen Seite sagt: ein Pfändungspfandrecht kann nur aufgehalten werden durch ein Pfandrecht, bei welchem der Pfandrechtgläubiger bereits im Besitz ist, und auf der anderen Seite, daß jeder, der durch Obligationsvertrag ein ius ad rem erhalten hätte, ein Recht hätte, diesen Pfändungsgläubiger entgegen zu treten. M. H., dem Käufer ist das allerdings unangenehm, daß er bei einer Kollision mit den Gläubigern den Letzteren nachstehen muß, und ich bin überzeugt, daß Käufer sich schon öfter darüber beschwert haben, aber vom allgemeinen Standpunkt aus werden wir glauben, daß wir den Gläubigern in dieser Kollisionsfrage den Vorzug geben müssen und daß eine ungerechte Entscheidung der Gesetzgebung der bona fides des Verkehrs nicht vortheilhaft ist. Ich meine daher, daß wir alle Ursache hätten, uns dem Referenten anzuschließen.

Eine andere Frage ist die, ob und in wie weit das ius ad rem, welches seiner Zeit gemeinrechtlich war, welches das preußische Recht kennt und so weit ich mich erinnere auch das sächsische, — ob dieses ius ad rem in angemessener Weise übernommen werden soll durch die neuere Gesetzgebung. Ich fürchte, daß, einer romanistischen Strömung folgend, die neue Gesetzgebung dieses ius ad rem nicht anerkennen wird. Das wäre zu bedauern und ich finde in diesem ius ad rem eine angemessene Modification des Grundsatzes des Referenten. Das ist wünschenswerth, daß der Käufer unter gewissen Umständen auch gegen einen dritten, und das war das Hauptargument von Herrn Petersen, dieses Recht was er bereits auf die Sache hat, namentlich, wenn er bereits bezahlt hat, geltend machen kann. Das läßt sich durch angemessene Ausbildung des ius ad rem erreichen, aber grundsätzlich müssen wir nach meiner Auffassung den Ausführungen des Referenten zustimmen.

Justizrath **Herzfeld** (Halle): Ich halte es für wichtig, daß durch die hinzukommende Tradition erkennbar gemacht werde, nicht allein für den Richter, daß die Parteien beabsichtigt haben, wirkliches Eigenthum bereits zu übertragen, sondern daß die Contrahenten selbst auch dahin geführt werden durch hinzugekommene Tradition sich klar zu werden, daß es sich um Eigenthumsübertragung handelt und nicht blos um Präliminarien, wie es im praktischen Leben häufig der Fall ist bei Verträgen über bewegliche Sachen, die vorgenommen werden unter Verhältnissen, wo die Contrahenten nicht wissen und wollen, daß durch ihre Verhandlungen schon Eigenthum an einer Sache übergehen soll. Wenn z. B. der Verkäufer nicht ganz dispositionsfähig ist und vielleicht seine Uhr aus der Tasche hergeben soll, dann wird ihm das Geschäft sicher erkennbar.

Ebenso wichtig scheint mir die Beibehaltung der Tradition als Erforderniß des Eigenthumsübergangs für das praktische Bedürfniß, wie auch der letzte Vorredner, Professor Dernburg, angedeutet hat, aus dem Grunde, weil der Gläubiger vielmehr des Schutzes bedarf bei einem Konflikt, als der Käufer. Im praktischen Leben wird derjenige Käufer, der zu thun hat mit Jemandem, dem die Gefahr droht, in Konkurs zu verfallen, in der Regel sich dadurch sichern, daß er die verkaufte Sache sich übergeben läßt.

Da wird der Fall selten vorkommen, daß es an der Uebergabe mangelt, wohl aber treten die Fälle unzählig hervor, daß dem Gläubiger gegenüber Prätendenten auftreten, welche behaupten, es sei ein Kaufvertrag geschlossen worden, ohne die Uebergabe nachweisen zu können. Diesen gegenüber bedürfen die Gläubiger vorzugsweise des Schutzes. Nun werden ja häufig vor der Execution Kaufverträge, sei es schriftlich, sei es mündlich, geschlossen, aber weil der in schlechten Verhältnissen befindliche Schuldner Eigenthum nicht übertragen will, weil er doch nur einen simulirten Vertrag abschließen will, übergiebt er nicht die Sache und deswegen fehlt es in der Regel an dem wirklichen Eigenthums-Uebergang; zum Glück fehlt es bei den meisten Prätensionen, welche auf Grund solcher simulirten Verträge geltend gemacht werden, in Wirklichkeit an der Tradition; oder auch weil die Leute es nicht verstehen, haben sie die Uebergabe vergessen oder unterlassen, eine Clausel hinzuzufügen, welche dieselbe vielleicht ersetzen könnte.

Wie würde es sich künftig im Rechtsleben gestalten, wenn im Gebiete des deutschen Rechts die Behauptung möglich wäre für den Intervenienten, daß er Eigenthümer sei, auch wenn er die Sache gar nicht tradirt erhalten hat? Dann würde es dahin kommen, daß wir gar keine Execution mehr hätten. Jetzt haben wir noch manchmal eine Execution, weil die Leute die Tradition vergessen haben.

(Heiterkeit.)

Die Behauptung, daß ein Kaufvertrag existire, ist leicht durch Eidesdelation unter Beweis zu stellen. Die Interventionen würden dann kein Ende nehmen und in der That würde es im praktischem Rechtsleben von diesem Gesichtspunkte aus nicht durchführbar sein, die Tradition wegzulassen.

Advocat Dr. **Heinsen** (Hamburg): Gegen die Meinung des Herrn Petersen ist geltend gemacht, daß die Rechtsentwickelung sich bestrebt habe, das als Hypothek constituirte Pfandrecht zurückzudrängen und nur zur Geltung kommen zu lassen das Pfand mit Tradition. Ich glaube, das ist nicht genau. Nicht das Pfand mit Tradition, sondern das Pfand mit wirklich handhabendem Besitz ist bevorzugt vor der Hypothek, das aber ist kein Argument gegen die Meinung des Gutachters Petersen, denn auch nach seiner Meinung soll die Eigenthumsübertragung mit wirklich handhabender Besitzübertragung sehr viel günstiger gestellt sein, als die Eigenthumsübertragung ohne wirklich handhabende Besitzübertragung. Nur in derselben Lage wird nach seiner Meinung das Eigenthum mit handhabendem Besitz im Verhältniß zum sonstigen Eigenthum sich befinden, wie das Pfand mit handhabendem Besitz zur Hypothek sich jetzt verhält, und künftig verhalten wird. Dann ist Bezug genommen auf das Verhältniß der Gläubiger, die doch mehr zu schützen seien als derjenige, der frauduloserweise durch irgend ein Eigenthumsübertragungsgeschäft ohne Tradition das Eigenthum sich habe übertragen lassen. Ich glaube, daß darin gänzlich fehl gegriffen ist; denn wenn es sich darum handelt, daß ein Schuldner seine Gläubiger benachtheiligen will dadurch, daß er sein Gut an eine andere Person überträgt, so wird er thun, was das Gesetz fordert, er wird die Tradition vornehmen und wenn die Tradition möglich ist durch constitutum possessorium oder symbolisch, wird er durch constitutum possessorium oder symbolisch die Tradition vornehmen; für die Gläubiger wird also nichts dadurch erreicht, daß man die Tradition fordert. Ich glaube deshalb, daß diese Einwendungen, die gegen die Meinung des

Kammerpräsidenten Petersen vorgebracht sind, nicht stichhaltig sind, und daß seine Propositionen deshalb zu empfehlen sein würden.

Professor **Enneccerus** (Marburg): Die Frage, die uns vorliegt, ist nicht die, ob Vertrag oder Tradition die Eigenthumsübertragung bewirken solle; denn die Tradition ist ja ebenfalls ein Vertrag. Die Frage ist vielmehr: Soll Eigenthum durch formlosen Vertrag übertragen werden, oder soll die Form des vom Tradenten gestatteten Besitzerwerbes hinzukommen müssen? Soll formloser Wille genügen oder nur ein solcher, der sich im Besitzerwerbe verkörpert? Es liegt nahe zu fragen: Sind denn die andern dinglichen Rechtsgeschäfte formlos oder an eine Form gebunden? Die Antwort würde allerdings noch vor wenigen Jahrzehnten vorwiegend auf Formlosigkeit gelautet haben; aber neuerdings eilen wir Schritt für Schritt in der Gesetzgebung der formellen Natur entgegen. Das Grundeigenthum wird durch formellen Vertrag — Auflassung nebst Eintragung — erworben, für die andern dinglichen Rechte an Grundstücken, wenn auch nicht ganz ausnahmslos in ähnlicher Weise, insbesondere für Hypothek und Grundschuld ist das Princip streng durchgeführt. Auch das Pfandrecht an beweglichen Sachen hat das formelle Erforderniß der Uebergabe. Und diese Strömung hat ihren guten Grund. Dingliche Rechtsgeschäfte bedürfen der Festigkeit und leichten Erkennbarkeit, welche die Form giebt, weil sie Dritten gegenüber wirken. Es würde gewichtiger Gründe bedürfen, um bei der Eigenthumstradition den umgekehrten Weg von der Form zur Formlosigkeit einzuschlagen und hier also den Schritt zurück zu thun, den wir auf allen sonstigen Gebieten der dinglichen Rechte vorwärts gethan haben. Solche Gründe aber kann ich in den bisherigen Deductionen nicht erkennen. Bei der Betrachtung im Einzelnen müssen wir meines Erachtens zwei Fälle unterscheiden, einmal die Fälle, in denen schon jetzt Eigenthum durch constitutum übertragen werden kann und übertragen wird, und dann die anderen Fälle, in denen erst in Folge der beabsichtigten Neuerung die Eigenthumsübertragung möglich wird. Ich will die letzteren voranstellen. Es verkauft Jemand eine Sache oder schließt einen Tauschcontract ab ohne Tradition und vielleicht ohne sich klar zu machen, daß er das Eigenthum hierdurch bereits jetzt überträgt. Soll in diesem Falle — und das ist die allerbedenklichste Seite — das Eigenthum sofort übergehen, so ist die Folge, daß er seiner Sicherungsmittel beraubt ist. Zwar seinem Käufer oder dem gegenüber, mit dem er den Tauschcontract oder einen anderen onerosen Vertrag abgeschlossen hat, steht er sicher durch das Retentionsrecht, allein dem zweiten Käufer gegenüber nicht, wenn Sie nicht den allgemeinen Grundsatz aufstellen wollen, daß wenigstens bei onerosen Geschäften Eigenthum erst dann übergeht, wenn die Gegenleistung gemacht ist. Aber dieser Satz wird in dieser Allgemeinheit nicht angenommen werden. Ein gleicher Nachtheil würde für denjenigen entstehen, der nur in Folge obligatorischer Rechtsverhältnisse z. B. als Miether oder Mandatar besitzt. Sein Rententionsrecht wegen Auslagen, Verwendungen u. dergl. könnte in jedem Augenblick durch Veräußerung der Sache illusorisch gemacht werden. Für die anderen Fälle, die Fälle, wo jetzt ein constitutum wirklich abgeschlossen wird, würde die Neuerung nicht so bedenklich sein, allein hier ist auch der Unterschied zwischen der beabsichtigten Neuerung und dem geltenden Recht ein sehr geringer. Wenn ich sofort Eigenthum übertragen will, ist es sehr leicht hinzuzufügen: ich besitze die Sache jetzt für Dich. Eine Erschwerung kann ich darin nicht finden; wohl aber bietet dieses Hinzusetzen, das praktisch in anderen Formen: „Ich habe die Sache als Miether, Depositar u. s. w." sich zeigt, einen großen Vortheil: es nöthigt die Parteien und insbesondere den Tradenten, sich klar bewußt zu werden, daß er jetzt der Sache anders gegenüber steht als bisher, daß er jetzt seinen Besitz lediglich stützt auf den Willen des neuen Eigenthümers und deshalb ist nun allerdings, wenn ersterer die Sache unterschlägt, seine Bestrafung innerlich gerechtfertigt. Noch einen anderen Vorzug gewährt das constitutum. Wenn das Eigenthum sofort ausdrücklich übertragen wird und dabei gesagt wird: „Den Besitz sollst Du behalten", so fordert man sofort einen Grund, weshalb das geschehen ist; man wird schwer glauben an die Möglichkeit, daß es ohne jeden Grund erfolgt sei, wird vielmehr, wenn ein solcher Grund nicht vorliegt, auf Simulation des ganzen Geschäftes schließen können. Ganz anders im Falle der Eigenthumsübertragung durch bloßen Vertrag. Hier würde die simulirte Eigenthumsübertragung vollkommen unkenntlich. Es ist einfach verkauft worden, die Sache ist noch beim Verkäufer, ob aus Nachlässigkeit des Käufers oder, weil das ganze Geschäft simulirt war, wer will das entscheiden? Ich will nicht auf andere schon von anderer Seite hervorgehobene sehr wichtige Punkte eingehen und schließe mich der Beibehaltung der Eigenthumsübertragung durch Tradition im Sinne des Referenten an.

Reichsoberhandelsgerichtsrath **Wiener** (Leipzig): Meines Erachtens handelt es sich um zwei Fragen. Die erste Frage ist: Soll ohne weiteres der Vertrag die Wirkungen des Eigenthumsüberganges haben?

Die zweite Frage: Soll, wenn man dies auch verneint, doch eine Verabredung beim Vertrage; es soll das Eigenthum als übertragen gelten, Wirkungen haben? Eine Reihe von Argumenten, welche gegen deh Herrn Correferenten ins Feld geführt sind, zerfallen meines Erachtens, wenn man zwar die erste Frage negirt, aber bei der zweiten den Standpunkt festhält, daß die Contrahenten das Recht haben sollen, im Vertrage ausdrücklich festzusetzen, daß Eigenthum durch den Vertrag übergehen solle und nur, wenn sie dies nicht gethan haben, die Tradition für erforderlich erachtet wird. Wenn man in der Rückwärtsentwickelung nicht so weit gehen will, daß man das constitutum possessorium abschafft, und sich auf den Boden stellt, es übertrage nur die wirkliche äußerlich für Jeden kenntliche Tradition Eigenthum, so sehe ich keinen Grund und Unterschied, weßhalb man einen bestimmt formalisirten Act, der in Wahrheit die Sache nicht in den Naturalbesitz des Käufers bringt, für wirksam, einen anderen formalisirten Act, der sich in etwas anderen Ausdrücken bewegt, nämlich „wir machen ab, daß das Eigenthum durch den Vertrag übertragen werden soll", für unzulässig erklären will. Ich glaube, die ganz allgemeine Exemplification, die stattfindet zwischen Eigenthum und Pfandrecht, ist in hohem Maße bedenklich und ich glaube nicht, daß sie durch den Verkehr bestätigt wird. Beim Pfandrecht geht das Postulat der äußerlichen Erkennbarkeit so weit, daß symbolische, nicht nach außen wirkende Acte dritten gegenüber nicht gelten und ich glaube, daß vom Verkehrsstandpunkt dies vollkommen richtig ist, daß dem bloßen Interesse der Sicherung der Forderung Einzelner durch intime Abmachungen nicht die weittragende Bedeutung beigelegt werden kann, um das bona fides Interesse des Verkehrs zu überwinden. Anders steht es mit dem Eigenthum. Ein unüberwindliches Verkehrsbedürfniß ist für die Möglichkeit eines Eigenthumwechsels durch Aushändigung von Lager- und Transportpapieren wie durch symbolische Acte vorhanden. Es ist vom letzten Vorredner gesagt worden, das constitutum zu behalten, sei nicht so gefährlich, als die Zulassung des Eigenthumsüberganges durch bloße darauf gerichtete Abrede, denn das constitutum würde ein Indiz für die Simulation sein. Dasselbe Indiz würde aber auch in der Abmachung gefunden werden können, daß ohne Besitz thatsächlich zu übertragen, der Vertrag sollte die Wirkung des Eigenthumsüberganges haben. Auch die Reichsconcursordnung behandelt Eigenthum und Pfandrecht unterschiedlich. Während in Wahrheit das Pfandrecht der Publicität bedarf, bedarf die Eigenthumsübertragung derselben, um zu wirken, nicht; vielmehr kann im Wege des constitutum possessorium, im Wege sonstiger nach Außen nicht hervortretender Transactionen das Eigenthum wirksam übertragen werden. Ich glaube, der Schwerpunkt der Verkehrssicherheit liegt auf einem ganz anderen Gebiet. Ich möchte vor der Annahme warnen, daß wenn wir heute sagen, die Tradition sei zu erhalten, wir damit etwas für die Verkehrssicherheit geleistet haben. Im englischen Concursrecht gilt ein Satz von gewissermaßen fingirtem Eigenthum, wonach Gegenstände, die im Verkehr als Eigenthum einer bestimmten Person erscheinen, im Concurse als deren

Eigenthum behandelt werden, gleichviel, wer wirklich civilrechtlich Eigenthümer derselben ist. Halten wir es für das Verkehrsinteresse nothwendig, so müssen wir heute den Muth haben, zu erklären, die Eigenthumsconstituirung müsse, in gewissen Fällen, um gegen Gläubiger eines früheren Eigenthümers wirksam zu sein, denselben Erfordernissen entsprechen, wie die Pfandconstituirung. Aber die Erhaltung oder Beseitigung der Tradition ist ohne Belang.

Kammerpräsident **Petersen** (Straßburg i. E.): Ich möchte nur einige Worte erwiedern. Es ist auf das Pfandrecht und auf die geschichtliche Entwickelung bezüglich des Pfandrechts verwiesen, wie darauf, daß wir hier eine rückgängige Bewegung zu machen genöthigt seien im Interesse des Verkehrs. Es handelt sich hier aber um die körperliche Uebergabe bezw. um den wirklichen Besitz. Wenn Herr Präsident Drechsler meinen Ausführungen gegenüber bemerkt hat, es sei die Tradition immer noch etwas mehr als der Vertrag, wenn auch nicht derselbe Schutz wie die Publicität bei Grundstücken und man habe die Tradition immer nur beibehalten, weil sie etwas besseres sei, so möchte ich darauf verweisen und beziehe mich im Uebrigen auf meine früheren Ausführungen. Weiter ist ausgeführt, man habe im deutschen Recht die Tradition bei der Uebertragung von Grundeigenthum nicht gehabt, aber etwas mehr. Dieses „Mehr" will ich auch und fordere bei der Uebertragung des Eigenthums genau, wie bei dem Pfandrecht, daß die Ergenthumsübertragung an beweglichen Sachen dritten gegenüber nur dann wirksam werde, wenn der Käufer in den körperlichen Besitz gelangt ist. Auch nach den Bestimmungen des französischen Rechts, ebenso wie nach denen des deutschen Handelsgesetzbuchs ist der Dritte geschützt gegen die Vindication, und es kann der Eigenthümer, der den Besitz verloren hat, einem Dritten gegenüber sein Eigenthum nicht in wirksamer Weise geltend machen. Dies ist das „Mehr"; ein besseres Sicherungsmittel giebt es nicht. Das streitige Gebiet ist das des constitutum, das den Kern der ganzen Frage bildet. Präsident Drechsler sagt: wenn man das constitutum entbehren kann, soll man es abschaffen. Aber ist das constitutum bloß eine Erfindung der Juristen? Nein, es hat sich überall entwickelt und ausgebreitet auf Grund der Bedürfnisse des Verkehrs. In Frankreich galt bezüglich der Uebertragung des Eigenthums im ganzen Mittelalter römisches Recht; dasselbe ist aber zufolge der Bedürfnisse des Verkehrs beseitigt worden. Die Notare schrieben in jeden Act, daß der Besitz übertragen worden sei, bezw. daß der Verkäufer von nun an für den Käufer besitze, die Nothwendigkeit dieser Clausel haben die Gesetzgeber im Code Napoléon beseitigt. Ein Gesetz, das nicht beobachtet wird, das in jedem Vertrage umgangen wird, ein solches Gesetz hält man besser nicht aufrecht. Dieselbe Richtung wie in Frankreich hat auch in Deutschland zum constitutum geführt und in allen Fällen, in welchen eine wirkliche Tradition nicht erfolgen kann, wird ein constitutum errichtet. Dasselbe ist nothwendig, denn der Verkehr würde es gar nicht tragen, wenn die Eigenthumsübertragung nicht vorgenommen werden könnte in den vielen Fällen, wo die körperliche Tradition nicht ausführbar ist. Herr Präsident Drechsler hat das zugegeben und sagt: Ich will alle Ausnahmen bewilligen, z. B. für Schiffe, aber ich will nur Ausnahmen bewilligen.

Alle Fälle, in denen die körperliche Tradition nicht möglich ist, sind eben solche Ausnahmsfälle, für welche das System des römischen Rechts nicht paßt; deßhalb soll man in das Gesetz schreiben: die Parteien können ausdrücklich beschließen, daß ohne Tradition Eigenthum sofort übergehe, anstatt sie auf den Weg des constitutum zu verweisen und damit eine wirkliche Unsicherheit herbeizuführen und eine Gesetzgebung, die innerlich unwahr ist.

Wenn man nun sagt, das ist nicht richtig, es giebt nicht so viele solcher Ausnahmen, so muß ich doch auf das Beispiel mit den Schiffen zurückkommen. So wenig Jemand in der Lage ist, sein Schiff körperlich zu tradiren, das auf dem Meere schwimmt, so wenig kann er die Schiffs-Ladung wirklich übergeben. Es kann aber einem Kaufmanne gerade sehr wichtig sein, daß er die Ladung verkaufen kann, bevor das Schiff in dem Hafen kommt. Wenn Jemand eine Partie Häute oder sonst eine Waare, die in Südamerika lagert, sofort verkaufen und somit das Risiko los sein will, so kann der Käufer nur kaufen, wenn er auch sofort wieder verkaufen kann. Alle derartigen Geschäfte sind einfach unmöglich, wenn nicht die Möglichkeit der Eigenthumsübertragung gegeben ist. In allen solchen Fällen hat man Ausnahmen gemacht entweder durch Bestimmungen der Gesetzgebung oder andere Hilfsmittel. Man hat allseitig das constitutum als das Sicherheitsventil betrachtet, ohne welches man nicht durchkommen kann, und gerade die Fälle, in denen man sich der genannten Hülfsmittel bedient, sind die Ausnahmen, in denen eine wirkliche Tradition nicht vorgenommen werden kann. Warum sollen aber die Parteien nicht tradiren, wenn nicht die Unmöglichkeit oder ein bestimmtes Interesse sie abhält? Wenn nicht tradirt werden sollte, so haben die Parteien einen guten Grund dazu, und ich sehe nicht ein, warum der Gesetzgeber sagen soll: obgleich ihr großjährig, obgleich ihr Kaufleute seid, verbiete ich euch doch, das zu thun.

Bezüglich des Concursverfahrens gelten ja besondere Regeln; da müssen besondere Bestimmungen getroffen werden und man hat solche in Frankreich ebenso gut getroffen wie anderswo.

Was den Punkt mit den simulirten Verträgen betrifft, so müßten diese nach dieser Auffassung in Frankreich sehr auf der Tagesordnung sein; aber die Unsicherheit ist dort nicht größer als anderswo und es giebt doch dort und in England vielleicht noch mehr Handel und Verkehr, als bei uns, und ebensoviele Concurse. Gegen simulirte Verträge schützt man sich eben wie bei uns. Das ist schon hervorgehoben worden: wenn ein Betrug beabsichtigt wird, so wird man gewiß die Tradition nicht unterlassen, gerade in den Fällen wird sie nicht fehlen, und dann ist der Richter noch übler dran als bei dem andern System. Einen Schutz gegen simulirte Verträge gewährt überhaupt nur die freie Beweiswürdignng, die den Richter ermächtigt, alle Umstände zu berücksichtigen.

Auf die praktischen Nachtheile, die vorgeführt wurden, hat schon Herr Wiener erwidert. Der Fall, daß nicht tradirt wird, wird nur die Ausnahme bilden und wird nur eintreten, wenn bestimmte Gründe dazu führen.

Ich acceptire ganz gern die Auffassung, daß man in dem Gesetz eine besondere Vorschrift trifft über das, was eintritt, wenn nichts vereinbart wird, etwa in der Art, daß man sagt: die Regel ist die sofortige Eigenthumsübertragung; aber ich habe auch nichts dagegen, wenn man umgekehrt sagen will: es muß besonders beschlossen werden, daß das Eigenthum sofort übergeben werden soll. Wenn sie die Fassung meines Antrages ansehen, so ist darauf auch Rücksicht genommen. Ich habe durchaus nicht gesagt, daß das Eigenthum immer sofort übergehen solle, sondern nur: es ist die Frage so zu regeln, daß der Uebergang durch Vertrag erfolgen kann.

Der Herr Vorredner hat erklärt, die Parteien seien in diesem Falle übel daran, weil sie das Gesetz nicht kennten und aus Unkenntniß der Sachlage in Gefahr kämen. Ich glaube, m. H., obgleich die Traditionstheorie hier seit undenklichen Zeiten gilt, daß sie doch durchaus nicht ins Volksbewußtsein eingedrungen ist. Daß die Tradition nothwendig sei, — ich glaube, um das zu verstehen, muß man Jurist sein. In der ganzen Literatur über den Eigenthumsübergang von Grundstücken wurde bislang hervorgehoben, der Bauer könne nicht begreifen, daß sein Vertrag, den er mit dem Nachbar abschließe, ihm keine Sicherheit dafür gebe, daß er auch Eigenthümer werde, während doch sonst jeder Vertrag gilt, so lange er nicht der öffentlichen Ordnung widerstreitet. Der Bauer sagt: ja, aber wir haben doch ausgemacht, ich soll jetzt der Eigenthümer sein! Das wird eben der Laie nie verstehen, daß erst eine, wenn auch nur fingirte Tradition vorgenommen werden müsse, damit Eigenthum übertragen werden könne. Bei dem System des Eigenthumserwerbs durch bloßen Vertrag werden die Leute in jedem einzelnen Falle Bestimmungen treffen, indem sie denselben erst im Augenblick der Tradition eintreten lassen wollen, und wenn beschlossen würde, es solle das Eigenthum sofort übergehen, so würde das der wirklichen Absicht der Parteien entschieden besser entsprechen als die entgegengesetzte Behandlung.

(Bravo!)

(Die Debatte wird geschlossen.)

Referent Dr. **Albrecht** (Hamburg): M. H., ich beschränke mich auf drei Bemerkungen. Zunächst gehe ich bezüglich des vielbesprochenen constitutum von der Ueberzeugung aus, daß dem Verkehr doch durch die Beseitigung Gefahr drohe und daß mir auch die Beseitigung nicht erforderlich erscheint, wenn man das constitutum nur in richtiger Weise beschränkt, wenn man nicht zugiebt, daß eine Abmachung des Inhalts, die Tradition soll als geschehen betrachtet werden, genüge, sondern eine wirkliche justa causa verlangt, wie das auch die neuere Doktrin, wenn auch vielleicht nicht die Praxis, thut. Aus dem mißbräuchlichen Gebrauch des constituti kann aber kein Grund gegen die Traditionstheorie hergeleitet werden.

Meine zweite Bemerkung bezieht sich auf die Waaren auf dem Transport, von denen Herr Petersen meint, daß sie den Seeschiffen gleichgestellt werden müssen. Es ist uns älteren Juristen in lebhafter Erinnerung, daß man früher vielfach in Deutschland angenommen hat, daß um eine Eigenthumsübertragung zu bewirken, die Uebertragung des Konnossements nicht genüge. Nichtsdestoweniger hatte die Konnossementsübertragung ihre Bedeutung für den Verkehr; man hat keine Eigenthumsübertragung angenommen, sondern sich damit begnügt, daß man die Besitzergreifung dadurch gesichert wußte. — Ich glaube ferner, daß von den verschiedenen Theorien, die man über den Eigenthumserwerb durch Konnossement aufgestellt hat, diejenige die richtige ist, die ihre Grundlage in der Tradition sieht, die Theorie, die Goldschmidt aufgestellt hat, nach welcher der Schiffer für den unbestimmten künftigen Eigenthümer den Besitz ausübt. Jedenfalls ist kein Bedürfniß dafür vorhanden, die Vertragstheorie einzuführen; denn wie ich schon angeführt habe, die Vertragstheorie wird keine Aenderung bringen, man wird wie in Frankreich so auch in Deutschland immer auf die Uebertragung der Waare durch Konnossement, Auslieferungs- und Lagerscheine etwas geben.

Dann komme ich auf das Beispiel zurück vom Successivverkauf. Es hat einer der Herren Vorredner dasselbe Beispiel angeführt und ich glaube, daß wir nicht im Irrthum sind, nachdem ich die Widerlegung gehört habe, die Herr Petersen uns hat zu Theil werden lassen.

Die Frage war: Wenn A an B und B an C verkauft und die beiden Kaufpreise oder einer von beiden noch nicht berichtigt ist, ob C dann die Vindication hat gegen A. Da hat nach der Vertragstheorie, ohne daß der Besitz übertragen ist, C die Vindication gegen A; A kann sich nicht darauf berufen, daß B oder daß C noch nicht bezahlt hat. Wenn das klar zu Tage liegt, ist die Vertragstheorie ohne weiteres beseitigt und das hat der Herr Kammergerichts-Präsident invitus zugegeben. Denn was sagt er zur Widerlegung meines Arguments? Er sagt, die Parteien könnten ja ausmachen, daß das Eigenthum nicht übergehe. Die Frage ist aber die, was geschehen soll, wenn nichts ausgemacht ist? Daß die Parteien die Vertragstheorie außer Wirkung setzen können, ist kein Argument für die Vertragstheorie, sondern gegen dieselbe.

So glaube ich denn, daß, wenn wir die Frage vom constitutum, von der ich vorausgesagt habe, daß sie tiefer und weitergehend ist, vertagen und wir uns beruhigen, die Frage von der Tradition spruchreif zu machen, wir als Princip die in meinem Antrag aufgestellte Regel anerkennen müssen, daß die Tradition zur Eigenthumsübertragung an beweglichen Sachen erforderlich ist. Alles Weitere verspare ich, um Ihre Zeit nicht weiter in Anspruch zu nehmen.

Kammer-Präsident **Petersen** (Straßburg i. E.): Herr Albrecht hat es übersehen, daß sich die Debatte in der letzten Zeit darum drehte, ob es den Parteien nicht gestattet werden soll, ausdrücklich auszumachen, daß das Eigenthum sofort übergehen solle. Wenn nun ein Verkäufer, obgleich er Geld für seine Waare noch nicht bekommen hat, seinem Käufer Credit schenkt, wenn er darin einwilligt, in den Vertrag die ausdrückliche Bedingung zu setzen: das Eigenthum soll heute noch auf den Käufer übergehen, so kann er nicht erstaunt sein, wenn ein Dritter nachher von ihm die Waare vindicirt. Wenn er dadurch sagt: ich verzichte auf mein Retentionsrecht, ich will, daß Du sofort Eigenthümer wirst, so kann er sich später nicht beschweren. Ich glaube, daß dieser Punkt in keiner Weise entscheidend sein kann gegen eine Bestimmung, die den Parteien die Entscheidung giebt, die Eigenthumsübertragung unabhängig von der Tradition zu veranlassen.

Stellvertretender Vorsitzender Geh. Justizrath Dr. **Hase** (Jena): Damit ist die Berathung über diese Frage geschlossen.

Es entsteht eine Geschäftsordnungsdebatte über die Reihenfolge, in der die vorliegenden Anträge zur Abstimmung gelangen sollen. Das Resultat ist, daß zuerst über den Antrag des Referenten Dr. Albrecht abgestimmt wird.

Derselbe lautet:

Es empfiehlt sich, die Uebertragung des Eigenthums an beweglichen Sachen in dem deutschen bürgerlichen Gesetzbuch in der Weise zu regeln, daß das Eigenthum nicht schon durch Vertrag, sondern erst durch Tradition erworben wird.

(Der Antrag wird durch itio in partes mit geringer Majorität angenommen.)

Vorsitzender Dr. **Albrecht** (Hamburg): M. H., wir haben uns nun noch über die Frage schlüssig zu machen, ob wir von unsern Beschlüssen der Plenarversammlung Mittheilung machen wollen zur Kenntnißnahme oder zur Beschlußfassung, zur Berathung. Im einen wie im andern Falle haben wir einen Referenten für die Plenarversammlung zu bestellen.

Ich stelle also die Frage, ob zur Kenntnißnahme oder zur Berathung? — zur Debatte.

Rechtsanwalt Dr. **Mayersohn** (Aschaffenburg): Es ist die Praxis auf dem Juristentage, daß alle diejenigen Beschlüsse, welche mit großer Majorität gefaßt sind, dem Plenum lediglich zur Kenntnißnahme mitgetheilt wurden. Wenn sie aber nur mit unbedeutender Majorität durchgegangen waren, so wurden sie dem Plenum zur weiteren Berathung überwiesen. Daher stelle ich den Antrag, daß hier eine Ueberweisung zur Berathung stattfinden möge.

Stellvertretender Vorsitzender Geh. Justizrath Dr. **Hase** (Jena): Ich möchte doch gegen den Antrag vorstellig werden. Die Frage, mit der wir uns heute über 2 Stunden beschäftigt haben, ist von so großer Tragweite und die Debatte im Einzelnen von so großen Schwierigkeiten begleitet, daß wir die Frage im Plenum nur schwer zum Austrag bringen könnten. Ich möchte daher bitten, dem Plenum unseren Beschluß zur Kenntnißnahme mitzutheilen, wenn auch vielleicht mit dem Zusatze, daß der Antrag mit geringer Majorität angenommen worden.

Justizrath **Makower** (Berlin): M. H., wenn Sie die Sache einfach zur Kenntnißnahme dem Plenum mittheilen, so ist sie damit erledigt und kommt nicht mehr auf die Tagesordnung. Wenn aber die Ueberweisung zur Berathung beschlossen wird, so kann füglich der Antrag gestellt werden, die Sache vor den nächsten Juristentag zu bringen, während sie sonst ganz auf sich beruhen bleibt.

(Die Abtheilung beschließt mit 30 gegen 29 Stimmen, den Gegenstand dem Plenum zur Berathung zu überweisen.) Dr. Albrecht übernimmt auf geschehene Aufforderung die Berichterstattung im Plenum.

Vorsitzender Dr. **Albrecht** (Hamburg): Demnächst steht zur Berathung die Frage:

Erscheint es angemessen, mit der Verheirathung die Rechtswirkungen der Großjährigkeit zu verbinden?

Gutachten sind eingegangen vom Kreisgerichtsrath Lang zu Rottweil (XIV. Heft 1. S. 42) und vom Professor Dr. Pfaff zu Wien (XIV. Heft 1. S. 156). Da der Herr Referent Obertribunalsrath von Köstlin zu Stuttgart morgen verhindert ist als Vorsitzender einer Section, so stelle ich anheim, noch heute die Frage durchzuberathen.

(Rufe: Vertagen!)

Da indeß die Gründlichkeit der Berathung unter der schon vorgerückten Zeit leiden würde, sind Sie wohl mit mir einverstanden, wenn ich unsere Berathungen bis morgen Vormittag vertage und wir alsdann präcise 9 Uhr beginnen.

(Zustimmung.)

(Schluß der Sitzung 2 Uhr.)

Zweite Sitzung der ersten und zweiten Abtheilung.

Die Sitzung wird um 9 Uhr durch den Handelsgerichts-Präses Dr. **Albrecht** (Hamburg) eröffnet.

Für die Wahl der 10 von der Abtheilung zu ernennenden Vertrauensmänner werden von dem Bureau folgende Vorschläge unterbreitet:

1) Prof. Dr. Dernburg (Berlin).
2) Prof. Dr. Enneccerus (Marburg).
3) Geh. Justizrath Dr. Hase (Jena).
4) Rechtsanwalt Dr. Heinßen (Hamburg).
5) Justizrath Makower (Berlin).
6) Prof. Dr. Meyer (Jena).
7) Rechtsanwalt Dr. Mayersohn (Aschaffenburg).
8) Kammerpräsident Petersen (Straßburg).
9) Reichsoberhandelsgerichtsrath Wiener (Leipzig).
10) Handelsgerichtspräses Dr. Albrecht (Hamburg).

Die Wahl derselben wird durch Acclamation vollzogen.

Da die zweite Abtheilung wegen zu geringer Betheiligung nicht zustande gekommen ist, werden zufolge Vorschlags der Vorsitzenden die für dieselbe bestimmten Fragen, soweit die Zeit es erlaubt, in der ersten Abtheilung mit zur Verhandlung kommen.

Zuerst wird eingetreten in die Berathung der Frage:

> Ob und in wie weit die Testirfreiheit mit Rücksicht auf eine Pflichttheilsverletzung eingeschränkt werden soll?

Gutachten sind eingegangen von dem Appellationsgerichts-Anwalt Meyersburg zu Celle, (XIV. Heft 1. S. 50) und von dem Geh. Justizrath Professor Dr. Bruns zu Berlin (XIV. Heft 1. S. 72).

Referenten sind Herr Kammer-Präsident Petersen und Herr Hof- und Gerichtsadvokat Dr. Jaques (Wien). Letzterer ist, wie der Vorsitzende bemerkt, durch Krankheit am Erscheinen verhindert.

Referent Kammerpräsideut **Petersen** (Straßburg i. E.): M. H. Wie schon aus der Frage hervorgeht, über welche ich die Ehre habe, Ihnen Bericht zu erstatten, steht in erster Linie die allgemeine principielle Frage, die dahin geht, ob die Testirfreiheit mit Berücksichtigung auf die Pflichttheilsberechtigung einzuschränken sei. Für den Fall der Bejahung ergeben sich dann eine Reihe von einzelnen Fragen über die Art und Weise der Beschränkung, über die Personen, zu deren Gunsten ein Pflichttheil eingeräumt werden soll, über dessen Größe, dessen Form, über die Enterbungsgründe. Alle diese Fragen gründlich zu behandeln, erfordert unzweifelhaft eine große Debatte. Ich hielt es als Referent für nothwendig, auf alle Fragen einzugehen und Anträge darüber zu stellen, zumal dieselben von den Gutachtern ausführlich erörtert sind. Allein es scheint mir, ehe ich das Referat beginne, nothwendig, die Frage an die Versammlung zu richten, ob sie wünscht, die Berathung und Abstimmung auf alle einzelnen Punkte auszudehnen. Ich für meinen Theil trage kein Bedenken, mit Rücksicht auf unsere sehr beschränkte Zeit Ihnen zu empfehlen, znnächst auf einige der principiellen Fragen die Debatte zu beschränken und event. die Beschlußfassung über die einzelnen Fragen einem späteren Juristentage zu überweisen. Die große principielle Frage ist die, ob überhaupt die Testirfreiheit beschränkt werden soll, ob ein Pflichttheilsrecht anerkannt werden soll oder nicht. Wenn wir uns auf diese Frage in der Hauptsache concentriren, kommen wir sicher zu einem bestimmten Resultat. Geschieht das nicht, so wird die Debatte, wie ich fürchte, sich sehr zersplittern.

Zu der ersten Frage, der principiellen, rechne ich allerdings noch die Frage, welchen Personen ein Pflichttheil event. eingeräumt werden soll, ob bloß den Kindern oder auch den Ehegatten und anderen Personen. Diese Frage wird eine besondere Zeit nicht in Anspruch nehmen. Dagegen wird eine Frage, die nicht nothwendig zu behandeln ist, die sein, welches event. die Höhe des Pflichttheils ist; denn darüber entscheidet nach der Natur der Dinge das subjective Ermessen und die bisherige Gewohnheit. Die letzten 2 Nummern meiner Anträge dürften nicht sehr viel Zeit in Anspruch nehmen, jedenfalls sind sie nicht von so hervorragender Bedeutung, wie die anderen. Ich würde Ihnen daher empfehlen, von meinen Anträgen heute nur No. 1, 2, 4 und 5 zu berathen.

Meine Anträge lauten:

1) Unbeschränkte Testirfreiheit ist in Deutschland nicht einzuführen, sondern die Beibehaltung von Pflichttheilsrechten geboten.

2) Ein Pflichttheilsrecht ist den Descendenten und dem Ehegatten des Erblassers einzuräumen. Dagegen kommt den Ascendenten des Erblassers lediglich im Falle der Bedürftigkeit ein Anspruch auf Gewährung von Unterhalt aus dem Nachlaß zu.

3) Bezüglich der Höhe des Pflichttheils sind folgende Sätze zu empfehlen:

a) Sind Descendenten vorhanden, soll der Erblasser zu Gunsten eines oder mehrerer derselben über die Hälfte des Vermögens frei verfügen können. Dagegen soll er anderen Personen, soweit nicht der Pflichttheil des Ehegatten in Frage steht, nur einen Kindestheil zuwenden dürfen.

b) Dem Ehegatten ist, je nachdem Descendenten vorhanden sind oder nicht, die Nutznießung an einer größeren oder geringeren Quote des Vermögens als Bruchtheil zuzuwenden.

4) Der Anspruch auf den Pflichttheil soll kein unbedingter sein; es sind bestimmte Enterbungsgründe aufzustellen, welche die Entziehung des Pflichttheils rechtfertigen.

5) Das Pflichttheilsrecht soll nur Anspruch auf Zuwendung einer bestimmten Geldsumme, bez. eines bestimmten Geldwerthes, nicht aber ein Recht auf die zur Erbmasse gehörigen Gegenstände geben.

M. H., im Erbrecht spielt die Geschichte eine sehr große Rolle, insofern, als tief eingreifende Veränderungen bei allen Völkern eingetreten sind, und häufig in der Regel mit der Erreichung einer bestimmten Culturstufe vollständiger Umschlag erfolgte. Bei allen Völkern findet sich auf den frühesten Stufen nur Familien-Erbrecht oder gesetzliches Erbrecht; die Befugniß, des Erblassers, über sein Vermögen zu testiren, ist auf gewissen Stufen allen Völkern vollständig unbekannt. Wir sehen ein solches gesetzliches Erbrecht schon in dem indischen Recht wie überhaupt bei allen orientalischen Völkern, selbst in China findet es sich. Ebenso kennen alle germanischen Völker ursprünglich nur ein Familien-Erbrecht. Wir wissen von den Griechen, daß erst Solon die Testamente in Athen einführte und auch nur für solche Personen, die eheliche Kinder nicht hatten. Nur das römische Recht tritt uns in der Gestalt, in der wir genauere Kenntniß von ihm haben, bereits mit der ganz entgegengesetzten Auffassung entgegen, daß es lediglich auf den Willen des Erblassers ankommt, daß das testamentarische Erbrecht das eigentliche Erbrecht ist und die Intestaterbfolge nur auf dem vermutheten Willen des Erblassers beruht. Das ist das Recht, wie es seit den XII Tafeln gegolten hat. Wie es früher war, wissen wir nicht genau; es sprechen aber entschiedene Gründe dafür, daß es sich in Rom ebenso verhielt, wie bei den Germanen und den Griechen. Dafür spricht besonders die älteste Form der Testamente, das testamentum in calatis comitiis und ebenso das Testament per aes et liberam. Wenn ein Testament nur gemacht werden konnte in der Volksversammlung, so hatte unzweifelhaft diese darüber zu beschließen und zu genehmigen. Es war nicht blos die Beurkundung nothwendig, sondern man brauchte ein Gesetz, um gewissen Personen, die nicht schon nach der gesetzlichen Erbfolge ein Recht auf den Nachlaß hatten, etwas zuzuwenden. Ebenso erklärt sich die Form der Mancipation damit, daß ein eigentliches, wirkliches Testament nicht bestand, daß man deßhalb zur Veräußerung unter Lebenden griff, und daß nach und nach diese Veräußerung unter Lebenden zu einer bloßen Formalität wurde, aus der das wirkliche Testament hervorging. Nun ist aber diese geschichtliche Entwickelung für uns von verhältnißmäßig geringer Bedeutung, weil die Grundsätze des römischen Rechtes überall mit gewissen Beschränkungen Geltung erlangt haben. In der ältesten Zeit, in der Periode des Geschlechterstaates, in welcher die Familie überhaupt einen viel größeren Einfluß hatte, einen größeren, als er vielfach den staatlichen Gebilden selbst zukam, war es selbstverständlich, daß das Vermögen der Familie als solcher gehört. Man nahm an, daß die Familie die Eigenthümerin sei und daß das Familienhaupt die Familie vertrete.

Mit dem Wegfall desselben trat ein anderes an dessen Stelle und erlangte alle die Befugnisse, die seinem Vorgänger bezüglich des Vermögens zustanden ebenso wie die übrigen Befugnisse, die sich an diese Familiengewalt knüpften. Je mehr die Bedeutung des Individuums in den Vordergrund tritt, desto mehr macht sich eine gewisse Selbstständigkeit der einzelnen Familienglieder bemerkbar und der Wille des Eigenthümers wird entscheidend. Das ist besonders der Fall in dem römischen Recht, das ja dem Individualismus einen scharf ausgeprägten Ausdruck gegeben hat. Es ist nun im Laufe der Zeiten überall, auch bei den germanischen Völkern, die ursprünglich gar kein Testament kannten, die Befugniß, ein Testament zu errichten, anerkannt worden. Auch wo das germanische Recht in seinen wesentlichen Anschauungen herrschend ist, wie in Frankreich, hat sich überall neben der Intestaterbfolge die Befugniß, zu testiren, ausgebildet. Aber ebenso hat man bei fast allen Völkern an Beschränkungen dieser Testirbefugniß festgehalten. In Rom war bekanntlich zur Zeit der XII Tafeln und lange nachher die Testirfreiheit vollständig unbeschränkt; erst in späterer Zeit führte man mit Rücksicht auf das officium pietatis die Anfechtung von solchen Testamenten ein, durch welche gewisse nahe Angehörige übergangen wurden — das formelle Notherbrecht übergehe ich, weil es mit unserer Frage nichts zu thun hat — und gestattete auf Grund der Annahme einer fingirten Geisteskrankheit die Anfechtung von solchen Verfügungen, durch welche Pflichttheilsberechtigte übergangen waren. Diese Beschränkung der Testirfreiheit findet sich bis in die neuere Zeit, wo ein Umschwung sich vollzog in England und Nordamerika. Bei allen anderen Völkern hat sich das römische Pflichttheilsrecht erhalten, auch in Frankreich, wo man im Allgemeinen an den Grundsätzen des germanischen Rechts festhielt, wurde nach und nach das römische Pflichttheilsrecht mit dem deutschrechtlichen Intestaterbrecht verbunden und überall finden wir zwar dem Erblasser gewisse Testirbefugnisse eingeräumt, dieselben aber auch beschränkt. Nur in England hat sich schon in früher Zeit ein Umschwung vollzogen, obgleich dort im Allgemeinen die Grundsätze des germanischen Rechts zur Herrschaft gelangt waren. Es hat sich dort seit dem 12. Jahrhundert eine Bewegung eingestellt, welche dahin ging, diese Beschränkungen der Testirfreiheit mehr und mehr zu beseitigen. Zuerst wurde gewohnheitsrechtlich die Testirfreiheit in den meisten Provinzen des Landes eingeführt und schließlich in den wenigen Provinzen, in denen sich das Pflichttheils-Recht erhalten hatte, dieses im Interesse der Rechtseinheit gesetzlich aufgehoben.

Im vollen Gegensatz zu diesem System des englischen Rechts, welches auch auf Amerika übertragen wurde, befinden sich die Bestimmungen des französischen Rechts. In Frankreich hatte man vor der Revolution neben den Beschränkungen des Pflichttheils ein Intestaterbrecht, das in dem Lehnrecht wurzelte und auf eine Begünstigung der Erstgeburt hinauslief. Die Ideen der Revolution stellten sich aber hierzu sofort in einen scharfen Gegensatz und es wurde die Nothwendigkeit der Gleichheit betont. Man wollte nicht mehr die Begünstigung des Erstgebornen, man wollte eine gleiche zwangsweise Theilung unter den Kindern herbeiführen und man ging deshalb im Anfang soweit, die Testirbefugniß vollständig zu beseitigen. Später im Jahre 1794 wurde zwar eine Beschränkung zugelassen, in der Art, daß der, welcher Ascendenten oder Discendenten hatte, nur über $^1/_{10}$ verfügen konnte, und wer nur Seitenverwandte hatte, über $^1/_6$. Auch in dem code civil ist die Verfügung des Erblassers auf eine bestimmte Quote des Vermögens beschränkt und es ist jetzt nach der in Frankreich bestehenden Praxis der Erblasser außerordentlich beschränkt in der Art und Weise der Vertheilung. Es wird von den Gerichten angenommen, daß, wenn auch eine elterliche Theilung vorgenommen wird oder auf dem Wege des Testaments erfolgt, der Erblasser immerhin gebunden ist an die gesetzlichen Regeln über die Theilung, so daß, wenn ein bestimmtes Grundvermögen vorhanden ist, jedem Erben ein Anspruch auf eine bestimmte Quote von diesem Grundeigenthum als solchem zustehe und er verlangen kann, daß entweder dieses Grundeigenthum getheilt wird oder, wenn dies unmöglich ist, die Veräußerung erfolgt.

Auf die philosophischen Streitfragen will ich nur ganz kurz eingehen, weil sie doch schwerlich für unsere Abstimmung entscheidend sein werden. Die philosophischen Ansichten haben außerordentlich gewechselt, sie waren auf die Gesetzgebung nur von geringem Einfluß. Die Naturrechtslehrer bis zu Kant herauf nahmen die testamentarische Erbfolge als die natürliche Grundlage des Erbrechts an. Von Hegel ab wurde die entgegengesetzte Ansicht in der Philosophie herrschend, daß das Familienrecht das allein natürliche sei und das Testament die Ausnahme bilden müsse. Ueber die Frage, ob ein Pflichttheil nothwendig sei oder nicht, wurde in Deutschland bis in die neueste Zeit verhältnißmäßig wenig gestritten. Es ist eigentlich nur zu erwähnen ein Aufsatz in der Tübinger Zeitschrift für Staatswissenschaft von Helferich, in dem entschieden für das englische System eingetreten wurde, besonders mit Rücksicht auf die Erhaltung der geschlossenen Güter.

Ein lebhafterer Streit hat sich in Frankreich entsponnen, wo mit Rücksicht auf die sehr weitgehenden Beschränkungen der Testirfreiheit von einer Seite sehr lebhaft für Einführung des englischen Systems plädirt wurde und sich eine ganze Schule gebildet hat nach dem Vorgang eines conservativen Senators Le Play, welcher zum Theil aus denselben Gründen wie Helferich, um der Zersplitterung des Grundeigenthums entgegenzutreten, die natürliche Gewalt zu stärken u. s. w., die Testirfreiheit einschränken will.

Ueber die Frage, wie sie von der ständigen Deputation aufgestellt wurde, sind zwei Gutachten eingeholt worden, das erste von dem Appellationsgerichtsanwalt Meyersburg in Celle, das zweite vom Geh. Justizrath Prof. Dr. Bruns in Berlin. Ich muß nun diese Gutachten kurz charakterisiren, die sehr tief auf die einzelnen Fragen eingehen und vorzüglich gearbeitet sind, und kann mich dann später kurz fassen bezüglich der Zusammenstellung der einzelnen Punkte.

Meyersburg stellt sich ganz entschieden auf den Standpunkt des englischen Rechts. Er geht von der Ansicht aus, eine bestimmte Volksanschauung, auf welche der Gesetzgeber Rücksicht nehmen müsse, bestehe in Deutschland nicht, der Gesetzgeber habe ganz freie Hand, er könne einen Zustand schaffen, der den wirklichen Bedürfnissen unserer Bevölkerung entspreche. Was die philosophische Grundlage des Erbrechts anlangt, so geht er davon aus, daß der Erblasser ganz frei über sein Eigenthum verfügen könne und das Intestatrecht nur auf dem präsumtiven Willen des Erblassers beruhe. Daraus ergiebt sich die Verneinung des Notherbenrechts. Meyersburg empfiehlt auch hauptsächlich wegen der Gefahr der Zersplitterung des Grundeigenthums dessen Beseitigung. Bedenken will er nicht gelten lassen und schlägt sie nieder durch die Berufung auf die englischen und amerikanischen Zustände, wo sich das System der Testirfreiheit vollständig erprobt habe.

Auch Professor Bruns stellt sich in seinem Gutachten grundsätzlich auf dieselbe Seite. Er ist offenbar ein großer Freund der englischen Zustände, allein er unterscheidet sich wesentlich von dem ersten Gutachter darin, daß er annimmt, es sei allerdings ein Rechtsbewußtsein in Deutschland vorhanden und zwar in der umgekehrten Richtung. Er schickt seinem Gutachten die bestimmte Anschauung voraus, daß die Einführung der unbedingten Testirfreiheit bei uns unmöglich sei, weil sie dem Volksbewußtsein widerspreche, und kommt deshalb zu einer vermittelnden Ansicht, die ich Ihnen vorzutragen habe.

Was die Begründung des Erbrechtes anlangt, so stellt sich Professor Bruns auf den Standpunkt, der neuerdings von den Juristen vielfach hervorgehoben worden ist, es habe das Erbrecht weder in dem Willen des Testators seinen Grund, noch in dem Rechte der Familie; es finde nicht in den Familienverhältnissen, sondern in den socialen Verhältnissen seine Begründung. Die eigentliche Grundlage alles Erbrechts sei die Fortdauer der Rechte und Schulden des Erblassers nach dem Tode und ihre Continuität in der Person der Erben. Auch er erkennt principiell einen Rechtsanspruch der Erben, besonders auch der Kinder auf einen Pflichttheil nicht an und sagt, an und für sich seien die Eltern den Kindern gegenüber nur zur Alimentation verpflichtet, nicht aber zur Hinterlassung eines bestimmten Erbtheils. Nur mit Rücksicht auf den Rechtszustand, der bisher in Deutschland bestand, und auf das Volksbewußtsein erklärt er die Einführung absoluter Testirfreiheit für bedenklich. Professor Bruns hat in ganz eingehender Weise alle Gründe für und gegen die unbeschränkte Testirfreiheit, besonders im Anschluß an Le Play, über dessen Werk er referirt, erörtert, und er unterscheidet zwei Gruppen von Gründen, die für die volle Testirfreiheit sprechen. Als realen Grund bezeichnet er die Uebelstände, die sich aus der Nothwendigkeit einer Vertheilung ergeben, in erster Linie bei Bauergütern, ebenso wie Meyersburg. Er sagt, es sei in vielen Fällen die Nothwendigkeit der Theilung ein Unglück für die Familie und die Zersplitterung des Vermögens trete nothwendig ein, wenn man die Testirfreiheit erheblich beschränke. Er führt aus, daß diese Uebelstände sich nicht bloß bei Bauergütern geltend machen, sondern auch bei Fabriken und anderen ähnlichen Geschäften.

Nun will Bruns mit Rücksicht darauf dem Erblasser volle Testirfreiheit gestatten, soweit es sich um eine Verfügung zu Gunsten der Kinder und Ehegatten handelt. Er will also dem Vater das Recht geben, einem Kinde das ganze Vermögen zuzuwenden und alle anderen ohne Angabe von Enterbungsgründen leer ausgehen zu lassen. Er will aber nicht die Testirfreiheit zulassen zu Gunsten von Fremden. Das ist eine Unterscheidung, die ich mir in einer Beziehung angeeignet habe. Er schlägt vor, zu Gunsten von Fremden nur eine sehr beschränkte Testirfreiheit einzuräumen, nämlich nur die Befugniß, über einen Kindestheil zu verfügen, so daß die verfügbare Quote des Erblassers zu Gunsten von Fremden immer kleiner wird, je mehr Kinder vorhanden sind.

Außer diesem realen Grunde stellt Bruns noch eine Reihe von sogenannten idealen Gründen zusammen, auf welche ich nur ganz kurz eingehen will. Es wird für die Testirfreiheit geltend gemacht, vor Allem von Le Play, daß die Achtung vor dem Eigenthum dadurch erhöht werde. Nun sagt Bruns selbst, dieser Grund sei nicht hoch anzuschlagen, denn mit demselben Recht könne man auch das Gegentheil behaupten. Ob die Achtung vor dem Eigenthum erhöht oder vermindert werde, hänge davon ab, ob von der Testirbefugniß ein vernünftiger oder unvernünftiger Gebrauch gemacht werde. Es könne ebenso gut dieser Grund umgekehrt und gefolgert werden, daß Testirfreiheit nichts tauge. Die Socialdemokraten würden auch wohl bei der einen wie bei der anderen Art der Gesetzgebung dennoch ihren Standpunkt aufrechthalten.

In zweiter Linie wird geltend gemacht, durch die größere Machtbefugniß, die man dem Erblasser einräume, steigere sich das Gewicht der Verantwortlichkeit bei demselben und damit die Charakterstärke der einzelnen Individuen. Das ist auch wohl mehr eine theoretische Ausführung, auf die ein besonderes Gewicht nicht zu legen ist. Das Alles, meint Bruns, hänge mit der französischen Art zusammen, an das Gefühl zu appelliren. Uebrigens ist dieser Grund auch in Deutschland geltend gemacht worden; man führt darauf häufig die vorzüglichen Eigenschaften der angelsächsischen Race zurück; der Zusammenhang zwischen der Testirbefugniß und dem Charakter eines Volkes wird aber schwer nachzuweisen sein.

Ein weiterer Grund, der wohl etwas mehr Geltung verdient, ist der, daß die väterliche Autorität gestärkt werde durch die Testirfreiheit, indem der Vater den Kindern selbstständiger gegenüberstehe, als wenn sie Anspruch hätten auf das ganze Vermögen. Ich will indessen hier gleich bemerken, daß dieser Grund wohl kaum für die volle Testirfreiheit verwerthet werden kann, sondern nur dafür, daß überhaupt eine Testirbefugniß bestehe, denn wenn dem Vater die Verfügung über die Hälfte des Vermögens zusteht, so wird dessen Autorität auch nach dieser Richtung eine genügende Basis haben.

Ferner wird dann noch geltend gemacht, daß die Testirfreiheit die Kinder selbstständiger und thätiger mache, weil sie nicht die Sicherheit hätten, von dem Vater etwas zu erhalten, sondern auf ihre eigene Kraft angewiesen seien. Dieser Grund würde mehr beweisen, wenn von der Befugniß, den Kindern Nichts zu hinterlassen, ein ergiebigerer Gebrauch gemacht würde. Es wird aber von den Vertheidigern der Testirfreiheit selbst angeführt, daß in der Regel doch für die Kinder gesorgt werde, so daß diese also keine Veranlassung haben, sich besonders zu bemühen.

Noch weniger Gewicht ist, wie mir scheint, auf den letzten Punkt zu legen, den Le Play vorführt, daß nämlich die Prozesse durch die Testirfreiheit vermindert würden, denn es ist schwer, statistisch nachzuweisen, ob nicht durch die Auslegung der Testamente u. s. w. eben so viel oder mehr Prozesse entstehen, als durch die Anfechtungen von letztwilligen Verfügungen auf Grund des Pflichttheilsrechts.

Professor Bruns kommt schließlich zu der Ansicht, daß die sogenannten idealen Gründe nicht entscheidend seien; das Schwergewicht liege vielmehr in der Nothwendigkeit, daß der Vater über das Vermögen in freier Weise wenigstens zu Gunsten einzelner Kinder verfügen könne.

Sie haben wohl schon aus meinem Antrage ersehen, daß ich mich Herrn Professor Bruns in der von ihm gemachten Unterscheidung anschließe, so weit es sich um die Größe des Pflichttheils handelt, indem ich gleichfalls unterscheiden will zwischen den Verfügungen zu Gunsten der Kinder und des überlebenden Ehegatten und den Verfügungen zu Gunsten von Fremden. Allein ich kann mich nicht entschließen, den Grundsatz der vollen unbeschränkten Testirfreiheit zu empfehlen, und zwar zunächst aus dem Grunde, den Professor Bruns selbst angeführt hat, daß eine solche Beseitigung aller Schranken der Testirbefugnisse dem Rechtsbewußtsein unseres Volkes in keiner Weise entsprechen würde. Ich gehe einen Schritt weiter als Professor Bruns und sage, es würde auch den bei uns herrschenden Rechtsgrundsätzen und dem Rechtsbewußtsein unseres Volkes nicht entsprechen, wenn man dem Vater gestatten wollte, **einem** Kinde das ganze Vermögen zuzuwenden und allen anderen den Anspruch auf das Vermögen zu entziehen. Es ist kaum auf einem Gebiete der Privatrechtsphilosophie so viel Streit als über die Begründung des Erbrechts und des Pflichttheils, denn es läßt sich gegen jede einzelne Begründung einwenden, daß sie nicht durchweg ausschlaggebend sei. Wenn wir also die Gründe zusammenfassen, so finden wir doch, daß das Volksbewußtsein ein wohlbegründetes ist, daß es sich hier nicht bloß um eine sittliche Pflicht des Erblassers handelt, die er seinen Kindern gegenüber hat, sondern daß auch der Gesetzgeber Veranlassung hat, diese sittliche Pflicht als eine Rechtspflicht anzusehen, und eine vollständige Enterbung der Kinder, die ohne bestimmten Grund erfolgt, auszuschließen.

Wenn wir die Bestimmungen des früheren Rechtes über die Testirbefugniß betrachten, so finden wir immer einen Unterschied zwischen dem ererbten und erworbenen Vermögen, einen Unterschied, der an sich gewiß vollkommen begründet ist. Wenn Jemand das Vermögen, welches lange im Besitz der Familie war, durch Erbschaft erlangt, so liegt es in der Natur der Dinge, daß er darüber nicht so vollständig frei verfügen kann, wie über das Vermögen, welches er sich erworben hat, und man würde es in noch höherem Maße für ungerechtfertigt halten, wenn Jemand ein solches Vermögen einem Fremden zuwiese, — als wenn er über das von ihm erworbene Vermögen so verfügte. Darauf beruht die Unterscheidung in vielen älteren Gesetzgebungen, besonders im älteren Gewohnheitsrecht zwischen dem Stammgut und der Errungenschaft. Eine solche Unterscheidung heute durchzuführen, ist gewiß aus technischen Gründen unmöglich, da es sich bei uns meist um bewegliches Vermögen handelt. Allein diese Unterscheidung führt doch dazu, daß die unbeschränkte Testirbefugniß, weil sie in vielen Fällen dem Familienzusammenhange und dem Ursprunge des Vermögens widerspricht, als unannehmbar erscheint.

Ein weiterer Grund für das Pflichttheilsrecht, besonders bei Kindern und Ehegatten ergiebt sich daraus, daß in einer ganz großen Zahl von Fällen das erworbene Vermögen nicht bloß von der Thätigkeit des Familienhauptes herrührt, sondern daß auch Frau und Kinder redlich daran mitgearbeitet haben. Es ist besonders bei der Landbevölkerung sehr häufig der Fall, daß die Ehegatten ohne alles Vermögen ihre Ehe beginnen, daß durch die Arbeit der Gesammtfamilie das Vermögen erworben wird, und es wird das Vorhandensein von erwachsenen Kindern deßhalb von der Bevölkerung häufig als großer ökonomischer Vortheil betrachtet. Es wird dadurch fremde Arbeitskraft erspart, die Kinder treten an die Stelle der Dienstboten und ihnen ist es mit zu verdanken, wenn das Vermögen vergrößert wird. Der entscheidende Grund für das Pflichttheilsrecht scheint mir aber doch der zu sein, daß es sich um eine Pflicht handelt, den Kindern etwas zuzuwenden von dem Vermögen, und daß diese Pflicht auch als Rechtspflicht aufzufassen ist. Diese Verpflichtung, die von dem Rechtsbewußtsein des Volkes entschieden anerkannt wird, ist nicht identisch mit der Verpflichtung zur Alimentation, allein sie hat dieselbe Grundlage. Dieselben Gründe, welche eine Alimentationspflicht der Eltern zu Gunsten der Kinder rechtfertigen, begründen offenbar auch die weitere Verpflichtung, in Zukunft für dieselben zu sorgen. Wenn Jemand seine Kinder in bestimmten Verhältnissen erzogen, sie an bestimmte Bedürfnisse, an ein gewisses standesgemäßes Leben gewöhnt hat, so wird er, ebenso wie auch die Alimentationspflicht einen relativen Character hat, auch verpflichtet sein, dafür zu sorgen, daß die Kinder nicht auf einmal in eine ganz andere Lage versetzt werden, als die ist, in der sie sich bisher befanden, und auf welche sie rechnen zu dürfen glaubten. Man kann nun allerdings sagen, das rechtfertige nur eine Alimentationspflicht aus dem Nachlaß; allein abgesehen davon, daß ein großer Unterschied besteht, ob ich Jemand Vermögen zuwende oder bloß für seinen Unterhalt sorge, so glaube ich, würde auch eine solche allgemeine Alimentationspflicht zu Gunsten der Kinder sich aus technischen Gründen keineswegs empfehlen. Es würde gewiß zu einer ganzen Menge von Prozessen führen, wenn in jedem einzelnen Falle festgestellt werden müßte, ob und in wie weit eine Alimentationsbedürftigkeit der Kinder besteht, und wenn die ganze Alimentationspflicht aus dem Nachlaß bestritten werden sollte, so würde lange Zeit gar nicht feststehen, welche Einkünfte dem Erben zukommen, wie lange er Alimente zu zahlen hat, wie hoch sich diese Alimente in späterer Zeit stellen würden u. s. w. Ja unter Umständen würde sogar diese Alimentirung das Einkommen aus der ganzen Erbschaft in Anspruch nehmen, was besonders eintreten würde, wenn das Vermögen an sich ein kleines ist. Und, m. H., auch wenn man diese Gründe nicht als vollkommen durchschlagend anerkennt, so sage ich auch, daß wir gegenüber dem Mißbrauch, der immerhin zu erwarten ist und den Rechtsanschauungen unseres Volkes gegenüber, keinen Grund haben, zu einem so radicalen Schritt überzugehen und eine Maßregel zu treffen, die immerhin ein Experiment ist und bleibt. Denjenigen Gründen, welche von beiden Gutachtern zu Gunsten der Testirfreiheit geltend gemacht werden, wird nach meiner Auffassung vollkommen genügt, wenn man die Verfügungsquote etwas erhöht oder wenn man, wie ich vorgeschlagen habe, über die Hälfte des Vermögens den Erblasser frei zu Gunsten der Kinder verfügen läßt. Wenn der Erblasser über die Hälfte verfügen kann, wird er in fast allen Fällen, wo es sich um geschlossene Güter handelt, dieselben einem Kinde zuwenden können; es wird sich kaum je eine so bedeutende Belastung ergeben, daß der Erbe nicht das Gut behaupten kann. Ebenso wird es bei Fabriken sein. Es wird damit allen berechtigten Ansprüchen genügt. Eine solche Ausdehnung halte ich für wünschenswerth, nicht bloß aus wirthschaftlichen Gründen, sondern weil überhaupt eine ganze Menge von Gründen bestehen kann, welche es wünschenswerth machen, daß einzelnen Kindern ein größerer Betrag, als anderen zugewendet wird. Es handelt sich nicht blos darum, eine Ungleichheit zu schaffen, sondern oft darum, eine Ungleichheit auszugleichen. Wenn Jemand, dessen Kinder zum großen Theil erzogen sind, denen er eine

Existenz geschaffen hat, über deren Zukunft er beruhigt ist, fühlt, daß er nicht mehr lange leben wird, und nun zu Gunsten der unerzogenen Kinder, denen er doch nicht mehr das bieten kann, wenn das Elternhaus aufhört, was die älteren Kinder genossen haben, etwas mehr zuwendet, so ist das durchaus berechtigt und es muß der Erblasser schon deshalb über einen erheblichen Theil des Vermögens frei verfügen können. Beispiele der Art könnte ich noch mehr angeben. Ich führe aber nur einen Fall vor, auf den in einem Gutachten Rücksicht genommen ist: Eine Tochter hat ihren Vater bis zu seinem Tode verpflegt und hat es unterlassen, sich zu verheirathen, sie hat ihre ganze Stellung geopfert. Da ist es nicht blos eine Pflicht der Dankbarkeit, wenn der Erblasser einer solchen Tochter einen größeren Theil des Vermögens vermacht, als den anderen Kindern. Diese Verfügung über die Hälfte möchte ich dem Erblasser unter allen Umständen erhalten, aber ein weiter gehendes Bedürfniß nach voller Testirfreiheit vermag ich nicht anzuerkennen. Daß zu Gunsten von Fremden über dieselbe Quote verfügt werden soll, halte ich ebenfalls nicht für richtig. In der Beziehung halte ich die Ausführungen von Professor Bruns für vollkommen zutreffend. Auch hier soll eine gewisse Freiheit herrschen, aber je größer die Zahl der Kinder ist, desto geringer soll die Quote sein, über die verfügt werden darf, mit Rücksicht auf die Pflichten, die die Eltern den Kindern gegenüber haben. Bruns sagt: je mehr Kinder Jemand hat, einen desto größeren Bruchtheil muß er zu deren Alimentation bei seinen Lebzeiten aufwenden und dieselben Gründe sprechen auch dafür, daß er ihnen im Todesfall mehr zuwenden muß. Nun beruft man sich von Seiten der Anhänger der absoluten Testirfreiheit auf den englischen und amerikanischen Zustand. Das alles wäre in Ordnung, wenn wir keinen Mißbrauch der vollen Testirfreiheit zu befürchten hätten. Man hat nun, wie man sagt, gute Erfahrungen in England und Amerika gemacht und beruft sich auf die Gewissenhaftigkeit des deutschen Volkes. In dieser Beziehung möchte ich bemerken, daß es sehr gefährlich ist, ohne weiteres aus den Einrichtungen, die bei gewissen Nationen bestehen, darauf zu schließen, welche Ergebnisse sich bei anderen Nationen zeigen werden. Wir haben ein Beispiel an der römischen Geschichte, daß die Testirfreiheit sich längere Zeit aufrecht erhalten ließ, daß aber auch eine Zeit kam, wo es damit nicht mehr ging, wo Gerichte und Gesetzgeber zusammen wirkten, um diese Testirfreiheit zu beschränken, und es sind gerade Zeiten hoch entwickelter Cultur, in denen die Gefahr des Mißbrauchs eintritt. Ein Unterschied ergiebt sich auch daraus, ob diese Einrichtung längere Zeit bestanden hat und die Sitte eine große Macht erlangt hat, oder ob eine Einrichtung neu eingeführt wird. Ob sich die englischen Erfahrungen ohne weiteres übertragen werden auf ein Land, in dem eine solche Freiheit nicht bestanden hat, vielmehr in einer viel späteren Zeit eingeführt wird, in welcher der Individualismus und eine ganze Menge von Versuchungen zu ungerechten Verfügungen vorhanden ist, und ob hier die Sitte ebenfalls stark genug sein wird, einen Mißbrauch zu verhindern, darf man wohl bezweifeln. Eigenthümlich ist es, daß auch in Frankreich und Belgien von verschiedenen Seiten ein Angriff gemacht wird auf diese Testirfreiheit, weil sie verhindert, gewissen Stiftungen, Klöstern u. s. w. das ganze Vermögen zuzuwenden und daß man z. B. in Belgien darüber sehr geklagt und hervorgehoben hat, das Pflichttheilsrecht sei der Schutz gegen gewisse Beeinflussungen auf Frauen, und gegen Erbschleichereien aller Art. Dann ist mir auch der Einfluß, den ein solches neues Gesetz auf die Sitte haben wird, einigermaßen bedenklich. Wir haben zur Zeit eine beschränkte Testirfreiheit und wir können sagen, daß von derselben nur in mäßiger Weise Gebrauch gemacht wird. Allein, m. H., wo die Gesetzgebung ein Pflichttheilsrecht als solches anerkennt, erklärt sie damit doch, daß der Erblasser gewisse Pflichten gegen seine Kinder habe und eine solche gesetzliche Bestimmung verfehlt nicht ihren Eindruck auf die Sitte und auf die Rechtsauffassung des Volkes. Wenn aber der Gesetzgeber sagt: Was bisher gegolten hat, ist nicht richtig; es war eine ganz veraltete Einrichtung, jeder kann mit seinem Vermögen machen was er will, so wie er es verhausen kann, kann er es einem Fremden zuwenden oder einzelne Kinder begünstigen, so würde sich vielleicht auch eine dahin gehende Sitte einschleichen. Nun gebe ich zu, daß die Zahl der Fälle des Mißbrauchs immerhin eine beschränkte sein würde; aber, m. H., für diese wenigen Fälle ist die Gesetzgebung hauptsächlich bestimmt, für die anderen ist es einerlei, ob wir die volle Testirfreiheit oder die beschränkte geben. Gerade wegen der Fälle, in denen ein Mißbrauch vorkommen kann und die doch immer zu Tausenden zählen werden, möchte ich die Schranke nicht aufgeben.

Damit, m. H., habe ich den ersten Satz meiner Anträge, wie ich glaube, gerechtfertigt, habe aber auch zugleich bezüglich des dritten Satzes die Gründe auseinander gesetzt, die maßgebend waren bei meiner Formulirung. Bezüglich der anderen Anträge nur wenige Worte: Ich will den Descendenten ein Pflichttheilsrecht einräumen und zwar einen Anspruch auf einen bestimmten Theil des Vermögens selbst, und der Ehefrau so weit es sich um Nutznießung handelt. Bezüglich der Ascendenten halte ich einen Anspruch auf einen Pflichttheil nicht für gerechtfertigt, sondern nur einen Anspruch auf Gewährung von Unterhalt, wo Bedürftigkeit vorliegt. Ein Hauptgrund, der für die Nothwendigkeit des Erbrechts spricht und der allein schon dasselbe rechtfertigt, ist offenbar die Continuität in der Erhaltung des Vermögens der Art, daß der Erbe an die Stelle des Erblassers in alle Rechte und Pflichten eintritt. Der natürliche Gang der Dinge ist aber, daß das Vermögen von den älteren Generationen auf die jüngeren übergeht. Hat Jemand Kinder, so sind das die natürlichen Rechtsnachfolger; hat er keine, so ist es natürlich, daß er sein Vermögen seinen Geschwistern oder deren Nachkommen hinterläßt. Bezüglich der Ascendenten ist es genügend, wenn man sagt: ein Alimentationsanspruch muß aus dem Vermögen befriedigt werden. Daß die Frau einen Anspruch auf Nutznießung haben soll in sehr ausgedehntem Maße, entspricht den Anschauungen des deutschen Volkes ganz entschieden. Es ist ein grober Mißgriff im französischen Recht, daß die Ehefrau nicht einmal ein Intestaterbrecht hat, so weit noch Seitenverwandte bis zum 12. Grade vorhanden sind. Daß ich in Nr. 4 den Satz ausgesprochen habe, der Anspruch auf den Pflichttheil solle kein unbedingter sein, sondern es müßten Enterbungsgründe bestehen, brauche ich wohl nicht zu rechtfertigen. Das französische Recht kennt nur Indignitätsgründe und es führt dies zu der Einrichtung, daß der Erblasser selbst nicht verfügen kann, daß selbst wenn Indignitätsgründe bestehen, wenn z. B. seinem Leben nachgestellt ist u. s. w. er gar nicht verzeihen kann, sondern das Gesetz unbedingt dem betreffenden Erben den Erbanspruch entzieht. Ich habe diesen Satz nur aufgestellt, weil in dem Gutachten von Bruns ein Antrag nach der Richtung aufgestellt ist.

Was den fünften Punkt anlangt, so wird er wohl auch nicht auf Widerspruch stoßen. Es ist zwar nothwendig, denselben aufzustellen, weil in dem Gutachten Rücksicht darauf genommen wurde, ferner auch deshalb, weil nach meiner Auffassung die Angriffe, die in der französischen Literatur gegen das jetzt dort geltende System zu Gunsten der vollen Testirfreiheit gemacht wurden, ihren Grund nicht darin haben, daß der Pflichttheil zu groß sei, sondern in den unsinnigen Bestimmungen über die Art der Theilung.

Es sind auch alle Vertheidiger des Pflichttheilsrecht in Frankreich darüber einig, daß das ein Punkt ist, der geändert werden soll und daß, wenn man auch den Kindern einen Anspruch auf einen gewissen Theil zu gewähren habe, sie doch nur einen Anspruch auf einen gewissen Geldbetrag haben, daß sie nicht verlangen können, daß in ganz mechanischer Weise die Gegenstände getheilt werden. Wenn der Vater bei Lebzeiten eine Theilung vornimmt, so muß er in dieser Beziehung vollständig frei sein und er darf nur den Erben nicht mehr verkürzen, als das Gesetz es gestattet.

Das sind die Gründe, die ich für die von mir gestellten Anträge vorbringe. Ich stelle anheim, daß über das Princip entschieden wird und die Anträge Nr. 1, 2, 4 und 5 debattirt werden. Bezüglich des Hauptpunktes empfehle ich meinen Antrag gegenüber den Ausführungen der Gutachter.

Rechtsanwalt **Beckh** (Nürnberg): M. H., in dem Punkte 2 des Antrages des Referenten ist ausgesprochen, es sei ein Pflichttheilsrecht den Descendenten und dem Ehegatten des Erblassers einzuräumen. Es ist damit also der Wille verbunden, auszusprechen, daß Geschwistern resp. Geschwisterkindern eine solche Pflichttheilsberechtigung nicht einzuräumen sei. Es würde also, wenn dieser Satz angenommen wird, mit dem bestehenden Rechte gebrochen. Ich kann mich mit diesem Bruche nicht befreunden. Die Sätze, welche Herr Petersen in so scharfsinniger Weise vorgeführt hat, namentlich über das Familienvermögen und über die Art seines Erwerbes, und welche dahin führen, daß eine Pflichttheilsberechtigung betreffs dieses bestehen bleiben solle, sind durchschlagend nicht blos für Kinder und Ehegatten, sondern auch für ein beschränktes Pflichttheilsrecht der Geschwister. Nehmen Sie den Fall an, es besteht ein altvererbtes Familienvermögen in einem Anwesen, einem Gute. Dieses Vermögen ist schon von Altersher durch die Thätigkeit der ganzen Familie geschaffen. Oder nehmen Sie den Fall an, den der Herr Referent anführte, daß es namentlich die Kinder sind, durch deren Thätigkeit das größere Vermögen zusammengebracht worden ist. Und nun trifft der Vater für seinen Todesfall die Bestimmung, daß eines der Kinder wesentlich vor dem anderen bevorzugt werde. Es kann ja sein, daß es entweder ein Lieblingskind ist, oder auch andere ganz berechtigte Gründe können maßgebend sein, z. B. wenn eines der Kinder kränklich ist, wenn es eine etwas schwindsüchtige Leibesconstitution hat, so daß der Vater aus diesem Grunde für dasselbe besonders besorgt ist. Kaum ist nun der Vater gestorben, so geräth dieses Kind in schlechte Gesellschaft, das bedeutendere Vermögen, welches ihm gegenüber den anderen Kindern zugewendet wurde, wird von ihm schon bei Lebzeiten, noch mehr aber im Falle eines plötzlichen Absterbens in Folge des schlechten Lebenswandels in fremde schlechte Hände gespielt, und die übrigen Geschwister, welche hauptsächlich durch ihre Thätigkeit zum Erwerbe dieses Vermögens beigetragen haben, sind dann nicht mehr in der Lage, von diesem Vermögen irgend welchen Genuß zu haben. Das ist denn doch ein Fall, in welchem ganz dieselben Principien, welche der Herr Referent Ihnen für die Kinder und Ehegatten vorgeführt hat, auch für die Geschwister sprechen. Es wäre doch in einem solchen Falle ein offenbares Unrecht, wenn das Vermögen in moralisch und rechtlich in jeder Beziehung unberechtigte fremde Hände käme und die anderen Geschwister ganz leer ausgingen.

Ich würde deshalb nur dann zustimmen können, wenn hinzugefügt würde: „in beschränkter Weise auch den Geschwistern, bezw. Geschwisterkindern.“ — Das wäre das Amendement, welches ich zu Punkt 2 zu stellen habe.

Advocat Dr. **Heinssen** (Hamburg): M. H., für die Beschränkung der Testirfreiheit ist geltend gemacht worden das Verhältniß, daß das Vermögen des Testators ererbt sein kann, ferner, daß es mit erworben sein kann, drittens, daß das Volksbewußtsein gegen die Einführung einer unbeschränkten Testirfreiheit spreche. Die beiden ersten Gründe sind auch von dem Herrn Referenten nicht als solche erachtet worden, welche allein genügen könnten, um eine Beschränkung der Testirfreiheit aufzustellen. Wollte man den Umstand, daß das Vermögen ererbt sein kann, gegen die Testirfreiheit sprechen lassen, so bedeutete das einen Rückschritt zu dem Grundsatz, den man früher in manchen Gegenden gehabt, aber in neuerer Zeit aufgegeben hat, nämlich, daß über Erbgut eine Verfügung überall ausgeschlossen sei. Man hat in neuerer Zeit das Erbgutsrecht mehr und mehr aufgehoben und die Befugniß, darüber letztwillig zu verfügen, eingeräumt. Damit ist anerkannt, daß dieses Recht, welches in den früheren Familienverhältnissen, in der Gemeinsamkeit der Were begründet war, in dem heutigen Rechtssystem beseitigt werden muß.

Der zweite Grund war der, daß das Vermögen mit erworben sein kann durch Frau und Kinder. Auch der Grund beweist meines Erachtens zu viel. Er würde nämlich dahin führen, daß die Testirfreiheit nicht unbedingt beschränkt werden müßte zu Gunsten der Frau und Kinder, sondern nur zu Gunsten d e r Frau und d e r Kinder, welche mit erworben haben. Wenn aber z. B. ein Kind nicht mit erworben hat, weil es frühzeitig das Haus verließ und sich selbstständig etablirte, so würde zu Gunsten dieses Kindes die Beschränkung durchaus unmotivirt sein.

Der dritte Grund scheint mir viel wesentlicher zu sein, das Volksbewußtsein. Ja, wenn ein Volksbewußtsein wirklich existirt, welches die unbedingte Testirfreiheit verwirft, dann allerdings wäre es nicht zu empfehlen, jetzt die Testirfreiheit einzuführen. Aber Sie haben schon gehört, der eine Gutachter behauptet ein ganz entgegengesetzes Volksbewußtsein als das des Herrn Referenten, und es scheint also doch mit der Annahme eines Volksbewußtseins sehr bedenklich zu stehen, weil wir dann ein Volksbewußtsein annehmen müßten, das nur über die Hälfte testirt werden könnte oder über $^2/_3$ oder je nachdem in den verschiedenen Gegenden Deutschlands. Ich glaube also auch nicht, daß das Volksbewußtsein einen zwingenden Grund abgeben kann.

Es würde sich dann nur noch handeln um die Pflicht gegenüber den

Descendenten oder wie der Herr Vorredner bemerkt hat, auch noch in weiterem Grade gegen andere Personen. Wenn man davon ausgeht, wie das Verhältniß unter den Lebenden ist, so wird man finden, daß der Erblasser, so lange er lebt, über sein Vermögen frei schalten und walten kann. Allerdings liegt ihm ob, für seine Frau und Kinder zu sorgen, nicht nur in den engen Grenzen der speciellen Alimentation, sondern ihn werden noch andere Obliegenheiten treffen, er wird für die Ausstattung der Töchter, für die Etablirung des Sohnes zu sorgen haben. Aber dessenungeachtet kann er doch frei verfügen, und wenn er verfügt hat und seiner Pflicht dadurch nicht genügt, so ist das schlimm, aber man hat daraus noch keinen Grund genommen, ihm unter Lebenden sein Verfügungsrecht zu beschränken. Warum soll nun mit dem Tode die Pflicht wachsen? Unter den Lebenden kann der Erblasser verfügen in noch weiterer Weise, selbst mit Verletzung dieser Pflicht, — warum soll nun von Todeswegen er nicht nur die Schranken dieser Verpflichtung einhalten müssen, sondern noch darüber hinaus nicht verfügen können? Ich glaube, daß dafür kein Grund vorliegt, sobald man davon ausgeht, daß an und für sich das Vermögen unterworfen ist der Person des Inhabers, dann ist kein Grund vorhanden in der Pflicht gegen die Descendenten, daß der Erblasser nicht sollte frei über sein Vermögen verfügen können. Wenn der Staat dafür sorgt, daß die Verpflichtung gegen Frau und Kinder gewahrt wird, dann thut der Staat sehr viel; er sorgt beim Tode des Vermögeninhabers noch weitergehend für die nächsten Angehörigen, als er es bei Lebzeiten gethan hat. Ich glaube, daß darin allein die Schranken der Testirfreiheit zu finden sind, in der Verpflichtung, die der Vater und Gatte gegen die Seinigen hat. Das kann dahin führen, daß er ein viel weitergehendes Verfügungsrecht hat, als ihm vom Herrn Referenten eingeräumt wird. Es kann auch dahin führen, daß er gar kein Verfügungsrecht hat, — bei kleinem Vermögen wird er nicht verfügen können. Wenn nicht so viel da ist, daß die Kinder davon unterhalten werden können, so sehe ich nicht ein, warum dann noch die Hälfte oder sonst ein Theil den Kindern entzogen werden könnte, damit noch weniger Chance dafür sei, daß sie erhalten werden können. Ich bin der Meinung, man solle die Schranke aufstellen, daß überhaupt nur über dasjenige Vermögen verfügt werden kann, welches nach Erfüllung der Pflicht gegen Frau und Kinder vorhanden ist, dann aber vollständig frei. Jede Quote, die man als Pflichttheil annimmt, ist willkürlich, und gerade deshalb hat sie keine Berechtigung; gerade so gut wie $^1/_2$ könnte man auch sagen $^7/_8$ oder $^9/_{10}$.

Es entspricht aber auch nicht dem Zweck. Es ist angeführt worden: Der Vater soll einem besonders hilfsbedürftigen Kinde oder z. B. einer

Tochter, die ihn gepflegt hat, etwas zuwenden können. Ja, um der Pflicht der Dankbarkeit zu genügen, mag die Hälfte unter allen Umständen hinreichen, es richtet sich das nach den Mittteln, die vorhanden sind. Aber für den viel wichtigeren Zweck, ein hilfsbedürftiges Kind zu bevorzugen, dafür genügt es nicht unter allen Umständen. Bei einem kleinen Vermögen ist die Hälfte dazu vielleicht nicht zureichend; nun sind aber drei Kinder versorgt, denen geht es ganz gut, eins ist aber verkrüppelt und kann nicht für sich sorgen, warum soll er dem nicht das Ganze zuwenden? warum soll die Hälfte den Uebrigen, die nicht hilfsbedürftig sind, zufließen?

Der Herr Referent hat dann gegen die Testirfreiheit geltend gemacht gegenüber der Berufung auf England und Nordamerika, daß doch Mißbräuche zu befürchten seien. Ich gebe zu, daß Mißbräuche befürchtet werden können, es können erfolgen Zuweisungen an die todte Hand oder Erbschleicherei. Wenn auch in geringerem Maße trifft das auch bei der Testirbeschränkung zu, und selbst bei der Testirfreiheit im Kreise nur der Kinder könnte Erbschleicherei vorkommen. Mißbräuche können immer vorkommen, das ist kein Grund gegen das an sich richtige Princip, denn das Gesetz soll nicht darauf eingerichtet sein, daß keine Mißbräuche vorkommen, es kann von manchem sehr guten Gesetz eine mißbräuchliche Anwendung gemacht werden, und dessenungeachtet ist das Gesetz doch sehr heilsam, und man muß sich nur bemühen, andere Bestimmungen zu treffen, welche solchen Mißbräuchen, wie hier z. B. der Verfügung zur todten Hand u. s. w. vorbeugen. Ich nenne nur das formelle Wechselrecht, — wir sind doch damit im allgemeinen recht zufrieden, wir würden es nicht preisgeben wollen; dessenungendtet wird Niemand leugnen, daß das Wechselrecht benutzt und gemißbraucht werden kann, um Wuchergeschäfte zu verdecken, und daß es dagegen sehr wenig Schutz giebt. Aber wir würden uns doch gewiß nicht dazu entschließen, das Wechselrecht, wie wir es haben, zu verwerfen, weil damit Mißbrauch getrieben werden kann.

Wenn von dem Vorredner nicht nur die Beschränkung zu Gunsten der Descendenten, sondern auch zu Gunsten der Geschwister und Geschwisterkinder auf das Volksbewußtsein zurückgeführt und als geltendes Recht hingestellt ist, so ist das ein Irrthum. Nach gemeinem Recht ist nur dann, wenn eine persona turpis eingesetzt ist, den Geschwistern das Recht gegeben, sich zu beschweren. Und wenn zu Gunsten der Geschwister oder zwei Geschwisterkinder ein Pflichttheilsrecht anerkannt wird, so wäre es eine Ausdehnung der Beschränkungen und nicht die Aufrechterhaltung bereits bestehender, und ich glaube nicht, daß sich dafür auch das Volksbewußtsein ausspricht. Man will von anderer Seite „den Descendenten soll nicht ein variabler Pflichttheil, sondern ein bestimmter Theil des Vermögens hinterlassen werden." Auch das ist principiell nicht zu billigen. Einen bestimmten Theil würde man nur rechtfertigen können, wenn man von der Basis ausgeht, daß ein Miteigenthum der Familie besteht. Kann man aber keinen bestimmten Theil rechtfertigen, so führt das dazu, daß man überhaupt keinen Theil rechtfertigen kann und daß kein Grund für die Beschränkung der Testirfreiheit vorliegt. Ich glaube, daß es allerdings immer eine Probe ist, wie mit jedem neuen Princip, von der man im Voraus nicht wissen kann, wie die Resultate sein werden. Aber für dieses Experiment haben wir wenigstens die Erfahrung, soweit sie in anderen Ländern gemacht ist, daß in England und Amerika die Testir-Freiheit ohne Schaden und Beschwerden besteht und wenn dagegen unsere hohe Culturstufe geltend gemacht wurde, so ist die Culturstufe, auf der England steht, doch keine so wesentlich niedrigere als die, auf der wir uns befinden, und ich glaube auch nicht, daß, weil wir übercultivirt sind, wir Beschränkungen haben müssen, die England nicht zu haben braucht, sondern ich denke, daß der gesunde Sinn, der in England die Testirfreiheit ertragen läßt, der Sinn, der dahin führt, daß regelmäßig der Vater für seine Frau und Kinder sorgt, und noch ausreichender als das Gesetz es durch Vorschriften über Alimentationspflicht in weiterem Umfange thun könnte, daß dieser Sinn sich eben so gut in Deutschland finden würde, daß die Väter und Gatten in Deutschland nicht liebloser gegen ihre Familien sein würden, als in England, und daß sie regelmäßig testiren werden zu Gunsten ihrer Familie und daß nur in seltenen Fällen Mißbräuche eintreten werden.

Ich würde deßhalb einen Antrag dahin stellen, daß die Testirfreiheit unbedingt anzuerkennen ist, vorbehaltlich gesetzlicher Beschränkungen zu Gunsten des Gatten und der Kinder, zur Fürsorge für die Familie. Ich glaube, ein solcher Antrag ist in dem Meyersburg'schen Gutachten enthalten. Meyersburg hat den Antrag gestellt:

> Statt des bisherigen Pflichttheilsrechts ist nach Analogie der §§ 765, 766, 795 des österreichischen Gesetzbuchs ein Recht auf Alimente aus dem Nachlasse für bedürftige Abkömmlinge, Ascendenten und Ehegatten einzuführen.

Ich würde den Antrag dahin stellen, daß statt des Pflichttheilsrechts ein Recht auf Unterhalt aus dem Nachlaß für bedürftige Descendenten und den Ehegatten einzuführen ist, wobei es dem Gesetz allerdings noch zu überlassen sein würde, die daraus sich ergebenden Beschränkungen näher zu präcisiren. Ich würde also beantragen: Vorbehaltlich gesetzlicher Beschränkungen, welche aber nicht ein Pflichttheilsrecht einführen, wird die Testirfreiheit anerkannt und statt des bisherigen Pflichttheilsrechts ist ein

Recht auf Alimente aus dem Nachlaß für bedürftige Ascendenten und Abkömmlinge einzuführen.

Justizrath **Makower**: Ich gebe zu, daß man in dieser Frage nicht mit dem Volksbewußtsein operiren kann; denn Jeder erklärt für Volksbewußtsein, was seine Ansicht ist. Man muß die Frage auch nicht blos als juristische behandeln, sondern auch die wirthschaftlichen Verhältnisse ansehen, denn sie greift in alle wirthschaftliche Verhältnisse ein. Der letzte Redner hat mir klar bewiesen, wie höchst gefährlich es ist, neue, wie er es selber nennt, „Experimente" zu machen; denn wenn Sie die Consequenz von dem ziehen, was er gesagt hat, so schlägt er sich selber augenscheinlich. Er geht von dem Gedanken aus, wir könnten jetzt in Deutschland etwas neues, und zwar die volle Testirfreiheit versuchen. Eine kleine Einschränkung macht er vorbehaltlich des Rechts auf Alimentation der Kinder und der Frau. Wenn Sie nun bedenken, welche Summe an Kapital erforderlich ist, um für die überlebende Frau und Kinder eine Rente zu erhalten, daß sie davon alimentirt werden können, so heben Sie damit die Testirfreiheit für mindestens $^3/_4$ des ganzen Volkes, wenn nicht mehr, wieder auf. Wir können annehmen, daß durchschnittlich kaum ein solches Kapital zurückbleibt, daß von den Zinsen Frau und Kinder ohne Weiteres leben können. Folglich würden Sie für die große Masse des Volkes die ganze Testirfreiheit, die der letzte Herr Redner einführen will, grade wieder aufheben. Ich halte daher eine solche Construction für überaus gefährlich, und ich meine, daß man sich bei einer so wichtigen Frage fragen soll zunächst: Hat sich bei uns das Bedürfniß zu einer Aenderung so dringend geltend gemacht? Das leugne ich; ich glaube, wir befinden uns leidlich wohl bei dem bisherigen System, und deßhalb würde ich dringend empfehlen, es bei demselben, wie der Herr Referent vorgeschlagen hat, zu belassen und anzuerkennen: Das Pflichttheilsrecht soll gesetzlich regulirt werden in dem Sinne, wie wir es bisher hatten, und nur in denjenigen Grenzen, in welchen wir es bisher gehabt haben, also nicht mit der Ausdehnung, wie sie Herr Beck befürwortet hat. Was für mich gegen die Einführung der vollen Testirfreiheit spricht, ist wesentlich folgendes: Wer davon ausgeht, daß der Erblasser absolute Freiheit zu testiren hat, isolirt das Eigenthum und sagt: sowie der Erblasser stirbt, ist eigentlich gar kein Berechtigter vorhanden. Diesen Grundsatz will ich, wenn jemals, gewiß nicht in unsern Zeiten gelten lassen; er führt uns direct in socialistische Theorien. Wenn Sie anerkennen, daß Jedermann mit seinem Vermögen im rechtlichen Sinne machen kann was er will und auch über seinen Tod hinaus, so sehe ich eigentlich nicht ein, weßhalb man nicht consequent annimmt, daß wenn er nicht disponirt hat, das Vermögen ins

Freie fällt, da ja gar kein Berechtigter vorhanden ist. Hiernach würde dann der Staat eintreten. Nun braucht man diese Theorie nicht so grob in die Praxis zu übersetzen, daß wenn Jemand ohne Testament stirbt, der Staat zugreift und die Familie beraubt, sondern man kann sie milder auf dem Umwege zur Geltung bringen, der bereits vorgeschlagen ist: die Erbschaftssteuer so sehr zu erhöhen, daß fast nichts für die im Grunde dann ohne alles Recht eintretenden Erben übrig bleibt. Ich halte es für unmöglich, von dem Princip auszugehen, daß das Vermögen blos dem zeitlichen Träger gehört, sondern ich meine, die hergebrachte Auffassung ist die richtige: Das Vermögen gehört mit der Familie. Nun weiß ich ganz gut, daß dies ein wirthschaftlicher, und kein juristischer Gedanke ist, denn der Vater der Familie ist formell Eigenthümer seines Vermögens und kann darüber verfügen; aber trotzdem gehört ein Theil desselben der Familie, und deßhalb ist es zweckmäßig, unter allen Umständen eine äußere Grenze, über die der Erblasser nicht verfügen kann, anzuerkennen zu Gunsten der nächsten Verwandten. Das ist der Grundgedanke des Pflichttheilserbrechts, den ich nicht gern verkümmern lassen würde; in allen anderen Vorschlägen sehe ich kein besseres Mittel. Man beruft sich auf England und Amerika, wo die Testirfreiheit den besorgten Schaden nicht angerichtet hat. Jeder, der England kennt, weiß, daß dort der Usus vielleicht noch stärker ist, als das Gesetz; an dem, was hergebracht ist, rüttelt nicht leicht Jemand. Nun ist bei uns die Sitte durchaus nicht so stark, und namentlich hätten wir noch keine Sitte, wenn wir die volle Testirfreiheit einführten. Aber selbst wenn wir eine gleiche Sitte bekämen, so meine ich, der letzte Tag für die Entscheidung, welches Princip das bessere, ist noch nicht da. Alle Vertheidiger der Testirfreiheit machen geltend: es wirke die Testirfreiheit darauf, daß große Anwesen zusammengehalten, und die anderen Geschwister abgefunden werden können. Das soll die bewußte Absicht sein bei der vollen Testirfreiheit. Aber so wie sich die Sache in England in Folge dessen gestaltet hat, ist es mir höchst zweifelhaft, ob dies ein wünschenswerther Zustand ist.

In England hat man bereits einen Untersuchungsausschuß im House of Commons eingesetzt, zur Prüfung der Frage, ob der gegenwärtige Zustand des Grundbesitzes noch länger möglich ist. Das gesammte Grundeigenthum befindet sich in so wenig Händen, daß dies kein wünschenswerther Zustand ist. Sie sehen überaus selten einen Grundeigenthümer, sondern fast Jeder, der ein Grundstück hat, besitzt es auf 99 oder auf 999 Jahre zur Miethe (on lease). Erst jüngst hat ein Bericht an das Parlament ergeben, daß der Grundbesitz sich in blutwenig Händen befindet. Bei uns hat jeder kleine Staat so viel Grundbesitzer, als das ganze

England. Diesen Zustand, daß das Grundeigenthum sich in wenig Händen sammelt, halte ich nicht für ein besonderes Glück, und wenn gesagt wird, die Testirfreiheit wird uns diese Folge bringen, so sollte sie uns gerade davon abhalten, den gleichen Weg zu beschreiten. Ich glaube, es ist zweckmäßig, daß wir bei dem bleiben, was wir gehabt haben, daß wir uns auf eine neue Theorie nicht einlassen, sondern einfach das Pflichttheilsrecht in mäßigen Grenzen behalten. Ich erkenne jedoch an, daß das Einzelne mehr willkürlich ist.

(Bravo!)

Dr. **Beckh** (Nürnberg): Angesichts der Bedenken, die von dem Vorredner dagegen vorgeführt sind, an der bestehenden Gesetzgebung zu rütteln, und angesichts des Umstandes, daß der Antrag des Referenten Petersen dahin geht, es bei den jetzigen Grundsätzen zu belassen, ziehe ich meinen Antrag zurück.

(Bravo!)

Advocat Dr. **Seibert** (Darmstadt): Ich bin ebenfalls einverstanden mit dem Antrage des Referenten, daß wir dem Princip der unbeschränkten Testirfreiheit nicht huldigen sollen und daß wir durchaus keinen Anlaß haben, an dem bisherigen Zustand zu rütteln, da irgendwie Inconvenienzen nach meiner Erfahrung durchaus nicht zu Tage getreten sind und ich kann mich in der Beziehung nur dem anschließen, was der Herr Vorredner Makower angeführt hat. Das, was College Heinssen angeführt hat, scheint mir sich in einem circulus inextricabilis zu bewegen. Wie sich der Grundgedanke, dem er Rechnung tragen will, daß das Vermögen doch nicht auf der Individualität allein beruhe, sondern auch der Familie mitgehöre, und daß diesem Anspruch Rechnung getragen werden soll durch Sicherung aus dem Nachlaß, praktisch machen soll, ist mir vollständig unverständlich, denn dann haben wir in allen einzelnen Fällen einen Rattenkönig von Prozessen. Es handelt sich nicht allein um das quale und quantum, sondern auch um die Cautionspflicht. Das verstehe ich nicht, und kann mir nicht denken, daß das ausführbar ist. Wie ich die Sache mir zurecht gelegt habe, ist eigentlich das Pflichttheilsrecht ein supplementum der Alimentationspflicht, mit dem Tode existirt keine Person mehr, die alimentiren kann und es werden dann die einzelnen Familienmitglieder durch ein Pflichttheilsrecht abgefunden und ich meine, es bestände kein Grund an dieser bestehenden Einrichtung zu rütteln. Allein gerade das, was dafür spricht, spricht auch für das Pflichttheilsrecht der Ascendenten.

Warum soll das Pflichttheilsrecht der Ascendenten aufgehoben werden? Es ist angeführt, das Volksbewußtsein könne nur mit Reserve ins Feld geführt werden, allein wenn irgend etwas richtig ist, ist es nach meiner

Erfahrung der Satz, daß das Erbrecht der Ascendenten ein tief im Volksbewußtsein liegendes ist. Sie können überall im Volke hören: Der Vater erbt sein Kind, und es ist außerordentlich schwer, den Laien begreiflich zu machen, daß neben den Eltern auch die Geschwister miterben. Sie werden da überall im Volke hören können, daß man das Erbrecht der Eltern, wenn keine Kinder dasind, als das in erster Reihe privilegirte ansieht, und wenn es richtig ist, daß das im Volke lebt, und wenn, wie auch der Herr Referent zugegeben hat, den Ascendenten das Recht der Unterstützung gewahrt werden soll, dann ist es eine einfache Consequenz der Logik, daß man es auch hier gelten läßt und kein Recht der Unterstützung, sondern einfach das Pflichttheil des Ascendenten bestehen läßt.

Ich bitte Sie deßhalb, in der Position 2 des Antrages des Herrn Referenten nach „den Descendenten" zu sagen „den Ascendenten" und den zweiten Satz beginnend mit den Worten: Dagegen ist „den Ascendenten" wegzulassen, also in der Beziehung nicht an dem bestehenden Recht zu rütteln, weil es sich wirklich nicht empfiehlt, im bürgerlichen Rechte überhaupt und namentlich im Erbrecht sich auf Experimente einzulassen.

(Bravo!)

Advocat Dr. **Heinssen** (Hamburg): Ich wollte nur bemerken, daß ich darin mißverstanden worden bin von dem verehrten Herrn Vorredner, daß ich die Verpflichtung zur Alimentation der nächsten Familienmitglieder darauf zurückführe, daß das Vermögen der Familie gehört, und nicht nur dem Erblasser. Im Gegentheil, man soll anerkennen: wie der Erblasser unter den Lebenden zu disponiren befugt ist, so soll er es auch von Todeswegen sein, nur soll der Vater das Nöthige für seine Kinder thun müssen.

Wenn dann gesagt ist, man solle nicht an dem bestehenden Rechte rütteln, so möchte ich bemerken, daß das bestehende Recht in den verschiedenen Theilen Deutschlands sehr verschieden ist. Daran gerüttelt muß also werden, und es kommt nur darauf an, ob etwas mehr oder weniger gerüttelt und geschüttelt werden muß.

Es ist dann angedeutet, ich hätte empfohlen, Experimente zu machen. Ich habe aber nur gesagt, jedes neue Gesetz ist ein Experiment, und daß ich das Experiment zu machen gerade in diesem Falle nicht so gefährlich halte Angesichts der Erfahrungen in anderen Ländern, in denen sie bereits haben, was ich für die neue Gesetzgebung empfehle.

Endlich möchte ich der Furcht vor vielen Processen gegenüber noch bemerken, daß diese nicht den von mir vertretenen Grundsatz, sondern dessen supponirte Ausführung betrifft. Ueber Umfang und Sicherung der Alimentationspflicht können sowohl den Erben gegenüber wie gegenüber dem

Erblasser bei dessen Lebzeiten Processe entstehen. Die genauere Begrenzung des Umfangs, ob es angezeigt ist den Erben gegenüber bei freier Auslieferung des ihnen Hinterlassenen besondere Sicherheiten zu verlangen und wie dieselben zu bewirken wären, meine ich der specielleren Gesetzgebung zu überlassen. Sache des Juristentages ist es lediglich, das für richtig erkannte Princip auszusprechen.

Rechtsanwalt Dr. **Keuling** (Leipzig): Die Ausführungen des Herrn Collegen Heinssen haben mich überzeugt, daß das Pflichttheilsrecht des römischen Rechtes nicht ausreicht, allen denjenigen Interessen zu genügen, denen es dienen soll, da es von der Höhe des Nachlasses abhängt, ob die als Pflichttheil zu berücksichtigende Quote ausreicht, dem betreffenden Bedürfniß zu genügen. So komme ich also zu dem Resultate, daß allerdings dieses Pflichttheilsrecht einer Ergänzung bedarf.

Dagegen glaube ich, daß die Ausführungen des Herrn Collegen, insofern sie sich gegen das Pflichttheilsrecht richten, nicht überzeugend sind, daß vielmehr — und in der Beziehung unterschreibe ich jedes Wort des Herrn Collegen Makower — daß gerade unsere Zeit recht dazu angethan ist, das, was noch an Familiensinn vorhanden ist und was geeignet ist, die Heiligkeit des Eigenthumsrechtes zu erhalten, nicht beseitigt, sondern in der neuen Gesetzgebung noch kräftiger als bisher aufrecht erhalten werden soll. So komme ich zu dem Resultat, daß dieses römische Pflichttheilsrecht einer Ergänzung im Sinne der positiven Ausführungen unseres Collegen Heinssen bedarf. Ich beantrage deshalb einen Beschluß dahin:

> Die Beibehaltung eines Pflichttheilrechtes zu Gunsten der Descendenten sowie des Ehegatten ist geboten. Daneben erscheint es gerechtfertigt und angemessen, dem Ehegatten sowie auch den Ascendenten für den Fall des Bedürfnisses einen Anspruch auf Gewährung von Unterhalt aus dem Nachlaß einzuräumen —

so daß dies eine weitere Beschränkung der Testirfreiheit sein würde. Und da stehe ich auch keineswegs auf dem Standpunkt des Collegen Seibert, denn wir haben ganz ähnliche Processe zu Hunderten in Deutschland gehabt auf dem Boden des Haftpflichtgesetzes, und doch kann man nicht sagen, daß es sich nicht in dieser Beziehung bewährt habe.

(Die Debatte wird geschlossen.)

Referent Kammer-Präsident **Petersen** (Straßburg i. E.): M. H.! Ich habe nur noch einige kurze Bemerkungen hinzuzufügen, nachdem den Gründen, die ich für meine Anträge geltend gemacht habe, eine Reihe von gewichtigen Unterstützungen zu Theil geworden ist.

Ich habe mich zunächst gegen den Collegen Dr. Heinssen zu wenden, der den Standpunkt des englischen Rechts mit Entschiedenheit vertreten hat. Ungeachtet der Zustimmung, die er hier von Seiten des Herrn Justizraths Makower gefunden hat, halte ich doch daran fest, daß es für uns nicht gleichgiltig ist, ob die neuere Gesetzgebung dem Rechtsbewußtsein des Volkes entspricht oder mit demselben in Widerspruch tritt. Richtig ist es, daß über Volksbewußtsein nicht zu disputiren ist, sondern daß sich das nur als Ueberzeugung kundgiebt. Ich werde also auch nicht zu beweisen suchen, daß ein solches Rechtsbewußtsein besteht. Wenn die große Mehrzahl der Einzelnen in Ihrem Kreise die Ueberzeugung gewonnen hat, daß die Einführung der vollständigen Testirfreiheit dem Rechtsbewußtsein des Volkes in's Gesicht schlagen würde, daß also eine Ungerechtigkeit in's Gesetz gebracht würde, so ist das Grund genug, nach meiner Ansicht für die Ablehnung der Testirfreiheit zu stimmen. Aber ich gebe zu, daß noch wichtiger der Umstand ist, daß man an dem bestehenden Rechte, soweit sich keine Nachtheile ergeben haben, festhalten soll. Herr Dr. Heinssen erkennt selbst eine sittliche Verpflichtung und eigentlich eine Rechtsverpflichtung des einzelnen Familienvaters an, ehe er über sein Vermögen verfügt, für die Zukunft seiner Angehörigen, der Frau und Kinder, zu sorgen, und wenn ich ihn recht verstanden habe, so will er nicht bloß, daß von dem beschränkten Gesichtspunkt der Alimentation für das Nothwendigste gesorgt werden soll, sondern er will, daß der Frau und den Kindern eine Stellung eingeräumt werde, wie sie sie nach den hergebrachten Verhältnissen der Familie verlangen können. Er sagt nur, das lasse sich nicht durch eine Quote bestimmen, sondern man müsse das im Allgemeinen der Beurtheilung des Richters unterstellen. Das ist es aber gerade, was mir als unausführbar erscheint. Wenn die Gesetzgebung überhaupt Verpflichtungen des Einzelnen aufstellt, die er bei seinen letztwilligen Bestimmungen zu erfüllen hat, dann muß sie ihm doch sagen, worauf diese gerichtet sein sollen. Es würde das sonst zu einer ganzen Menge von Processen führen. Jeder würde sich sagen: ich weiß, daß ich nicht über mein ganzes Vermögen verfügen darf, daß ich für meine Angehörigen in anständiger Weise sorgen muß, aber wieviel dafür verlangt wird, kann ich nicht wissen. Es würde diese Frage jedesmal dem Richter unterstellt werden müssen, und es würden ein Reihe von Processen entstehen. Gewiß ist es schwer, eine Quote zu bestimmen, von der man sagen kann, sie ist richtig; aber es geht damit wie mit einer Menge anderer Fragen. Wenn der Gesetzgeber irgend eine Zeitfrist zu bestimmen hat, sei es für die Verjährung oder sonst eine Rechtshandlung, so kann man eine Frist von 1, 2, 3 Jahren oder 14 Tage und 3 Wochen vorschlagen; es ist aber nothwendig, daß etwas Bestimmtes festgesetzt wird. Die Grenze ist verschiebbar, aber es muß eine Grenze sein, und so sage ich auch hier, es muß eine Grenze gemacht werden.

Herr Dr. Heinssen hat sich nun darauf berufen, es könne ja auch unter Lebenden frei über das Vermögen verfügt werden, und hat den Schluß gezogen, das müßte auch in Bezug auf letztwillige Verfügungen geschehen. Es können aber auch Schenkungen angefochten werden, und ich würde, obgleich ich diese Frage nicht hineinziehen wollte, doch logisch anerkennen, daß der Gesetzgeber den Erben auch schützen muß gegen vorausgehende Verschenkung des ganzen Vermögens. Es kann Jemand auf dem Wege der onerosen Rechtsgeschäfte verfügen, aber dabei wird vorausgesetzt, daß dadurch das Vermögen nicht vermindert wird, sondern Jeder will doch bei solchen Abschlüssen einen Vortheil haben. Er kann sich im einzelnen Fall verrechnen, aber man kann diese Gattung von Rechtsgeschäften nicht zu denjenigen zählen, welche im allgemeinen zur Verminderung des Vermögens beitragen; — alle freigebige Verfügungen müssen jedenfalls den testamentarischen Bestimmungen gleichgestellt werden. Wenn also von Herrn Dr. Heinssen diese Verpflichtung zugegeben wird, zunächst für Frau und Kinder zu sorgen, so giebt er das Fundament zu, es besteht nur eine Verschiedenheit bezüglich der Art der Ausführung. Und da sage ich, vom technischen Standpunkt aus bleibt kein anderer Weg, als hier eine Formel zu suchen, welche für den allgemeinen Satz zutreffend ist. Das ist mit aller Gesetzgebung so, sie kann nicht den einzelnen Fall berücksichtigen, sie kann nur eine Regel aufstellen. Will man das nicht, so müßte immer der Richter entscheiden, und das würde unausführbar sein und würde die Rechtssicherheit aufheben. Es wird eigentlich auch diese Verpflichtung von beiden Gutachtern und allen Anhängern der Testirfreiheit anerkannt. Ich bin überzeugt, wenn Jemand voraussehen würde, daß von dieser Testirfreiheit ein recht ausgedehnter Gebrauch gemacht würde, besonders zu Gunsten von Fremden, so würden die Herren, die das heute empfehlen, sagen: dann wollen wir das nicht. Die ganze Befürwortung des englischen Systems steht und fällt mit der Voraussetzung, daß kein Mißbrauch getrieben werde. Gegen alle Mißbräuche kann man sich allerdings nicht sichern, aber in dem vorliegenden Falle handelt es sich darum, zwei verschiedenen Principien gerecht zu werden, von denen jedes Berücksichtigung verdient. Die Familie hat unter allen Umständen Anspruch auf Berücksichtigung, und ich würde noch weiter gehen zu Gunsten der Familie, wenn nicht bestimmte Gründe eine gewisse Freiheit nothwendig machten. Das Familienhaupt muß die bestimmten Bedürfnisse seiner Familienmitglieder am besten kennen und darf nicht zu sehr gebunden werden. Eine Klage über die bestehende Gesetzgebung in der Beziehung ist auch nicht vorgekommen, sondern man verweist immer nur auf das Beispiel Englands; wäre das nicht, so hätte wahrscheinlich Niemand daran gedacht, den Pflichttheil abzuschaffen. — Die Frage des Mißbrauchs halte ich damit für erledigt.

Was die Alimentationspflicht anlangt, die ich nur zu Gunsten der Ascendenten vorgeschlagen habe, die aber Herr Reuling nach seinem Antrage ausdehnen will als eine neben dem Pflichttheilsrecht bestehende, so besteht eine solche Vorschrift im österreichischen Recht. Ich glaube aber, darüber sollten wir heute nicht beschließen. Einmal steht die Sache gar nicht auf der Tagesordnung, ich glaube nur in meinem Antrage den Ascendenten gegenüber das aufstellen zu müssen; der Schwerpunkt liegt aber doch in der Negative. Ich wollte nur sagen, sie sollen keinen weiteren Anspruch haben, als den in der Natur der Sache liegenden Anspruch auf Alimentation; deshalb würde ich nicht für den Antrag Reuling stimmen können, weil ich glaube, daß er auf einem ganz anderen Gebiete liegt, und weil in der That die Gründe für und gegen dieses System nicht genügend erörtert sind.

Ich glaube endlich nicht, daß hier das Volksbewußtsein dahin geht, daß im allgemeinen der Anspruch der Ascendenten dem Anspruch der Geschwister vorgehen soll. Für mich ist das Natürliche, daß das Vermögen von einer Generation auf die andere übergeht, also auch den Geschwistern übertragen wird. Im Intestaterbrecht haben auch überall die Geschwister ein Miterbrecht; Geschwister gehen nach den meisten Gesetzgebungen den Ascendenten sogar vor. Wenn das richtig wäre, was hier angeführt wird, so würde man das Intestaterbrecht des Ascendenten in erste Linie stellen und die Geschwister ausschließen müssen. Wenn man aber den Ascendenten ein Pflichttheilsrecht sichern wollte, so würde es sich ganz gewiß aus demselben Grunde empfehlen, es ebenso wie das Pflichttheilsrecht der Ehefrau auf Nutznießung zu beschränken, und insofern besteht kein großer Unterschied zwischen dem, was ich den Ascendenten bewilligen will und was sich ergeben würde durch einen Anspruch auf eine bestimmte Nutznießung. Ich glaube, hier ist es zweckmäßiger, einen Alimentationsanspruch zu bewilligen, erstens wegen der Collision, in welche der Anspruch der Ascendenten mit dem der Kinder und der Frau kommen könnte, zweitens aber auch deshalb, weil es zu den seltenen Fällen gehört, daß der Ascendent arm ist und ein sehr großes Vermögen vorliegt und außerdem, wenn der Ascendent reich war, sich aber einen größeren Theil des Vermögens nicht vorbehalten hat, ich keinen Anspruch anerkennen kann, daß ihm das Vermögen dem Kapitalbestande nach zugewendet und den Geschwistern entzogen werde.

Deswegen, m. H., glaube ich, Ihnen meine Anträge nochmals empfehlen zu können. Wie die Debatte sich gestaltet hat, haben die Nummern 4 und 5 keinen Widerspruch erfahren, und ich würde deshalb vorschlagen, die Abstimmung auf die Anträge Nr. 1, 2, 4 und 5 auszudehnen.

Es erfolgt sodann die Abstimmung über die Anträge.

Das Resultat der Abstimmung ist, daß der Antrag Heinssen mit ersichtlicher Minorität abgelehnt wird, ebenso der Antrag Reuling. Der Antrag Petersen Nr. 2 wird mit dem Amendement des Dr. Seibert: in Nr. 2 auch den Ascendenten ein Pflichttheilsrecht einzuräumen, angenommen. Dadurch ist auch der letzte Satz in Nr. 2 gefallen. Die übrigen Anträge des Referenten werden mit großer Majorität von der Versammlung angenommen.

Die Versammlung beschließt, diese Beschlüsse dem Plenum zur Kenntnißnahme mitzutheilen und bestimmt Herrn Kammer-Präsidenten Petersen zum Berichterstatter für das Plenum.

(Nach einer Pause von einer Viertelstunde.)

Vorsitzender Präses Dr. **Albrecht** (Hamburg): Der nächste Gegenstand ist Nr. V. der Tagesordnung. Zuerst wird die Berathung eröffnet über Nr. 1 der beiden, dieselbe darstellenden wechselrechtlichen Fragen. Dieselbe lautet:

> Soll bei verweigerter Acceptation eines Wechsels der Regreß auf Sicherheit, wie nach deutschem und französischem Rechte, oder auf sofortige Zahlung, wie nach englischem und nordamerikanischem Rechte, gerichtet werden?

Ein Gutachten ist eingegangen vom Hof- und Gerichtsadvocat Dr. Jaques zu Wien (XIV. Heft 2, S. 187). Referenten sind: Reichsoberhandelsgerichtsrath Wiener zu Leipzig und Minister-Resident Geheimer Justizrath Dr. Borchardt zu Berlin.

Reichsoberhandelsgerichtsrath **Wiener**. Es liegt mir ob, Sie aus einem tiefen wirthschaftlichen Problem auf einen äußerst nüchternen und realen Boden zurückzuführen, auf den Boden des formellen Rechts. Es handelt sich zunächst um die Frage: „Soll bei verweigerter Acceptation eines Wechsels der Regreß auf Sicherheit oder auf sofortige Zahlung gerichtet werden?" Das von Herrn Dr. Jaques erstattete vortreffliche Gutachten läßt meine Aufgabe als eine einfache erscheinen. Ihnen Allen sind die Vorschriften der deutschen Wechselordnung bekannt, nach welchen im Fall der verweigerten Annahme ein ziemlich complicirtes System von Sicherheitsregressen gegeben ist. Die Sicherheit kann vom Vormanne jeder Nachmann fordern, auch derjenige, der selbst nicht im Wege des Regresses mangels Annahme in Anspruch genommen ist. Die einmal von Jemand geleistete Sicherheit haftet nicht blos demjenigen, der die Sicherheit verlangt hat, sondern auch zugleich jedem andern Nachmann des die Sicherheit Leistenden, und zwar so, daß eine weitere Sicherheitsleistung einer und derselben Person nur obliegt, wenn sich gegen die Art oder Größe der einmal bestellten Sicherheit begründete Einwendungen erheben lassen. Aehnliche Vorschriften enthält das französische Wechselrecht. Der Herr Gutachter kommt nun in Uebereinstimmung mit dem Gutachten des Antwerpener Congresses der Gesellschaft für Reform und Codification des Völkerrechts von 1877 zu dem Ergebniß, daß Mangels Annahme der Regreß statt auf Sicherheitsleistung auf sofortige Zahlung zu richten sei, und diesem Ergebniß schließt sich mein Antrag an. Der Herr Gutachter behandelt den Regreß Mangels Annahme unter den Gesichtspunkten sowohl seiner historischen Entwickelung wie seiner theoretischen Begründung, wie endlich, was ich für das Wesentlichste halte, unter dem Gesichtspunkte der wirthschaftlichen und praktischen Zweckmäßigkeit. Was die historische Entwickelung anbetrifft, so geht der Herr Gutachter von der bekannten Thatsache aus, daß bei der Geburt des Wechsels und in der ersten Zeit seiner Entwickelung von einem eigentlichen Regreß Mangels Annahme im heutigen Sinne nicht gesprochen werden konnte. Es handelt sich in jener Zeit lediglich um Meßwechsel, Wechsel, die auf der Messe selbst eingefordert und bezahlt wurden. Innerhalb der betreffenden Meßzeit theilte sich das Verfahren in Acceptation und Zahlung. Aber die Acceptation war nur der unmittelbar für die Zahlung präparatorische Act, zu dem Zwecke, um den acceptirten Wechsel in das Scontro aufzunehmen. Die verweigerte Acceptation war daher virtuell verweigerte Zahlung. Es ist daher ganz richtig, aber für unsere Frage nicht präjudicirlich, daß in jener Zeit in Folge verweigerter Annahme sofort der Regreß Mangels Zahlung genommen werden konnte. Als durch das Indossament der Wechsel zu einer erhöhten Circulationsfähigkeit kam, tauchte die Frage auf, in wie weit Wechsel auf uso und lange Zahlungstermine vorher zu dem selbstständigen wechselrechtlichen Acte der Entgegennahme des Accepts vorgelegt werden dürften und welche Folgen die Verweigerung hätte. In dankenswerther Weise hat der Herr Gutachter durch zwei Epoche machende Werke der handelsrechtlichen Literatur des 17. Jahrhunderts, den Parfait négociant von Savary und l'Act des lettres de change von Dupuis bereits den Niederschlag eines nach Anerkennung ringenden Rechtsgedankens in einem Banquiergebrauch belegt, wonach bei verweigerter Annahme vorläufig zwar noch keine Zahlung, aber doch, weil dennoch zu erwarten, daß auch Zahlung nicht werde geleistet werden, die Bestellung von sûretés durch

Bürgen oder Pfänder gefordert werden dürfe. Zur Rechtfertigung dieser Ansicht berief man sich auf die Pandektenstelle l. 41 de iudiciis, wo gesagt ist, daß wenn Gefahr entsteht, daß der Schuldner zur Zeit der Fälligkeit nicht zahlen werde, von ihm schon vor dieser Zeit Sicherheit gefordert werden kann. Der betreffende Rechtsgedanke geht in einen großen Theil der späteren Wechselgesetze über. Der Code de commerce enthält ihn, indem er bestimmt, daß bei verweigerter Annahme des Wechsels der Vormann, verpflichtet ist, nach seiner Wahl entweder für die Zahlung zur Fälligkeitszeit Sicherheit zu bestellen oder sofort zu zahlen, wobei ich bemerke, daß im Fall er von dem Recht der sofortigen Zahlung Gebrauch macht, er voll und ohne Abzug des Discontos zu zahlen hat. Die Entstehungsgeschichte unserer Wechselordnung zeigt eine wesentlich hiermit übereinstimmende Auffassung der maßgebenden Kreise. Für das, was ich heute im Einverständniß mit dem Herrn Gutachter Ihnen proponire, sprach sich in der Wechselconferenz nur eine Stimme aus. Man erachtete den Regreß auf Sicherstellung den Grundsätzen des Rechts mehr entsprechend, da Zahlung vor der Fälligleit nicht beansprucht werden könne und akkommodirte sich der Mehrzahl der Gesetzgebungen, weil, wenn man dem Inhaber den Regreß auf Zahlung zugestehe, der weitere Regredient dem ausländischen Vormanne gegenüber im Nachtheil sei, wenn dessen Gesetzgebung einen so weit gehenden Anspruch nicht anerkenne. Dagegen ist es in England und Nordamerika, ohne daß sich die abweichende Entwickelung näher controlliren läßt, bestehendes Recht, daß im Falle der Annahmeweigerung der Regreß auf Zahlung erwächst unter der Verpflichtung des Regressaten auf Ersatz aller Schäden, welche aus der Nicht-Acceptation für den Berechtigten erwachsen sind, bemessen nach der lex contractus, also je nach der Person des Beanspruchten nach dem Gesetz des Ausstellungsorts oder des Orts der betreffenden Indossirung. Der Gutachter stellt dabei die Conjectur auf, es möge, weil England und Nordamerika sich von dem Einfluß des römischen Rechtes und damit jener Digestenstelle emancipirt hätten, dort die Idee des Regresses auf Kautionsbestellung keinen Boden gefunden habe. Der Herr Gutachter behandelt dann vom theoretischen Gesichtspunkt die Frage, was denn eigentlich aus der Thatsache, daß überhaupt, wenn die Annahme verweigert ist, ein Regreß gleichviel welchen Inhalts genommen werden könnte, für den Inhalt der Verbindlichkeit des Ausstellers, bez. des Indossanten, der als neuer Trassant zu betrachten, zu folgern ist. Er kommt zu dem Ergebniß, daß wenn überhaupt eine Verpflichtung des Trassanten, bez. Indossanten, gleichviel welchen Inhalts, schon bei verweigerter Annahme entsteht, nothwendigerweise der Rechtsgedanke zu Grunde liegen muß, daß der Aussteller, bez.

Indossant nicht blos Zahlung, sondern auch Accept garantirt. Man müsse demnach, so meint der Herr Gutachter, von der Voraussetzung ausgegangen sein, die Durchschnittszahl der Wechsel suche ihren inneren Stützpunkt nicht blos in dem Garantieversprechen des Ausstellers und jedes neuen Trassanten, daß er zahlen werde, wenn der Trassat nicht zahle, sondern zugleich in der Verbindlichkeit des Trassaten, indem angenommen werde, daß der Trassant nicht einen Zahlungsauftrag circuliren lasse, wenn nicht zugleich auch die begründete Aussicht vorhanden sei, daß der Trassat nicht blos schließlich den Auftrag ausführe, sondern ihn auch ausdrücklich annehme, daß also für die Circulationsfähigkeit des Wechsels auch der Credit des Trassaten neben dem des Trassanten in Betracht gezogen werde. Wenn aber demnach zum Wesen der Circulationsfähigkeit eines solchen Papiers im Durchschnittsfalle gehört, daß mit dem Credite des Trassanten zu gleicher Zeit der des Trassaten kumulirt wird, das Papier circulationsfähig nach gewöhnlichen Voraussetzungen nur ist, wenn es neben der wirklichen Verpflichtung des Trassanten auf Erfordern des Inhabers auch zu gleicher Zeit die Verpflichtung des Trassaten enthält, dann — folgert der Herr Gutachter — führt die nothwendige Consequenz nicht dahin, daß bei gebrochener Circulationsfähigkeit das Papier in Folge Annahmeweigerung jene fehlende Garantie des Bezogenen durch Sicherheiten ergänzt wird, welche den Wechsel doch nicht wieder circulationsfähig machen, sondern daß, da der Inhaber nicht das Papier habe, was er hat haben wollen, sondern eins, das für ihn nicht die gewöhnlich vorausgesetzte Circulationsfähigkeit hat, vom Gesichtspunkte der Nichterfüllung des Vertrages ein Rücktrittsrecht haben muß, welches nach der Natur der Wechselverbindlichkeit, die abstrahiren muß von allen individuellen Verhältnissen, von jeder zu Grunde liegenden besonderen causa cambialis, gerade wie bei dem Regreß mangels Zahlung nur in einer fixen Summe bestehen kann, und zwar der Wechselsumme nach Curs unter Abzug des Discontos, d. h. derjenigen Summe, die verschrieben werden müßte, damit der Inhaber, wenn er den betreffenden Regreßanspruch als Rückwechsel zur Zeit der Annahmeweigerung verkauft, in den Besitz der verschriebenen Wechselsumme abzüglich des Discontos wegen der Zahlung vor der Fälligkeit käme. Besonders überwiegend aber wirkt, glaube ich, auf Jeden, der das Gutachten liest, die Darlegung der praktischen, wirthschaftlichen Seite der Sache. Der Herr Gutachter erwägt, daß bei Acceptweigerungen wegen mangelnden Avises oder wegen des Ausstehens noch besonderer in naher Zeit erfüllbaren Vorbedingungen der Inhaber in der Regel noch zuwarten wird, ehe er den Regreßweg beschreitet, daß aber, falls fernerhin bei der Acceptweigerung beharrt wird, der Trassat auch bei Fälligkeit kaum zahlen wird, daß aber für diesen Fall ein Regreß auf bloße Sicherstellung unter langwierigem Rücklauf mit Pfändern und Bürgschaften seitens derjenigen, welche bei Falligkeit selbst werden zahlen müssen, nur eine unproductive Festlegung von Werthen ohne ersichtlichen Zweck bewirkt und geeignet ist, eine Reihe von Streitigkeiten über die Qualität der Sicherheiten hervorzurufen, sowie daß respektable Handlungshäuser behufs Wahrung ihrer kaufmännischen Ehre sich nicht darauf einlassen, ihre Wechsel mit von ihren bestellten Sicherheiten circuliren zu lassen und damit zuzugeben, daß ihre Unterschrift allein die Güte des Papiers nicht verbürgt. Demnach vermißt der Herr Gutachter ein durchgreifendes praktisches Interesse, welches den Vorzug des Regresses auf Sicherstellung vor dem auf sofortige Zahlung rechtfertigte.

Ich schließe mich insbesondere den letztgedachten praktischen Erwägungen an und glaube nur noch folgende Bemerkungen beifügen zu dürfen.

Es kann in der That, so wie sich der Wechselverkehr heute gestaltet hat, in hohem Grade zweifelhaft erscheinen, ob für jeden Wechsel, ja ob auch nur für die Mehrheit der bei uns cursirenden Wechsel der ganze Gesichtspunkt zutreffend ist, daß der Trassant, beziehentlich jeder neue Trassant auch wirklich für die Annahme der Wechsel haften will und soll, ob nicht vielmehr für eine große Anzahl Wechsel keine andere Absicht vorliegt, als eine Zahlung zu einer bestimmten Zeit und an einem bestimmten Orte zu vermitteln und, ohne daß auf ein vorher stattfindendes Accept Werth gelegt wird, lediglich diese Zahlung zu garantiren und sich garantiren zu lassen. Es ist aber noch nicht der Gedanke laut geworden, den Regreß Mangels Annahme zu beseitigen. Ihm, wie dem Regreß wegen Unsicherheit des Acceptanten, kann nur die Auffassung zu Grunde liegen, daß, weil es von wesentlichem Belang für den Wechselnehmer ist, daß auch wirklich der Trassat zahlt und nicht erst auf das Garantieversprechen zurückgegriffen zu werden braucht, der Wechselnehmer auf den Hinzutritt des Trassaten als verpflichteten Mitschuldner zu rechnen befugt ist. Es soll Niemand einen Zahlungsauftrag in Circulation setzen, wenn er nicht in der Lage ist, durch die entsprechende Deckung den Beauftragten auch zur Uebernahme der Verpflichtung, die Zahlung zu leisten, zu veranlassen. Die zur Stütze der gedachten Auffassung citirte Pandectenstelle paßt nicht. Wie es häufig vorgekommen, hat man den einer thatsächlichen Uebung aus Ueberzeugung der Handeltreibenden innewohnenden Rechtsgedanken zur Zeit nicht richtig erkannt und zu seiner Unterstützung eine nicht zutreffende Belegstelle herangezogen. Die gedachte Stelle sagt, daß der Schuldner, der in Gefahr gerathe, nicht zahlen zu können, Sicherheit zu bestellen habe. Derjenige, dessen Zahlungsleistung wegen der Weigerung, zu acceptiren, suspect wird, ist der Bezogene. Von ihm möchte nach jener

Stelle Sicherheitsleistung gefordert werden können, wenn er überhaupt verpflichtet wäre. Für das Garantieversprechen des Trassanten, daß er zahlen werde, wenn der Trassat nicht zahlt, wirkt die Thatsache, daß jene Zahlung zweifelhaft wird, nur, daß er aus dem Garantieversprechen muthmaßlich wird in Anspruch genommen werden. Er ist in Bezug auf die Erfüllung seines Garantieversprechens nicht unsicher geworden. Auch leistet er die Sicherheit nicht für die Erfüllung seines Garantieversprechens, sondern dafür, daß der Trassat zahlen wird. Weil man in Wahrheit davon ausging, der Zieher habe das Accept zu bewirken, dessen Vorhandensein die Aussicht auf Zahlung, ohne erst Regreß zu nehmen, verstärkt, folgerte man, es müsse der Zieher, sofern jene Verstärkung ausbleibe, die ausbleibende durch andere Verstärkungsmittel ersetzen.

Für diese Auffassung möchte ich mich berufen auf die Meinungen französischer Autoren aus der Zeit der Schaffung des code de commerce, resp. einige Zeit vorher. Es wird dort allgemein gesagt, daß diese Verpflichtung des Trassanten, daß der Trassat acceptirt, eine accessorische Verpflichtung des Trassanten sei. Pothier hat diesen Satz zuerst ausgesprochen und hat aus diesem Satz gefolgert, daß, weil die Verpflichtung nur accessorisch sei, nur Sicherheit für die Zahlung zur Verfallzeit bestellt werden müsse für den Fall, daß sie nicht erfüllt werde. Gegen diese Deduction hat schon Bravard-Veyrières geltend gemacht, die Consequenz sei nicht richtig, da, gleichviel ob die Verpflichtung accessorisch sei oder nicht, aus ihrer Nichterfüllung nur die Resolvirung des betreffenden Geschäfts folgen könne. Dieser Gesichtspunkt ist gewiß der juristisch richtige.

Gleichviel wie man aber die Folgen der Nichterfüllung der im Wechselversprechen des Trassanten zu findenden Garantie für das Accept juristisch correct zu construiren hat, für die legislatorische Behandlung der Sache wird man sagen dürfen: es ist möglich, daß bei einer ganzen Reihe von Wechselgeschäften darauf, daß wirklich acceptirt wird, kein Gewicht gelegt wird, daß also bei diesen Geschäften, wenn ich sie civilrechtlich betrachte, der Zieher ein Accept nicht garantirt. Dann mag man dieser Möglichkeit Rechnung tragen, indem man gestattet, solche Wechsel mit einer Clausel wie non acceptable, als einer wechselrechtlich wirksamen zu versehen, so daß der Zieher und die Indossanten erklären: wir wollen nicht diesen Wechsel durch den Credit anderer Personen verstärken, sondern nur selbst garantiren, daß an dem betreffenden Tage Zahlung erfolgen wird. Aber es liegt kein Grund vor, wegen dieser Fälle den Regreß Mangels Annahme wie den wegen Unsicherheit des Acceptanten, der mit ersterem auf gleicher Grundlage ruht, überhaupt zu beseitigen. Bleibt aber der Regreß Mangels Annahme bestehen, so sprechen die bereits referirten praktischen und wirthschaftlichen Erwägungen dafür und keine entscheidenden Gesichtspunkte dagegen, ihn aus einem Regreß auf Sicherstellung in einen Regreß auf Zahlung umzuwandeln. Daß durch diese Umwandlung die Lage des Trassanten, bez. Indossanten, wenn er ein sorgfältiger Hausvater ist, wirthschaftlich unbequemer wird, vermag ich nicht zuzugeben, wenn man damit den bisherigen Zustand vergleicht, nach welchem er Caution bestellen muß mit Werthen, für deren Lahmlegung er keinen Ersatz bekommt, ohne doch voraussichtlich dem späteren Regreß auf Zahlung zur Verfallzeit zu entgehen. Daß im gesunden Wechselverkehr notabler Kaufleute thatsächlich entweder der Inhaber bei blos vorläufigen Anständen gegen die Accepttheilung deren Erledigung abwartet oder, falls er Regreß nimmt, sich das Verhältniß durch sofortige Zahlung löst, wird das Gewöhnliche sein. Daß aber ein Executionsverfahren auf Grund eines Erkenntnisses auf Sicherstellung zu den unersprießlichsten Proceduren gehört, wird wohl jeder Praktiker bestätigen. Gestatten Sie mir noch zwei Bemerkungen. Der Herr Gutachter sagt, aus der Resolvirung des Wechselbegebungsgeschäfts, weil das Versprechen der Bewirkung des Accepts nicht erfüllt werde, ergebe sich die Pflicht zur Leistung des Interesses und dies könne, da individuelles Interesse beim Wechselanspruch nicht in Betracht zu ziehen sei, nur in der Wechselsumme nach Cours bestehen. Hier könnte die Frage entstehen, ob dann nicht das Interesse vielmehr in der Summe bestände, welche der Inhaber aufwenden muß, um sich einen anderen Wechsel auf den Zahlungsort für die Zahlungszeit zu verschaffen. Sehr häufig werden Wechsel auf einen bestimmten Ort gekauft, um durch dieselben Zahlungen an diesem Orte zu vermitteln. Der Erwerber hat ein Interesse daran, über die Zahlung zur bestimmten Zeit am bestimmten Orte verfügen zu können. Wenn an dem Platz, bez. in dem Land, wo er die Wechsel kauft, zur Zeit nicht viel Forderungen auf den Platz, bez. das Land, wo derselbe zahlbar sein soll, existiren, muß für solche Wechsel häufig ein Cours über Pari gezahlt werden. Folglich, möchte man meinen, erhielte der Erwerber, wenn er beim Regreß Mangels Annahme nur die Wechselsumme ersetzt erhielte, weder sein Interesse, das ja darin besteht, die Wechselsumme zu einer bestimmten Zeit ohne Transportkosten am Zahlungsort zur Verfügung zu haben, noch seine baare Aufwendung ersetzt. Ihm wäre also mit einem Regreß auf Sicherstellung mehr gedient. Allein diese ganze Erwägung trifft nur scheinbar zu. Findet der Wechselinhaber zur Verfallzeit die Wechselsumme am Zahlungsort nicht vor, so darf er sich dieselbe dort durch Verkauf eines auf den Regreßpflichtigen zu ziehenden Wechsels verschaffen. Dies ist der Sinn der Verpflichtung des Regreßpflichtigen zur Zahlung der Wechselsumme nach Cours. Den besonderen

Veranstaltungen am Zahlungsorte, um sich die Summe dort zu verschaffen, wird also der Inhaber überhaupt durch den Erwerb eines Wechsels auf den Zahlungsort, sofern dieser nothleidet, nicht enthoben und der Betrag, den er für den Wechsel gegeben, kann höher sein als die Wechselsumme nach dem Cours des Zahlungsorts. Wird in gleicher Weise der Regreß Mangels Annahme durch Zahlung der Wechselsumme nach Cours erledigt, so heißt das nichts anderes, als daß sich der Inhaber am Zahlungsorte die Wechselsumme soll verschaffen dürfen und daß ihm der Regressat den Betrag ersetzen muß, den der Inhaber am Zahlungsorte aufwenden müßte, um sich durch Verkauf eines Rückwechsels auf den Regressaten dort die Wechselsumme zu verschaffen. Der Unterschied von dem Verhältniß beim Regreß zur Verfallzeit besteht nur darin, daß der Inhaber die Summe beim Regreß auf Zahlung Mangels Annahme am Zahlungsorte früher zur Verfügung hat, als er sie hat haben wollen. Dies führt zugleich auf die zweite Bemerkung. Es kann ja nicht geleugnet werden, daß es für den Inhaber unter Umständen Inconvenienzen erzeugen mag, die Summe früher zur Verfügung zu haben, als er sie hat haben wollen, wenn er zugleich, was im Interesse des vorzeitig Zahlenden nicht abzuweisen ist, diesem das Disconto für die Zwischenzeit vergüten muß. Dies führt den Herrn Gutachter am Schlusse seines Gutachtens in einer Note dazu, es dahingestellt zu lassen, ob nicht bei einer gesetzlichen Regelung der Materie dem Inhaber das Wahlrecht zu gestatten, ob er beim Regreß Mangels Annahme Zahlung unter Discontabzug oder Sicherheitsbestellung fordern will. Um nun bei Statuirung eines solchen Wahlrechts den für den ganzen Reformvorschlag bedenklichen Einwand abzuschneiden, daß danach alle Vormänner des Inhabers bei ihren weiteren Regressen Mangels Annahme von dem vom Inhaber ausgeübten Wahlrecht abhängig wären und nicht Zahlung fordern könnten, wenn dieser nur Sicherheit begehrt hat, erachtet er es für möglich, daß die Vormänner trotzdem nach ihrer Wahl Zahlung ohne Aushändigung des Wechsels gegen bloße Quittung und Aushändigung des Protestes Mangels Annahme fordern könnten.

Allein hierdurch würden solche Complicationen und Gefahren eintretender Mißbräuche geschaffen werden, daß, wenn ohne sie die Umwandlung des Regresses nicht stattfinden könnte, ich unbedingt es bei dem bestehenden Rechte zu belassen rathen würde. Der Fortschritt auf dem Gebiete dieser Frage zweiten Ranges, wie sie der Herr Gutachter mit Recht nennt, ist nur dann zu acceptiren, wenn ein ganz einfaches, überall durchgreifendes Princip aufgestellt werden kann. Schon die Aufstellung des alternativen Wahlrechts erachte ich vom Uebel, habe aber auch kein Bedenken, das Recht auf Zahlung nach Cours unter Abzug des Disconts als das allein geltend zu machende zu befürworten, da die Inconvenienz, früher in den Besitz der betreffenden Summe zu kommen, nicht allzu sehr ins Gewicht fallen kann, wenn man sich auf den allgemeinen kaufmännischen Standpunkt zu stellen hat, daß in Folge früheren Erhaltens der betreffenden Summe der Betreffende auch in den Durchschnittsfällen in der Lage sein wird, die Summe früher zu nutzen.

Dr. **Antoine-Feill** (Hamburg): M. H., Die Umstände, welche den Herrn Berichterstatter veranlaßt haben, zu sagen, daß er Bedenken habe, ob es in der vorliegenden Frage nicht lieber beim Alten zu lassen sei, veranlassen mich, Sie zu bitten, sich für Letzteres zu erklären. Es ist zunächst eine mißliche Sache, auf einem Gebiete, wie dem vorliegenden, auf welchem wesentlich den Anforderungen des sich steigernden und wechselnden Verkehrs zu genügen ist, das Geschichtliche in den Vordergrund zu stellen, und daran beurtheilen zu wollen, wie dieselbe sich in Zukunft gestalten solle. Da, m. H., die Wahl gelassen ist, ob wir empfehlen wollen, es bei dem deutsch-französischen Rechte zu belassen, oder ob das englisch-amerikanische Recht vorzuziehen sei, so wird zunächst darauf hinzuweisen sein, daß die ganze Gestaltuug des englischen Wechselrechts von der des unsrigen weitaus verschieden ist. Das englische Wechselrecht, wenn man überhaupt von einem solchen eigentlich reden kann, geht davon aus, daß der Wechsel nichts anderes sei, als eine Verpflichtung des Trassanten, dafür zu sorgen, daß dem berechtigten Inhaber des Wechsels zu einer bestimmten Zeit, dem Verfalltage, ein bestimmter Betrag von einer bestimmten, als Trassat bezeichneten Person werde gezahlt werden. Die Engländer waren ferner seit früheren Jahren der Ansicht, daß ein absoluter Anspruch des Wechselinhabers gegen den Acceptanten durch das Accept nicht entstehe, sondern daß das Accept nur heiße, daß der Trassat bezahlen wolle, wenn er zu Verfall vom Trassanten dazu in den Stand gesetzt sein werde. Der Acceptant hatte deßhalb in früheren Zeiten die Einrede: Ich habe keine valuta vom Trassanten bekommen, meine Verpflichtung ist keine Verpflichtung gegen dich, den Inhaber, sondern lediglich eine Zusage, die ich dem Trassanten gegenüber ertheilt habe; ich will jetzt, da mir die valuta nicht geworden ist, nicht zahlen. Das ist die sogenannte no consideration plea. Das hat zu allerlei Mißständen geführt. Respectable Handlungshäuser zwar haben sich gescheut, davon Gebeauch zu machen, erst aber als, ich glaube vor etwa 30 Jahren, ein großes Londoner Haus in Wirklichkeit diese no consideration Einrede mit Erfolg vorgeschützt hatte, ist es zu einer gesetzlichen Abänderung gekommen, dahin, daß es jetzt einer doppelten no consideration plea bedarf, um wirksam zu sein, d. h. der Acceptant muß, wenn er sich der Zahlung entziehen will, behaupten, 1) ich habe keine valuta vom Trassanten bekommen, 2) du hast für den Wechsel keine valuta gegeben. Hier tritt also eine doppelte Untersuchung ein, während nach deutschem Recht das Accept eine absolute Befugniß zur Zahlungseinforderung gegen den Acceptanten gewährt und diesem gar kein Recht zugesteht, auf das innere Verhältniß zwischen ihm oder dem Inhaber und den Vormännern und dem Trassanten einzugehen. Sodann, m. H., ist bekanntlich den Engländern der Protest, soweit es sich um Wechsel ganz im Bereiche des englischen Rechtes, um sogenannte Inland-Bills handelt, fremd. Man braucht noch heut zu Tage in England solche Wechsel, weder Mangels Accepts, noch Mangels Zahlung protestiren zu lassen, sondern man muß, nachdem Accept oder Zahlung nicht erfolgt, den Vormännern, welche man in Anspruch nehmen will, um seines Regresses nicht verlustig zu gehen, ohne Verzug die Nichthonorirung anzeigen, s. g. notice of dishonor geben. Nur der internationale Verkehr hat die Engländer gezwungen in Bezug auf ausländische Wechsel einen anderen Weg zu gehen und die Protesterhebung vorzunehmen, für den Fall, daß man einen Regreß im fremden Lande ausüben will, wo das Gesetz den Protest fordert. Wenn man nun, m. H., in England von dem Gesichtspunkte ausgegangen ist: es bestehe zunächst nur ein Verhältniß zwischen dem Remittenten, beziehentlich dem späteren Inhaber des Wechsels zu dem Trassanten, so ist es begreiflich, daß man, wenn der Wechsel nicht acceptirt wurde, darin eine Erklärung des Bezogenen fand, daß dieser keinenfalls bezahlen wolle, daß man deßhalb die Anweisung auf diesen als eine am Verfalltage nicht einzulösende betrachten, zurückgehen und sein Geld, welches man für den Wechsel gegeben, sofort zurückverlangen dürfe. Ganz andere sind die Wege, welche sowohl das französische, wie das deutsche Recht gegangen sind, und in dieser Beziehung darf ich mich darauf beschränken, auf das Gutachten des Herrn Dr. Jaques zu verweisen. Von dem hauptsächlichsten Interesse scheint mir nun, wie das auch betont worden ist, die wirthschaftliche Frage und man wird da — und in der Richtung bin ich mit dem Vorredner einverstanden — zu erwägen haben, auf welcher Seite die größeren Nachtheile liegen, auf der des deutschen oder des englischen Rechts. Meiner Ansicht nach finden sich bei dem Verkehr, wie er sich heute gestaltet hat, weitaus größere Nachtheile bei dem System des englischen Rechts. Herr Reichsoberhandelsgerichtsrath Wiener hat darauf — wie ich glaube, mit Recht — hingewiesen, daß keineswegs der überwiegende Theil der Wechsel in blanco gezogen wird, sondern daß der größere Theil der Wechsel in Wirklichkeit nicht allein eine Anweisung für den Remittenten oder späteren Inhaber ist, zur bestimmten Zeit einen bestimmten Betrag zu erhalten, sondern zu gleicher Zeit für den Aussteller des Wechsels einen Einkassirungsmodus enthält. Ihm zustehende Forderungen sind die Grundlagen solcher Wechsel, er zieht jene auf diese Art ein und die Wechsel sind zu gleicher Zeit geeignet, die Zwecke Anderer zu fördern, welche die Wechsel als Zahlungsmittel gebrauchen. Diese Lage der Sache läßt es ganz ausnehmend bedenklich erscheinen, wenn der Trassant genöthigt sein sollte, zu jeder Zeit einen Wechsel, dem das Accept verweigert worden ist, wieder einzulösen. Ich bemerke hier zunächst, daß die Ansicht des Herrn Gutachters, daß es möglich sein müsse für den Inhaber, sogar auf den Protest Mangels Accepts hin allein Zahlung zu verlangen, der Bedenken so außerordentlich viele gegen sich hat, daß man von derselben unter allen Umständen gänzlich absehen muß. Daß ein Wechsel selbst mit dem Protest rückläufig werden und auf Grund dieses Wechsels Zahlung verlangt werden solle, das läßt sich dagegen, namentlich sobald man auf einem Platz ist, ausführen und in diesen Fällen trifft auch meistens zu, was Herr Wiener sagt, daß respectabele Handlungshäuser es vorziehen werden, den Wechsel zu zahlen, sobald ein Zweifel an seiner Einlösung entsteht. Ganz anders gestaltet sich die Sache aber namentlich für uns in Hamburg und für alle größeren Seehandlungsplätze und vor Allem für den überseeischen Verkehr. Wenn es richtig wäre, daß alle Wechsel sofort zum Accept vorgelegt werden müßten, so möchte die Sache noch vielleicht erträglich sein; denn wo einigermaßen längere Zahlungsfristen im Wechsel gegeben sind, z. B. 90 Tage, würde dieselbe mit den heutigen Verkehrsmitteln nach den meisten Trassirungsplätzen zurück und bis zum Verfall wieder auf den Platz, wo Zahlung stattfinden soll, gelangen können. Nun kann man aber nicht eine bestimmte Frist festsetzen, in der die Acceptsleistung gefordert werden soll. Man braucht nach Wechselrecht das Accept, außer bei Sichtwechseln, gar nicht zu fordern. Es besteht nur die Verpflichtung für den Regreßnehmer, am Verfalltage den Wechsel zur Zahlung vorzuzeigen und die Nichtzahlung durch den Protest constatiren zu lassen. Nehmen Sie nun an, m. H., es kommt ein Wechsel zum Accept 8 Tage vor dem Verfall. Der Wechsel ist gezogen, sagen wir in Brasilien oder West-Indien, um nicht noch weiter zu gehen. Der Inhaber des Wechsels weiß: Wenn ich mit meinem Wechsel jetzt zurückgehe, so habe ich eine den Vormännern sehr unangenehme Berechnungs-Modalität, die meistens der Gebrauch eingeführt hat je nach den verschiedenen amerikanischen Plätzen. Ich berechne mir an Ricambiokosten 10 bis 20 Procent vom Wechselbetrag, fordere diesen mit solchem Aufschlag, händige dem Vormanne u. A. auch dem Trassanten den Wechsel wieder ein, und er mag nun sehen, wie er weiter kommt. Diesen Weg wird Mancher sehr gern gehen, wenn er Zweifel über die Solvenz des

Trassanten nicht hat und daher sicher ist, dadurch einen recht erheblichen Nutzen in seine Tasche zu stecken, obgleich am Verfalltage der Trassat vielleicht bezahlt hätte. Ich glaube, daß man das nicht sollte thun dürfen, so lange die Nichteinlösung bei Verfall nicht feststellt, daß Zahlung nicht zu erlangen war, als sie verlangt werden durfte. Sehr häufig verweigert der Bezogene ein Accept, weil ein Advis noch nicht eingetroffen ist, während bei der Art und Weise des Verkehrs, namentlich des überseeischen, es leicht geschehen kann, daß der Wechsel anlangt vor dem Advisbrief. Es wird der Bezogene vielleicht dem Präsentanten antworten: ich habe noch kein Advis, wenn Sie die Güte haben, die nächste Post in 14 Tagen abzuwarten, so hoffe ich, das Accept leisten zu können. Darauf wird der Inhaber nach englischem Recht erwidern können, ich ziehe es vor, mit meinem Wechsel zurückzugehen und die hohen Ricambiospesen zu lucriren. Während in solchen Fällen die Sache materiell vollständig in Ordnung ist, und am Verfalltage der Wechsel zweifellos bezahlt wird, würde der Wechsel auf den Trassanten zu dessen ganz außerordentlicher Belastung unnütz zurückgehen. Viele der überseeischen Wechsel werden bekanntlich nach einer gewissen Sicht gezogen. Wenn nun der Wechsel gleich zum Accept kommt, und der Advis ist nicht da oder es ist eine geringe Differenz zwischen dem Trassanten und dem Trassaten, welche die Erledigung des unterliegenden Schuldverhältnisses durch das Wechselaccept verschiebt, so wird die Mittheilung, daß Mangels Accepts protestirt sei und eventuell die Berechtigung, Sicherheit zu fordern, völlig ausreichen, um jeden materiellen Nachtheil von dem Inhaber fernzuhalten. In allen Fällen, wo der Trassant ein solventer Mann ist, wird er dafür Sorge tragen, daß der Wechsel am Verfalltage, wenn nicht vom Trassaten, so doch von einem seiner Geschäftsfreunde interveniendo bezahlt wird, schon deshalb, weil er billiger dabei fährt, als wenn der Wechsel rückläufig wird. Viel schlimmer noch gestaltet sich der Regreß auf sofortige Zahlung auf Grund verweigerten Accepts, wenn viele Indossanten und diese gar in verschiedenen Ländern sind. So bin ich der Meinung, daß man ein vollausreichendes Genüge finden kann an dem Princip, welches das deutsche und das französische Recht festgehalten haben. Es sichert den Inhaber des Wechsels dagegen, daß er das Geld, wofür er den Wechsel überhaupt genommen hat, nicht erhalten werde und schädigt die Vormänner nicht ohne Noth. Ich bin auch nicht derselben Meinung meines Herrn Vorredners, daß diejenige römische Stelle, auf welche man zurückgegriffen hat, um überhaupt die Forderung auf Sicherheitsleistung zu rechtfertigen, eigentlich nur dem Acceptanten und nicht dem Trassanten gegenüber zutreffe. Denn der eigentliche Schuldner des Inhabers bleibt der Trassant und nicht der

Trassat. Der Trassat wird erst Schuldner, wenn er acceptirt hat und da wird er in Wirklichkeit auch nur Mitschuldner. Wollte man das Princip annehmen, welches Herr Dr. Jaques und der jetzige Berichterstatter empfehlen, so würde man noch viel weiter gehen müssen. Man würde dann den Regreß auf Zahlung auch im Fall der Unsicherheit des Acceptanten nehmen müssen. Denn es ist nicht abzusehen, warum im Fall der Unsicherheit des Acceptanten, z. B. seines Concurses, man sich mit Sicherheit begnügen müßte, während es doch dann unter Umständen viel unzweifelhafter geworden ist, daß am Verfalltage Zahlung durch den Acceptanten nicht erfolgen wird, als wenn die Acceptleistung zeitweilig verweigert ist. Es ist nach Wechselrecht richtig, daß derjenige, welcher den Wechsel trassirt, damit das Versprechen giebt: Wenn der Wechsel zum Accept vorgelegt wird, so wird er acceptirt und am Verfalltage bezahlt werden. Daran läßt sich die Consequenz knüpfen, daß Derjenige, der einen Wechsel trassirt hat, wenn dieser das versprochene Accept nicht findet, Sicherheitsleistung für die Zahlung stellen muß. Das aber, m. H., ist Alles, was sich mit Nothwendigkeit daraus ergiebt. Wenn man daher nur die Wahl hat zwischen den beiden Systemen des deutsch-französischen Rechts und des englischen Rechts, so sollte man sich nach meiner Ansicht an das deutsch-französische halten, und ich empfehle Ihnen daher die Ablehnung des Antrages des Referenten in Bezug auf die hier vorliegende Frage.

Rechtsanwalt Dr. **Reuling** (Leipzig): Ich möche mir zwei Bemerkungen erlauben. Die eine ist die, daß meiner Ueberzeugung nach ein internationales Wechselrecht in dieser Beziehung nicht herzustellen sein wird, wenn wir Deutsche an unserem bisherigen System festhalten, da meines Wissens die Ueberzeugung in England und besonders in Amerika sehr feststehend ist, daß bei verweigertem Accept der Anspruch auf sofortige Zahlung nicht versagt werden kann, — so daß also auf dem Boden unseres bisherigen Systems ein internationales Wechselrecht nicht herzustellen sein wird, gerade wie bei der zweiten Frage eine Abweichung von unserem bisherigen Protest-System eintreten muß, wenn wir zu einem solchen internationalen Wechselrecht kommen sollten. Ich glaube, daß es sich empfiehlt, ein System, das in der Praxis von den Engländern und Amerikanern als durchaus bewährt erprobt ist, lieber anzunehmen, als daß wir den Bedürfnissen des internationalen Wechselverkehrs zur Herstellung eines einheitlichen Wechselrechts und den Voraussetzungen, die dazu erforderlich sind, nicht genügend Rechnung tragen.

Die zweite Bemerkung ist die, daß allerdings — und die desfallsigen Entgegnungen seitens der Herren Vorredner sind sehr interessant und sehr gewichtig gewesen — daß allerdings dieses System, wie es die Engländer und Amerikaner haben, im Einzelnen möglicherweise noch einer Correctur bedarf, insbesondere in dem Sinne, ob nicht für den Fall verweigerter Annahme die Intervention eintreten kann, so daß für einen derartigen Fall die Bedenken, die seitens der Herren Vorredner geltend gemacht worden sind, sich zum großen Theil beseitigen, indem in allen Fällen der Intervention der Wechsel nicht zurückläuft, nicht die Kosten des Rückwechsels entstehen. Ich glaube in der That, daß wir Deutsche an dem bisherigen System nicht festhalten können, wenn wir zu dem internationalen Wechselrecht kommen wollen und die Herstellung eines internationalen Wechselrechts ist ja ein unbedingtes Bedürfniß, dem wir manches von unserem Rechte, was selbst practisch sein möchte, opfern müssen, da eben dieses so große Bedürfniß doch die Oberhand gegenüber der Detailfragen behalten muß.

(Die Debatte wird geschlossen. Der Berichterstatter erhält das Wort).

Referent, Oberhandels-Gerichtsrath **Wiener** (Leipzig): Mir kommt vor, als wenn die sehr schätzenswerthen Gegeneinwände des Herrn Advocaten Dr. Feill doch eigentlich kulminiren in folgendem Satz: Es paßt überhaupt für eine ganze Reihe von Wechseln nicht, daß aus der Nicht-Annahme in einem bestimmten Zeitpunkte bereits Consequenzen entstehen, und da ist es mir immer noch lieber, wenn diese Consequenzen in einem complicirten zeitraubenden Verfahren bestehen, welches einen lahmen Erfolg bietet und vor welchem die Berechtigten zurückschrecken werden, als wenn die präcise und leicht realisirbare Consequenz der Pflicht zur sofortigen Zahlung gezogen wird. Ich meine diese Erwägungen sprechen gegen das ganze Princip der Regreßpflicht bei verweigerter Annahme als einer ausnahmslos geltenden überhaupt, und ich glaube allerdings, daß eine gesündere Regelung der Sache, ein Ventil nach dieser Richtung zu schaffen ist, indem man einen zu beachtenden wechselmäßigen Ausdruck findet für diejenigen Papiere, für die es unangemessen ist, daß eine Nichtacceptation überhaupt oder schon in einem beliebigen Zeitpunkte bestimmte und nachtheilige Consequenzen für den Vormann habe. Hält man aber den Regreß Mangels Annahme allgemein aufrecht, so würde eine Gesetzgebung, die wegen Abneigung gegen denselben ihn absichtlich mit lahmen Rechtsbehelfen ausstatten wollte, den Vorwurf einer gewissen Unwahrhaftigkeit verdienen. Bei aller Berücksichtigung Hamburgs und seines überseeischen Handelsverkehrs, will es mir doch scheinen, daß ein System, mit welchem England auskommen kann, auch für unsere Hansestädte möglich ist, und es ist mir nicht gelungen, aus den Besonderheiten des Englischen Wechselrechts in Bezug auf die consideration etwas bezüglich der Behandlung der vorliegenden Frage folgern zu können. Wir haben es mit nichts weiter zu thun, als mit dem durch die Wechselziehung und Indossirung begründeten formalen Obligationsverhältniß zwischen dem Trassanten bez. Indossanten, und seinen Nachmännern. Ich möchte zum Schluß die Frage aufwerfen: sind wirklich Fälle des soliden Wechselverkehrs bekannt, in denen eine derartige Cautionsbestellung zur Ausführung gekommen wäre? Soweit ich den Verkehr übersehen kann, sind es nur Fälle des ungesunden Verkehrs oder schlechter Verhältnisse des Schuldners, in denen statt Zahlungsleistung für die Wechselverbindlichkeit Caution bestellt wird.

Ich kann nur bei den betreffenden Anträgen bleiben.

Vorsitzender Dr. **Albrecht** (Hamburg): Es liegt zur Abstimmung nur ein Antrag vor, welcher dahin lautet:

> Bei verweigerter Annahme eines Wechsels soll der Regreß gegen den Aussteller und die Indossanten, statt auf Sicherstellung, lediglich auf sofortige Zahlung der verschriebenen Summe abzüglich des Discontos, im Uebrigen den Bestimmungen beim Regresse Mangels Zahlung entsprechend gerichtet werden.

(Der Antrag wird angenommen.)

Ich bitte den Herrn Referenten, jetzt zur zweiten Frage überzugehen.

Referent Reichsoberhandelsgerichtsrath **Wiener** (Leipzig): Die zweite Frage erscheint mir bei weitem epinöser, als die zuerst behandelte, nicht sowohl, weil ich irgend einen Zweifel hätte, im Einverständniß mit dem Herrn Gutachter den Vorschlag des Bremer Congresses mit einem Nein zu beantworten, als weil doch durch die gestellte Frage die Pflicht an uns herantritt, zu prüfen, ob denn der jetzige Zustand für den Fall einer legislatorischen internationalen Behandlung der Sache aufrecht erhalten werden kann, beziehentlich was zu geschehen hätte, wenn man dies nicht annimmt.

Ich recapitulire kurz dasjenige, was überhaupt Anlaß dieses Vorschlages des Bremer Congresses gewesen ist: es ist die deutsche Judicatur in Betreff der französischen Wechselmoratoriengesetzgebung, welche für weitere Kreise anläßlich der aufgezeigten Differenz der französischen und deutschen Gesetzgebung in Betreff der Auffassung der vis major die tiefen Gegensätze der Grundauffassungen beider Wechselgesetzgebungen überhaupt zum Bewußtsein gebracht hat. Ich erinnere daran, daß im Jahre 1870 die gesetzgebende Gewalt in Frankreich sich veranlaßt sah, mit Rücksicht auf den unglücklichen Ausgang des Krieges und die dadurch entstandene Handelscalamität ein Gesetz zu erlassen, wonach die Verpflichtungen der dortigen Trassaten, beziehungsweise Regreßpflichtigen aus Wechseln zunächst um einen Monat prorogirt wurden, worauf sodann noch weitere Hinausschiebungen erfolgten. Der Entwurf dieses Gesetzes hatte die Absicht, diese

Prorogation durch einfaches Aussprechen der Verlängerung der Verfallfrist zu bewirken, so daß man es mit einem äußerlich sofort kenntlichen wahren Moratorium zu thun gehabt hätte. Bei der Berathung selbst wurde an Stelle der Verlängerung der Verfallfrist eine Ausdehnung der Präsentations-, bez. Protestfrist beschlossen in der Hoffnung, auf diesem Wege, indem man die neue Frist gewissermaßen als ad hoc eingeführte Respecttage behandelte, und von dem Principe aus, daß für die Form der zur Conservirung des Wechselrechts auszuübenden Handlungen, bez. die Frist, in der sie vorzunehmen, der Ort der Zahlung entscheidend sei, auch dem Auslande gegenüber zu dem Ergebniß zu kommen, daß die ausländischen Regressaten einmal vom Inhaber ebenfalls zur Fälligkeitszeit noch nicht in Anspruch genommen werden konnten, andererseits aber auch für die Dauer des Moratoriums weiter in der Garantieverpflichtung gehalten würden. Man ging endlich, und das ist sehr wesentlich, wenn es auch vielfach in Zweifel gezogen worden ist, in Frankreich von der Auffassung aus, daß dieses Gesetz den Sinn eines Machtverbotes der Protestirung der Wechsel vor Ablauf der neuen Frist habe, so daß es den Notaren Frankreichs nicht zustehen sollte, Wechsel vor jener Frist zur Zahlung vorzulegen, bez. zu protestiren. Dies geschah nicht in Rücksicht auf die auswärtigen Interessen, sondern von dem Gesichtspunkte aus, daß jeder legislatorische Act lahm gelegt werde, so lange es möglich wäre, innerhalb der gedachten Frist die Nichtzahlung französischer Geschäftsleute auf Präsentation des Wechsels zu constatiren, da dieselben alsdann, insbesondere wenn sie Deckung in Händen hätten, die Zahlung trotz des Gesetzes nicht würden verweigern können, ohne sich von dem Gesichtspunkte kaufmännischer Zuverlässigkeit und Loyalität für den internationalen Markt suspect zu machen. Schon während der Berathung des Gesetzes wurde in Frankreich von einigen Seiten die Befürchtung ausgesprochen, es möchten aus diesem Gesetze sich in Bezug auf den internationalen Wechselverkehr unberechenbare Resultate ergeben und es könnten durch dasselbe die Rückgriffsrechte der Wechselinhaber gegen ausländische Vormänner vernichtet werden. Aber man glaubte diese Befürchtungen damit zurückweisen zu können, daß man annahm, die Unmöglichkeit, vor der Prolongationsfrist zu protestiren, wirke als force majeure und solche müsse nach allen Gesetzgebungen den Wechselinhaber in Bezug auf die unterlassene Protesterhebung exculpiren. Diese Annahme hat sich nicht bewahrheitet. Die deutschen Gerichte haben in überwiegender Mehrzahl die Regreßansprüche, welche auf Grund solcher zur wechselmäßigen Verfallzeit nicht protestirter Wechsel gegen deutsche Vormänner erhoben wurden, wegen Präjudicirung der Wechsel abgewiesen. Insbesondere ist dies seitens des

Reichsoberhandelsgerichts geschehen, welches ausgeführt hat, das französische Gesetz habe in Wahrheit keine Respecttage, sondern ein Moratorium eingeführt, der Gesichtspunkt einer die unterlassene Protesterhebung exculpirenden vis major liege aber der deutschen Wechselgesetzgebung fern, die Beibringung eines rechtgültigen Protestes sei vielmehr eine dem Wechselinhaber behufs Erhaltung seines Regresses auferlegte Bedingung, deren Nichterfüllung, gleichviel aus welchem Grunde, ihn wie jeder andere Casus treffe. Es ist Ihnen bekannt, daß diese Entscheidungen vom Standpunkt der deutschen Gesetzgebung aus eigentlich eine erhebliche Opposition nirgends erfahren haben, kaum auch vom Auslande, während natürlich unter der Herrschaft derjenigen Gesetze, welche die force majeure anerkennen, ganz entgegengesetzt entschieden worden ist. Höchstens kann man als eine Polemik gegen unsere Auffassung mehrere österreichische Gerichtssentenzen insofern auffassen, als man aus ihnen entnehmen kann, daß man die Hervorkehrung der Unterschiede der französischen und deutschen Gesetzgebung, mit Rücksicht auf die praktischen Folgen für inopportum erachtet und es dem Reichsoberhandelsgericht verdacht hat, daß es das französische Gesetz nicht als das genommen hat, als was es sich äußerlich ausgegeben hat: als eine Verlängerung der Präsentations- bez. Protestfrist, weil man bei dieser Auffassung den entstehenden Inconvenienzen entgangen wäre. Es ist Ihnen ebenso bekannt, daß der durch die Erkenntnisse des Reichsoberhandelsgerichts manifestirte Umstand zu lauten Beschwerden des Handelsstandes geführt hat, da trotz jener Entscheidungen respectable deutsche Kaufleute sich moralisch und zur Aufrechterhaltung ihres Ansehens verpflichtet gefühlt haben, solche auf sie zurückgehende Wechsel einzulösen, während sie bei ihrem weiteren Regreß dem mehr oder weniger guten oder bösen Willen ihrer Vormänner ausgesetzt geblieben sind. Hat man sich principiell für das französische oder deutsche Gesetz in Bezug auf die vis major zu entscheiden, so kann die Entscheidung aus allen den Gründen, welche der Herr Gutachter angegeben hat, nur zu Gunsten des deutschen Gesetzes lauten. In Frankreich gilt die Anerkennung der force majeure nicht blos für die Frage des Protestes, resp. der Präsentation, sondern sie durchdringt das ganze Wechselrecht, und beherrscht auch die Frage der Wechselverjährung. Ihre Berücksichtigung beruht auf einer grundsätzlich andern Auffassung der Wechselziehungs- bez. Uebertragungsacte, bei welchen die Provision — die Deckung — eine ganz entscheidende Rolle spielt. Wenn man es kurz zusammenfassen will, so ist nach französischer Auffassung die Wechselübertragung die Cession oder die Ueberweisung oder der Einziehungsauftrag bezüglich einer bestimmten beim Bezogenen zu findenden Provision. Darauf beruhen Sätze, wie der Uebergang des Eigenthums der Provision, wenn sie einmal vom Trassanten dem Bezogenen geleistet worden ist, auf den Remittenten resp. dessen Rechtsnachfolger, die Beweisfolgerung für die beim Bezogenen vorhandene Deckung aus dessen Acceptation, und die Befreiung des Wechselziehers bei unterlassener Protesterhebung nur für den Fall, daß er das Vorhandensein der Deckung beim Bezogenen zur Verfallzeit nachweist.

Diese ganze Auffassung beherrschte die Erörterung bei Schaffung des Code de commerce, welche Wirkung der force majeure als Ursache unterlassener Präsentation oder Protesterhebung beizumessen sei.

Je nachdem man den Fall statuirte, daß von dem Trassanten wirklich Deckung geleistet war und diese sich zur Verfallzeit noch in den Händen des Bezogenen befand oder daß sie entweder gar nicht geleistet worden, oder zwar geleistet worden, aber zur Zeit des Verfalls der Trassat insolvent war, kam man zu verschiedenen Resultaten. Im erstgedachten Falle, in welchem die Deckung Eigenthum des Wechselinhabers geworden, wollte man den Grundsatz aufstellen: casum sentit dominus, und kam also zum Ergebniß, daß die auf den Inhaber wirkende force majeure unbeachtlich sei.

In den beiden anderen Fällen kam man zu dem Satze: impossibilium nulla obligatio und erachtete demgemäß die auf den Inhaber wirkende force majeure für beachtlich. Unter diesen Umständen beschloß man, um die Gewissen nicht zu binden, in das Gesetz über die Frage nichts aufzunehmen. Die französische Praxis hat aber constant die force majeure und zwar in sehr weitem Umfange, so daß sie alle individuellen Hindernisse in der Person des Inhabers, die nicht auf imprévoyance oder négligence beruhen, umfaßt, zugelassen. Daraus hat sich eine unendliche, die Entscheidung des einzelnen Falles höchst schwankend machende Kasuistik entwickelt. Man fragt: wie es zu halten ist, wenn der Inhaber den auf ein fremdes Land gezogenen Wechsel erst kurz vor der Verfallzeit, wo nur durch außerordentliche Mittel die rechtzeitige Beschaffung nach dem fremden Lande noch gesichert werden kann, nimmt: ob er dann zur Anwendung dieser Mittel bei Vermeidung der Präjudicirung verpflichtet ist, oder ob das Nichtreussiren der gewöhnlichen Mittel dem Vormann, der ihm den Wechsel gegeben, zur Last fällt. Es können demnach in dem Wechselprozeß alle diejenigen Erörterungen hineingezogen werden, die bei uns nur in dem Rückgriff auf das Civilverhältniß, für welches der Wechsel zahlungshalber gegeben, bei präjudicirtem Wechsel zum Gegenstande habender Prozesse eintreten. Demnach kann der Wechsel in der Hand des E dem D gegenüber unpräjudicirt sein, während er in der Hand des D dem C gegenüber präjudicirt ist. Jemand hatte sich verpflichtet, einen Wechsel zu einer bestimmten Zeit gegen Empfang noch anderer bestimmter Papiere zu nehmen. Als er dies thun wollte, wurde ihm nur ein Theil der Papiere gegeben; er verweigerte in Folge dessen die Empfangnahme des Wechsels, und bekam in Folge dieser Weigerung den Wechsel so spät, daß er ihn nicht mehr rechtzeitig protestiren konnte. Nun wurde in allen Instanzen bis zum Cassationshofe hinauf aus dem unterliegenden rein civilrechtlichen Contractverhältniß entschieden, ob wegen imprévoyance des einen oder anderen Interessenten die Präjudicirung des Wechsels schade oder nicht. Die Berücksichtigung der force majeure geht soweit, daß man Regreßklagen zugelassen hat, trotzdem die Verjährung nach dem Wechselrecht lange Jahre abgelaufen war. Während beinahe der ganzen Zeit von 1806—1815 während des französisch-spanischen Krieges lagen Wechsel auf Cadix daselbst, waren dort präsentirt, aber nicht bezahlt worden und es war die Nichtzahlung den französischen Vormännern nicht notificirt, noch gegen sie vor 1815 Regreßklage erhoben worden. Die Regreßklagen wurden zugelassen, weil während dieser ganzen Zeit für die Inhaber die Möglichkeit, den Anspruch geltend zu machen, durch force majeure ausgeschlossen gewesen. Aehnlich ist die Auffassung in Italien und auch England läßt die Berufung auf vis major in weitem, der sogenannten Billigkeit entnommenen Umfange zu.

Einen ganz anderen Entwickelungsgang hat die Wechselgesetzgebung in Deutschland genommen. Die Loslösung der wechselrechtlichen Hergänge und ihrer Wirkungen von den zu Grunde liegenden civilrechtlichen Verhältnissen und ihre strenge Formalisirung ist die Tendenz der deutschen Gesetzgebung. Der Wechselinhaber ist weder Mandatar noch Cessionar seines Vormannes, noch wird ihm durch den Wechselerwerb eine Deckung überwiesen. Die rechtzeitige Präsentation, bez. Protesterhebung ist eine vom Wechselinhaber im eigenen Interesse vorzunehmende Handlung, weil ihre Vornahme Bedingung des auszuübenden Rückgriffs ist. Ereignisse, in Folge deren die Bedingung nicht erfüllt werden kann, treffen den, welcher nur unter Erfüllung der Bedingung einen Anspruch hat. Es erscheint ungerecht, jeden in der Person des Inhabers sich weigernden, wenn auch von ihm nicht verschuldeten Zufall nicht auf ihn, sondern auf seine Vormänner wirken zu lassen, so daß der Verlust einer Deckung, die sie gewährt haben und die der Inhaber bei rechtzeitiger Präsentation erlangt hätte, wegen in Folge des Verzuges eingetretenen Insolvenz des Bezogenen diese und nicht den Inhaber träfe. Erörterungen über trotz Präjudicirung verbrauchte oder in Folge derselben ersparte Deckung gehören in das Gebiet des Bereicherungs-, nicht des Wechselanspruches. Es ist bekannt, daß man in der Wechselconferenz, nachdem man anfänglich die Berücksichtigung der vis major beschlossen hatte, sich später überzeugte, wie man unmöglich alle sich in der Person des Wechselinhabers weigernden individuellen Casus berücksichtigen könne, wie man aber die allein berücksichtigungswerthen allgemeinen Calamitäten nicht zu präcisiren vermöge und sie der Beurtheilung der Judikatur, bez. dem Einschreiten der Landesgesetzgebung überlassen müsse. Es wurde daher die Aufnahme einer Bestimmung, daß vis major entschuldige, abgelehnt, zugleich allerdings die Aufnahme einer Bestimmung, daß die Berufung auf Verspätung der Präsentation durch höhere Gewalt selbst bei Wechseln, die vom Auslande kommen, nicht beachtet werde. Die deutsche Judikatur hat danach constant den Einwand der vis major, gleichviel auf welche Ereignisse er gestützt wurde, verworfen. Muß man im Allgemeinen der deutschen Auffassung mit ihrer Consequenz der Nichtberücksichtigung der individuellen den Inhaber treffender Casus den entschiedenen Vorzug geben, so ist damit und nach der Natur der thatsächlich vorhandenen Mißstände das Schicksal des Vorschlages des Bremer Congresses entschieden. Er ist, wie ich mir es gestattet habe, in meinem Antrage summarisch auszudrücken, ungerechtfertigt, indem er jedes individuelle wenn auch unverschuldete Hinderniß in der Person des Inhabers mit der 14 tägigen Nachfrist berücksichtigen will. Er ist aber auch unzulänglich, da allgemeine Calamitäten nicht die willkürliche Frist von 14 Tagen innezuhalten brauchen. Insbesondere würde er Mißstände, wie die durch die französische Wechselmoratoriengesetzgebung zu Tage getretenen, nicht beseitigen. Soll nun aber bei allen principiellen Vorzügen der deutschen Gesetzgebung der Aufrechterhaltung eines Rechtzustandes das Wort geredet werden, nach welchem es eine auswärtige Regierung in der Hand hat, mit einem Federstrich die Regreßrechte unserer Wechselinhaber aus Wechseln auf das betreffende Land gegen alle hiesige Vormänner zu vernichten? Ist es auch nur gerecht, daß eine solche Vernichtung durch eine Feuersbrunst oder eine Belagerung des Zahlungsortes, welche die Präsentation oder Protesterhebung dort unmöglich macht, eintritt, bloß weil es für den Gesetzgeber schwer ist, die Fälle allgemeiner Calamitäten zu präcisiren? Der Herr Gutachter läßt selbst gegen den Schluß seines Gutachtens die Tendenz hervortreten, daß der Grundsatz: casum sentit dominus doch nicht absolut ausnahmslos gelten könne. Er schickt sich auch an, individuelle Hindernisse von dem, was er Calamitäten nennt, zu scheiden. Aber er hat daraufhin einen positiven Vorschlag nur insofern gegründet, als er vorschlägt, es solle eine internationale Regelung der Sache vorausgesetzt, ein Satz des Inhalts anerkannt werden, daß, wenn in einem Staate, für welchen das Wechselgesetz gilt, wegen öffentlicher Calamitäten die Protest- resp. Verfallfristen prolongirt sind, diese Prolongation auch alle Wechselverpflichteten eines anderen Landes binden soll, welches dasselbe im Wege der internationalen Vereinbarung zu Stande gebrachte Wechselgesetz hat. Dieser Vorschlag erscheint mir in erster Reihe unzulänglich gegenüber denjenigen Unzuträglichkeiten, um welche es sich handelt. Ich vermöchte aber auch innerhalb des beschränkten Gebiets, auf welchem dieser Satz Anwendung finden könnte, denselben in keiner Weise zu befürworten. Wir haben es mit einer ganzen Reihe möglicher absoluter — im Gegensatze zu den individuellen sich in der Person des Wechselinhabers ereignenden — Hindernisse zu thun, welche ganz bestimmte Acte unmöglich machen können. Der Herr Gutachter suppeditirt ohne weiteres, daß in jedem Falle, wo ein solches Hinderniß stattgefunden hat, die Gesetzgebung auch nach der Richtung eintreten wird, Verfall- und Protestfristen zu prolongiren. Dies wird sehr häufig unterbleiben, namentlich wenn das Hinderniß schon beseitigt ist, ehe die Gesetzgebung einschreiten konnte. Andererseits kann die Staatsgewalt eines Landes häufig aus egoistischen Interessen ein thatsächliches Hinderniß fingiren und auf solches das Machtverbot stützen. In dem französischen Falle wäre die Sache ja ziemlich einfach gewesen, wenn Frankreich die Verbindlichkeiten seiner Unterthanen prolongirte, ohne zugleich ein Protestverbot zu erlassen. Frankreich mochte die Verbindlichkeiten seiner eigenen Unterthanen verlängern, soviel es wollte, — so lange es den Protest nicht verbot, wäre am Verfalltage protestirt worden. Damit war dann festgestellt, daß der Mann nicht zahlte, und der Garantiefall für die Regreßpflichtigen eingetreten, — denn ob durch ein besonderes französisches Gesetz dieser Mann ermächtigt war, nicht zu zahlen, oder ob er aus anderem Grunde nicht zahlte, war gleichgiltig, wenn es sich darum handelte, die Garantie des inländischen deutschen Indossanten geltend zu machen, welche besagt: ich zahle, wenn du an dem Tage nicht dein Geld von dem Bezogenen bekommst.

Der Satz, den der Herr Gutachter befürwortet, lautet aber in Wahrheit dahin: im Interesse einer internationalen Verbindung von Staaten solle überall da, wo ich die Garantie dafür, daß ein Fremder zu einer bestimmten Zeit zahlen wird, also zahlungsfähig sein wird, übernommen habe, wenn in dem Lande dieses Fremden dessen Verpflichtungen protrahirt werden, ich damit auch die weitere Verpflichtung für dessen Zahlungsfähigkeit bis zum Ablauf, bez. mit Ablauf der verlängerten Zeit übernehme. Ich glaube, solch ein Satz kann unmöglich als Satz des zu erstrebenden internationalen Rechtes aufgefaßt werden. Es ist schon im höchsten Grade zweifelhaft, ob sich ein Staat dazu zu verpflichten Anlaß hätte, ein auswärtiges Moratorium auch nur soweit anzuerkennen, daß, gleichviel welchen Anlaß es hätte, er es bei Verfolgung des Fremden aus in dessen Lande zu erfüllenden Verbindlichkeiten Seitens seiner Staatsbürger vor seinen

Gerichten anerkennen müßte. Soweit kann aber eine Interessenverbindung zweier Staaten und ein Aufgeben des Egoismus des eigenen Staates nie gehen, daß der eine Staat Umfang und Inhalt der Garantieverbindlichkeiten seiner Bürger für Leistungen Auswärtiger dem Gutdünken des auswärtigen Gesetzgebers unterwerfen und danach einen Eingriff in die Privatrechtssphäre, den er sich selbst seinen Bürgern gegenüber nur in ganz flagranten Fällen erlauben würde, dem uncontrollirbaren Gutdünken des fremden Staates überließe. Wenn solcher Satz Gesetz wird, so würden, falls Frankreich eine Handelskrise decretirt und verordnet, daß alle französischen Wechselschuldner erst ein Jahr später zahlen, die deutschen Indossanten, die Zahlung heute garantirt hatten, danach ohne Weiteres für die Zahlungsfähigkeit der französischen Bezogenen auch bis zum Ablauf des ferneren Jahres haften u. s. w. Denke ich mir selbst eine solche internationale Gesetzesvereinbarung mit einer Kündigungsclausel versehen, sie könnte die Kündigung, wenn sie auch wegen Mißbrauchs der verliehenen Befugniß Seitens des anderen Staates einträte, kaum zurückwirken. Sollte sie zurückwirken, so wäre die ganze Vereinbarung zwecklos. Ich glaube, von solchen Grundsätzen müssen wir abstrahiren.

Die Frage, um die es sich allein handeln kann, kann nur die sein: ob es gegenüber dem theoretischen Satze: casum sentit dominus sich empfiehlt, eine Ausnahmebestimmung in dem Sinne zu treffen, daß rechtliche oder factische objective Hindernisse des wechselrechtlichen Präsentations- oder Protestactes, darunter in erster Reihe das Machtverbot des Staates, in welchem der Act vorzunehmen, gleich der Vornahme des wechselrechtlichen Actes wirken.

In Bezug auf das auswärtige Machtverbot des Protestacts hat ein angesehenes und leider zu früh verstorbenes Mitglied des Juristentages, v. Salpius, in einer Abhandlung der Goldschmidt'schen Zeitschrift für Handelsrecht die Lösung der aufgezeigten Inconvenienzen nach einer anderen Richtung versucht, indem er nämlich den Protest nur als eine Solennitätsform für die gehörig erfolgte Präsentation, nicht als materielles Mitfundament des Regreßanspruches ansieht und deshalb der lex loci unterwirft. Man sieht, wie mißlich es eigentlich ist, Fragen, wie die vorliegende, isolirt von einem anticipirten internationalen Wechselrecht aus entscheiden zu wollen, dessen Inhalt wir noch gar nicht kennen. Wir wissen gar nicht, welche Stelle der Protest in Zukunft in dem internationalen Recht einnehmen wird, ob er wirklich über die Wirkung eines bloßen solennen, formellen Beweises der Präsentation hinaus ein als Fundament des Regreßanspruchs mit zu erachtender Act sein soll, wie bisher die Doctrin und Praxis überwiegend angenommen hat. Wir wissen nicht, was für den Fall bestimmt werden soll, wenn der Präsentationsort in einem Lande liegt, welches den Protest nicht kennt, bez. die Organe für einen Solennitätsact irgend welcher Art nicht oder doch nicht überall besitzt, und ob man nicht überhaupt dazu kommen wird, auszusprechen, die Protestformen müssen nach der Richtung hin erleichtert werden, daß, sofern ein bestimmt vorgeschriebener Solennitätsact in einem Lande oder zu einer bestimmten Zeit nicht möglich ist, dann ein relativ die größtmögliche Sicherheit bietender ausführbarer Act dafür eintritt. Will man aber auch Salpius de lege lata oder ferenda beitreten, so wird doch die Frage, die uns vorliegt, damit noch nicht erledigt, die Salpius'sche Ansicht hilft uns nicht, wenn der auswärtige Staat sich dazu entschließt, nicht bloß den Protest, sondern auch die Präsentation während bestimmter Zeit zu verbieten. Von der Salpius'schen Auffassung aus gehört die rechtzeitige Präsentation gewiß zu den Fundamenten des Regreßanspruches.

Ich glaube nun aber allerdings, daß es doch die Consequenz übertreiben heißt, wenn wir die Auffassung von der Präsentation und Protesterhebung als einer zur Erhaltung des Regreßrechts zu erfüllenden Bedingung, in Bezug auf welche jedes Erfüllungshinderniß nach dem Grundsatze: casum sentit dominus zu beurtheilen, über die lediglich individuellen Hindernisse der Person der Präsentationspflichtigen hinaus auf die Hindernisse erstrecken wollen, welche in der That Allen entgegenstehen würden. Versuchen wir einmal ad hominem zu argumentiren. Vielleicht führt dies auf den richtigen Gesichtspunkt. Ich komme in das Haus, wo ich den Wechsel präsentiren soll, und finde das Geschäftslokal des Bezogenen geschlossen; er ist mit seinem gesammten Personal über Land gegangen. Trifft der zum Protest requirirte Notar auf dasselbe Ergebniß, so habe ich meine Pflicht erfüllt. Die an diesem Tage beim Bezogenen vorhanden gewesene, aber von mir nicht erreichte Deckung, die am Tage darauf verloren geht, weil der Bezogene insolvent wird, geht nicht mir, sondern meinen Vormännern, bez. dem Trassanten verloren. Dagegen soll die Sache ganz anders liegen, wenn ich, bez. der Notar nicht in das Haus hineinkommen, weil in demselben eine Feuersbrunst wüthet oder die Zugänge militärisch besetzt sind? Man möchte hier einwenden, hier sei der Versuch, bis an das Haus zu gelangen, bez. die Constatirung des Versuchs und seiner Erfolglosigkeit bereits Präsentation, bez. Protesterhebung. Aber diese Ausflucht versagt, wenn ich den Fall statuire, daß der ganze Ort, in welchem der Bezogene wohnt, mir in Folge militärischer Einschließung desselben unzugänglich oder durch ein Erdbeben vom Boden vertilgt ist.

Soll nun wirklich es richtig sein, daß der Trassant, bez. die Indossanten zwar garantiren, daß der Inhaber im Geschäftslokal, bez. der Wohnung des Bezogenen Zahlung finden wird, nicht aber zugleich, daß jenes Geschäftslokal, bez. jene Wohnung auch für irgend Jemand zur Verfallzeit erreichbar sein wird? Der Wechselverkehr setzt die Zahlung zu einer bestimmten Zeit voraus. Die Garantie ist nur für die Zahlung zu dieser Zeit von den Vormännern geleistet. Für die Zahlung zu einer späteren Zeit, bez. für die zu dieser noch bestehende Zahlungsfähigkeit des Bezogenen ist nicht garantirt. Es bedarf also zum Nachweise, daß zu dieser Zeit Zahlung nicht geleistet, des Beweises erfolgter Präsentation zu derselben. Da der Wechsel selbst von allen subjectiven Momenten losgelöst werden muß, da weder materiell noch processualisch für den Wechselproceß die Erörterung einer culpa sine effectu — daß man zwar Präsentation und Protest unterlassen habe, aber doch auch bei ihrer Bewirkung keine Deckung vorgefunden haben würde, — statthaft erscheinen kann, da auch Zieher und Indossanten nicht unter den individuellen Verhältnissen des Inhabers leiden können, wenn die gegebene Deckung, die zur Verfallzeit noch vorhanden war, verloren geht, so hat sich für Deutschland die Consequenz herausgebildet, daß Präsentation und Protest die formelle Bedingung der Erhaltung des Regreßrechts geworden sind. Aber dabei muß als stillschweigende Voraussetzung der Auferlegung dieser Bedingung erachtet werden, daß überhaupt objectiv eine Präsentation resp. eine Protestirung zur Verfallzeit möglich ist. Es kann nicht richtig sein, daß, wenn ich deutschem und französischem Credit und Capital, dem der deutschen Vormänner, und dem des bezogenen Franzosen traue, indem ich den Wechsel nehme, ich durch Eingriffe der französischen Gesetzgebung auch meine Rechte gegen das deutsche Capital verliere, daß die in meinem Portefeuille ruhenden Wechsel, wenn vor der Verfallzeit der Zahlungsort militärisch eingeschlossen wird und es bis zur Verfallzeit verbleibt, hierdurch in Bezug auf alle daraus herzuleitenden Wechselrechte zu Grunde gehen.

Wäre der Satz, daß das Verbot eines auswärtigen Staates, zu präsentiren resp. zu protestiren, für den präsentationspflichtigen Inländer dasselbe wirken muß, wie wenn präsentirt resp. protestirt wäre, schon lex lata gewesen, so wäre die Wirkung des französischen Moratoriengesetzes sehr einfach und zutreffend gewesen. Der jedesmalige Inhaber hätte auf Grund der Thatsache, daß er sein Geld in Frankreich nicht erlangen konnte, seinen Regreß genommen. Dies war billig, da er nicht bloß dem Capital des französischen Bezogenen, sondern auch dem deutscher Vormänner, falls das Vertrauen auf den Franzosen sich als ungerechtfertigt erwies, vertraut hätte. Dagegen würde schließlich derjenige, der allein französischem Capital resp. französischem Credit getraut hat, nämlich der Wechselzieher, allein den Nachtheil des Eingriffs der französischen Gesetze erleiden.

Der von mir für eine zukünftige Gesetzgebung zunächst befürwortete Satz, daß die rechtliche Unmöglichkeit der Präsentation, bez. Protesterhebung durch Machtverbot des auswärtigen Staats der erfolgten Präsentation bezw. Protestirung gleichwirken muß, fordert aber allerdings eine Einschränkung, und zwar nicht vom Standpunkt des Wechselrechts, sondern des internationalen Rechts, nämlich dahin, daß, wenn der Präsentationspflichtige ein Ausländer, namentlich wenn er Bürger desjenigen Staates ist, von welchem das Verbot ausgeht, für die Zulässigkeit der Regreßnehmer gegen Inländer sich der inländische Staat die Erörterung darüber vorbehält, ob er das Machtverbot als einen durch die Verhältnisse begründeten Eingriff anerkennt. Ein solches Machtverbot kann unter Umständen seinen Grund in der rücksichtslosesten Hervorkehrung der Interessen der eigenen Staatsbürger auf Kosten der Ausländer haben. Man kann Wechselmoratorien erlassen, um den Handeltreibenden seines Staats die in großer Anzahl in ihren Händen vorhandenen Deckungen von Ausländern ohne entsprechende zeitige Zahlungspflicht zu erhalten, unbekümmert darum, daß nun jene Ausländer nochmals zahlen müssen. Der Staat soll aber bei solchen Eingriffen im Wege seiner gesetzgebenden Gewalt sich vergegenwärtigen und berücksichtigen, welche Wirkung bei internationalen Werthen dadurch für die Bürger anderer Staaten entsteht, und deshalb behutsam vorgehen.

Die so intendirte Berücksichtigung des Machtverbots bietet auch prozessualische Schwierigkeiten nicht dar. Bei dem Vorschlag des Bremer Congresses, der sowohl die individuellen wie objektiven Hindernisse umfaßt, fragt man sich vergeblich, in welcher Weise für das Wechselverfahren das Vorhandensein eines derartigen Hindernisses bewiesen werden soll. Was nun aber die objektiven thatsächlichen Hindernisse anlangt, die ich dem Machtverbot gleichgestellt wissen möchte, so ist hier eine Fixirung der Fälle enorm schwer, und man betritt hier das Gebiet einer höchst unbequemen Kasuistik. Ich meine, daß die zu berücksichtigenden Hindernisse zu beschränken wären lediglich auf Nothstände, welche den Präsentationsort selbst betreffen. Ich bin mir dabei klar, daß damit Hindernisse unberücksichtigt bleiben, für die der Inhaber durchaus nicht verantwortlich ist und welche ganze Kategorien von Personen ebenso wie ihn betroffen haben würden, die ich aber doch in die Kategorie individueller Hindernisse stelle. Ich meine die Fälle, in welchen Nothstände in Bezug auf den Ort oder das Land des Präsentationspflichtigen eintreten, so daß er den Wechsel nicht einsenden kann, wenn also der Präsentirende aus dem Ort oder

Land, wo er sich befindet, nicht herauskommen kann, wenn z. B. sein Land blokirt ist. Ich erachte aber ein solches Hinderniß deshalb für ein individuelles, weil es nichts dem Wechsel, bez. seiner Begebung Inhärirendes, sondern eine Zufälligkeit ist, ob der Wechsel schließlich in die Hand eines in diesem oder jenem Orte oder Lande wohnenden Inhabers kommt und unter den sich hieran knüpfenden Zufällen die Regressaten nicht leiden können.

Gegen das Unternehmen, gewisse Fälle der force majeure, welche Präsentation und Protest verhindert, zu berücksichtigen, indem man sie dem Acte einer Präsentation, bez. Protesterhebung gleich erachtet, möchte sich der Einwand erheben lassen, daß man inkonsequent sein würde, indem man die force majeure nicht auch anderwärts im Wechselrecht berücksichtigte, z. B. auch bei der Verjährung. Eine Analogie zwischen diesen Dingen ist jedoch nicht zuzugeben. Es handelt sich nicht darum, den wechselrechtlichen Formalismus zu durchbrechen, noch den Satz, daß das Wechselrecht für Geltendmachung der Ansprüche kurze, feste Fristen fordert, abzuschwächen, sondern nur dem Gedanken Ausdruck zu geben, daß wenn auch Präsentation, bez. Protest die Bedingung des Wechselrechts ist, doch die rechtliche wie factische objective Möglichkeit, zur Verfallheit präsentiren, bez. protestiren zu können, vom Wechselzieher, bez. den Trassanten mitgarantirt ist.

Wie soll nun bei dieser Gleichstellung der Fall vorgesehen werden, wenn das hindernde Ereigniß nur kurze Zeit wirkt, etwa 2 oder 3 Tage? Soll hier nun die Consequenz eintreten, daß, wenn an den entscheidenden Tagen ein bestimmtes Hinderniß vorhanden ist, trotz Nichtprotestirung an diesem Tage, der Regreß erhalten bleibt, ohne daß diese Erhaltung abhängig davon gemacht wird, daß der Inhaber an dem Tage nach Hebung des Hindernisses das bis dahin nicht möglich Gewesene nachholt? Ich meine, die Konsequenz genügt zur Bejahung dieser Frage. Für eine gesetzliche Ordnung der Materie in der Weise, daß bei Hindernissen von kurzer Dauer die Zeit der Hinderung der Präsentations-, bez. Protestfrist einfach zuwächst, während bei Hindernissen von längerer Dauer das Hinderniß wie erfolgte Präsentation, bez. Protest wirkt, würde es an den erforderlichen festen Grenzen fehlen. Es wird aber auch aus der Anwendung des Prinzips auf Hindernisse von kurzer Dauer keine Schädlichkeit erwachsen, wenn man eine Notifikationspflicht in Betreff des Hindernisses voraussetzt und auf den Fall, daß der Inhaber es verabsäumt, diejenigen Handlungen, die ihm der Vormann, dem er notificirt hat, vorschreibt, vorzunehmen, die Schadensersatzverpflichtung, welche bei der unterlassenen Notifikation stattfindet, erstreckt.

Finden Sie in dem von mir aufgestellten positiven Vorschlage zuviel Detail, so gebe ich die Punkte, welche die erforderliche Bescheinigung für das vorhandene thatsächliche Hinderniß und die Behörden, von denen sie auszugehen hätte, für die Beschlußfassung preis.

Aber nothwendig wird es für die Formenfestigkeit und Sicherheit des Wechselrücklaufes und des Wechselprocesses sein, daß nur auf die Bescheinigung bestimmter Behörden der Beweis des Hindernisses gestützt werden kann, und daß, wenn man sich vor frivolen Bescheinigungen aus dem Auslande schützen will, auch die Vorschrift einer erforderlichen Verification solcher Bescheinigungen Seitens unseres Staates durch seine im Auslande functionirenden Agenten angemessen ist.

Dr. **Antoine-Feill** (Hamburg): Das englische Wechselrecht knüpft bekanntlich in seiner Tendenz an die gemeinrechtliche Praxis bei Verträgen an und anerkennt zahlreiche Entschuldigungsgründe für Nichtpräsentiruug eines Wechsels am Verfalltage an, wie Sie solche hier in dem Gutachten aufgeführt finden:

> unbekannten Aufenthalt des Bezogenen, plötzliche Krankheit oder Tod des Wechselinhabers, Einfallen eines Feiertages, religiösen Festes oder Bußtags, Herrschen einer bösen Seuche wie des gelben Fieber oder der Cholera, Krieg zwischen dem Lande des Inhabers und des Acceptanten, ein politischer Zustand, der die Präsentation unausführbar macht, irgend eine andere vernünftige Ursache oder ein Zufall, der nicht dem Versehen oder der Nachlässigkeit des Inhabers zuzuschreiben ist; allgemein ausgedrückt: unvermeidliche Zufälle und überwältigende Hindernisse, nach der Rechtsregel: impossibilium nulla obligatio est. In allen diesen Fällen ist die unterlassene Präsentation entschuldigt, und es reicht hin, wenn letztere sobald nachher als es füglich geschehen kann, bewirkt wird.

Aehnlich, wenn auch etwas weniger weitgreifend, das französische Recht.

Das deutsche Recht steht im Gegensatz zu beiden und geht überall von einem rein formellen Wechselrechtsstandpunkt aus, der die Erörterung der materiellen Unterlage nur so weit kennt, als die Anrufung des formellen Rechtes zu unbefugten Bereicherungen führen würde, und ich meine deshalb, daß die Annahme der Vorschläge unseres Herrn Referenten vom Standpunkte unseres bestehenden Rechtes aus sich nicht empfiehlt. Darüber bin ich mit ihm einig, daß der Vorschlag des Bremer Congresses aus den von ihm angegebenen Gründen jedenfalls unannehmbar ist.

Eine andere Frage ist es, ob wir das System des deutschen Rechts, welches den Wechsel als einen formalen Act und als eine formelle Verpflichtung ansieht, mit einem Beschluß wie heute vorgeschlagen zu brechen versuchen wollen. Ich glaube, wir sollten es nicht thun. Ich stehe hier auf dem Standpunkt des Reichsoberhandelsgerichts und ich glaube, daß das Princip viel zu wichtig ist, als daß wir es aufgeben sollten gegenüber einer anscheinend großen Härte. Das muß man anerkennen, daß wenn man es thun wollte, das englische Recht viel consequenter ist, als das französische, welches nur rein objective Hindernisse in Betracht ziehen will. Da ist z. B. der folgende harte Fall mir erinnerlich. Der Inhaber eines Wechsels hat einen Wechsel bei sich im Koffer, — um ihn selbst am Verfalltage an dem Orte einzuziehen, wo er zahlbar ist. Der Mann stirbt auf der Reise. Niemand weiß von ihm. Nach 3 Wochen kommt die Nachricht seines Todes, der Koffer wird geöffnet und es findet sich darin der Wechsel, der in der Zwischenzeit verfallen und nicht präsentirt noch protestirt hatte werden können. — Der Bezogene ist fallit, Bereicherung bei dem Trassanten nicht vorhanden, der Wechselbelauf war verloren. Das klingt außerordentich hart, aber es ist nicht härter, wenn man objectiv wirkende Hindernisse nicht in Betracht zieht. Wollte man Letzteres, so hätten wir im Gesetz einen bestimmten Vorgang in den Artikeln 574 und 598 des Handelsgesetzbuches, wo es sich um Ladungs- und Löschtage handelt. Da heißt es bekanntlich, daß diejenigen Tage allein dem Befrachter nicht als Liege- oder Ueberliegetage angerechnet werden, an welchem durch höhere Gewalt die Lieferung an das Schiff oder die Löschung aus dem Schiffe von jeder Art von Ladung oder die Uebernahme von Ladung in das Schiff oder die Ausladung aus dem Schiffe verhindert ist.

M. H., wir befinden uns aber im Seerecht in bestimmten Vertragsverhältnissen materieller Natur, während beim Wechselrecht das Formalitätsprincip die Erörterung der materiellen Fragen bei Seite setzt. Richtig ist ja, daß die Präsentation und Protesterhebung zu gehöriger Zeit nicht im allerentferntesten obligatorisch Pflichten des Inhabers sind. Einfache Bedingungen des Regreßrechts hat sie, der Herr Berichterstatter genannt und er kommt mit seinem Vorschlag dahin, daß diese Bedingungen wegfallen sollen, wenn und solange die Erfüllung objectiv unmöglich wäre. Ich möchte sie gar nicht Bedingungen des Regresses nennen, sondern Voraussetzungen. Es ist eine absolut nothwendige Voraussetzung des Regresses, daß der Protest an einem bestimmten Tage erhoben ist, und geradeso wie der Inhaber es ablehnen kann, in die materiellen Verhältnisse des betreffenden Falles zwischen dem Trassanten oder dem Trassaten oder Indossanten hineinzutreten, — gerade so muß es, wenn man die Sache umkehrt, nun auch dem Inhaber des Wechsels gegenüber verboten sein, auf einem anderen Gebiete als dem vom deutschen Wechselrecht dafür eingeräumten, die hier vorliegende Frage zum Austrag bringen zu wollen.

Ich fasse die Sache so auf: wenn man an unserem Princip des streng formellen Rechts festhält, dann kann man dasselbe nicht durchbrechen wollen durch die Annahme des uns gestellten Antrages. Es wäre das ein Aufgeben des hier fraglichen Princips, welches zu den allerbedenklichsten Consequenzen und zu einer sehr weitgehenden Kasuistik führen würde. Die ganze Frage hat ja ein Interesse nur dann, wenn der Trassat nach Verfall nicht mehr bezahlen kann. Es wird sich dann fragen: wer soll nun den Verlust tragen? Es kann sich dabei um beliebige Fristen handeln, es können selbst die 9 Jahre des erwähnten spanischen Falles sein. Es ist nun ganz gewiß recht hart, wenn unter Umständen der Inhaber des Wechsels diesen Schaden deshalb tragen muß, weil es ihm nicht möglich gewesen ist, an jenem bestimmten Verfalltage, an welchem der Trassat z. B. noch solvent war, seinen Wechsel zu präsentiren und zu protestiren. Aber wäre es denn weniger hart für den Trassanten, welcher seine Deckung dem Trassaten geleistet hat? Weil der Zufall eingetreten ist, welcher die Präsentation des Wechsels an einem bestimmten Tage vielleicht nur diesem einen bestimmten Manne unmöglich gemacht hat, der wegen einer Blokade oder Belagerung nicht in die Stadt kommen konnte, — was geht das den Trassanten an? Konnte der Wechsel nicht schon längere Zeit an dem Orte sein, wenn er nur in der Hand eines anderen Mannes gewesen wäre? Diese ganze Kasuistik wird durch unser deutsches Recht vollständig beseitigt, und ich halte den Zustand bei aller scheinbaren Härte für viel besser, weil sonst die Härte nach der Seite des Trassanten wirkt, wo sie mir nicht weniger hart zu sein scheint.

Viel schlimmer noch gestaltet sich die Sache dann, wenn ein solches Recht ausgeübt werden soll gegenüber dem Indossanten.

Bei dem Trassanten kann man noch sagen: Du hast den Wechsel gezogen, du hast einmal mit dem Trassaten in dem Verhältniß von Gläubiger und Schuldner gestanden, es ist dein Schuldner, der nicht bezahlt, also ist es vorzuziehen, daß du den Verlust trägst. Man kann das aber nicht mehr durchführen, z. B. wenn der Bezogene speciell zum Zwecke der Bezahlung des Wechsels vom Trassanten die Valuta bekommen hat.

Wie gestaltet es sich nun, wenn es sich um den Indossanten handelt? Wenn ich den Antrag richtig verstehe, so soll auch dem Vormanne gegenüber, den der Herr Vorredner bezeichnet hat, als einen immer neuen Trassanten, was er doch in Bezug auf die materielle Unterlage ganz gewiß nicht ist, dasselbe Resultat eintreten. Ist dies richtig, wenn der Wechsel auf den Indossanten zurückgeht? Sie müssen sich den Fall denken, daß auch der Trassant inzwischen zu Grunde gegangen ist. Dann bleibt diese force majeure haften auf Jemandem, der an der Behinderung ganz unschuldig ist, wie der letzte Inhaber und materiell zur Sache nicht anders steht, wie dieser. Der materielle Grund für den Vorschlag ist hier ganz unhaltbar. Wir kommen damit in einen wahren Triebsand der verschiedensten beweglichen Möglichkeiten. So müssen wir denn, meine ich, an dem Princip festhalten, daß die Präsentation oder die Erhebung des Protestes formelle unersetzliche Voraussetzungen des Regresses sind, und daß es ein Unglück für den Inhaber, der den Protest zu liefern hatte, ist, wenn er außer Stande gesetzt wird, diesen vorzulegen, und wenn dann zugleich durch die Nichtzahlung Niemand bereichert ist, an den er sich deshalb halten könnte.

Ich glaube daher, daß wir am besten thun, es in diesem Falle bei dem bestehenden deutschen Rechte zu belassen und die betreffenden Anträge abzulehnen.

Rechtsanwalt Dr. **Reuling** (Leipzig): M. H., es ist bereits seitens des Herrn Referenten darauf hingewiesen worden, daß in jenem berühmten Falle diejenigen Deutschen, die unter gewöhnlichen Umständen regreßpflichtig gewesen wären, ungeachtet der damals bereits bekannt gewordenen Entscheidung des Oberhandelsgerichts um ihres Credites willen und einer Pflicht der Loyalität folgend, sich gedrungen gefühlt haben, — natürlich zunächst zur Aufrechterhaltung ihres Credites — die Wechsel grade so einzulösen, als wenn sie regreßpflichtig vor dem Gerichtshof gewesen wären, und abzuwarten, ob sie eine gleiche loyale Gesinnung seitens ihrer weiteren Vormänner finden würden.

Ich glaube, diese Thatsache weist jedenfalls darauf hin, daß der Rechtszustand, wie er in Deutschland dermalen besteht, wie er wenigstens besteht vom Standpunkt jener Entscheidung des Reichsgerichts, — die doch gewiß die Präsumtion für sich hat, daß sie mit unserem Rechte im Einklang steht — daß dieser Rechtszustand ein durchaus unzulässiger ist, und es sich nur darum handeln kann, inwieweit Aenderungen an dem Grundsatze vorzunehmen sind, daß, wenn kein Protest da ist, — mögen die Gründe dafür sein, welche sie wollen — dann der Regreßanspruch verloren sein soll. Ich meine, die Frage kann nur sein, inwieweit, obgleich ein Protest nicht vorhanden ist, dennoch der Regreßanspruch nicht verloren sein soll.

Es mag nun richtig sein, daß der Versuch, den man in Bremen gemacht hat, zu einem Einklang zu kommen, wie jedes Compromiß seine Bedenken hat und daß es als ein nicht ganz glückliches bei Seite gelegt werden mag. Aber damit ist nicht ausgeschlossen, daß eine Abänderung irgendwie erzielt werden muß. Und was die gegen einzelne Fälle gerichteten Bedenken des Herrn Vorredners betrifft, so möchte ich darauf hinweisen, daß wir bei der Erörterung dieser Frage alles das auszuscheiden haben, wo es sich darum handelt, daß die Präsentation gleichviel aus welchem Anlasse unterbleibt. Das ist eine Frage ganz anderer Art, ob trotz unterbliebener Präsentation noch Regreßverbindlichkeit bestehen soll, als die Frage, ob für gewisse Fälle, wenn eine Präsentation stattgefunden hat, aber der Protest nicht aufgenommen werden konnte, nun der fehlende Beweis der stattgehabten Präsentation in der speciellen Form des Protestes ersetzt werden kann durch andere Beweismittel in dem Sinne, daß nachgewiesen wird, die Präsentation habe stattgefunden, aber Protest habe nicht aufgenommen werden können.

Ich glaube doch, daß wir trotz der Erwägungen, die seitens des Herrn Vorredners geltend gemacht worden sind, keinen Anlaß haben, es bei dem Rechte, wie wir es haben, zu belassen, und ich glaube, daß das Lob, welches er den bestehenden Rechtszuständen gespendet hat, durch die flagrantesten Thatsachen widerlegt ist, namentlich auch bei Gelegenheit des Pariser Falles. Ich möchte Sie also bitten, den Anträgen des Herrn Referenten beizustimmen, wobei es ja der weiteren Entwickelung der Frage überlassen bleiben kann, wie die Detailfragen werden gelöst werden und ob jedes einzelne Wort, wenn die Frage noch reifer geworden ist, sich schließlich als durchaus correct wird erweisen lassen. Das sind untergeordnete Fragen. Damit, daß Sie sich im Sinne des Herrn Referenten entscheiden, constatiren Sie Ihre Meinung dahin, daß Sie an den Vorschriften, wie sie zur Zeit bestehen und die sich als unhaltbar erwiesen haben, nicht wollen festgehalten haben. Damit werden Sie jedenfalls auf einen Boden kommen, von dem aus wir zu einem internationalen Wechselrecht gelangen können, denn die heute erörterten beiden Fragen sind gerade diejenigen, in welchen die andern Nationen am entschiedensten unserem Rechte gegenüber an dem ihrigen festhalten.

Referent Reichsoberhandelsgerichtsrath **Wiener**: Gestatten Sie mir, nachdem ich Sie bereits so lange in Anspruch genommen habe, nur noch einige Worte. Es handelt sich hier ja mehr um Aufklärung, als darum, ob eine dünne Majorität den oder den Beschluß faßt. Es steht fest, daß sich bei einem Falle der Collision der verschiedenen Wechselgesetze gezeigt hat, wie nach unserem Recht ein fremder Staat in der Lage ist, durch einen Federstrich Werthe im Betrage von Millionen in unseren Händen zu vernichten? Ist es nun nicht in der That — verzeihen Sie das Wort — ein Doctrinarismus, dessen nur Deutsche fähig sind, zu sagen: „ja, es muß aber doch so bleiben, denn es ist eben ein großer Vorzug unseres

Gesetzes an Logik und Consequenz, daß die Protesterhebung die Natur einer Bedingung der Geltendmachung des Regreßanspruchs hat und diesem Princip dürfen wir kein Titelchen nehmen, auch wenn wir selbst zu Märtyrern dieser Consequenz werden. Dem fremden Staat können wir deshalb keinen Vorwurf machen. Er will ja durch sein Machtverbot unsere Regreßrechte gegen Inländer nicht illusorisch machen, sondern wir thun dies durch die Folgen, die wir nach unserem Recht an seinen Eingriff knüpfen, ich glaube, daß kein anderes Volk Bedenken haben würde, zu sagen: mein Regreßanspruch darf nicht abhängig sein von Formalitäten, die ein fremder Staat unmöglich zu machen in der Lage ist.

Was nun die Bereicherungsklage gegen den Aussteller betrifft, so führt diese, selbst wenn man sie vollkommener gestalten will, als dies bisher geschehen, — jetzt ist sie ein ganz unorganisches, unvollkommenes Ausgleichungsmittel — zu keinem die geschilderten Inconvenienzen beseitigenden Ergebniß. Sie wird immer dann ausgeschlossen bleiben müssen, wenn der Aussteller Deckung gegeben hat, mag auch diese dem Inhaber, weil der Bezogene, sei es vor der Verfallzeit, sei es nach derselben insolvent geworden, nicht zugekommen sein. Man sagt, es sei hart, daß der Aussteller, der Deckung gegeben habe, welche der Inhaber bei rechtzeitiger Präsentation erhalten haben würde, noch einmal zahlen soll. Aber der Verlust des Regresses bei absoluter Unmöglichkeit der Protesterhebung bewirkt ja, daß der Aussteller auch dann frei wird, wenn die Deckung schon zur Verfallzeit nicht mehr vorhanden war, weil schon damals der Bezogene insolvent war, also in einem Falle, in welchem der Aussteller, trotzdem er Deckung gegeben, gewiß mit Recht haftbar geblieben wäre. Aber auch für den Fall, daß die Deckung zur Verfallzeit noch vorhanden war, und erst später verloren ging, ist der Gesichtspunkt der Härte nicht entscheidend. Es ist mindestens ebenso hart, daß der Inhaber seinen Anspruch verlieren soll, weil er etwas absolut Unmögliches nicht hat bewirken können. Man kann es auch hart nennen, daß der Aussteller, der Deckung gegeben hat, die zur Verfallzeit noch vorhanden war, haftbar bleibt, wenn ich als Inhaber zur Verfallzeit zu einem möglichst ungünstigen Zeitpunkt in das Geschäftslokal des Bezogenen gegangen bin und daselbst Niemanden angetroffen habe, desgleichen mein Notar, und der Bezogene erst den Tag darauf insolvent wird. Es frägt sich, ob die Garantie, welche mir Aussteller und Indossanten dahin leisten, daß ich zur Verfallzeit beim Bezogenen die Zahlung finden werde, nicht der Natur der Sache zugleich dahin geleistet ist, daß das Fordern der Zahlung, ohne welches eine Zahlung nicht stattfinden kann, überhaupt für irgend Jemand ausführbar sein wird. Ist es nicht ausführbar, so kann ich eben keine Zahlung erlangen. Und doch ist mir Erlangen der Zahlung garantirt. Nun diese objective Ausführbarkeit sehe ich als mitgarantirt an. Nicht will ich individuelle Hindernisse in der Person des Inhabers oder Umstände, wie, daß alle Notare als ich derselben habhaft werden wollte, ausgegangen waren, berücksichtigt wissen.

Vicepräsident des Reichsoberhandelsgerichts Dr. **Drechsler** (Leipzig): Es ist unmöglich, meiner Ansicht nach, zu sagen, der Nachweis des Casus ersetzt den Nachweis der Präsentation. Ich lasse das deutsche Princip gelten und mache es unbedingt zur Voraussetzung der Forderung.

Was das internationale Verhältniß betrifft, so bin ich nicht besorgt. Wenn wir fest überzeugt sind, daß in hunderten und tausenden von Fällen unser Princip das richtige ist, so können wir uns beruhigen. Wir können ruhig warten, bis die Ausländer sich überzeugen; die Ausländer haben sich noch in mancher Beziehung zu überzeugen, daß unser Wechselrecht besser ist.

Bei der Abstimmung wird von den Anträgen des Referenten der folgende Vorschlag angenommen:

> Dem Vorschlage des Bremer Congresses der Gesellschaft für Reform und Kodification des Völkerrechts 1876:
>
> „die Protestfrist (für einen Wechsel) soll wegen höherer Gewalt für die Dauer der Störung, aber niemals über eine kurze, ein für alle Mal durch das Wechselgesetz zu bestimmende Frist (etwa 14 Tage) hinaus erstreckt werden."
>
> ist nicht beizustimmen.

Die übrigen Anträge des Referenten werden abgelehnt; insbesondere der positive Antrag desselben:

> „Der höheren Gewalt kann nur in der Richtung eine Berücksichtigung zu Theil werden, daß die Unausführbarkeit der Präsentation oder Protestirung des Wechsels aus bestimmt specialisirten, den Präsentationsort betreffenden Nothstandsgründen, als Seuchen, Krieg, Unruhen, elementare Ereignisse, sofern sie durch bestimmt bezeichnete Behörden bescheinigt wird, sowie ein von der gesetzgebenden Gewalt erlassenes Präsentations- oder Protestverbot der erfolgten Präsentation oder Protesterhebung gleich erachtet werden. Ist der Ort der Präsentation im Auslande, so würde es behufs der Wirkung dieser Gleichstellung für das Inland noch der diesseitigen Bestätigung der Bescheinigungen der ausländischen Behörden — durch das auswärtige Amt, bez. die diesseitigen Vertreter im Auslande — und, falls ein Präsentations- bez. Protestverbot des auswärtigen Staates vorliegt und der Präsentations-

pflichtige ein Ausländer ist, der Anerkennung des Verbots als begründet durch den diesseitigen Staat bedürfen."

Die Abtheilung beschließt, dem Plenum den Beschluß zur Kenntnißnahme mitzutheilen. — Mit dem Referat für das Plenum wird Herr Reichsoberhandelsgerichtsrath Wiener (Leipzig) beauftragt.

Vorsitzender: Präses Dr. **Albrecht** (Hamburg): Wir hätten noch die Frage zu berathen:

Erscheint es angemessen, mit der Verheirathung die Rechtswirkungen der Großjährigkeit zu verbinden?

Ich beantrage, die Frage dem nächsten Juristentage zu überweisen.

(Zustimmung.)

Dann schließe ich die Sitzung.

(Schluß der Sitzung um $2^1/_4$ Uhr.)

Erste Sitzung der dritten Abtheilung am 29. August 1878.

(Beginn 11 Uhr 10 Minuten.)

Generalstaatsanwalt Dr. von Schwarze wird zum Vorsitzenden erwählt.

Vorsitzender Dr. v. Schwarze (Dresden) nimmt die Wahl an. Zum Stellvertreter des Vorsitzenden wird Herr Obertribunals-Vicedirector v. Köstlin aus Stuttgart gewählt. Die Function der Schriftführer übernehmen Professor Dr. Zucker aus Prag und Advokat Grimm aus Glauchau.

Vorsitzender Dr. v. **Schwarze**: Der erste Gegenstand unserer heutigen Tagesordnung ist der Bericht des Herrn Prof. Dr. Gneist über die Frage: „Soll die Jury bei ihrem Verdict an die Rechtsbelehrung des vorsitzenden Richters gebunden sein?"

Referent Professor Dr. **Gneist** (Berlin): Dem Juristentag zu Salzburg lag die Frage vor:

> Soll der Spruch der Geschworenen wegen falscher Rechtsbelehrung angefochten werden können, und wie?

Die Frage wurde begutachtet von den Herren Professor Wahlberg und Bezirksgerichts-Director Stöckel, und auf Grund des von Herrn Obergerichtsrath Thomsen erstatteten Berichts faßte der Salzburger Juristentag folgende Beschlüsse:

1. Wegen falscher richterlicher Rechtsbelehrung ist der Spruch der Geschworenen durch ein Rechtsmittel beim höchsten Gerichtshofe anzufechten.
2. Die Rechtsbelehrung ist zunächst nach richterlichem Ermessen, stets aber so weit es die Staatsanwalt-

schaft oder die Vertheidigung verlangt, zu Protokoll festzustellen.

Beide Beschlüsse standen (abgesehen von Einzelnheiten der Ausführung) in grundsätzlicher Uebereinstimmung mit den österreichischen und sächsischen Strafprozeßgesetzen, sowie mit den Beschlüssen der Reichsjustizcommission, welche freilich von den verbündeten Regierungen nicht angenommen worden sind.

Dagegen blieb ein dritter Antrag des Referenten in der Minderheit, welcher dahin ging:

die Rechtsbelehrung ist für die Geschworenen gesetzlich bindend.

Es wurde damals in diesem ablehnenden Beschluß von manchen Seiten ein Widerspruch gefunden, und es läßt sich in der That nicht verkennen, daß zwischen den damaligen Anträgen des Referenten ein innerer Zusammenhang bestand, der durch die Verneinung zu 3, für Viele unerwartet, unterbrochen wurde. Die ständige Deputation hat daher die Frage wieder aufgenommen, um den Scheinwiderspruch zum Austrag zu bringen. Die drei darüber erstatteten Gutachten liegen Ihnen gedruckt vor.

In den Gutachten treten dieselben Meinungsverschiedenheiten hervor, wie in den damaligen Verhandlungen der III. Abtheilung.

Herr Professor Teichmann ist grundsätzlicher Gegner einer bindenden Kraft der Rechtsbelehrung: „Der Richter ist dazu da, die Geschworenen zu leiten; aber sie sollen vorerst selbstständig und auf ihre Verantwortung entscheiden. Sie an jene Rechtsbelehrung binden wollen, hieße einen tiefgreifenden Einfluß üben in das Competenzgebiet der Jury, — hieße ihnen die Findung eines bestimmten Verdikts anbefehlen, — hieße sie anweisen so oder so zu urtheilen." Für eine solche Beschränkung sei kein Bedürfniß. Sie sei aber auch unausführbar. Denn eine solche Vorschrift ginge von der Annahme aus, daß die Rechtsbelehrung stets und sofort verstanden werde; die Rechtsbegriffe seien aber nicht so leicht, daß es nur eines einmaligen Anhörens bedürfte, um sie in sich aufzunehmen und sofort anzuwenden. Dies sofortige Auffassen sei oft auch dem Juristen nicht leicht. Schwer ausführbar sei auch die Protocollirung der Rechtsbelehrung, die in England fast ganz unbekannt zu sein scheine. Jedenfalls könne man die Geschworenen wohl moralisch binden, einer solchen Rechtsbelehrung zu folgen; erzwingen könne man das aber nicht, wie denn auch weder das englische noch österreichische und sächsische Prozeßrecht eine solche gesetzliche Verpflichtung aussprechen. „Schön und edel möge der Gedanke sein, die Jury solle bei Entscheidung der Rechtsfrage nur innerhalb des

Gesetzes mitwirken; sie solle sich nicht zum Gesetzgeber oder Begnadiger aufwerfen. Aber es werde dies manchmal ein frommer Wunsch bleiben, den die Juristen nicht erzwingen können."

Grundsätzlich entgegengesetzt sieht Herr Professor Ullmann ein Zusammenwirken des Richters und der Jury in der Art als wesentlich an, daß die Jury an die Rechtsbelehrung des Richters gebunden sein müsse. Sei es die Bestimmung des Richteramts, die Auslegung der Gesetze zu vermitteln, so müsse die Directive des Richters in der Rechtsfrage auch maßgebend sein. Die Durchführung dieses richtigen Grundsatzes treffe in der That den Kern des Geschworneninstituts, gegenüber den Mißverständnissen der französischen Jury. Die gestellte Frage sei daher unbedingt zu bejahen und eine solche Verpflichtung der Jury gesetzlich auszusprechen.

Das dritte Gutachten des Herrn Oberappellationsrathes Dr. Lamm tritt dieser Auffassung grundsätzlich bei. Die Vermittlung zwischen Gesetz und Geschwornengericht stelle sich durch die Rechtsbelehrung des Richters her, und mit vollem Recht habe die deutsche Rechtsgesetzgebung deßhalb die Rechtsbelehrung zu einem wesentlichen Theil des Verfahrens erhoben. Sei dies aber einmal geschehen, so dürfe man nicht auf halbem Wege stehen bleiben und sagen: „Ihr müßt euch über das Recht belehren lassen, braucht aber die Rechtsbelehrung nicht zu befolgen." Das Gebundensein der Geschworenen durch die Rechtsbelehrung sei sonach als ein Gebot zu betrachten, welches „in den Katechismus der Geschworenen gehöre." Dennoch empfehle es sich nicht, dies Gebot als gesetzliche Vorschrift auszusprechen, weil ein solches Gesetz lex imperfecta bleiben würde. Ein Eid der Geschwornen dieses Inhalts würde doch nur eine Gewissenspflicht begründen. Auch würde es kaum möglich sein, eine gemeinverständliche Formel zu finden, welche bestimmt ausdrückt, daß der Geschworene nur in der Auslegung der Rechtsnorm, nicht aber in der Subsumtion des Einzelfalls über die Rechtsnorm an die Weisung des Richters gebunden sein solle. Herr Dr. Lamm kommt damit zu der Conclusion:

> daß es zwar als eine Gewissenspflicht der Geschworenen zu betrachten sei, bei ihrem Verdikte an die Rechtsbelehrung des Vorsitzenden insoweit sich zu binden, als sie eine Darlegung des im einzelnen Falle anzuwendenden Gesetzes oder Rechtsgrundsatzes enthält,
>
> daß es sich jedoch nicht empfehle, auch nur insoweit die Rechtsbelehrung gesetzlich für bindend zu erklären.

Es wird nicht leicht sein, in diesen widersprechenden Auffassungen den Faden zu finden. Um so mehr müssen wir von den heute geltenden Gesetzen ausgehen. Wir haben heute wieder eine Reichsverfassung, ein Reichsstrafrecht und ein Reichsgericht als die höchsten staatsrechtlichen Errungenschaften des deutschen Volks, welche untrennbar zusammen gehören. Das Strafgericht entscheidet zugleich die höchsten Verfassungsfragen. Ein einheitliches Walten der Grundsätze des Strafrechts bedeutet die Rückkehr der Nation zur Einheit ihres Rechtslebens in höchster Bedeutung. Ist dem so, so muß ein Jeder — der Richter, der Geschworne, der Schöffe wie jeder Unterthan — an diese Rechtsnorm gebunden sein. Wozu werden Gesetze gegeben, wenn sie nicht gelten sollen? Wozu haben wir in schwerer Arbeit unser Recht umgestaltet, wenn wir in das Mittelalter zurückkehren sollten? Wir haben Gericht, Prozeß, Strafrecht umgewandelt, damit nicht mehr eine Anzahl von Nachbarschöffen über die Genugthuung des Verletzten entscheiden soll, sondern damit sichere, feste, gleiche Rechtsnormen das Leben der Gesellschaft durchdringen und zusammenhalten. Es wird doch wohl Niemand im Ernst die Souveränetät der ständischen Schöffengerichte wiederherstellen? Soll aber das Gesetz walten, wer anders kann es auslegen, als der Gesetzverständige. Wozu ist der Juristenstand entstanden in Deutschland wie in der civilisirten Welt, wozu anders als um die Rechtsnormen in ihrem Zusammenhang, in ihrem Geist und ihrer Wahrheit zu handhaben? Es läugnet auch in der That Niemand, daß der Richter überall an das Gesetz und an die durch das Cassationsrechtsmittel zur Geltung kommende Auslegung des höchsten Gerichtshofes gebunden ist. Sollte die Rechtsstellung des Angeklagten eine völlig verschiedene sein je nach der Besetzung des Gerichts? Wo Schwurgerichte entscheiden, sollte der Schuldspruch nicht an das Gesetz gebunden sein? Wo gelehrte Richter den Schuldspruch geben, sollte der Schuldige an das Gesetz und an die Auslegung des höchsten Gerichtshofes gebunden sein? Wo die gemischten Schöffengerichte entscheiden, sollte der Richter daran gebunden sein, die Schöffen nicht gebunden, während doch Richter und Schöffen gleiche Pflichten und Verpflichtungen haben sollen? Wie lassen sich alle diese Widersprüche entwirren, wenn man sich den Geschwornen als souveränen Volksrichter, als einen judex legibus solutus denkt?

Solche Widersprüche sind auch in der Entstehung des Schwurgerichts nirgends zu finden. In seinem geschichtlichen Gange walten die einfachen Grundsätze von Gesetz und Richteramt. Als in dem englischen Rechtsleben das Strafrecht in die Grundform der Gesetzgebung überging, entstand gleichzeitig der gelehrte Juristenstand, um die Gesetze sinngemäß anzuwenden, und es ist nie zweifelhaft gewesen, daß der gelehrte Richter die Bestimmung hat, den Proceß zu leiten, die Rechtsnorm auszulegen und anzuwenden, sowie die Strafe zu messen. Aber man fand, daß die Rechtsprechung durch die gelehrten Richter eine Ergänzung durch die Gemeindegenossen sachgemäß zulasse. Sobald nämlich das Strafrecht durch Gesetz normirt wird, theilt sich das Urtheil in einen Ober- und Untersatz. Dieser Untersatz, die questio facti im kanonischen Sinne, läßt eine Ergänzung durch Geschworne zu. Da der Schuldbeweis nicht nach Rechtsregeln zu bemessen ist, konnte man Gemeindekommissionen einschieben, um das Thatsächliche der Beweise zu combiniren. Da aber der Schuldbeweis verflochten ist mit rechtlichen Zwischen-Fragen von Zurechnung, Vorsatz, Vorbedacht, Nothwehr u. s. w., deren Bedeutung oft streitig wird, so muß das Richteramt wieder eintreten, um den richtigen Sinn der Rechtsnorm als Obersatz festzustellen, während den Geschwornen die selbstständige Schlußfolgerung bleibt. So entsteht ein stetiges Zusammenwirken, in welchem der Geschworne vom Richter die Obersätze, der Richter von dem Geschworenen den Untersatz des Urtheils annimmt. Die endgültige, vollstreckbare Kraft liegt nur im richterlichen Urtheil. Das Verdict ist kein Urtheil, sondern bindende Vorbedingung des Urtheils, — so wie im Gesetz der König der Gesetzgeber, die Zustimmung der Stände nur bindende Vorbedingung ist. Die Jury ist rechtlich so beschränkt, um rechtlich möglich zu sein als zuverlässiges Organ der Rechtsprechung. Sie ist also thatsächlich gebunden an die vor Gericht producirten Beweise. Sie ist rechtlich gebunden an die Rechtsauslegung des Richters. Auf dieser Begrenzung beruht die Leichtigkeit und Sicherheit des englischen Schwurgerichts, in welcher jeder Deutsche, der in England, Amerika, oder in den Colonien an einer Jury theilnimmt, sich sofort heimisch fühlt, ohne zu ahnen, daß nach den Vorstellungen vieler Gelehrten diese Einrichtung „auf den nationalen Besonderheiten eines fremden Culturlebens" beruhen soll!

Wenn auf dem Continent die Schwurgerichte eine wesentlich andere Gestalt erhalten haben, so beruht dies auf der verschiedenen Weise ihrer Entstehung. Als normales Organ der Rechtsprechung können sich Schwurgerichte nur bilden, wenn sie wie in England aus reiflich erwogenen Akten der Gesetzgebung hervorgehen. Auf dem Continent konnte die Betheiligung des Laienthums am Strafgericht aber nur in Opposition gegen die bestehende Staatsgewalt entstehen. Sie mußte dem Beamtenstaat abgerungen werden in langem, hartnäckigem Kampf, als ein Theil der constitutionellen Verfassung, die sich nach schwerem Ringen gegen den Beamtenstaat durchsetzte. Ein so entstandenes Gericht wird stets als ein „Volksgericht" gedacht. Bei diesen Schwurgerichten denkt man zuerst an den Schutz des Unterthanen gegen die Staatsgewalt, besonders bei politischen und bei Preßvergehen. Vom Standpunkt des Individualismus aus sollen sie das Einzelrecht gegen die Gesammtheit vertreten. Es ist das eine Auffassung, die man nicht mit Stahl und seiner Schule als „revolutionär" auszuschelten, sondern als naturgemäß, als jederzeit wiederkehrend anzuerkennen hat.

Diese gesellschaftliche Auffassung baut die Jury von der anderen Seite auf. Diese Jury ist ein Volksgericht, beschränkt durch das Richteramt, — sowie man sich das Volk als Gesetzgeber denkt, beschränkt durch ein bloßes Veto des Königs. Im ersten Anlauf will man durch solche Volksgerichte sogar das „wahre Recht" im einzelnen Falle schaffen. Die vorgeschrittenste Seite will auch Richter und Geschworene vom Volke wählen lassen. Allein nach kurzer Ueberlegung hat eine reifere Auffassung die großen Culturvölker des Continents zu der Einsicht geführt, daß das bestehende Proceß- und Strafrecht doch nicht dem neuen Volksgericht zu Liebe geopfert werden darf. Man entschloß sich daher alsbald zu zwei wesentlichen Beschränkungen:

1. Um das bestehende Prozeßrecht aufrecht zu erhalten, überläßt man dem Richteramt die ganze Leitung des Verfahrens nebst sehr bedeutenden diskretionären Gewalten.

2. Um die Jury innerhalb des Rahmens der Strafgesetze zu erhalten, führt man eine Fragstellung ein, durch die der Geschworene an das „rein Thatsächliche" gebunden werden soll. Man fragt nicht: schuldig des Mordes? sondern löst die Rechtsbegriffe in gemeinverständlichen Umschreibungen auf, in denen eine zwingende Rechtsbelehrung enthalten ist, die dem Geschwornen keine Wahl läßt, als entweder die richterliche Definition anzunehmen, oder freizusprechen.

So tritt an die Stelle eines stetigen Zusammenwirkens von judge and jury ein System der Theilung der Gewalten, am geschicktesten durchgeführt im Code Napoléon. Die Popularität der so geschaffenen Volksgerichte beruht aber darauf, daß in dieser Theilung der Gewalten das Volkselement anscheinend den Löwentheil erhalten hat, in ungebundener, fast souveräner Weise. Der Geschworene ist

1) nicht gebunden an die vorgeführten Beweise, sondern mag nach seiner Privatwissenschaft oder Privatmeinung (intime conviction) entscheiden;

2) nicht gebunden an eine Rechtsweisung des Richters, die sich vielmehr unter bescheidener Form einer Fragstellung verdeckt und in jedem Fall eine Freisprechung nach eigener Rechtsmeinung offen läßt;

3) der Geschworene beansprucht auch einen Antheil an der Strafmessung, auf die der Laie sogar einen ganz besonderen Werth legt;

4) Das Verfahren wird der gesellschaftlichen Vorstellung entsprechend zu einem Parteikampf durch Reden dramatisch gestaltet, mit Unterordnung des Beweises unter das oratorische Element.

Eine solche Gestaltung der Schwurgerichte wird jederzeit populär bleiben, so lange die Gesellschaft ihrer Natur treu bleibt. Die Bedenken dagegen entstehen erst, wenn man solche Volksgerichte in ihrem Wirken als Glied des Staatsorganismus ansieht. Es kommt dann zum Vorschein, daß sie minder zuverlässigen Organe der Gesetzanwendung sind, am wenigsten zuverlässig in Zeiten der politischen Leidenschaft, wo es gerade darauf ankäme. Es kommt dann zum Vorschein, daß diesen Volksgerichten auch die Expansionskraft fehlt. Während die englische Jury die treibende Wurzel geworden ist, aus der das selfgovernment und der ganze innere Bau der Staatsverfassung sich entfaltet hat, sind die Schwurgerichte des Continents unfruchtbar geblieben und haben in der deutschen Reichsgesetzgebung sich nothdürftig erhalten, in dem kleinsten Competenzgebiet, welches sie bisher gehabt haben. Eben darauf beruht es, daß die deutschen Rechtsgelehrten seit zwei Menschenalter stets getheilter Meinung über den Werth der Schwurgerichte geblieben sind. Der zufriedene Theil betrachtete sie als die bewährteste Institution der englischen Verfassung und suchte die bei uns völlig veränderte Gestalt aus besonderen „nationalen und Culturverhältnissen" zu erklären. Der unzufriedene Theil schalt sie eine französische Mißbildung. Die Gesetzgebung suchte sie stetig zu verbessern. Oeffentliche Meinung und Presse aber hielten fortdauernd an der populären Weise eines „Volksgerichts" fest.

Es war die hohe Aufgabe des deutschen Juristenstandes, unser auf anomalen Wegen entstandenes Volksgericht in den Rechtsstaat einzufügen, und unsere Rechtsverständigen haben sich dieser Aufgabe nicht entzogen. Von Anfang an haben unsere Juristen in ihrer großen Mehrzahl sich gegen die Extravaganz gewählter Volksgerichte erklärt. Wir haben uns niemals bei der Lehre von der Theilung der Gewalten, bei der Theilung in jus und factum beruhigt. Wir haben unermüdlich die französische Fragstellung und die einzelnen Theile des Verfahrens zu verbessern versucht. Unsere Schwierigkeit ist nur die außerordentliche Uneinigkeit der Meinungen. Unter dreißig bis vierzig Schriften des letzten Menschenalters wird es nicht ganz leicht sein, je zwei Autoren zu finden, die über zwei wichtigere Verbesserungsvorschläge völlig einig wären. Auch die Verhandlungen der Reichsjustizcommission über Strafgericht und Strafverfahren machen fast den Eindruck als ob wir noch auf einem freien Versuchsfelde ständen. Die Einigung auf diesem Gebiet würde voraussetzen, daß wir ein anerkanntes positives Staatsrecht hätten und von gemeinsamen staatsrechtlichen Begriffen ausgingen, die sich in unseren Uebergangszuständen noch nicht konsolidirt haben. Dieser Uebelstand macht sich auch in unseren einzelnen Justizverwaltungen geltend, und hat bei den Reichsgesetzen über Gerichtsverfassung und Strafverfahren eine sichere einheitliche Leitung unmöglich gemacht. Dennoch zeigt die deutsche Juristenwelt einen Fortschritt zur Rechtsconstruction in jeder Richtung, und zwar in den zunächst entscheidenden Punkten. Wir haben

1) die intime Conviction der Geschworenen beseitigt und durch das preußische Gesetz und seine Nachbildung den Geschworenen ausdrücklich an die vor Gericht aufgenommenen Beweise gebunden.

2) Wir haben in der österreichischen Gesetzgebung den Geschwornen-eid ausdrücklich auf Befolgung der Gesetze gerichtet, die Rechtsbelehrung als wesentlichen Theil dem Verfahren eingefügt und ein Rechtsmittel wegen irriger Rechtsbelehrung geschaffen.

Die Reichsgesetzgebung mußte diesem Vorgang folgen, nachdem sie es aufgegeben hatte, in der Fragstellung die juristischen Begriffe in ihre „thatsächlichen Merkmale" aufzulösen. An die Stelle der knappen, steifen, dem Laien oft unverständlichen Rechtsauslegung, die in jener Fragstellung lag, soll nach dem Reichsgesetz eine zwanglose, gemeinfaßliche Erläuterung der Rechtsbegriffe nach Bedürfniß treten. Die Reichsjustizcommission wollte auch das Rechtsmittel wegen irriger Rechtsbelehrung einführen, ist daran aber durch den entschiedenen Widerspruch der Regierungen verhindert worden, dessen Gründe nicht leicht verständlich sind.

3) Sehr hervorragende Autoritäten des deutschen Juristenstandes vertreten bereits den Grundsatz, daß die Strafmessung dem Richteramt ausschließlich zukomme, und das bei der heutigen Gestalt unserer Strafgesetze das ständige Richteramt nirgends mehr in seinem eigenen Beruf walte als bei der Strafmessung. Bei diesem Punkt indessen steht die Laienmeinung noch so fest, daß auch in der Reichsjustizcommission nur einige schüchterne Versuche in dieser Richtung gemacht werden konnten.

4) Die dramatische Gestalt des Verfahrens, welche im Volksgericht den Parteikampf der Reden zur Hauptsache macht, ist durch die Reichsgesetzgebung gründlich geändert und die Beweisaufnahme als eigentliche Aufgabe des Strafprocesses entschieden in den Vordergrund gestellt.

Unser gegenwärtiges Thema ist nur die Fortsetzung der unvollendeten zweiten Aufgabe, die ebenso in der Reichsjustizcommission, wie im Juristentag abgebrochen ist und doch nicht zur Ruhe kommen kann. Nachdem die deutsche Reichsgesetzgebung endgültig darauf verzichtet hat, die Geschworenen auf reine Thatfragen zu stellen; seitdem die ganze Schuldfrage einschließlich ihrer rechtlichen Bestandtheile der Jury überlassen wird, ist die Rechtsbelehrung mit vollem Recht als Ergänzung vom Gesetz aufgenommen. Gilt die Rechtsbelehrung als wesentlich, so muß sie auch befolgt werden. Gilt sie als bindend, so muß sie auch der Rechtscontrole der Revision unterliegen und umgekehrt. Findet die Cassation statt gegen unrichtig motivirte Urtheile der Gerichtskollegien, so muß sie auch stattfinden gegen die Urtheilsgründe der Schwurgerichte, welche der Präsident in seiner Rechtslehrung antizipirt. Es ist die unabänderliche Natur des Gesetzes und des Richteramts, die es unmöglich macht, an dieser Stelle auf halbem Wege stehen zu bleiben.

Wir dürfen danach wohl annehmen, daß der deutsche Juristenstand in der bisherigen Richtung weiter arbeiten wird, bis die rechtlich zulässige Stellung des Laien im Strafgericht erreicht ist. Aber wir dürfen nach allen Erfahrungen einen Fortschritt für keinen leichten halten, in welchem der Rechtsverständige die öffentliche Meinung noch heute im Ganzen gegen sich hat. Unser Publikum ordnet sich nicht leicht dem Beamtenthum unter in einer Generation, welche im Kampf gegen den Beamtenstaat erwachsen ist. Man ordnet sich nicht leicht einem Assisenpräsidenten unter, dem unsere Gerichtsverfassung nicht die gesellschaftliche Stellung des englischen Assisenpräsidenten geben kann, so daß er in seiner Person den höchsten Gerichtshof repräsentirt. Man verzichtet nicht leicht auf die Selbstinterpretation der Gesetze, an welche unsere Generation durch die Unfertigkeit unseres öffentlichen Rechts gewöhnt ist. Die Achtung vor der Wissenschaft und geistigen Bildung ist Uebergangszeiten überhaupt nicht eigen. Um so leichter ist es die Unnöthigkeit einer jeden geistigen Bildung, einer jeden großen Versammlung zu beweisen, welche diese Bildung selbst nicht besitzt. Eine solche große, der Mehrzahl nach nicht juristisch gebildete Versammlung ist eine jede gesetzgebende Versammlung, und in noch weiterem Maße das Personal unserer Presse. Und daraus erklärt sich die Weise, in welcher Streit um diese Frage bisher geführt ist. Um die Mehrheit auf seiner Seite zu haben, ist es in der Regel genügend, wenn man den Laien fragt, ob er ein selbstständiger Mann, oder ob er vom Assisenpräsidenten „bevormundet" sein wolle; ob er der „gehorsame Diener", die „Drathpuppe" des vorsitzenden Richters; ob er ein „Richter zweiter Classe" sein wolle? Ob jemand dem Geschworenen „vorzuschreiben" habe, wie er zu urtheilen habe, oder ob auf unserer Bildungsstufe nicht der Laie dem Juristen „ebenbürtig" sei? u. s. w. Ich habe in meiner Schrift zur deutschen Strafprozeßordnung etwa ein Dutzend solcher Wendungen gesammelt, mit denen man in der politischen Debatte Majorität macht. In gewöhnlichen Zeiten bleibt dies Räsonnement maßgebend, so lange bis etwa eine Anzahl Nihilisten-Prozesse oder eine socialdemokratische Verhöhnung der ganzen Rechtspflege die öffentliche Meinung umstimmt und dann zu einer Reaktion führt, die von Schwurgerichten und von der Betheiligung des Laien am Gericht überhaupt nichts mehr wissen will.

Ich habe es stets als die Aufgabe des Juristenstandes angesehen, in diesen Verhältnissen das Dauernde, dem Wesen des Staats und des Rechts Entsprechende im Auge zu behalten, und in unseren Versammlungen Redewendungen zu vermeiden, die dem Gebiet der rein politischen Diskussion angehören. Ich glaube auch in dieser Richtung haben wir einen Fortschritt gemacht, und die drei uns erstatteten Gutachten über die ernste Frage haben jene Weise der Erörterung vermieden. Dennoch steht auch der Rechtsverständige unter dem Druck der herrschenden politischen Stimmungen seiner Zeit. Auch ihm wird es nicht leicht politische Rechte aufzugeben oder zu beschränken, welche in weitesten Kreisen als hochwichtige werthvolle Errungenschaft gelten. Es erklärt sich daraus wohl, daß viele unserer Berufsgenossen, welche die Unterordnung des Geschworenen unter die Rechtsweisung des Richters unbedingt anerkennen, doch eine Reihe von dilatorischen Einreden und Hindernissen finden, welche die Sache unausführbar machen sollen. Diese Einreden sind:

1) Das Gebundensein des Geschwornen an die Rechtsweisung sei bisher in keinem Gesetz ausgesprochen worden, auch in England nicht. Es ist dies insofern nicht richtig, als der Rechtssatz in England auf Gewohnheitsrecht (common law) beruht, welches doch ein noch stärkerer Ausdruck einer sachgemäßen Rechtsnorm ist, als ein geschriebenes Gesetz.

2) Man behauptet, jede solche Vorschrift würde eine lex imperfecta bleiben, ohne die Mittel sie zu erzwingen, — ein Einwand, der im Wesentlichen von allen Amtseiden, auch vom Richtereide, gelten würde, deren Wirksamkeit auch nur auf innerlichen Momenten beruht.

3) Man sträubt sich immer noch gegen die Analogie des Geschwornen- und des Richtereides, während doch alle Funktionen im Selfgovernment reine Amtspflichten, nicht Volksrechte sind. Diese Streitfrage ist jetzt durch das Reichsstrafgesetzbuch entschieden, welches die Amtspflicht des Geschwornen und deren Verletzung als solche anerkennt.

4) Man bezweifelt die Möglichkeit, die Rechtsbelehrung des Richters genügend zu constatiren, während man in England kein Bedenken findet, den Richter selbst nachträglich seine Rechtsweisung registriren zu lassen, während auch in Oesterreich die Vorschrift der Protokollirung sich als praktisch ausreichend erwiesen hat. Ich darf diesen Punkt wohl als durch den vorjährigen Juristentagbeschluß erledigt vorläufig außer Betracht lassen.

Dagegen erkenne ich es als richtig an, wenn das Gutachten des Herrn Dr. Lamm die schwierige Formulirung eines solchen Eides hervorhebt. Der Geschworene hat nur die Auslegung der reinen Rechtsnorm, des jus in thesi von dem Richteramt anzunehmen: ob und wie weit der Satz auf den vorliegenden Fall Anwendung finde, die sogenannte Subsumtion, bleibt seinem selbstständigen Ermessen. Man vermeidet überhaupt heutigen Tages in Amtseiden die Spezialisirung der Amtspflichten aus vielen Gründen. Es ist daher wohl richtiger und in der Legislatur leichter durchzusetzen, wenn man sich auf die beiden Punkte beschränkt, aus welchen die Unterordnung der Jury unter die Rechtsweisung bisher überall als Gewohnheitsrecht sich von selbst gebildet hat. Diese beiden Punkte sind:

1) Der Amtseid des Geschworenen muß ausdrücklich auf „Befolgung der Gesetze" gerichtet werden, wie in der österreichischen Strafprozeßordnung § 313. Der deutsche Geschworeneneid, wodurch sich der Geschworene verpflichten soll, die Pflichten eines „Geschworenen" zu erfüllen, bewegt sich in einem Zirkel, welcher so wohl nicht stehen bleiben kann. Jede Erfahrung in Deutschland beweist, daß Amtseide der Ehrenbeamten eben so treu erfüllt werden, wie die Eide der Berufsbeamten. Jener Eid trifft aber den entscheidenden Punkt und macht der Vorstellung ein Ende, als ob der Volksrichter das Recht zu schaffen oder das bestehende Gesetz zu verbessern habe.

2) Die Rechtsweisung des Richters muß eine inconteſtable Autorität darstellen. Eine solche unbestreitbare Autorität hat nur der höchste Gerichtshof. Da wir in Deutschland die Assisen aber nicht aus Reichsrichtern bilden können, so müssen wir den Assisenpräsidenten durch das Rechtsmittel der Revision mit dem Reichsgericht in Verbindung setzen, wie dies in Oesterreich und Sachsen mit Erfolg geschehen ist. Wir können auch dem tüchtigsten Gerichtsrath als Assisenpräsidenten nicht die äußere Autorität der endgültigen höchsten Stelle geben. Es kann sehr wohl vorkommen, daß unter unseren Geschwornen ein geistreicher Advocat, Dr. med., Dr. phil. den Kollegen sagt: Sie können mir glauben, mein Freund der Herr Gerichtsrath N. hat sich total geirrt und heute einen unglücklichen Tag gehabt. — Der Kollege wird darauf antworten: Sie können Recht haben, Herr Dr., aber wir können zwischen Ihnen und dem Gerichtspräsidenten nicht entscheiden. Sie wissen, daß das Reichsgericht zu entscheiden hat, ob die Rechtsbelehrung richtig war. — Das ist eben der entscheidende Punkt, der dem bisherigen Zustand ein Ende macht, in welchem der Geschworene steuerlos, bald seiner eigenen Rechtsmeinung folgt, bald der des Präsidenten, des Defensor, eines Kollegen, eines Zeitungsartikels oder sonst irgend einer Rechtsmeinung.

Dies sind die beiden Sätze, aus denen sich geschichtlich die bindende Kraft der Rechtsweisung als Gewohnheitsrecht entwickelt hat. Ich bin der Ueberzeugung, daß dasselbe in Deutschland geschehen wird. Diese Ueberzeugung beruht auf einer lebendigen Anschauung unserer Vergangenheit, in der das Schöffenthum trotz des heftigen Widerstrebens unseres deutschen Individualismus sich der Rechtsweisung der gelehrten Richter zuletzt gefügt hat in Erkenntniß der sachlichen Nothwendigkeit.

Diese Ueberzeugung beruht aber auch noch speciell auf einer Erfahrung des letzten Menschenalters. Die Nordamerikanischen Freistaaten haben nämlich denselben Gang wie wir durchgemacht. Es war unmöglich im ersten Menschenalter der Republik das souveräne Volk zu überzeugen, daß es der Rechtsweisung des Richters Folge zu leisten habe. Die Juristen selbst überboten sich in Schmeicheleien gegen die unfehlbare Einsicht des Volksgeschwornen, der das Recht zu schaffen, das Gesetz zu verbessern, zu verkörpern habe. Dies dauerte so lange, bis in den Freistaaten die analoge Periode unserer heutigen Socialdemokratie eintrat, d. h. bis zum Einbruch der neuen Demokratie unter dem Präsidenten Jackson. Da ermannte sich das amerikanische Richterthum in der Person des Oberrichters Baldwin in dem berüchtigten Prozeß über die Verfassungswidrigkeit des Bankstatuts zu folgender energischen Erklärung:

> „Wollten Sie diese Gewalt in Anspruch nehmen und ausüben, so würde Ihre Ansicht doch nicht eine unverletzbare Rechtsregel werden; Niemand würde dadurch gebunden sein; eine andere Jury könnte wieder anders entscheiden. — Maßen die Geschworenen sich diese Gewalt an, so haben wir weder Verfassung, noch Gesetze mehr. Eine Jury hat dasselbe Recht, wie die andere; keine kann ihre Nachfolger binden, und was Sie heute für constitutionell erklären, wird morgen von einer andern Jury als verfassungswidrig hingestellt werden. Wenn aber Gesetz und Recht durch die schwankende und willkürliche Beurtheilung der Richter und Geschworenen bestimmt wird, statt durch den Maßstab der Verfassung, ausgelegt von dem ausdrücklich hierzu berufenen obersten Gerichtshofe der Vereinigten Staaten, dann haben wir aufgehört, eine Regierung nach Gesetzen zu besitzen."

Es folgte der berühmte Richter Story:

> Es ist die Pflicht des Gerichtes, die Jury zu belehren, und es ist die Pflicht der Jury, dem Gesetze zu folgen, wie das Gericht es ihm darlegt. Dies ist das Recht jedes Bürgers

und ist seine einzige Schutzwehr. Jeder Angeklagte hat ein Recht, nach dem Rechte des Landes gerichtet zu werden, nach dem feststehenden Rechte des Landes, nicht nach dem Rechte, wie es eine beliebige Jury versteht, oder es aus Uebermuth, Unwissenheit oder zufälligem Mißverständniß auslegen mag."

In Newyork, welches seit dieser Zeit an die Spitze der extravaganten Demokratie getreten war, entschloß man sich die entsprechende Regel in das Gesetzbuch von 1850 Artikel 477 aufzunehmen:

„Thatsachen werden von der Jury entschieden, und obwohl die Geschworenen das Recht haben, einen allgemeinen Schuldspruch zu finden, welcher die That- und die Rechtsfrage umfaßt, so sind sie doch gebunden, das Gesetz so anzunehmen, wie es ihnen von dem Gerichte erklärt wird."

Allein es zeigte sich bald, daß es der ausdrücklichen Gesetze nicht bedurfte. Sobald der Richterstand sich ermannte, die Geschwornen auf ihre durch Gesetz und Recht gegebenen Schranken mit Ernst und Würde zu verweisen, hat sich die bindende Kraft der Rechtsweisung siegreich durchgesetzt, und zwar nicht nur bei dem Bundesgericht, sondern auch bei den Gerichtshöfen der Einzelstaaten, so daß nach dem maßgebenden Zeugniß von Wharton jetzt etwa nur vier Einzelstaaten im Rückstand sind, in denen die bindende Kraft der Rechtsbelehrung nicht anerkannt wird.

Auch bei uns wird sich das Band zwischen Gesetz und Geschworenen wieder herstellen und unsere ernste Zeit mahnt daran, daß auch der Geschwornenspruch sich als ein Act des Gehorsams gegen das Gesetz vollziehen und das bürgerliche Leben an das Bewußtsein der Unterordnung unter Gesetz und Obrigkeit gewöhnen soll. Beschränken wir das Schwurgericht soweit, wie es mit Gesetz und Recht bestehen kann, so werden wir es in Zukunft besser bewahren, als es uns bei Berathung der Reichsjustizgesetze gelungen ist. Auf diesen Erwägungen beruhen die Anträge, die ich Sie zu genehmigen bitte:

1) Die Rechtsbelehrung des Richters soll für den Geschworenen kraft seiner Amtspflicht bindend sein;
2) eines ausdrücklichen Gesetzes dieses Inhalts bedarf es nicht, wenn nur
   a. der Amtseid des Geschworenen ausdrücklich auf Befolgung der Gesetze lautet (Oestr. Straf-Pr.-O. § 313) und
   b. wenn wegen irriger Rechtsbelehrung ein Rechts-

mittel bei dem Reichsgericht stattfindet (gemäß dem Beschluß des vorjährigen Juristentags).

(Bravo!)

(Die Diskussion wird eröffnet.)

Stadtgerichtsrath Professor Dr. **Kubo** (Berlin): Nach dem, an dogmatischer, wie auch historischer Begründung so ausführlichen Referate des Herrn Professor Dr. Gneist will ich nur in wenigen Worten Sie bitten, dem Antrage unseres hochverehrten Herrn Referenten nicht zuzustimmen. Meines Erachtens ist es eine irrige und schädliche Forderung der heutigen Zeit, im Schwurgerichtsverfahren den Geschworenen die Entscheidung auch der Rechtsfrage zu übertragen. Ich verkenne in keiner Weise, daß durch ihre ständige Thätigkeit sowohl im Abstrahiren, wie auch in der Aufstellung von Schlußfolgerungen, die rechtsgelehrten Richter allzuleicht zu so überaus scharfsinnigen und feingegliederten Aussprüchen gelangen, daß dieselben zwar vom Standpunkte der Wissenschaft durchaus, zumal auf dem Strafrechtsgebiete, richtig sind, den wesentlich zutreffenden Standpunkt allgemein schlichter Auffassung in hohem Maße aber verlassen haben. Es ist dies der Fall, von dem Cicero sagt: summum ius, summa injuria. Gerade zur Vermeidung der überjuristischen Feinheiten halte ich es für angezeigt, das Laien-Element im Strafverfahren hinzuzuziehen; doch kann den Laien, wenn sie, wie im Schwurgerichtsverfahren, lediglich mit einander vereint und von den rechtsgelehrten Richtern getrennt, bei der Entscheidung thätig sind, eine Machtvollkommenheit jedenfalls auf solchem Gebiete nicht beigelegt werden, zu dessen Beherrschung besondere Kenntnisse gehören, die die Laien nicht haben. Rechtsfragen dürfen ihnen daher nicht vorgelegt werden.

Gerade als praktischer Jurist muß ich für eine vorgefaßte Meinung die Annahme erklären, daß That- und Rechtsfrage nicht stets von einander getrennt werden können. Ein jeder Richter, der im Civilprozeß ein Urtel zu fällen hat, ingleichen ein jeder Richter, dem diese Aufgabe im Strafverfahren geworden, ist in der Lage und Nothwendigkeit, zunächst festzustellen, welche Thatsachen liegen vor und demnächst erst zu prüfen, welche gesetzliche Bestimmungen auf diese Thatsachen Anwendung finden.

Wohl kann es sein, daß die Gesetzgebung durch den Wortlaut der Gesetze die Trennung der That- und Rechtsfrage oft sehr erschwert hat und daß insbesondere darum die Gesetze für das Schwurgerichtsverfahren nur schwer anwendbar sind: dann aber ist es Sache der Gesetzgebung, das Versäumte nachzuholen, nicht aber darf zur Verdeckung der Mangelhaftigkeit gesetzlicher Bestimmungen die Machtvollkommenheit der Laien in unnatürlicher, die Rechtssicherheit gefährdender Weise erweitert werden. Man verlangt gegenwärtig bereits, daß in Ansehung der Thatfrage die Geschworenen nach ihrer sog. moralischen Ueberzeugung die Entscheidung fällen. Meine Herren! Diese sog. moralische Ueberzeugung ist eine unmoralische. Denn sie bekundet nicht, was auf Beweisgründen beruht, sie giebt nur das Ergebniß von Gefühlsstimmungen an. Und wie wird sich die Rechtspflege gestalten, wenn die, nicht controllirbare sog. moralische Ueberzeugung der Geschworenen der Factor ist, der auch rücksichtlich der Rechtsfrage entscheidend wirkt?

Meine Bitte, den Antrag unseres hochverehrten Herrn Referenten nicht anzunehmen, wird durch einen Blick auf die Art der Besetzung des englischen und der des deutschen Schwurgerichts noch bekräftigt. Der neben den Geschworenen fungirende Gerichtshof wird in England nur durch Einen rechtsgelehrten Richter, in Deutschland nach Maßgabe der deutschen Strafprozeß-Ordnung durch drei rechtsgelehrte Richter gebildet. Wenn nun die Gesetzgebung für Deutschland es für die Sicherheit des Schwurgerichts-Verfahrens als geboten ansah, daß drei rechtsgelehrte Richter hinzugegeben würden: ist es dann noch angezeigt, den Vorsitzenden des Gerichtshofes mit der Macht auszustatten, daß er seine Rechtsansicht, als die Geschworenen bindend, ausspricht, obgleich die beiden Beisitzer, also die Mehrzahl des Gerichtshofes gegentheiliger Ansicht sind? In England, wo nur Ein rechtsgelehrter Richter im Verfahren thätig, da konnte sich die von dem Herrn Referenten angeführte Auffassung ausbilden, daß die Geschworenen derart an die Rechtsbelehrung des Richters gebunden seien, daß sie nur sein Echo wären, da sie ja alsdann doch nur das aussprechen, was in seiner alleinigen Person der Gerichtshof ausgesprochen haben würde. Bei uns in Deutschland würde dagegen eine, die Geschworenen bindende Rechtsbelehrung des Schwurgerichts-Präsidenten dahin führen können, daß die Geschworenen eine solche Rechtsentscheidung gäben, die mit der Ansicht der Mehrheit im Gerichtshofe und daher mit der maßgebenden Ansicht des Gerichtshofes selbst im Widerspruch stände!

Obergerichtsrath Dr. **Mittelstedt** (Hamburg): Es wird auch mir einigermaßen schwer, und es war nicht meine Absicht, in die Discussion einzugreifen, aber bei so mannigfachen Gesichtspunkten, wie sie Herr Professor Gneist vorgebracht hat, möchte ich doch einige Bemerkungen mir erlauben.

Die erste ist: wenn ich auch zu denen gehöre, die gewünscht hätten, der ganze Stoff wäre nicht an den Juristentag herangetreten und man wäre schon früher zur Tagesordnung übergegangen, so kann doch die Discussion, auch nur das, was der Vortrag gefördert hat, nicht unfruchtbar genannt werden.

Wenn ich dann zu einer persönlichen Bemerkung übergehen darf, so bekenne ich offen, daß ich zu denen gehört habe, die ja Herr Professor Gneist sehr gut characterisirte, zu den Juristen, die an der Verbesserung des Instituts verzweifeln, daß ich den Feldzug gegen das Institut selbst für die ausschließlichen Schöffengerichte fröhlichen Herzens mitgemacht habe. Aber ich füge hinzu, daß ich mich anders überzeugt habe und ebenso gern mich an jeder Reformidee betheilige, und eine solche finde ich allerdings in dem Wunsch oder in dem Prinzip: Die Geschworenen möchten an die Rechtsbelehrung des vorsitzenden Richters gebunden sein, es möchte ein Band zwischen That- und Rechtsfrage hergestellt werden, und das kann nur durch die Rechtsbelehrung selbst nach meiner Ansicht hergestellt werden. Ich kann mich darin nur an das anschließen, was der Herr Referent wie mir scheint vollkommen überzeugend ausgeführt hat. Nur fange ich an zweifelnd zu werden, wenn vom Satz 1 übergegangen wird zu Satz 2, d. h. wenn man aus der reinen Luft der Ideen, aus dem Bereich der Wünsche, die nur realisirbar sind in der Seele der betreffenden Personen, um die es sich handelt, zu der praktischen Verwirklichung der Sache selbst übergeht.

Ueber das Bedenken, das mein Herr Vorredner getheilt hat, würde ich nicht stolpern, daß neben dem einen Richter noch zwei andere Richter beisitzen und dadurch eine innere Disharmonie in der Seele des Gerichts durchbricht und sich auch äußerlich zeigen könnte.

Wenn wir das Institut weiter reformiren, könnten wir auch dazu kommen, die beiden Beisitzer ganz über Bord zu werfen, denn ich fürchte, mit der Rechtsbelehrung allein werden wir auch nicht zum Ziel gelangen. Es hängt Manches damit zusammen; die in England deutlicher hervortretende Stellung des Richters, wonach er nicht als Vorsitzender einer Richterbank, sondern als vorsitzender Richter der Geschworenen selbst, als rechtsgelehrter Vorsitzender derselben auftritt, — wenn wir die beiden Beisitzer los werden, so würde diese Stellung des Vorsitzenden auch bei uns zum Ausdruck kommen.

Im Uebrigen kennt man die Scherze, welche über die Beisitzer gemacht werden, zur Genüge. Ich glaube nicht, daß von Seiten der Rechtsbelehrung besondere Hindernisse bereitet werden würden, aber ich weiß nicht, ob es gerade ein logisch richtiger Zusammenhang ist, oder ob nicht ein Gedankengangsprung vorliegt zwischen Satz 1 in dem Vorschlage des Herrn Referenten, dem ich vollkommen beitrete, und den verschiedenen praktischen Dingen, in die uns Satz 2 hineinbringt: das Berichtigungsverfahren in Sachsen und in Oesterreich und wie es der Herr Referent als in einem nothwendigen Zusammenhang mit dem Princip selbst stehend uns auch empfohlen hat. Mir scheint die Frage die zu sein: nicht sowohl welcher Schutz wird gewährt gegen eine etwaige unrichtige Belehrung des vorsitzenden Richters, sondern welche Garantieen können gefunden werden für die Befolgung der Rechtsbelehrung, wie sie gegeben ist? Die Wichtigkeit der Richtigkeit oder Unrichtigkeit der Belehrung liegt ja in dem ganzen Princip. Die Aufgabe scheint mir aber auf einem anderen Gebiet zu liegen, nämlich den sittlichen Zusammenhang herzustellen zwischen dem rechtsgelehrten Beruf des Vorsitzenden und dem Laienrichter, und das ist das, worüber man so schwer hinwegkommt. Die Fälle, in denen der vorsitzende Richter, sei es aus Mangel im Ausdruck, oder weil ihn das Können im Stich läßt, Schnitzer macht, sind ja möglich, ebenso wie andere Unrichtigkeiten. Dagegen wird es nie einen Schutz geben.

Aber wie zwingt man die Geschworenen, der Rechtsbelehrung des Richters — die Richtigkeit vorausgesetzt — Folge zu leisten, sich davon beeinflussen zu lassen, die Autorität des Richters in solchen Fällen anzuerkennen? Ich kann mich irren und Herr Professor Gneist wird am ersten in der Lage sein, mich zu belehren — aber ich glaube, das ist in keiner Weise möglich. Es ist das in England das jahrhundertjährige Ergebniß der Entwickelung, und wenn wir in Deutschland dahin kommen, diese Entwickelung rascher zu vollenden, so müssen wir hoffen, daß, wenn diese Entwickelung Wurzel faßt, wir in Deutschland überhaupt früher zu dem von dem Herrn Referenten so vortrefflich gekennzeichneten freien Staatsbürgerthum kommen. Aber ich glaube, in anderer Weise als durch das Leben selbst, durch fortgesetzte Rechtsübung, durch das peinlichste Rechtsgefühl im Volke selbst für den vorgesetzten Berufsstand wird sich das nicht erzwingen lassen. Was insbesondere das Berichtigungsverfahren anbetrifft, so muß ich gestehen, daß ich eine Scheu habe gegen Alles, was noch nicht praktisch erprobt ist. Ich möchte glaube, daß so, wie eben nach den praktischen Erfahrungen die Sache liegt, auch nicht einer, der in Sachsen oder Oesterreich dies durchgemacht hat, sich für berechtigt halten könnte, unzweifelhafte Feststellungen zu machen. Ich habe 20 Jahre in fortgesetztem Verkehr mit Schwurgerichten gestanden, ich glaube also darüber eine Meinung haben zu können. Es ist schwer, nachdem in freier ungebundener Rede gesprochen ist, fünf oder zehn Minuten hinterher, wo es auf das Wort oder auf den genauen Begriff ankommt, festzustellen, wie die Sache eigentlich ist. Das, was der Herr Referent angeführt hat, scheint mir das allein Richtige zu sein; aber daß, nachdem der Richter gesprochen hat, und nunmehr noch der Vertreter der Anklage und der Vertheidiger aufsteht, daraufhin das Rechtsmittel eingelegt werden und konstatirt werden soll: hier ist ein Rechtsirrthum ausgesprochen — das scheint mir meinem ganzen Gefühl nach außerordentlich mißlich für die Stellung des Vorsitzenden zu sein und auch für das Verhältniß zwischen dem Vorsitzenden und den Parteien. Wir haben die Erfahrung gemacht: wenn man einen Zeugen im Verdacht hatte, die Unwahrheit gesagt zu haben, und es darauf ankam, festzustellen, wie die Aussage lautete, wo es auf jedes Wort ankam, so war das immer außerordentlich schwierig. Es ist möglich, daß in dem Gedanken des Herrn Referenten etwas liegt, ich habe aber den Eindruck, es ist etwas Künstliches und trifft das Ding nicht, das man meint.

Ich möchte der dritten Abtheilung empfehlen, den ersten Satz des Referenten:

Die Rechtsbelehrung durch den vorsitzenden Richter soll für die Geschworenen kraft ihrer Amtspflicht bindend sein,

anzunehmen; statt des zweiten Satzes aber sich mit dem Satze zu begnügen:

Diese Verbindlichkeit ist in den Amtseid aufzunehmen.

Es scheint mir von meinem Standpunkte aus als ein moralischer äußerlicher Einfluß immer noch wünschenswerth zu sein, diese Gewissenspflicht der Geschworenen in den Amtseid ausdrücklich aufzunehmen. Was dieselben dann damit machen, muß ihnen überlassen bleiben; das kann niemals durch ein Protokoll controlirt werden.

Das, meine verehrten Herren, sind die Gesichtspunkte, von denen aus ich Sie bitte, bei der Berathung und bei der Beschlußfassung zu verfahren.

Vorsitzender General-Staatsanwalt Dr. **von Schwarze** (Dresden): M. H., gestatten Sie mir thatsächlich ergänzend etwas hinzuzufügen.

Sie wissen, wie ich zu der Frage der Schwurgerichte stehe: ich bin kein Freund des Schwurgerichts in der Form, wie wir es aus Frankreich erhalten haben; ich bin ein entschiedener Anhänger der Mitwirkung des Laienelements im Strafgerichte, finde aber diese Mitwirkung im Schwurgerichte nicht glücklich durchgeführt und in der Theilung der Arbeit zwischen Richter und Geschworenen den Hauptpunkt, auf welchen unsere Verbesserungen des schwurgerichtlichen Verfahrens sich richten müssen. Auf Grund der Erfahrungen, die wir in den letzten Jahren mit den Schwurgerichten gemacht haben, bin ich in der Meinung und Ueberzeugung bestärkt worden, daß in den Schöffengerichten, wie ich sie vorgeschlagen habe, eine gesunde und tüchtige Institution geboten ist. Insbesondere bin ich einverstanden mit demjenigen, was mein verehrter College Mittelstedt gesagt hat. Als ich im K. Sachsen beauftragt wurde, einen Gesetzentwurf über das Geschworenengericht auszuarbeiten, war erklärlicherweise mein Bestreben darauf gerichtet, ein sich ergänzendes Zusammenwirken zwischen den Richtern und den Geschworenen herzustellen, insbesondere die Nachtheile, die aus der Theilung der Arbeit zwischen den Richtern und den Geschworenen erfahrungsgemäß entstehen, möglichst abzuschwächen und hiermit das Urtheil zu einem in sich abgeschlossenen harmonischen Ganzen heranzubilden. Die große Bedeutung der Rechtsbelehrung des Präsidenten für das Verdict der Geschworenen ist unbestritten und die Belehrung selbst der Angelpunkt, bei welchem diese Verbindung praktisch durchgeführt werden muß. Da bin ich auf den Gedanken gekommen, die Rechtsbelehrung in dem Maße aufzufassen und zu construiren, wie sie nunmehr in der sächsischen Gesetzgebung sich vorfindet. Aus der sächsischen Gesetzgebung ist sie in das österreichische Gesetz übernommen worden. Die Reichstagsjustizcommission hatte bei der Berathung der deutschen Strafprozeßordnung betreffs der Rechtsbelehrung des Präsidenten die Aufnahme einer den Vorschriften dieser Gesetzgebungen ähnlichen Bestimmung beschlossen. Dieser Beschluß ist auch im Reichstage bei der zweiten Lesung des Entwurfs mit großer Majorität gebilligt und angenommen worden. In Verbindung mit ihm stand der weitere Beschluß, der ebenfalls die Zustimmung des Reichstags bei der zweiten Lesung gefunden hat. Derselbe lautete, im Anschlusse an die erwähnten Gesetze:

> Auf Antrag der Staatsanwaltschaft sind bestimmte Sätze der Rechtsbelehrung vom Vorsitzenden schriftlich abzufassen, zu verlesen und dem Protokoll beizufügen.

Bei der dritten Lesung des Entwurfs im Reichstage wurden in Folge des entschiedenen Widerspruchs der Regierungen und in Folge des bekannten Compromisses diese Beschlüsse des Reichstags wieder aufgegeben.

Wenn auf das Mißliche einer Diskussion über die Rechtsbelehrung hingewiesen worden ist, so will ich bemerken, daß in Sachsen eine Diskussion über die Rechtsbelehrung des Präsidenten nicht stattfindet und eine Erörterung hierüber Seiten des Staatsanwalts oder des Vertheidigers ausgeschlossen ist. Vielmehr wird, wenn gegen die Rechtsbelehrung ein Widerspruch erhoben wird, von dem Präsidenten einfach konstatirt: meine Rechtsansicht ist die und die, der Ausspruch des Präsidenten wird dann einfach protokollirt und verlesen.

Mit dieser Einrichtung in Sachsen steht eine andere Einrichtung in der nächsten Verbindung. Die Fragen, welche den Geschworenen zur Beantwortung vorgelegt werden, werden vor den Plaidoyers aufgestellt und, da nöthig, diskutirt und festgestellt. Erst nach dieser Feststellung beginnen die Plaidoyers, welche sich streng und in der vorgeschriebenen Ordnung an die einzelnen Fragen halten und diese zum Gegenstande der Erörterung machen, so daß sie gleichsam einen fortlaufenden Commentar dieser Fragen darbieten. Auf das, solcher Gestalt geordnete und gesichtete Material bezieht sich die Rechtsbelehrung des Präsidenten, welche unter Hinweis auf die Rechtsausführungen der Parteien und im Anschlusse an das Beweismaterial, die einzelnen Punkte präcisirt und erläutert. In dieser Weise wird die Fragstellung bereits durch die Plaidoyers zu klarerem Verständnisse für die Geschworenen gebracht, und die Rechtsbelehrung selbst gewinnt an Einfachheit und Uebersichtlichkeit. So ist es gekommen, daß Nichtigkeitsbeschwerden gegen die Urtheile wegen unrichtiger Fragestellung zu einer großen Seltenheit gehören und ich möchte sagen, fast gar nicht vorkommen.

Wenn Sie mich nun fragen, welche Erfahrungen wir in Sachsen mit der Bestimmung wegen Protokollirung der Rechtsbelehrung gemacht haben, so wird Herr Ober-Appellationsgerichtsrath Lamm aus Dresden, ein sehr bewährter Schwurgerichtspräsident, mir bestätigen, daß nur sehr wenige Fälle vorgekommen sind. Aber ich glaube behaupten zu dürfen, daß diese Bestimmung doch dazu beigetragen hat, daß die Rechtsbelehrung mit Aufmerksamkeit und Sorgfalt ertheilt wird.

Die Fälle, in denen die Bestimmung zur praktischen Geltung gekommen, sind sehr vereinzelt. Daß aber in diesen Fällen sich irgend solche Schwierigkeiten gezeigt hätten, wie sie Herr Dr. Mittelstedt als höchst wahrscheinlich uns dargestellt hat, kann ich nicht bestätigen. Die gleiche Erfahrung wird auch wohl von den Herren Collegen aus Oesterreich bestätigt werden.

Professor Dr. **Zucker** (Prag): Im Laufe der Debatte und im Laufe des Vortrages des Herrn Referenten ist so vielfach der österreichischen Gesetzesbestimmungen erwähnt worden, daß ich, wenn nicht andere Collegen aus Oesterreich sich zum Worte melden, mich berufen fühle, als Oesterreicher ein kurzes Votum abzugeben. Schon aus einem persönlichen Grunde, weil ich nicht nur den Strafprozeß zu lehren habe, sondern auch seit Entstehung der Schwurgerichte in zahlreichen Fällen als Defensor vor dem Schwurgericht zu fungiren hatte und mir also betreffs dieser wichtigen Frage aus der Theorie und Praxis eine subjective Ueberzeugung bilden mußte. Meine Anschauung aber geht dahin, m. H., daß ich mich vollkommen und rückhaltslos dem Herrn Referenten anschließe, unbekümmert ob jener geltend gemachten einiger Zweifel, von denen ich nicht glaube, daß sie ihrer formalistischen Natur nach hier in Frage kommen. Was die erste Frage betrifft, die Hauptfrage, ob die Jury an die Rechtsbelehrung des vorsitzenden Richters bei ihrem Verdikt gebunden sein soll, so scheint sie mir unzweifelhaft zu sein, und der formalistische Einwand, der vom Herrn Dr. Rubo erhoben ist, daß wir drei Richter und doch nur e i n e n Vorsitzenden haben, ließe sich auf diese Weise zurückweisen, daß die drei Richter bezüglich der Rechtsbelehrung sich einigen können, wenn der Vorsitzende auch die Leitung der Verhandlung allein hat. Also dieser Einwand schreckt mich nicht zurück.

Was die Sache selbst betrifft, so bin ich der Anschauung, daß die Rechtsbelehrung bindend sein muß und bindend ist durch den Eid, und ich muß es gestehen, ich habe in diesem letzten Augenblick noch zum Gesetz gegriffen und mir scheint die Rechtsbelehrung auch durch den Eid bindend zu sein, den der Geschworene nach der deutschen Prozeßordnung ablegt, durch die Bestimmung des Art. 300, in welchem ausdrücklich zu lesen, „daß der Richter die Belehrung ertheilt, wonach sich der Geschworne zu richten hat." Nach österreichischem Gesetz ist darüber ebenso wenig ein Zweifel vorhanden.

Nun aber handelt es sich um die Frage: soll ausdrücklich durch irgend eine gesetzliche Bestimmung ausgesprochen werden, daß die Rechtsbelehrung bindend sei? Auch da glaube ich mich dem Votum und den Motiven des Herrn Professor Gneist anschließen zu sollen, welcher sagt, daß wir dies aus Opportunitätsrücksichten nicht aufstellen können, und ich stimme mit der Anschauung des Herrn Dr. Mittelstedt überein, daß wir es der Zeit überlassen müssen, bis sich die Geschworenen vollständig fügen; das Gegentheil würde vielleicht die Geschworenen kopfscheu machen, wenn man ausdrücklich erklären würde: Die Belehrung ist bindend. Es darf über diesen Punkt bei unseren Verhältnissen und Zeiten gar nicht gesprochen werden, weil es selbstverständlich ist, daß der Geschworene nach dem Gesetz zu urtheilen hat; das Gesetz legt ihm der Richter aus, und durch die Autorität des Richters muß es dahin gelangen, daß der Geschworene hierüber keine Bedenken hat. Ich glaube daher, daß auch der erste Absatz in dem Antrage des Herrn Referenten gerechtfertigt ist.

Was schließlich den Einwand des Herrn Dr. Mittelstedt betrifft, bezüglich der Protokollirung, so schreckt mich dieser Einwand gleichfalls nicht zurück. Die Bedenken schwinden, wenn entgegengehalten wird, was Herr Generalstaatsanwalt von Schwarze vorgetragen hat. Auch nach der österreichischen Strafprozeßordnung darf eine Discussion zwischen dem Staatsanwalt und Vertheidiger über den Inhalt der Rechtsbelehrung vor den Geschworenen nicht stattfinden, und der Vorsitzende muß die Macht haben, eine derartige Discussion vorweg abzuschneiden. Dadurch wird allerdings die eine große Gefahr, welche eine Debatte über die Richtigkeit der Rechtsbelehrung enthalten muß, vermieden.

Was das andere Bedenken des Herrn Dr. Mittelstedt betrifft, bezüglich des loyalen Vorgehens, so ist auch dies kein Hinderniß bezüglich der Feststellung der Rechtsbelehrung; schon vorher können sich die Parteien hierüber einigen, ob sie die Protokollirung der Rechtsbelehrung verlangen;

coram publico das Verlangen zu stellen die Rechtsbelehrung protokolliren lassen, würde ich allerdings für bedenklich halten. Wenn aber nach einer Rechtsbelehrung die Parteien das Verlangen nach einer Feststellung aussprechen, so können sie sich im eigenen Berathungszimmer über die Frage einigen, was hat der Vorsitzende gesagt, was hat er als Recht hingestellt? Das wird fixirt; und wir haben dann gar keinen Anstand, daß eine derartige Rechtsbelehrung zum Gegenstande einer Nichtigkeitsbeschwerde gemacht wird. Ich glaube daher, daß bei sorgfältigem Eingehen auf alle diese Theile ein Bedenken nicht obwaltet, und werde deshalb für den Antrag des Herrn Professor Gneist stimmen.

Professor Dr. **Schütze** aus Graz: M. H., wenn ich mit einem offenen Bekenntniß beginnen darf, so ist es das: es ist mir factisch vollkommen gleichgültig, ob die von dem Herrn Referenten vorgeschlagenen Anträge angenommen oder verworfen werden. Da ich es aber mit meiner rechtlichen Ueberzeugung nicht vereinigen kann, für Anträge zu stimmen, deren Annahme oder Verwerfung mir gleichgültig ist, so muß ich mich natürlich für die Verwerfung erklären. Ich würde das nun in der Form des Vorschlages, einfach zur Tagesordnung überzugehen, thun können, aber da ich die Erfahrung gemacht habe, daß Tagesordnungen beim Juristentage nicht beliebt sind, und da gebrannte Kinder das Feuer scheuen, so werde ich mich damit begnügen, einfach gegen die Vorschläge des Herrn Referenten zu stimmen und zwar aus folgenden Gründen.

Der erste Grund ist der, daß ich zwischen den Vorschlägen ad 1 und 2 eine logische Verbindung nicht finde. Die Frage der ständigen Deputation des Juristentages ist meines Erachtens so aufzufassen: „Soll die Jury bei ihrem Verdicte an die Rechtsbelehrung des vorsitzenden Richters rechtlich gebunden sein“ — nicht blos moralisch, sondern rechtlich, gesetzlich. Demgemäß müßte nun Satz 1, wenn er eine Antwort auf diese Frage ertheilen will, so verstanden werden: „Die Rechtsbelehrung durch den vorsitzenden Richter soll für die Geschworenen kraft ihrer Amtspflicht rechtlich bindend sein.“ Nun aber gehe ich zu dem zweiten Satz über, welcher die Mittel enthält, durch welche jener Zweck erreicht werden soll. Halten wir fest: der Zweck ist ein rechtliches Gebundensein der Geschworenen an die Befolgung der Rechtsbelehrung des vorsitzenden Richters. Welches sind nun die Mittel? Erstens, es soll in ihren Eid eine Klausel aufgenommen werden, die sie nicht verpflichtet, der Rechtsbelehrung des vorsitzenden Richters zu folgen, sondern das Gesetz treu zu befolgen, und dafür beruft sich der Herr Referent auf den § 313 der österreichischen Strafprozeßordnung. Ich muß gestehen, daß ich in Kommentaren über die österreichische Strafprozeßordnung den Satz gefunden habe: „In Oesterreich ist der Geschworene durch seinen Eid an die Rechtsbelehrung gebunden." Ich habe nach der Entstehung dieser Behauptung gesucht, habe aber eine gesetzliche Stütze dafür nicht gefunden. Zunächst sagen die Motive zu § 313 — und es wäre doch ihre Aufgabe gewesen, die rechtliche Gebundenheit der Geschworenen an die Rechtsbelehrung des vorsitzenden Richters auszusprechen — nichts weiter als dies: „daß der Vorsitzende die Geschworenen über das Gesetz und über die Bedeutung der im Gesetz gebrauchten gesetzlichen Ausdrücke zu belehren habe und daß es eine Gewissenspflicht für die Geschworenen sei, sich an diese Belehrung zu halten." So deutlich wie nur möglich ist es also als eine bloße Gewissenspflicht bezeichnet.

Wie lautet nun der Eid der Geschworenen? Derselbe lautet nach § 313 dahin: „Sie schwören, das Gesetz, dem Sie Geltung verschaffen sollen, treu zu beobachten"; nicht aber dahin: die vom Vorsitzenden (etwa) ertheilte Rechtsbelehrung treu zu befolgen. Also, m. H., das Gesetz treu zu beobachten! Das Gesetz aber und die Auslegung, die der Vorsitzende dem Gesetze giebt, sind doch zwei himmelweit verschiedene, nur zufällig wenn gleich meistens zusammenfallende Dinge. Die Römer haben eine Zeitlang jurisconsulti aufgestellt, welche das jus respondendi ausübten und die, wenn nicht von einem gleichwerthigen jurisconsultus widersprochen wurde, durch ihr responsum den Richter binden sollten, so daß ihr responsum legis vicem hatte. Sollten nun die Geschworenen an die Rechtsbelehrung des Vorsitzenden, an einen solchen jurisconsultus cum jure respondendi gebunden sein, so hätte der Gesetzgeber dies ganz gewiß gesagt, sei es im Gesetz selbst, sei es in den Motiven, es steht aber davon nicht ein Wort darin. Was also Oesterreich in diesem Punkte anbetrifft, so muß ich auf das allerbestimmteste dagegen protestiren, daß in der österreichischen Strafproceßordnung der Eid, welcher auf die Befolgung des Gesetzes lautet, irgendwie so zu verstehen wäre, daß die Geschworenen an die Belehrung des Vorsitzenden gebunden seien.

Ich komme nun auf den zweiten und letzten Punkt. Es wird gesagt: „und wenn wegen irriger Rechtsbelehrung ein Rechtsmittel bei dem Reichsgericht stattfindet." Die österreichische Strafproceßordnung gewährt denn auch laut §§ 325 und 344 sub 8 eine Nichtigkeitsbeschwerde wegen „unrichtiger" im Protokoll constatirter Rechtsbelehrung; sagen wir also: wegen irriger Rechtsbelehrung. Man beachte: wegen irriger Rechtsbelehrung! Also dieses Gesetz selbst constatirt damit, daß Rechtsbelehrung und Gesetz von einander abweichen können, folglich nichts weniger sind als identisch. Das einzige dem Zwecke des Herrn Referenten entsprechende Mittel, welches ich mir denken kann, wäre vielmehr eine Nichtigkeitsbeschwerde wegen

Nichtbefolgung der Rechtsbelehrung des Vorsitzenden. Es müßte also in irgend einer Weise constatirt werden können, daß die Geschworenen bei ihrer vermeintlich in thatsächlicher Beziehung falschen Antwort von der Belehrung des Vorsitzenden des Gerichts abgewichen wären, daß nämlich eine anderweitige von der des Vorsitzenden abweichende Auffassung des Gesetzes sie veranlaßt hätte, die Frage so wie geschehen zu beantworten. Das kann aber kein Mensch der Welt constatiren. Die österreichische Gesetzgebung hat hier ein Mittel ergriffen, meines Erachtens ein verwerfliches, das Mittel der Zusatzfragen, worin die Geschworenen aufgefordert werden zu erklären, wie sie das Gesetz verstanden haben. Solche Zusatzfragen heißen mit anderen Worten weiter nichts als: Geschworene, wie versteht ihr das Gesetz, so oder so? Zum Beispiel: Ist nach eurer Auffassung das der Ehefrau des Angeklagten gehörige Haus für den Angeklagten ein „eigenes" oder ein „fremdes" im Sinne des Gesetzes über Brandlegung? Zeigt sich, daß ihr das Gesetz falsch verstanden habt, dann werden wir euren Spruch zum Gegenstande einer Nichtigkeitsbeschwerde machen! Da hätten wir also ein Constatirungs-Mittel; aber freilich, wie gesagt, ein sicherlich verwerfliches. Ich glaube nach alledem, daß überhaupt kein annehmbares Mittel gefunden werden kann, um den in Satz 1 des Referenten aufgestellten Zweck zu erreichen; daß aber die in Satz 2 des Referenten vorgeschlagenen Mittel diesen Zweck überall nicht treffen, also gänzlich verfehlen.

Ich komme also zu dem Resultat, daß nach keiner Richtung hin dasjenige, was der Herr Referent will, zu erreichen ist, und da ich meinerseits aus den Gründen, die ich angegeben, nicht die Tagesordnung vorschlagen wollte, so muß ich gegen die Anträge des Herrn Referenten stimmen. Ich würde mich jedoch freuen, wenn aus dem Schooß der Versammlung Jemand die einfache Tagesordnung beantragen sollte; ich wäre dann bereit, dafür in erster Linie zu stimmen.

Der englische Rechtsanwalt Dr. **Ed. Zimmermann** (Berlin): Ich möchte mich dem Antrage anschließen, der Ihnen heute dahin gestellt ist, dem Antrage des Herrn Referenten ihre Zustimmung nicht zu geben. Es war meine Absicht, Ihnen ein Bedenken vorzuführen, welches allerdings nun der verehrte Herr Vorredner geltend gemacht hat; es ist ein Bedenken, welches wie ich glaube in dieser Beziehung durchschlagend sein muß. Das ist nämlich die Frage: wie wollen Sie controlliren, wie wollen Sie festsetzen oder feststellen, wie wollen Sie überhaupt entscheiden, ob die Geschworenen ihr Verdict auf die Rechtsbelehrung gegründet haben? Eine solche Feststellung oder Entscheidung ist unmöglich, und deshalb sind auch die Anträge des Herrn Referenten nicht aufrecht zu erhalten. Ich beschränke mich auf diese Bemerkung, weil der Herr Vorredner diesen Gedanken bereits hinlänglich ausgeführt hat.

Es ist bei dieser Debatte mehrfach auf das englische Recht hingewiesen worden. Ich möchte in dieser Beziehung einige Momente erläutern. Das juristische Element des englischen Schwurgerichts bildet in der Regel allein der Vorsitzende, der also Präses des Schwurgerichts und der alleinige Rechtskundige ist; der Richterstand bildet also nicht ein Dreimänner- oder noch größeres Collegium, wie dies im deutschen Untersuchungsverfahren der Fall ist. Dieser Vorsitzende hat aber meines Erachtens nicht die Stellung, die ihm hier vindicirt worden ist, d. h. die Geschworenen in dem Sinne zu controlliren, wie es von dem Herrn Vorredner ausgeführt wurde. Die Geschworenen haben innerhalb ihrer Functionen eine durchaus unabhängige Stellung, wie ich dieselbe nur mit den Worten, freilich nicht als durchgreifende Norm, exemplificiren kann, wie ich sie in einem speciellen Falle, wo ich anwesend war, aus dem Munde des präsidirenden Richters selbst hörte, der die Geschworenen in nachstehender Weise anredete: M. H., ich bin verbunden, das gemeine Recht zu kennen, aber Sie meine Herren kennen es besser, Sie haben zu entscheiden, ob das gemeine Recht so ist, wie Kläger behauptet.

Diese Bemerkung führt mich zu der Frage über die Trennung des Rechtsmoments von dem thatsächlichen Moment in der Fragestellung für die Geschworenen. M. H. wenn die Geschworenen die Frage vor Gericht zu beantworten haben: ob der Angeklagte schuldig, das oder jenes gethan zu haben? — so ist doch nicht im mindesten zweifelhaft, daß das eine Frage des Rechts involvirt. Es giebt freilich einige Vergehen, die sich vollständig auf die Thatsache beschränken lassen und damit das Vergehen präcisiren, in der Regel aber gehören zur That gewisse Rechtsbegriffe, die von den thatsächlichen Momenten gar nicht getrennt werden können, und insofern muß man den Geschworenen, die über die Schuldfrage entscheiden sollen, durchaus das Recht vindiciren, in dem Schuldig über die rechtliche Natur zu entscheiden.

Es ist nun hieran die weitere Frage geknüpft worden: welche Bedeutung die Rechtsbelehrung des Richters für die Geschworenen habe und welches Rechtsmittel es etwa gegen dieselbe geben solle? Ich bedauere, m. H., daß ein Moment dabei ganz außer Acht gelassen ist, was ich für äußerst erheblich halte, nämlich der Unterschied, nach welcher Richtung hin die Rechtsbelehrung erfolgte, d. h. man muß doch unterscheiden, ob die Rechtsbelehrung auf Freisprechung oder Verurtheilung gerichtet ist? Das ist sicherlich ein Unterschied, der meines Erachtens bei der Beurtheilung dieses Gegenstandes nie aus den Augen gelassen werden darf. Will man etwa ein Rechtsmittel gegen die freisprechende Rechtsbelehrung zulassen? Nach der allgemeinen wörtlichen Fassung, wie sie von dem Herrn Referenten uns hier vorgelegt ist, müßte man diese Frage unbedingt bejahen und dazu kann man sich doch wirklich nicht ohne weiteres entschließen; hier würde zunächst eine eingehendere Prüfung durchaus nothwendig werden.

Was ferner die Art und Weise anlangt, wie bei dem englischen Verfahren die Fixirung des Hergangs der Verhandlung erfolgt, so bemerke ich, daß bei allen wichtigeren Gegenständen, wie das vom Herrn Referenten richtig angeführt ist, der Richter selbst Notizen macht und zwar Notizen nicht blos über die Rechtsbelehrung, die er giebt, sondern auch über das, was die Zeugen ausgesagt haben, so daß der Richter nach dieser Beziehung eine sehr schwierige Stellung und häufig eine sehr umfangreiche Aufgabe hat, was wohl keines weiteren Beweises bedarf, wenn ich anführe, daß z. B. Spruchsitzungen stattgefunden haben, die 20—30 Tage ja längere Zeit in Anspruch nahmen. Ich möchte hier blos an den Fall Tichborne erinnern. Ich meine aber, daß sich ein solches Verfahren praktisch kaum bewähren dürfte, und um die Zeugenaussagen und sonstigen Beweise sowie die Erklärungen des Richters zu fixiren, wird man unbedingt zu dem Hilfsmittel greifen müssen, vereidigte Stenographen bei Gericht einzuführen. Theilweise ist bei den englischen Verhandlungen der Gerichtsstenograph schon gesetzlich eingeführt.

Nun ist ja von dem Herrn Vorsitzenden mit Recht darauf hingewiesen worden, daß eigentlich die zweifelhaften Rechtsmomente Gegenstand der Verhandlung seitens des Anklägers und Vertheidigers im Laufe der Verhandlung sein müßten, und daß dann festgestellt werden kann, welche Fragen zweifelhafter Natur sind. Anders verhält es sich natürlich in dem Fall, wenn das Plaidoyer beendigt ist und der Richter in seinem Schlußresumé eine Rechtsbelehrung ertheilt, wodurch der eine oder andere Theil, ich möchte sagen gewissermaßen überrascht wird. Das englische Verfahren wickelt sich in dieser Beziehung in der Art ab, daß allerdings mit einer großen Ausführlichkeit die Anklage dargelegt und schon im Laufe der Verhandlung Veranlassung genommen wird, die streitig werdenden Rechtspunkte zur Erörterung zu bringen. Findet der vorsitzende Richter, daß da Rechtsmomente sind, die nach seiner Auffassung ganz klar sind und etwaige Bedenken keine Begründung haben, so weist er sie sofort definitiv von der Hand. Glaubt er aber, daß ein Rechtsmoment zu begründeten Zweifeln Veranlassung giebt, und so wichtig erscheint, daß dasselbe einer weiteren Erörterung bedarf, dann giebt er den Geschworenen die Belehrung: unter der Voraussetzung, daß dieser Rechtspunkt so und so entschieden wird, haben Sie nunmehr Ihr Verdict abzugeben. Dann geben die Geschworenen den eventuellen Ausspruch und der Angeklagte hat pro eventu das Recht, die Rechtsfrage vor dem Gerichtshof im plenum (ohne Geschworene) zu plaidiren, und ist dort die Frage entschieden, so spricht der Gerichtshof nach dem Ausfall dieser Frage das Enderkenntniß aus.

Zum Schlusse muß ich darauf zurückkommen: es ist unmöglich, daß Sie die Motive der Geschworenen, weshalb sie ihr Verdikt so und so gegeben haben, beurtheilen können; Sie haben dazu keine Mittel, und die Stellung der Geschworenen kann dazu keine Mittel geben. Ich muß also bitten, dem Antrage beizupflichten, den Vorschlägen des Referenten keine Folge zu geben. Wenn nicht von anderer Seite der Uebergang zur Tagesordnung kommt, will ich diesen Antrag hiermit gestellt haben.

Professor Dr. **Zucker** (Prag): Sofern ich die geehrten Herren Redner, welche gegen den Antrag des Herrn Referenten gesprochen haben, gut verstanden habe, bemängeln sie den Umstand, daß es sich nicht feststellen läßt, aus welchen Gründen die Geschworenen der Rechtsbelehrung gefolgt sind oder ob sie überhaupt dieselbe befolgt haben. Ich glaube, daß man zu weit geht, wenn man dieses Bedenken erhebt, und werde mir erlauben, die Sache mit Rücksicht auf andere ähnliche Verhältnisse zu beleuchten.

Es läßt sich auch nicht feststellen oder ermitteln, als lediglich durch die Macht des Gewissens und der Amtspflicht, ob der Berufsrichter das im Gesetze fixirte Recht in Wirklichkeit angewendet hat; er ist, soweit er durch die Entscheidungsgründe seine Auffassung nicht klar stellt, keine Aufklärung darüber zu geben schuldig; und weil nun die Belehrung der Geschworenen über das Recht durch den Richter das lebendige Gesetz, — welches sie als Laien nicht oder nicht in dem Maße kennen, wie die Richter kraft ihrer Wissenschaft — darstellt, so genügt es vollkommen, wenn man sagt: Ihr seid unter eurem Amtseid verpflichtet, der Belehrung des Richters zu folgen. Ich halte das für etwas ganz Selbstverständliches. Ob sie folgen oder nicht, scheint mir lediglich eine Gewissenssache zu sein, das scheint sich mir jeder Kontrolle zu entziehen, sowie es sich der Kontrolle entzieht, ob sie beim Vorhandensein genügender Beweise die Schuldfrage bejahen oder nicht; aber das scheint mir dem Antrage Gneist nicht hindernd in den Weg zu treten, weil eben damit zu viel, und meines Erachtens andererseits zu wenig bewiesen wird.

Was besonders den Antrag Schütze betrifft, mit dem ich mich als Oesterreicher in Divergenz befinde, so muß ich sagen, daß auch ich gewünscht hätte, es wäre die Frage nicht zur Diskussion gekommen, weil sie als selbstverständlich anzunehmen ist; ist sie aber zur Diskussion gekommen, dann kann sie meines Erachtens durch das Votum des Juristentages nicht anders als bejahend und zustimmend entschieden werden, weil man nicht in der Lage ist, diese Frage bestreiten zu können. Deßhalb glaube ich, dem Antrage des Herrn Referenten zustimmen zu sollen.

Professor Dr. **Schütze** (Graz): Nur ein paar kurze Bemerkungen, meine Herren.

Zuvörderst darf ich constatiren, daß mein Herr Kollege von Prag meine hinsichtlich der österreichischen Strafprozeßgesetzgebung gemachten Bemerkungen zu widerlegen nicht versucht hat. Auf die Aeußerungen des letzten Herrn Redners ferner bemerke ich, daß wenn wir den Vorschlag ad 1 des Referenten annehmen, und von den sub 2 angegebenen Mitteln zur Erreichung dieses Zweckes absehen, gleichwohl aber aussprechen, daß die Geschworenen an die Rechtsbelehrung durch den vorsitzenden Richter gebunden sein sollen kraft ihres Amtseides, wir dadurch etwas aussprechen, — was wir unmöglich billigen können. Wenn ich sage „wir", so betone ich das Wort wir. Unsere Geschworenen sind häufig gar keine Laien; das ist überhaupt ein absolut falscher und ungenauer Ausdruck; vielmehr besteht das Wesen der Geschworenen bekanntlich nur darin, daß sie dem Richterbeamten-Stande angehörende Männer nicht sind. Es können sich unter den Geschworenen sehr wohl Nicht-Laien, nämlich Juristen befinden. Ich z. B. als Strafrechtslehrer kann jeden Augenblick in die Lage kommen, auf der Geschworenenbank zu sitzen. Denke ich mich nun in die Lage hinein, es würde in den Geschworeneneid die Clausel aufgenommen: „Die Rechtsbelehrung des Vorsitzenden treu zu befolgen", so würde ich entweder den Eid verweigern müssen, denn es wäre mir absolut unmöglich, mich der eventuellen Rechtsbelehrung des Vorsitzenden von vornherein durch eidliches Versprechen zu unterwerfen, und ich würde die Folgen, welche das Gesetz mit der Verweigerung des Geschworeneneides verbindet, über mich ergehen lassen; — oder ich würde hoffen, der Vorsitzende wird, wie meist, so auch diesmal, eine plausible und richtige Rechtsbelehrung ertheilen, der ich getrost folgen kann. Gesetzt aber diese von mir bei Ablegung des Eides gehegte Erwartung schlägt fehl, der Vorsitzende, wie ich das mehrfach erlebt habe und Sie Alle vielleicht, trägt etwas absolut Falsches vor, nach meiner Ansicht gegen den Sinn des Gesetzes, gegen dessen Entstehungsgeschichte, dann müßte ich als Geschworener ein Mittel haben, dagegen protestiren zu können. Bin ich aber nicht in der Lage, das thun zu können, so muß ich noch in diesem Stadium der Sache mich von der Theilnahme am Geschworenenamt lossagen, und wiederum die gesetzlichen Folgen davon über mich ergehen lassen. Auch als Geschworener kann meines Erachtens der Jurist seine rechtliche Ueberzeugung nicht verleugnen; indem er eben zur Anwendung des Gesetzes, also nach dessen wirklichem Sinn und Inhalt, berufen ist.

Ich wollte Ihnen einfach diesen Satz praktisch vorführen, und da muß ich dann sagen: was wir Juristen uns selber als Geschworenen nicht zumuthen können, dürfen wir unmöglich den übrigen Geschworenen zumuthen. Ich fordere Sie daher auf, nicht blos den Vorschlag 2, sondern auch den Vorschlag 1 des Referenten einfach abzulehnen, und so bei Ihrem auf dem letzten Juristentage bereits gefaßten Beschlusse zu verharren.

Ober-Gerichts-Rath Dr. **Mittelstedt** (Hamburg): Ich möchte mir zur Unterstützung meines eventuellen Antrages, der sich gegen den zweiten Antrag des Herrn Referenten wendet, einige Worte gegen den Herrn Vorredner erlauben.

Ich glaube, daß das, was Herr Schütze vorgetragen hat, wesentlich widerlegt ist durch den Vortrag des Herrn Referenten. Wenn man eine Zumuthung darin findet, in der Stellung als Geschworner sich der Rechtsbelehrung durch den vorsitzenden Richter zu unterwerfen, nicht weil sie am besten ist, sondern weil er berufen ist, die ganze Sache in der Hand zu halten, dann ist eine Diskussion und eine Vereinigung nicht möglich, und dann ist der Vortrag des Herrn Referenten umsonst gewesen.

Sodann glaube ich, ist der praktische Fall, von dem der Herr Vorredner ausgegangen ist, ein ungewöhnlich seltener und abnormer. Ich glaube allerdings, daß die Professoren der Jurisprudenz nicht auf die Geschworenenbank gehören, so wenig wie richterliche Beamte, die nicht vom Verdacht frei sind, mit dem Recht in zu nahen Beziehungen zu stehen. Das ist kein Bedenken, über das nicht fortzukommen wäre. Es bleibt ein frommer Wunsch, es bleibt ein ethischer Gedanke, dem man dadurch Ausdruck giebt, daß man die Verpflichtung der Geschworenen in den Amtseid aufnimmt.

Ich erlaube mir, den Antrag schriftlich formulirt dem Herrn Vorsitzenden zu übergeben.

Vorsitzender General-Staatsanwalt Dr. **von Schwarze** (Dresden): Der eben eingegangene Antrag lautet:

> Unter Ablehnung der Nr. 2 des Antrages des Referenten zu beschließen:
>
> „Diese Verpflichtung (Ziffer 1) ist in den Amtseid aufzunehmen."

Professor Dr. **Schütze** (Graz): Der letzte Vorschlag ist doch unmöglich anzunehmen; man würde den Geschworenen eine, noch dazu inhaltlich nicht näher bezeichnete Eidespflicht auferlegen, die wir Juristen Anderen und uns selbst nicht zumuthen. Wir Juristen sollen das Geschwornen-Institut stützen und schützen. Wenn wir aber die Anträge, sei es des

Referenten, sei es des Herrn Dr. Mittelstedt, annehmen, so glaube ich, daß wir unsererseits dazu beitragen, das Institut zu untergraben.

(Die Debatte wird geschlossen.)

Referent Professor Dr. **Gneist** (Schlußwort): Es ist vom Herrn Professor Schütze principieller Widerspruch gegen die Richtung des Antrages erhoben. Erlauben Sie mir die Frage: was bedeutet an dieser Stelle der Unterschied zwischen moralischer Verpflichtung und gesetzlicher? Ich möchte behaupten, keine einzige Unterthanenpflicht, keine einzige öffentlichrechtliche Pflicht kann vor dieser Art der Dialectik bestehen. Diese Dialectik construirt alle öffentlichen Pflichten durch Theilung hinweg, sie löst sie auf in einzelne Obligationen. Ich glaube aber, diese Art der Construction entspricht nicht dem öffentlichen Recht. Das kann ich freilich nicht mit zwei Worten beweisen, weil wir nicht einheitliche staatsrechtliche Begriffe haben, von denen wir ausgehen. Darum bitte ich mich berufen zu dürfen auf Jahrhunderte alte Erfahrungen Englands und Amerikas. Da hat man die Verpflichtung der Geschworenen so construirt, daß sie als bürgerliche Amtspflicht angesehen wird, man demonstrirt sie in jeder Sitzung den Geschworenen und sieht sie als Rechtsverpflichtung an, der Folge zu leisten ist. Ich wünsche, daß, indem wir ähnliche Vorbedingungen schaffen, wir auch dahin kommen, was in einer Hälfte der civilisirten Welt schon eingetreten ist: daß es als Berufspflicht von unseren Geschworenen angesehen werde.

Die andere Reihe der Einwendungen trifft die Einzelnheiten. Herr Professor Rubo findet Bedenken an unsere Collegialverfassung. Unsere Richter haben allerdings collegialisch die Strafe zu messen und wichtige Rechtsfragen collegialisch zu entscheiden, auch im Proceßgange. Aber Einzelnes in der Proceßleitung kann man doch nur durch den Präsidenten machen, wie alle anerkennen. Zu diesen Dingen gehört die Rechtsbelehrung; denn was sollte daraus werden, wenn die Rechtsbelehrung erst durch drei Collegen beschlossen würde? Würde ein solcher Beschluß wirklich den Charakter einer populären und brauchbaren Belehrung haben? Ich glaube die Natur der Rechtsbelehrung zwingt uns, nach dem englischen Vorbilde zu verfahren. Der Vorsitzende wird sich mit den beiden Richtern verständigen und wahrscheinlich regelmäßig in Uebereinstimmung mit ihrer Ansicht demonstriren. Kann er es aber nicht, so soll er den Geschworenen nicht sagen: wir sind verschiedener Meinung. Das wäre das verkehrteste von der Welt, den Geschworenen zweierlei Rechtsmeinung vorzuführen. Er kann nur sagen: m. H., nach meiner gewissenhaften Ueberzeugung ist dies der Sinn des Gesetzes. Die etwa dissentirenden beiden Beisitzer haben jeder Zeit das Recht, die Protokollirung zu verlangen, und dann kommt die streitige Rechtsfrage im Wege der Revision zum Austrag. Den Geschworenen gegenüber muß zuletzt der oberste Gerichtshof maßgebend sein; man kann diesen Punkt vor den Geschworenen nicht collegialisch verhandeln.

Ob der Eid der Geschworenen auf das Gesetz wirksam ist, darüber haben wir eine Reihe alter und neuer Erfahrungen. Der Geschworene wird diesen Eid ebenso gewissenhaft halten, wie andere. Es bedarf meiner Meinung nach keiner Specialisirung. Es genügt, wenn man auf das Gesetz vereidet und jeden Geschworenen darauf verweist, daß die endgültige Entscheidung über die Auslegung des Präsidenten an das Reichsgericht geht.

Wie Herr Dr. von Schwarze und die Herren aus Oesterreich und Sachsen versichern, so ist es richtig, daß von der Revision selten Gebrauch gemacht wird. Diese Institutionen wirken überhaupt negativ durch das, was Schlimmes verhütet wird. Es bedarf auch nicht der mißtrauischen Protokollirung jedes einzelnen Satzes, es bedarf nur der Möglichkeit einer speciellen Protokollirung. So wie die Möglichkeit gegeben ist, eine irreleitende Rechtsbelehrung zu corrigiren, und der Präsident bekommt auch nur den leisesten Wink, der Staatsanwalt oder Defensor wird einen Antrag stellen, so benutzt er die Gelegenheit sich zeitig zu corrigiren. Es kommt fast nie zur Anfechtung des Spruches, weil nur auf Antrag protokollirt wird; der Richter hat sich inzwischen besonnen und giebt eine richtige Auslegung. Das Protokolliren wird aber als Kautel dienen.

Was die einzelnen Punkte der Protokollirung betrifft, so bin ich darauf nicht eingegangen, denn die vorjährigen Beschlüsse sind ja zunächst als feststehend anzusehen; die vorjährigen Beschlüsse haben jene Bedenken als nicht durchschlagend anerkannt.

Es bleibt daher nur übrig Nr. 2 zu rechtfertigen. Daß sie vermöge der Amtspflicht bindend sein soll, kann man doch unbedenklich annehmen. In Bezug auf die beiden Sätze aber, es soll in den Eid aufgenommen werden u. s. w., will die eine Seite (auch Herr Dr. Mittelstedt) den Vordersatz annehmen. Der andere Theil ist aber bereits beschlossen, also es ist kein Grund, nicht auch die zweite Hälfte anzunehmen. Ich glaube, daß auch Herr Dr. Mittelstedt für den zweiten Theil der Nr. 2 mitstimmen könnte.

Der Vorsitzende General-Staatsanwalt Dr. von Schwarze schlägt die Reihenfolge, in welcher er über die einzelnen Anträge abstimmen lassen will, vor; der Vorschlag findet allgemeine Billigung.

Die Abstimmung ergiebt folgendes Resultat:

Der Antrag Dr. Zimmermann auf Uebergang zur Tagesordnung wird abgelehnt. Der Antrag Nr. 1 des Referenten:

„Die Rechtsbelehrung durch den vorsitzenden Richter soll für die Geschworenen kraft ihrer Amtspflicht bindend sein"

wird angenommen. Der Antrag Nr. 2 des Referenten:

„Einer ausdrücklichen Gesetzesvorschrift dieses Inhalts bedarf es indessen nicht, wenn der Amtseid der Geschworenen ausdrücklich auf Befolgung der Gesetze lautet (Oesterreich. Strafproceßordnung § 313) und wenn wegen irriger Rechtsbelehrung ein Rechtsmittel bei dem Reichsgericht stattfindet."

wird abgelehnt. Der Antrag Mittelstedt:

„Diese Verbindlichkeit (Ziffer 1) ist in den Amtseid aufzunehmen"

wird ebenfalls abgelehnt.

Es ist demnach nur der Antrag Nr. 1 des Referenten angenommen worden. Ferner wird beschlossen über die Berathung und Beschlußfassung der Abtheilung durch den Referenten Professor Dr. Gneist dem Plenum Vortrag zu erstatten, jedoch den Beschluß nur zur Kenntnißnahme des Plenums zu bringen.

(Schluß 1½ Uhr.)

Zweite Sitzung der dritten Abtheilung.

Freitag Vormittag 9 Uhr.

Stellvertretender Vorsitzender Obertribunalsrath **von Köstlin**: Die Liste der vorgeschlagenen Vertrauensmänner der Abtheilung ist folgende:

1) Kanzler Roßhirt (Mannheim),
2) Professor Dr. Schütze (Graz),
3) Obergerichtsrath Thomsen (Hannover),
4) Obergerichtsrath Dr. Mittelstedt (Hamburg),
5) Dr. Franz von Liszt (Graz),
6) Staatsanwalt Cucumus (München),
7) Professor Dr. Rubo (Berlin),
8) Ober-Appellationsgerichtsrath Lamm (Dresden),
9) Obertribunalsrath von Köstlin (Stuttgart),
10) General-Staatsanwalt Dr. von Schwarze (Dresden).

(Die Vorschläge werden von der Abtheilung genehmigt.)

Wir treten dann in unsere heutige Tagesordnung ein:

Berathung der Frage 7:

Ob das Verschweigen eines Gründergewinns bei Gründung einer Actiengesellschaft (als Betrug) den ersten Actienzeichnern oder Anderen gegenüber strafbar ist?

Ich ersuche den Herrn Referenten, den Bericht zu erstatten.

Referent Obergerichtsrath **Thomsen** (Hannover): M. H., die uns heute vorliegende Frage bildet streng genommen eine Ausnahme von der regelmäßigen Praxis des Deutschen Juristentages. Bekanntlich haben uns regelmäßig Fragen beschäftigt, die mit der Legislative des Staats zusammenhingen, deren Beantwortung durch den Deutschen Juristentag ein Fingerzeig sein sollte für die Lösung bestimmter gesetzlicher Aufgaben. Die heutige Frage hat eine mehr interpretative jurisdictionelle Bedeutung: wir sollen untersuchen und unser Votum darüber abgeben, ob und wie weit das Verschweigen eines Gründergewinnes unter den Begriff des Betrugsparagraphen des deutschen Strafgesetzbuchs fällt. Wir sollen damit gewissermaßen eine Kritik ausüben über zahlreiche Urtheile deutscher Gerichtshöfe, wir sollen die Ansicht des Juristentages darüber ermitteln, ob in dem Verschweigen des Gründergewinns den ersten Actienzeichnern oder Anderen gegenüber ein strafbarer Betrug liegt.

Diese Frage führt uns nun auf die leider vorzugsweise in unserem deutschen Vaterlande hervorgetretene traurige Erscheinung des sogenannten Gründungsschwindels, und es mag wohl schon Jeder von uns mehr oder weniger von sittlichem Zorn ergriffen worden sein über das unmoralische Gebahren der Gründer, aber ich brauche wohl nicht besonders zu betonen, daß dies uns nicht befangen machen soll, zumal wir hier auf einem gewissermaßen richterlichen Standpunkt stehen; lassen Sie uns deshalb sine ira et studio an die Beantwortung dieser Frage herangehen.

Ueber diese Frage liegen zwei eingehende Gutachten vor, von Herrn Advokat Stenglein zu München und Herrn Obergerichtsrath Dr. Mittelstedt zu Hamburg. Beide Gutachten beschäftigen sich zunächst damit, den Begriff zu definiren, was Gründergewinn und was ein Gründer ist. Eine gesetzliche Definition fehlt ja bis jetzt, also muß diese Definition erst construirt werden. Beide Gutachten geben diese Definition in wesentlicher Uebereinstimmung und ich darf wohl vorweg sagen, daß ich in dieser Beziehung den betreffenden Definitionen weder etwas zuzusetzen noch abzustreichen habe.

Das Stenglein'sche Gutachten erklärt den Begriff „Gründergewinn" dahin:

> Als Gründergewinn erscheinen nur diejenigen Vortheile, welche lediglich mit Rücksicht auf die unternommene Gründung den in den Gründungsplan eingeweihten Personen ohne weitere Gegenleistung zugewendet werden —

und definirt den Begriff „Gründer" dahin:

> Als Gründer erscheinen nur diejenigen Personen, welche in den Gründungsplan eingeweiht sind und am Gründergewinn Theilnehmen.

Es scheidet also diejenigen Personen aus, welche das betreffende Gründungsobject zu einem normalen Preise an die zu begründende Gesellschaft verkaufen, oder diejenigen Actionäre, welche die Actien bei der Zeichnung zu pari übernehmen.

Mittelstedt definirt die Gründer als diejenigen Personen, „welche den Gesellschaftsvertrag und die Statuten entworfen und verlautbart haben.“ Die Formen, in denen der Gründergewinn eingeleitet und realisirt wurde, sind der mannigfachsten Art; die Hauptform ist die: Abtretung, Inferirung, Verkauf des Gründungsobjects zu einem erhöhten Preise an die Gesellschaft. Diese Hauptform theilt sich wieder in mehrere Unterformen. Entweder wurde durch Zwischenpersonen mehrfach das betreffende Gründungs-Object hin und her verkauft, jedesmal der Preis gesteigert und endlich der Schlußpreis der Gesellschaft angerechnet, während die Differenz zwischen dem ersten Ankaufspreise und dem erhöhten Schlußpreise in die Tasche der Gründer floß, welche die Zwischenpersonen nur als Strohmänner fungiren ließen und die Zwischenkäufe nur als Scheinkäufe einschoben. Oder die Gründer machten es so: Sie kauften von dem ursprünglichen Besitzer das Gründungsobject zu einem erhöhten Preise, welcher den von dem Besitzer wirklich verlangten Preis überstieg, traten dann das Object zu diesem Scheinpreis an die Gesellschaft ab, bezahlten dem Besitzer nur den reellen Preis und behielten die Differenz. Oder endlich — und darin gipfelte die Kunst der Gründung — schlossen sie einen Vertrag mit dem Besitzer, daß dieser zu einem bestimmten, über den reellen, von ihm selbst verlangten Betrag hinausgehenden Preise das Object an die Gesellschaft direct verkaufen und dann den Gründern den fingirten Mehrbetrag herauszahlen sollte.

Eine andere Form der Gründung, besonders bei Eisenbahnunternehmungen, war die Generalentreprise mit Zahlung einer Provision an die Gründer von Seiten des Generalunternehmers; ferner bestand eine solche Form in der Entnahme einer Provision direct aus dem Vermögen der Gesellschaft, sei es durch Baarzahlung oder durch Uebernahme von Actien unter dem pari-Cours.

Stenglein will gewisse Formen des Gründergewinns ausschließen, so z. B. den Vortheil aus der Agiotage, indem er sagt:

> Das Agio der Actien konnte in diesen Fällen nur im Wege des Verkaufes der Actien, in der Regel sogar nur auf dem des Börsenverkaufes und der öffentlichen Coursnotirungen erzielt werden,

ferner die Fälle der Uebertretungen des Handelsgesetzbuchs, sowie die Fälle der Untreue.

Die Gutachten gehen dann, nachdem sie die Begriffe „Gründer“ und „Gründergewinn“ festgestellt haben, über zur Beantwortung der Frage selbst — und zwar wollen sie zunächst die ganz allgemein gehaltene Frage näher einschränken. Die Frage hebt die ersten Actienzeichner besonders hervor. Stenglein will in dieser Beziehung die Frage verneinen, weil, wie er sagt, die Gründer regelmäßig auch die ersten Actien gezeichnet und dieselben dann an Andere verkauft haben; er stellt dagegen die Frage auf:

> Ist das Verschweigen eines Gründergewinnes bei Gründunge einer Actiengesellschaft denjenigen gegenüber, welche die Actien zuerst von den Gründern kaufen, oder kürzer den ersten Actiennehmern gegenüber, als Betrug strafbar?

und in dieser Gestalt will er die Frage unter gewissen Modalitäten bejahen.

Mittelstedt will in seinem Gutachten die Frage näher dahin präcisiren, daß sie sich nur auf Eines der Thatbestands-Momente des Betruges beziehe, nämlich auf die Unterdrückung der Wahrheit, die nothwendig ist, um einen Betrug zu involviren, und er stellt also die Frage: „Liegt in dem Verschweigen des Gründergewinns eine Unterdrückung wahrer Thatsachen?"

Das Stenglein'sche Gutachten bezeichnet als den Angelpunkt der Beantwortung der Hauptfrage die Beantwortung der Unterfrage, „ob und inwieweit die Gründer an und für sich verpflichtet seien, die Actionäre über den Stand der Gesellschaft in vollem Umfange aufzuklären." Liege eine solche Verpflichtung nicht vor, dann sei auch kein strafbarer Betrug vorhanden; liege aber eine solche Verpflichtung vor, dann sei das Schweigen eine strafbare Unterdrückung der Wahrheit. Er beantwortet nun die Frage dahin, daß die Gründer als solche nicht verpflichtet seien.

Es sei z. B. kein Käufer verpflichtet, die Höhe des Preises anzugeben, er sei nur strafrechtlich verpflichtet, keine positiv falschen Vorspiegelungen zu machen. Dagegen liege es ganz anders, sobald die Gründer als Aufsichtsräthe, Verwaltungsräthe, Vorstände in die Leitung der Gesellschaft mit eintreten, dann hätten sie die rechtliche Verpflichtung, den Actionären die volle Wahrheit mitzutheilen. Wenn sie hierbei nun den Gründergewinn verschweigen, so hätten sie damit einer strafbaren Unterdrückung der Wahrheit sich schuldig gemacht. Er führt dann noch weiter aus, daß nunmehr, wenn also eine besondere Wahrheitspflicht in der Eigenschaft der Gründer als Organ der Gesellschaft vorliege, alle Requisite des Betruges vorhanden seien, und kommt dann zu dem Resultat: „Gründer von Actiengesellschaften, welche zugleich als Vertreter der gegründeten Actiengesellschaft fungiren, machen sich durch Verschweigung des dem Gesellschaftsvermögen zur Last fallenden Gründergewinnes den Actiennehmern gegenüber wegen Betruges strafbar."

Zu anderen Resultaten kommt das Mittelstedt'sche Gutachten. Ich glaube in der Lage zu sein, mit dem Referat über dieses Gutachten zugleich mein Referenten-Votum verbinden zu dürfen, beides ineinander flechten zu können, da ich, wie Sie aus den gedachten Anträgen werden ersehen haben, in den wesentlichsten Punkten, namentlich in dem Hauptpunkte über die entscheidende Bedeutung des Schweigens als Verletzung einer besonderen Wahrheitspflicht, vollkommen mit dem Mittelstedt'schen Gutachten übereinstimme und mich ihm anschließe. Es mögen einige Zusätze und Modificationen von mir gemacht werden, diese aber, sowie auch die etwas modificirte Fassung der gedruckten Anträge sind nicht von erheblicher Natur; nur in dem letzten Punkte, in der 5. These des Mittelstedt'schen Gutachtens glaube ich principiell abweichen zu müssen.

Nachdem die Gründer ihren Gründergewinn in Betrag und Form fixirt haben, müssen sie sich zur Realisirung desselben an das Publikum wenden und zwar mittelst Aufforderung zum primitiven Zeichnen oder zum Ankauf der von den Gründern gezeichneten Actie oder auch zu beiden Betheiligungsarten. Hierbei kann nun ein verschiedenes Verhältniß obwalten zwischen Gründern und Actionären. Einestheils können die Gründer die Einkleidung des Gründergewinnes, ihre Simulationen und Fictionen, die Scheinverträge und Scheinresultate in den Prospecten mitzutheilen, allerdings nicht, daß ein Gründergewinn darin steckt, — wenn sie dieses nun thun, so liegt wohl ohne Zweifel eine Vorspiegelung falscher Thatsachen, ein Betrug mittelst dieser positiven Vorspiegelungen vor, natürlich auch eine Unterdrückung der Wahrheit, die aber nicht mehr und nicht weniger gilt, als überhaupt in Vorspiegelung falscher Thatsachen zugleich die Unterdrückung des wahren Gegentheils liegt. Die Vorspiegelung ist primär, die Unterdrückung der Wahrheit secundär, sodaß dies Verhältniß zwischen Gründern und Actionären gar nicht in den Bereich unserer Frage fällt. Ganz ebenso verhält es sich, wenn die Gründer privatim, nicht im Prospect, einzelnen Actionären diese Scheinverträge als wahre Thatsachen mittheilen. Zweitens kann aber das Verhältniß sich so gestalten. Die Gründer laden das Publikum ein und sagen in den Prospecten überhaupt gar nichts von allen diesen Scheinverträgen, von dem fictiven Werthe der Objecte und dergl.; sie erwähnen also weder den Gründergewinn selbst noch irgend wie die Form desselben. Das ist der casus in terminis, wenn also die Gründer ohne positiv falsche Angaben den Gründergewinn weder im Prospecte noch privatim mittheilen. Diese Art und Weise ist nun verschieden behandelt worden von den Gerichten. Viele Gerichte haben angenommen, daß in dem bloßen Nichtmittheilen des Gründergewinnes schon der strafbare Betrug liege. Bekanntlich waren ja gemeinrechtlich, und sind noch jetzt manche Rechtslehrer der Ansicht, und hatten auch frühere Particulargesetze diese Ansicht sanctionirt: daß durch ein passives Verschweigen und Vorenthalten der Wahrheit Betrug consummirt werden könne. Es wird hierbei, wie ich mir noch zu bemerken erlaube, eben vorausgesetzt, daß die

Scheinverträge überhaupt gar nicht zur Kenntniß der Actionäre gekommen sind, daß diese Scheinverträge eine res interna der Gründer geblieben und überhaupt nicht über den Kreis der Eingeweihten hinaus gekommen sind. Also lediglich dieses passive Verschweigen kommt hier in Frage. Das active Benehmen der Gründer besteht ja nur in jenen Manipulationen wegen der Scheinverträge, und zweitens dem Publikum gegenüber in der Aufforderung, zu zeichnen oder zu kaufen. Zwischen diesen positiven Operationen der Gründer und dem passiven Verschweigen des Gründergewinnes liegt nun aber eine breite Kluft, eben die Kluft, welche das Passive von von dem Activen trennt. Diese Kluft mußte nun, um zu der Annahme des strafbaren Betruges zu gelangen, überbrückt werden. Man griff zu dem Mittel der Statuirung einer besonderen Wahrheitspflicht; es wurde gefolgert, die Gründer seien rechtlich verpflichtet, den Actionären die volle Wahrheit zu sagen, und es wurde weiter gefolgert, durch die Nichtangabe dieses ihres Gründergewinnes hätten sie die betreffende besondere Rechtspflicht verletzt und damit, so lautete der letzte Schluß, eine strafbare Unterdrückung der Wahrheit begangen. Man construirte dann diese besondere Pflicht in der Regel aus dem Begriff der Societät, indem man diesen Begriff anwendete auf das Verhältniß des Gründers zu den Actionären, in Verbindung mit den Grundsätzen der civilrechtlichen bona fides. Diese Rechtsansicht, die in zahlreichen Urtheilen unserer Gerichtshöfe anerkannt ist, trat nun in einer doppelten Form hervor. Entweder, und das ist das Gewöhnliche, auch dasjenige, worauf das Stenglein'sche Gutachten sich stützt, stellte man ohne Weiteres den Grundsatz hin, daß das einfache Verschweigen der Wahrheit, wenn eine besondere Rechtspflicht zur Angabe der Wahrheit existire, stets eine strafbare Unterdrückung wahrer Thatsachen enthalte; oder zweitens, man nahm noch ein drittes Moment zu Hilfe, man sprach aus, das Schweigen in Verbindung erstens mit der besonderen Wahrheitspflicht und zweitens mit dem activen Benehmen der Gründer involvire den Betrug. Die Quintessenz beider Principformen ist also offenbar die entscheidende Bedeutung des Schweigens als Verletzung einer besonderen Wahrheitspflicht. Wir haben daher in erster Reihe zu untersuchen, ob dieses Princip an und für sich richtig ist und ob die darauf weiter erbauten Grundsätze stichhalten, und in zweiter Reihe erst, falls diese Vorfrage bejaht werden sollte, die weitere event. Frage, ob eine besondere Wahrheitspflicht überhaupt zwischen den Gründern und Actionären existire, und wie diese Wahrheitspflicht zu construiren sei.

In der That glaube ich nun mit dem Mittelstedt'schen Gutachten diese ganze Vorfrage verneinen zu müssen. Der Betrug ist ja unbestritten ein Kommissivdelikt; ein Kommissivdelikt kann aber nur da begangen werden, wo die verletzenden Aenderungen in der Rechtssphäre Jemandes ihre wirkende Ursache in dem Verhalten eines Anderen haben. Ein rein passives Verhalten kann nun aber niemals diese wirkende Ursache bilden, es muß immer irgend etwas Actives hinzutreten. Die rechtlichen Beziehungen, welche etwa zwischen zwei Personen obwalten, wenn sie sich lediglich darauf beziehen, daß der Verletzung des Einen vorgebeugt werden kann durch Vornahme eines Acts von Seiten des Anderen, können niemals der Connex einer strafrechtlichen Verantwortung mit sich führen. Auch der Umstand, ob das Benehmen eines Menschen seinen Pflichten entspricht oder nicht entspricht, kann in der objectiven Beschaffenheit seines Benehmens überall keine Veränderung hervorbringen, ebensowenig wie der Umstand, daß vielleicht die Unterlassung mit civilrechtlichen oder gar mit strafrechtlichen Nachtheilen verknüpft ist. Dadurch kann das Verhalten zu einem unmoralischen, rechtswidrigen, pflichtwidrigen, ja zu einem strafbaren werden, aber niemals ein ommittere zum committere, eine Unterlassungssünde zur Begehungssünde. Das ursächliche Verhältniß zwischen dem Irrthum und zwischen dem Schweigen eines Anderen kann niemals herbeigeführt werden durch eine etwaige Pflicht, das passive Verhalten in ein actives umzuwandeln, und damit fehlt dann die erste Voraussetzung einer criminalrechtlichen Verantwortlichkeit. Das Mittelstedtsche Gutachten bezeichnet daher auch mit Recht die Gleichstellung von Wahrheitsverschweigung und Wahrheitsunterdrückung als eine Verwechselung, als eine Vermischung der subjectiven und objectiven Seite des Thatbestandes. Psychisch und innerlich unterdrückt allerdings derjenige die Wahrheit, der sich bewußt ist, moralisch oder gesetzlich verpflichtet zu sein, dem betreffenden Contrahenten, seinem Gegner, die Wahrheit mitzutheilen; aber äußerlich und materiell begeht er überhaupt gar keine Handlung, er unterdrückt nicht objectiv. Die Unmoralität, die Verwerflichkeit des Schweigens kann sich steigern, je nachdem die Pflicht zur Wahrheit in dem Gesetze etwa durch Strafe gesteigert ist. Dies bleibt aber stets eine innere Gradation, und diese subjective Gradation ist in keiner Weise geeignet, das passive Verhalten in ein actives umzuwandeln, die Qualität des Benehmens zu ändern. Und in der That ist wohl die ganze Gleichstellung von Wahrheitsverschweigung und Wahrheitsunterdrückung nichts weiter als der Nachklang jener früheren, durch unser Strafgesetzbuch verworfenen Rechtsansicht: daß ein rein passives Verhalten Betrug involviren könne.

Unser Strafgesetzbuch giebt schon durch die Wortfassung zu erkennen, daß es ein die Wahrheit activ alterirendes Benehmen verlangt; ferner geben die Motive deutlich zu erkennen, daß eine äußere Thätigkeit, also ein positives, actives Verhalten nothwendig ist als Voraussetzung des Betrugs.

Man hat freilich früher gesagt, das absolute Wesen des Betruges bestehe in der Verletzung der Wahrheit in ihrer ideellen Gestalt, in der Verletzung eines Rechts auf Wahrheit; dieser Begriff ist aber in keiner Weise durch das Strafgesetzbuch sanctionirt. Diejenigen gerichtlichen Urtheile, welche mir zugänglich gewesen sind, stellen auch zum Theil ganz richtig den Satz an die Spitze, daß ein passives Verhalten kein Betrug sei, aber in Wirklichkeit kehren sie den Satz sofort wieder um, sofern sie das passive Verhalten gebrauchen, um einen Betrug daraus zu construiren, indem sie das Schweigen durch das Medium einer besonderen Wahrheitspflicht aus der Sphäre des Passiven in die Sphäre des Activen hinübertragen. Man wirft gleichsam diese verkehrte frühere Rechtsansicht aus der Vorderthür hinaus, um sie sofort durch die Hinterthür wieder hereinzubringen. Wenn ich die Ausführungen in den gerichtlichen Urtheilen lese, dann fühle ich mich in die alten Zeiten des hannoverschen Strafgesetzbuchs versetzt, welches allerdings ein passives Benehmen, die Vorenthaltung der Wahrheit ausdrücklich als eine besondere Art des Betruges statuirte, wenn eine besondere Wahrheitspflicht vorhanden. Jetzt wird dieser Begriff fast wörtlich in unser deutsches Strafgesetzbuch hineingetragen.

Wir würden aber — um auf einen anderen Punkt überzugehen — diesen Urtheilen zu nahe treten, wenn wir materiell überall eine irrthümliche Entscheidung darin finden wollten. Die Entscheidung selbst ist in vielen Fällen materiell gerechtfertigt zu nennen; das Fehlerhafte liegt in der Methode, aus der Verletzung einer Wahrheitspflicht einen activen Betrug zu deduciren, darin den nervus der strafrechtlichen Deduction zu erblicken. Unbestritten kann ja unter besonderen Umständen, namentlich in Vertrags-Verhältnissen, ein auf Täuschung angelegtes, eine Entstellung oder eine active Unterdrückung von Thatsachen in sich schließendes Verhalten den Schein eines blos passiven Irrenlassens annehmen, oder umgekehrt ausgedrückt, das Schweigen kann rein äußerlich in Wirklichkeit den Character eines activ täuschenden Benehmens gewinnen. So dort, wo objective, auf Erregung eines Irrthums berechnete Veranstaltungen die Stelle der Worte vertreten, oder wo an sich wahre Behauptungen unter den gegebenen Verhältnissen irrige Vorstellungen hervorbringen müssen und sollen, wo durch die Willkür der Parteien, durch vorhergegangene Abrede, durch die zwingende Natur der äußeren Situation dem Schweigen eine concrete Bedeutung beigelegt wird als bestimmtes Willens-Zeichen, wo wir uns bewußt sind, daß an eine Unterlassung von unserer Seite sich eine bestimmte Vorstellung des Anderen knüpfen muß und zwar deshalb, weil unser eigenes positives Verhalten die Situation herbeigeführt hat. Dann enthält das Schweigen eine individualisirte und objectivirte Bedeutung, so daß daraus ein bestimmter objectiver Thatumstand gefolgert werden kann. Das ist dasjenige, was die Rechtslehrer „qualificirtes Schweigen“ nennen. Man kann es auch „concludentes Schweigen“ nennen, da hieraus ein Anderer einen bestimmten Schluß zieht auf das Dasein oder Nichtdasein eines concreten Thatumstandes. Aber als bloßer Gegensatz zur Wahrheitspflicht kommt auch hier das Schweigen nicht in Betracht. Das Schweigen, welches sich auf eine generelle Wahrheitspflicht gründet, oder auch auf eine besondere Rechtspflicht, die volle Wahrheit mitzutheilen, und zwar generell mitzutheilen, hat überall gar keinen positiv greifbaren Inhalt. Der Schweigende kann ja sich gar nicht bewußt sein, welch' concreter Irrthum in der Seele des Anderen hervorgerufen wird, welche von den verschwiegenen Thatsachen vielleicht eine Einwirkung auf die Entschließung des Anderen ausgeübt hat. Ebensowenig kann aus diesem Schweigen mit oder ohne Wahrheitspflicht der Gegner einen bestimmten Schluß ziehen auf eine concrete Thatsache, er kann keinen concreten Irrthum in seine Seele aufnehmen, sich nicht bezüglich einer bestimmten Thatsache in einen Irrthum versetzen oder erhalteu oder bestärken lassen.

So muß ich also der Ansicht sein, übereinstimmend mit dem Mittelstedt'schen Gutachten, daß in einem pflichtwidrigen Verschweigen an sich keine strafbare Unterdrückung der Wahrheitspflicht zu finden ist.

Nun hat man aber weiter geltend gemacht: wenigstens in Verbindung eben mit dem activen Benehmen der Gründer müsse die Unterdrückung der Wahrheit als Betrug construirt werden. Also drei Momente zusammen: Schweigen, Wahrheitspflicht und actives Benehmen. Diesen Satz haben auch mehrere Gerichte in ihren Urtheilen an die Spitze gestellt; ich habe mich aber in vielen Fällen vergebens bemüht, aus den Urtheilen herauszufinden, inwiefern sie aus diesem Satz die weitere factische Conclusion ziehen, in welchen Handlungen sie das active Benehmen finden wollen und inwieweit dieses active Benehmen das Schweigen alterirt und einen anderen rechtlichen Begriff herbeiführt. An positiven Thatsachen haben wir auf der einen Seite die simulirten Operationen und auf der anderen Seite die Operationen dem Publikum gegenüber, das Offeriren zur Zeichnung u. s. w. Können nun die simulirten Operationen die Momente bilden, um ein solches Urtheil zu fällen? Gewiß nicht, denn es wird eben vorausgesetzt, daß sie nicht zur Kenntniß des Publikums kommen. Wenn sie ihm zur Kenntniß kommen, dann liegen positive Vorspiegelungen falscher Thatsachen vor, dann spielt das Unterdrücken der Wahrheit gar keine selbstständige Rolle.

Die zweite Kategorie des activen Benehmens besteht in der Aufforderung zur Zeichnung. Nun hat man nicht blos hier bei diesen Rechtsverhältnissen, sondern im Allgemeinen bei Rechtsverhältnissen gefolgert und auch in Urtheilen ausgesprochen, daß der Eintritt in ein Geschäft wichtig sei für das Construiren des Betrugs-Begriffs, daß im Fall der Initiative der Contrahirende durch das Verschweigen einen Irrthum errege und daß daß dadurch ein Betrug involvirt werde. Auch das kann ich nicht für richtig halten. Freilich findet ein Causalnexus statt zwischen dem Schaden und dem Eintritt in das Geschäft: ohne den Eintritt in das Geschäft wäre der Schaden nicht hervorgebracht; aber das ist meines Erachtens nicht entscheidend. Dieser Eintritt in ein Geschäft bezieht sich nur auf die Folgen des Irrthums, niemals auf den Irrthum selbst. Dies active Verhalten ist mit Rücksicht auf die Hervorbringung des Irrthums nichts weiter als ein passives Verhalten, erregt weder einen Irrthum, noch bestärkt ihn! Daher kann ich auch diese Seite der Thätigkeit der Gründer nicht für genügend halten, um das ergänzende Moment zu bilden. Aus der Offerirung kann doch von den Actionären in keiner Weise gefolgert werden, daß kein Gründergewinn existirt, ebenso wenig wie aus der Offerte eines Pferdehändlers der Käufer den Schluß ziehen kann, das Pferd hätte einen bestimmten Fehler nicht.

Hier muß ich nun hervorheben, um etwaige Mißverständnisse zu verhüten, daß ich nicht verkenne, daß natürlich auch beim Gründergewinn im concreten Falle ein qualificirtes, concludentes Schweigen vorkommen kann: aber dann müssen noch andere active Handlungen der Gründer hinzukommen, muß mehr factisches Material vorliegen als das, was hier unserer Frage unterstellt ist. M. H., unsere Aufgabe ist es, uns darüber auszusprechen, ob diejenigen Momente, welche die gerichtlichen Urtheile in der Regel als genügend hinstellen, Verschweigen, Wahrheitspflicht, Eintritt in das Geschäft, auch wirklich genügend sind, um strafbaren Betrug zu involviren. Das Uebrige ist eine quaestio facti, ob, wenn andererseits noch Momente hinzutreten, ein qualificirtes Schweigen vorhanden sei.

Machen wir nun einmal mit jener Ansicht und ihren Consequenzen die Feuerprobe der Praxis. Das Civilrecht legt bekanntlich theils speciell bei gewissen Contracten, theils allgemein nach den Grundsätzen der, heutigen Tags ja den ganzen Rechtsverkehr umfassenden und beherrschenden, bona fides die Pflicht auf, dem Mitcontrahenten nichts Erhebliches dolos zu verschweigen. Also hätten wir in allen zweiseitigen Vertragsverhältnissen, ja sogar bei einseitigen Verträgen sofort und stets criminellen Betrug zu ahnden, wenn der eine Contrahent dem andern wissentlich einen erheblichen Punkt, einen Fehler, eine Eigenschaft u. s. w. zu seinem Vortheil und zum Nachtheil des Andern verschweigt. Beispielsweise würden alle dolosen Fälle des Aedilitischen Edicts unbedingt eben so viele criminelle Betrügereien bilden.

Verschiedene Gerichte haben in der That nun solche strengen Consequenzen gezogen, haben angenommen, daß in dem Verschweigen z. B. der Mängel eines Pferdes, in dem Verschweigen einer Hypothek, ja sogar in dem Verschweigen der Fälligkeit einer Hypothek bereits eine strafbare Unterdrückung der Wahrheit liege. Wohin das praktisch führen würde, brauche ich, glaube ich, nicht weiter zu sagen. Wenn ich nun auch die krassen Ausdrücke mir nicht aneigne, welche einige Criminalisten über die hier bekämpfte Ansicht gebrauchen, daß dadurch „aller Rechtsverkehr vernichtet" werde, daß die „Strafrechtspflege auf das Entsetzlichste compromittirt" würde, so glaube ich hier doch so viel sagen zu dürfen und zu müssen, daß diese Rechtsansicht weder den nothwendigsten Anforderungen des praktischen Verkehrs, noch auch den Intentionen unseres positiven Strafrechts entspricht.

Ich glaube damit den ersten Punkt an der Hand des Mittelstedt'schen Gutachtens dargethan zu haben: daß eben das passive Verschweigen in allen diesen Beziehungen nicht genügt, das betreffende Thatbestandsmoment des Betruges herbeizuführen, ferner — und darin besteht wohl eigentlich die unmittelbar praktische Folgerung für uns, daß die von den Gerichten an die Spitze gestellten Grundsätze über die entscheidende Bedeutung des Schweigens als Verletzung einer besonderen Wahrheitspflicht nicht als richtig anerkannt werden können. Ich habe mir daher, um das hier vorab zu nehmen, eine modificirte Fassung der in dem Mittelstedt'schen Gutachten aufgestellten Thesen erlaubt, indem ich geglaubt habe, — das Wesentliche ist wohl dasselbe geblieben — die Worte der Anträge näher anpassen zu sollen an den Tenor der betreffenden gerichtlichen Erkenntnisse.

Ich wende mich nun zu dem letzten Theil der kritischen Aufgabe, nämlich zu dem Verhältniß zwischen den Gründern und den nachfolgenden Actionären. Den Gerichten haben oft folgende Fälle vorgelegen: Die ersten Actienzeichner oder Actiennehmer sind auf irgend eine Weise von den Gründern getäuscht worden, sie haben aber ihre Actien weiter begeben und zwar mit Vortheil und ohne selbst diese Dritten zu betrügen. Diese Dritten, oder noch weiter gehend, die letzten Actionäre sind nun durch den Zusammenbruch des Unternehmens zu Schaden gekommen und diesen Fall stellt auch das Mittelstedt'sche Gutachten bezüglich dieses Punktes an die Spitze. Nun haben die Gerichte gesagt: die letzten Actionäre sind die Geschädigten, die ersten Actionäre sind nicht geschädigt, weil sie ihre Actie mit Vortheil abgewälzt haben; die Gründer sind nur wegen der Beschädigung der letzten Actionäre strafbar. M. H.! Das Schweigen ist ja allerdings ein negativ absolutes. Wie man ja wohl zu sagen pflegt, daß man in allen Sprachen der Welt schweigen kann, so kann man auch im weitesten Sinne sagen, die Gründer haben durch die Nichtmittheilung des Gründergewinns in ihren Prospecten aller Welt dies nicht mitgetheilt, dies verschwiegen. Sie haben, wenn sie durch Schweigen getäuscht, überhaupt alle Welt getäuscht. Nun haben die Gerichte in doppelter Weise die Strafbarkeit gegenüber den letzten Actionären deducirt. Entweder haben sie, gestützt auf die absolute Natur der Nichtoffenbarung des Gründergewinns und auf die Wahrheitspflicht der Gründer, ohne Weiteres angenommen: alle Actionäre, die beschädigt sind, sind auch durch die Gründer getäuscht, da ihnen allen gegenüber geschwiegen worden ist. Oder die Gerichte haben die, gesetzlich ja zulässige, Nichtidentität des Getäuschten und des Beschädigten zu Hülfe genommen und so deducirt: irgend welche Personen sind zuerst von den Gründern getäuscht, diese haben freilich den Schaden nicht erlitten, sondern ihre Rechtsnachfolger, diese sind also die Beschädigten. Die Identität zwischen Geschädigten und Getäuschten ist nicht erforderlich: die Gründer haben getäuscht, sie haben geschädigt, mithin haben sie betrogen. Diese Art der Deduction kann sich offenbar auf jeden Betrug beziehen, auch auf Betrug durch active Vorspiegelungen oder auch durch Unterdrückung der Wahrheit, genug auf jeden Betrug, mag er verübt sein, wie er wolle. Daher wendet sich auch das Mittelstedt'sche Gutachten — das Stenglein'sche enthält über diesen Punkt nichts — zunächst gegen die Richtigkeit der gerichtlichen Deduction bezüglich des Betruges durch positive Vorspiegelungen. Das Gutachten deducirt so. Unzweifelhaft seien alle Actiennehmer, welche die Vorspiegelungen in den öffentlichen Prospecten gelesen, durch die Gründer unmittelbar getäuscht, unzweifelhaft auch sei jeder so Getäuschte und durch die Täuschung Geschädigte von den Gründern betrogen, sobald er mit den Letzteren mittelbar oder unmittelbar in ein Vertragsverhältniß als Actienzeichner oder Actienkäufer getreten. Unzulässig aber sei die Unterstellung eines Betrugs, sobald die Actionäre ihre Actien durch selbstständige Geschäfte von Dritten, mit den Gründern nicht im Einverständniß handelnden Verkäufern erworben hätten. Entscheidend sei hier, daß das Gesetz einen Causalnexus zwischen der gewinnsüchtigen Irrthums-Erregung des Betrügers als Ursache und der Vermögens-Beschädigung als unmittelbar gewollter Wirkung des Irrthums verlange. Dieser Causalnexus aber fehle bei allen spätern Actiennehmern, welche nicht mit den Gründern in Geschäftsverbindung getreten seien. Die zuerst mit den Gründern contrahirenden, getäuschten Actionäre seien durch Zeichnung oder Kauf entweder beschädigt, und dann sei der Betrug vollendet, oder zweitens sie seien nicht beschädigt, und dann liege überhaupt keine betrügerische Rechtsverletzung vor. Der Betrüger begehe den Betrug nicht ein zweites, drittes oder viertes Mal dadurch, daß auf seine ursprüngliche falsche Angabe hin durch Dritte selbstständig das Object weiter begeben würde. Diese bei positiven falschen Vorspiegelungen geltenden Grundsätze seien in erhöhtem Maße zutreffend beim passiven Verschweigen, falls dadurch ein Betrug begangen sein sollte. Hier würde erst recht jener Causalzusammenhang fehlen.

Daher faßt das Mittelstedt'sche Gutachten in dieser Beziehung das Resultat so zusammen: geschädigt sind durch die Gründer im Sinne des § 263 die entfernten Actienerwerber — also die Nachfolger des ersten Actienerwerbers — selbst dann nicht, wenn sie durch positiv unwahre Prospecte oder sonstige falsche Vorspiegelungen der Gründer in einen Irrthum versetzt sind; sie sind von den Gründern weder getäuscht noch beschädigt, wenn den Gründern lediglich das Verschweigen des Gründergewinns zugeschrieben werden kann. Mit diesem Theil des Mittelstedt'schen Gutachtens habe ich mich nun nicht ganz befreunden können. Ich glaube, der brennende Punkt liegt hier anderswo, indem ich der Ansicht bin, die ersten Actionäre sind stets geschädigt. Die Gerichte sagen so: die ersten Actionäre, die mit Vortheil ihre Actien abgewälzt haben, sind nie beschädigt, sondern nur die letzten, — das Mittelstedt'sche Gutachten: entweder sind die ersten getäuschten Actionäre geschädigt, dann ist der Betrug vollendet, oder sie sind nicht geschädigt, dann liegt kein Betrug vor. Ich glaube nun sagen zu müssen: die ersten Actiennehmer — die Täuschung wird natürlich vorausgesetzt — sind stets geschädigt, also ist der Betrug stets consumirt schon den ersten getäuschten Actionären gegenüber. Der Schaden, der hier in Frage ist, besteht ja nach seiner nächsten Bedeutung eben darin, daß die Actionäre ihrer Meinung zuwider in ihrer Actie nur einen Antheil an dem geschmälerten, statt an dem vollen durch den Gründergewinn nicht geschmälerten Gesellschaftsvermögen haben. Das ist der Natur des ganzen Geschäfts nach der unmittelbarste Schaden, der durch den fraglichen Betrug verursacht ist; dieser Schaden trifft aber die ersten Actiennehmer stets und unbedingt sofort mit der Erwerbung der Actie. Das Vermögen der Actiengesellschaft ist ja um so viel weniger werth, als der Gründergewinn beträgt. Daß die Actionäre nun dieses Object nachher zu demselben oder gar zu höherem Preise weiter verkauft haben, kann strafrechtlich meines Erachtens auf diesen Vorgang gar keine alterirende Wirkung mehr üben; der Schaden wird nur reparirt, consumirt ist aber der Betrug durch die erste Actienzeichnung oder durch den ersten Actienkauf vollkommen. Der Schaden als solcher kann sich nun natürlich weiter fortspinnen in infinitum, indem er auf weitere Actionäre übergeht. Diese

Actionäre sind meines Erachtens auch geschädigt, aber dieser Schaden kann strafrechtlich nicht mehr in Betracht kommen, da bereits der Gründerbetrug durch den ersten Vorgang vollkommen consumirt ist. — Also ich nehme den Fall, den das Mittelstedt'sche Gutachten als den ersten von zwei möglichen Fällen annimmt, daß die ersten Actionäre geschädigt sind, als den einzigen Fall an, indem ich sage: die ersten Actionäre sind stets beschädigt, der Betrug ist stets consumirt, falls eine Täuschung mit vorliegt. Sollen die Nachmänner auch von den Gründern mit betrogen werden, so müssen wieder andere selbstständige Handlungen der Betrüger hinzukommen. An und für sich kann der ökonomische Effect des Abwälzens des Schadens nicht rückwärts wirken auf einen bereits vollständig consumirten Betrug. Daher habe ich mir erlaubt, als 3. These hinzustellen:

> Die getäuschten, mit den Gründern selbst oder ihren Complicen contrahirenden Aktienkäufer oder Actienzeichner sind stets auch beschädigt, so daß der Betrug der Gründer damit consumirt ist und eine weitere Beschädigung nachfolgender Actionäre strafrechtlich nicht mehr in Betracht kommt.

Indem ich nun noch zur 4. These kurz übergehe, will ich über die Unmoralität, über das Verwerfliche des Gründerthums, über die Gemeinschädlichkeit keine Worte weiter verlieren. Ich halte es für eine Aufgabe der Actiengesetzgebung, welche noch gelöst werden muß, daß eine Eindämmung stattfindet, nicht die Quelle zu verstopfen, sondern den Strom nur einzudämmen, damit eine vielleicht früher oder später wiederkehrende Hochfluth nicht wieder solche Verwüstungen anrichten kann. Dazu würde ich zweierlei für geeignet halten: nicht die Constituirung des passiven Verschweigens speciell grade des Gründergewinns als criminalrechtlichen Betrug. Eine eigentliche Lücke, glaube ich, liegt in dieser Beziehung nicht im Criminalrecht, und wollte man nur dieses Eine als criminell strafbar hervorheben, so würde man ja das ganze begriffliche System des Betruges durchbrechen. Aber ich glaube, es würde von erheblicher Bedeutung sein und würde, wenigstens so weit es sich beim jetzigen Begriffe des Betrugs thun läßt, dazu beitragen, künftigen Schaden zu verhüten, wenn das passive Verschweigen des Gründergewinns bei dem Erlaß von Prospecten bedroht wird mit erheblichen Ordnungsstrafen. Zweitens würde ich — und daher werde ich mir erlauben, noch einen Zusatz zu der letzten These zu machen — civilrechtlich auch eine Regressivmaßregel für empfehlenswerth halten, nämlich die Ersatzpflicht des Gründergewinns der Gesellschaft gegenüber. Aus dem Gesellschaftsvermögen ist ja der Gründergewinn herausgenommen und soll an die Gesellschaft zurückgezahlt werden, sobald eben der Gründer ihn passiv verschweigt. Begeht er einen positiven Betrug, so ist der Betrug criminell als solcher in Frage.

Ich würde also anheimgeben, zwischen den Worten „dergleichen" und „entsprechende" einzuschalten: „neben einer Ersatzpflicht gegenüber der Gesellschaft".

Die 4 Referats-Thesen lauten nun so:

1) Das Verschweigen des Gründergewinns bei Gründung einer Actiengesellschaft kann ein Begriffs-Requisit des Betrugs (Erregung oder Unterhaltung eines Irrthums durch Entstellung oder Unterdrückung wahrer Thatsachen) niemals für sich allein als ein passives Verhalten bilden, sondern nur in der Qualification als actives Täuschungsmoment (qualificirtes Schweigen), wodurch ein concreter Irrthum erregt oder unterhalten wird.

2) Insbesondere wird durch Nichtangabe des Gründergewinns als Verletzung einer allgemeinen oder besondern, etwa den Gründern als solchen oder als Gesellschaftsorganen obliegenden Wahrheitspflicht das obenerwähnte Betrugs-Requisit nicht erschöpft.

3) Die getäuschten, mit den Gründern selbst oder ihren Complicen contrahirenden Actienkäufer oder Actienzeichner sind stets auch beschädigt, so daß der Betrug der Gründer damit consumirt ist und eine weitere Beschädigung nachfolgender Actionäre strafrechtlich nicht mehr in Betracht kommt.

4) Es ist wünschenswerth, daß die Actiengesetzgebung für das rein passive Verschweigen des Gründergewinns bei Erlaß von Prospecten u. dgl. neben einer Ersatzpflicht gegenüber der Gesellschaft entsprechende Ordnungsstrafen einführt.

Damit glaube ich, m. H., die Sache für unseren heutigen Zweck erschöpfend dargelegt zu haben, und es soll mich freuen, wenn bei diesen vielleicht sehr disputabelen Fragen die Debatte mich eines Anderen, Besseren belehren würde; noch mehr aber soll es mich freuen, wenn Sie, m. H., um mit einer diplomatischen Redewendung zu schließen, in den vorgetragenen Ausführungen nur den Ausdruck Ihrer eigenen Ansichten wiedergefunden haben und demgemäß die Referats-Anträge acceptiren.

(Die Diskussion wird eröffnet.)

Appellationsgerichtsrath Dr. **Silberschlag** (Magdeburg): Ich glaube, daß die ständige Deputation sehr wohl gethan hat, die Frage, ob das Verschweigen des Gründerlohnes bei Gründung von Actiengesellschaften als Betrug strafbar sei, zur Verhandlung vorzulegen; denn diese Frage giebt Veranlassung, überhaupt die Rechtsvorschriften hinsichtlich der Gründung von Actiengesellschaften zu berühren.

Durch schwindelhafte und betrügerische Gründungen von Actienunternehmungen sind besonders seit dem Jahre 1870 so viele Menschen in ihrem Vermögen ruinirt worden; es sind hierdurch zugleich viele Civil- und Kriminalprozesse hervorgerufen worden, bei denen von den Gerichten die dabei vorgekommenen Rechtsfragen so verschieden beurtheilt sind, daß es wohl angemessen ist, hier im Schoße unseres Vereins die rechtlichen und factischen Verhältnisse, die bei Gründung von Actiengesellschaften in Frage kommen, zu besprechen.

Ich bin zwar mit dem Herrn Referenten darin einverstanden, daß das bloße Verschweigen des Gründerlohnes für sich allein noch nicht als Betrug anzusehen ist, jedoch kann ich nicht allen Anträgen des Herrn Referenten beistimmen, namentlich geht der Antrag desselben ad 4 meines Erachtens nicht weit genug.

Der Hauptgrund, weßhalb so viel Betrügereien bei Gründung von Actiengesellschaften vorgekommen sind und weshalb es so schwer ist, diese Betrügereien zu bestrafen, liegt in den Bestimmungen unseres Actiengesetzes. Lassen Sie mich, um dies zu erweisen, Ihnen einen einfachen Rechtsfall aus der Praxis mittheilen.

Der Fabrikbesitzer X theilt im Jahre 1872 dem Kaufmanne L mit, daß er Lust habe, seine Fabrik, — eine chemische Fabrik — gründen zu lassen. L und X schließen hierauf einen Vertrag, Inhalts dessen X dem L seine Fabrik für 600,000 Thaler verkauft, jedoch mit der Maßgabe, daß X sofort gebunden ist, L, der Käufer aber binnen vier Wochen vom Vertrage zurücktreten kann, daß ferner X verspricht, Mitglied des Verwaltungsraths der zur Uebernahme der Fabrik zu bildenden Actiengesellschaft zu werden. L nimmt hierauf vier Geschäftsfreunde als Theilnehmer zur Gründung der Actiengesellschaft an, welche ein nominelles Actienkapital von 850,000 Thalern haben soll, und überträgt diesem aus fünf Personen bestehenden Gründungscomité sofort sein Anrecht aus dem mit X geschlossenen Vertrage. Die fünf Gründer suchen nun Konsortialen, welche ihnen die Actien zum Curse von 90% abnehmen sollen. Nachdem sie eine hinreichende Anzahl Konsortialen gefunden haben, bilden die fünf Gründer die Actiengesellschaft, indem sie in Gemäßheit von Artikel 208 unseres Actiengesetzes unter sich den Gesellschaftsvertrag abschließen, dabei sämmtliche Actien der Gesellschaft übernehmen und einander gegenseitig in Gemäßheit von Artikel 209 a des Gesetzes über die volle Zeichnung des Actienkapitals und über die Einzahlung von 10% dieses Kapitals quittiren. Sie wählen zugleich Directorium und Aufsichtsrath der Gesellschaft. Diese Gesellschaft übernimmt sodann vom Gründungscomité die Fabrik, welche X für 600,000 Thaler verkauft hatte, für 800,000 Thaler und werden nunmehr die ausgefertigten

Actien theils den Consortialen zum eigenen Besitze und behufs Absatzes an das Publikum übergeben, theils suchen die Gründer selbst die Actien an das Publikum abzusetzen. Um den Absatz zu befördern, wird ein Prospect veröffentlicht, den jedoch nur einer der Gründer unterschreibt und auch dieser — wie behauptet wird — nur ungern, durch die anderen Gründer genöthigt.

Der größere Theil der Actien findet Absatz an das Publikum, und zwar weniger durch die Bemühungen der Gründer selbst, als durch die der zahlreichen Konsortialen, welche die Actien zu 90% genommen haben, und sie theils direct an das Publikum absetzen, theils zu 92, 95% an Unterkonsortiale geben, um sie unter die Leute zu bringen. Als Unterkonsortiale werden Leute aus allen Ständen, Kaufleute, Agenten, Kommissionäre, Barbiere, Commis, Subalternbeamte u. s. w. angenommen.

Als nach etwa Jahresfrist die Actien der Fabrik auf etwa 30% gefallen sind, entstehen unter den Actionären Streitigkeiten und in Folge dessen kommt es zu Prozessen und zu einer Untersuchung gegen die Gründer.

Sowohl Staatsanwalt als Gericht sind nun der Ansicht, daß in dem bloßen Verschweigen des Gründerlohnes noch kein strafbarer Betrug liege, aber wohl wird ein solcher darin gefunden, daß in dem Prospekt der Erwerbspreis der Fabrik auf 800,000 Thaler angegeben ist, während der frühere Besitzer doch nur 600,000 Thaler erhalten hat. Hier entsteht nun eben die Frage, wer für den Prospekt verantwortlich ist, ob alle Gründer oder nur der eine, der den Prospect unterschrieben hat. Es entsteht ferner die Frage, wer denn eigentlich betrogen sei, ob die Konsortialen, die schon vor Erlaß des Prospectes Actien genommen haben, oder die Personen, welche erst später Actien gekauft haben, zum Theil ohne den Prospect zu kennen, zum Theil mit Kenntniß des Prospects, aber ohne daß sie gerade durch die falsche Angabe in Bezug auf den Erwerbspreis zum Ankauf der Actien verleitet wären. Ich will auf die verschiedenen Ansichten, die hierbei von verschiedenen Gerichtshöfen geäußert wurden, nicht eingehen, aber darüber denke ich werden wir einig sein, daß

1) das Gesetz den Gründern zur Pflicht machen sollte, einen vollständigen Prospect aufzustellen, für dessen Inhalt sie alle civilrechtlich und criminalrechtlich verantwortlich sein müssen, daß dieser Prospect den Gründerlohn offenkundig machen muß und daß
2) die Gründer nicht das Recht haben dürfen, die Actien unter pari an Consortialen zu vergeben, daß vielmehr alle Actien voll eingezahlt werden müssen.

Ich finde gerade in dieser Ausgabe der Actien unter pari, wie sie nach Artikel 209 a unseres Actiengesetzes möglich ist, einen Betrug des

Publikums. Der ehrliche Privatmann, der eine Actie kauft, muß glauben, daß sie ursprünglich voll eingezahlt ist; er wird getäuscht, wenn von den Konsortialen ursprünglich nur 90% des Nominalwerths gezahlt sind; es kommt hinzu, daß die Gründer einen hohen Gründerlohn nehmen müssen, wenn sie die Actien unter pari sollen weggeben können. Endlich aber ist unzweifelhaft, daß den Gründern in fast allen Fällen der Absatz der Actien an das Publikum nur dadurch möglich wurde, daß sämmtliche Consortialen, deren Zahl meistens zehnmal größer war als die der Gründer, mit ihren Unterkonsortialen sich um den Absatz der Actien bemühten.

In den Anträgen nun, die ich Ihnen vorlege, empfehle ich keineswegs etwas Neues, bisher nicht Dagewesenes, vielmehr enthalten die von mir gestellten Anträge nur das, was in Frankreich bereits durch das Actiengesetz vom 24. Juli 1867 eingeführt ist. In Frankreich wie in Deutschland galt früher das Princip, daß Actiengesellschaften nur durch eine besondere Konzession der Staatsbehörde ins Leben treten können, weil die Rechte einer juristischen Person der Regel nach nur durch die Staatsbehörde ertheilt werden können. Dies Princip gab man in Frankreich im Jahre 1867 auf, indem man davon ausging, der Staat sei nicht in der Lage prüfen zu können, ob ein zu gründendes Actien-Unternehmen vortheilhaft sei oder nicht; daher wurde die Konzession des Staats ganz aufgehoben, aber es wurden Normativbedingungen aufgestellt, welche bei Vermeidung von strengen Strafen bei Bildung von Actiengesellschaften beobachtet werden müssen und durch welche Schwindel und Betrug verhütet werden sollen.

Auch bei uns hat man demnächst im Jahre 1870 das Erforderniß der Koncession des Staats zur Bildung von Actiengesellschaften aufgehoben; man hat dafür Normativbedingungen eingeführt, die dem Schwindel und Betrug in den Weg treten sollten; die Normativbedingungen unseres Gesetzes sind aber, wie die Erfahrung gezeigt hat, durchaus ungenügend. Man hat bei Erlaß unseres Actiengesetzes von 1870 wahrscheinsich geglaubt, daß die Ehrenhaftigkeit des deutschen Handelsstandes strenge Vorsichtsmaßregeln, wie sie in Frankreich bestehen, unnütz mache; man hat sich leider hierin getäuscht und ist es daher höchst wünschenswerth, daß man jetzt wenigstens die wohl bewährten Normativbedingungen des französischen Gesetzes annimmt.

Gegen die Anträge des Herrn Referenten muß ich noch bemerken, daß wenn ad 4 seines Antrages die Einführung von Ordnungsstrafen für das Verschweigen des Gründerlohnes beantragt wird, mir eine bloße Ordnungsstrafe für diesen Fall nicht auszureichen scheint. Das französische Gesetz droht für diesen Fall die Strafe der escroquerie, d. h. des schweren Betruges.

Auch mit dem dritten Antrage des Herrn Referenten bin ich nicht einverstanden. Er sagt:

> Die getäuschten ersten Actienzeichner oder Actienkäufer sind stets auch geschädigt, eine weitere Beschädigung nachfolgender Actionäre soll strafrechtlich nicht in Betracht kommen.

Ich kann dem nicht zustimmen, schon deshalb nicht, weil ja oft die Gründer selbst die Actien sämmtlich übernommen haben, sie also selbst die ersten Actienzeichner sind.

Ich empfehle Ihnen daher meine Anträge zur Annahme. Dieselben lauten wie folgt:

1. Das Verschweigen eines Gründerlohns bei Gründung einer Actiengesellschaft ist für sich allein als Betrug oder überhaupt als strafbar nicht zu erachten.
2. Jeder Gründerlohn aber, der durch Täuschung oder durch falsche Vorspiegelungen erlangt ist, ist als durch Betrug erlangt anzusehen.
3. Bei Gründung einer Actiengesellschaft muß ein Prospect ausgegeben werden, für dessen ganzen Inhalt sämmtliche Gründer civilrechtlich und criminalrechtlich verantwortlich sein müssen. Dieser Prospect muß bei Strafe den Gründerlohn wahrheitsgemäß angeben.
4. Die Actien einer zu bildenden Actiengesellschaft dürfen nicht unter pari ausgegeben, sie müssen immer voll eingezahlt werden.

Oberstaats-Anwalt **von Lauhn** (Halberstadt): M. H.! Ich bin der Ansicht, daß die Frage, die uns hier vorgelegt ist, ob das Verschweigen eines Gründergewinnes bei Gründung einer Actiengesellschaft den ersten Actienzeichnern oder Andern gegenüber strafbar ist? ein sehr schönes Thema ist, wenn man einen Examinanden vor sich hat, um diese verschiedenen Fälle zu prüfen; ich glaube aber, daß wir, wenn wir hier darüber berathen und unsere Ansicht aussprechen, unserer Jurisprudenz keinen besondern Nutzen schaffen. Sie haben gehört, daß der Herr Referent uns mitgetheilt hat, daß es eine Menge, und zwar lauter verschiedene Fälle gebe, so viel, daß er wahrscheinlich nicht im Stande sein würde, sie heute uns aufzuzählen; daraus geht hervor, daß es immer auf den einzelnen Fall ankommt, und wir sind nun und nimmermehr in der Lage, eine allgemeine Ansicht hier auszusprechen, ob das und das Betrug ist oder nicht. Der Herr Referent hat allerdings gesagt, daß eine Menge Fälle ausgeschieden bleiben, wo in den Prospecten falsche Thatsachen angegeben sind, während es sich hier um die Fälle handle, in denen in den Prospecten nichts angegeben ist. Nun, m. H., da folge ich dem verehrten Herrn Vorredner, der Ihnen einen speciellen Fall genannt hat; ich glaube, es ist derselbe Fall, den ich auch kenne. Man hatte einen Prospect entworfen und ihn nach Berlin an einen Mann, der in solchen Sachen Erfahrung hatte, zur Begutachtung geschickt. Der schrieb zurück: Mit dem Prospect wird Keiner gefangen. Vor allen Dingen ist es nothwendig, daß in dem Prospecte angegeben wird, was ist der Kaufpreis. Ich weiß nicht, ob es zufällig ist, daß eben so, wie in dem vom Herrn Vorredner mitgetheiltem Falle in dem Prospecte auch 850,000 Thlr. als Kaufpreis angegeben waren, während die Gründer für 600,000 Thlr. gekauft hatten. Ich führe das deshalb an, m. H., weil ich der Ansicht bin, wenn wir hier im Juristentage davon sprechen, wenn kein Prospect ausgegeben ist, so setzen wir uns dem aus, daß Sachverständige sagen: da sieht man, daß die Juristen geredet haben, aber von Sachen, von denen sie nichts verstehen, denn wenn kein Prospect ausgegeben wird, wird man nun und nimmermehr die Papiere an die Börse bringen. — Es kommt, wie ich bemerkt, eben auf den einzelnen Fall und die ganzen begleitenden Umstände an. Auch wenn ein Prospect einen höheren Erwerbspreis angiebt, braucht ein Betrug immer noch nicht vorzuliegen. — Es wurden z. B. in dem von mir erwähnten Falle damals mehrere erste Actienzeichner vernommen und gefragt: Nun sage mal, wie standest Du dem Prospecte gegenüber? Da sagten die einfach: Wir wollten unser Geld gut anlegen und da wir im Prospecte gelesen hatten, daß früher so und so viel Procent Dividende gegeben waren und wir die Hoffnung ausgesprochen fanden, es würde die Dividende künftig auf 15 pCt. kommen, so konnten wir unser Geld gar nicht besser anlegen. Wir kauften deshalb Actien und um das Uebrige haben wir uns gar nicht gekümmert. Diese Actienzeichner waren also durch die falsche Angabe des Kaufpreises nicht getäuscht. Was hilft es uns also, wenn wir hier aussprechen: das Verschweigen des Gründerlohns ist ein Betrug? Das ist noch kein Betrug, so lange die anderen Umstände fehlen, kann von einem Betruge keine Rede sein, denn die sind ein Glied des § 263.

Wenn wir bei unserer Berathung den Zweck haben, die höchsten Gerichtshöfe in Deutschland zu einer anderen Ansicht zu bringen, als sie bis jetzt ausgesprochen haben, wie uns der Herr Referent das gesagt hat, so bin ich der Ansicht, m. H., daß wir dazu gar nicht berufen sind. Sehen Sie sich den § 1 unseres Statuts an, da werden Sie nicht finden, daß wir uns darüber hermachen sollen, wie die höchsten Gerichtshöfe entschieden haben, und sie auf den richtigen Weg leiten sollen; das ist meines Erachtens geradezu ein Ueberschreiten unserer Befugnisse. Und wenn ich mir die kleine Zahl hier ansehe, m. H., welche die höchsten Gerichtshöfe belehren will, so muß ich sagen, ich scheue mich nicht, es hier auszusprechen, daß ich das für eine Anmaßung halte. Ich schließe und überlasse es Ihnen, ob Sie meiner Ansicht beitreten. Ich würde bitten, und stelle hiermit den Antrag, über diese ganze schöne Frage zur Tagesordnung überzugehen.

Obergerichts-Rath Dr. **Mittelstedt** (Hamburg): M. H.! Was zunächst den allgemeinen Standpunkt zur Opportunität des ganzen Themas anbetrifft, der von den beiden Herren Vorrednern verschieden genommen ist, so bekenne ich offen, daß ich auf dem Standpunkt des letzten Herrn Vorredners, des Oberstaatsanwalts von Lauhn, stehe. Ich habe allerdings Bedenken, ob man der ständigen Deputation ein Compliment machen könne, daß sie gerade dieses Thema an den Juristentag gebracht hat, und ich glaube auch, daß, wie schon der Herr Vorredner erwähnt hat, einmal die Kasuistik, in die man hineinkommt, und dann die mißliche Position, in die wir gegenüber den verschiedenen Entscheidungen deutscher Gerichtshöfe kommen, eins wie das Andere die Warnung enthält, nicht gerade dieses Thema ausführlich hier zu erörtern. Aber ich kann mir wohl denken, daß unsere verehrte ständige Deputation keine anderen und besseren Themata gehabt, und diesen Gegenstand an uns gebracht hat, als einen solchen, über den wir uns unterhalten können, mit dem Anheimstellen, ob wir Resolutionen in diesem oder jenem Sinne fassen wollen, und als ein solcher scheint mir der Gegenstand ganz gut. Daß aber eine Anmaßung darin liege, wenn wir als Juristen über das Betrugsrequisit des Schweigens eine andere Meinung haben, als irgendwelche deutschen Gerichtshöfe ihr einmal Ausdruck gegeben haben, diese Ansicht des Herrn Vorredners kann ich nicht theilen. Wir haben dann eben unsere Ansicht ausgesprochen, die ja wohl Commentatoren der Strafproceßordnung auch schon kundgegeben haben. — Sodann scheint es mir ein Mißverständniß des Herrn Vorredners zu sein, wenn er glaubt, wir liefen Gefahr, unsere Unkenntniß mit Prospecten und derartigen Dinges hier zu dokumentiren. Das ist ja gar nicht die Frage. Ob ein Prospect, der irgendwelche Unwahrheiten positiver oder nur unterdrückender Natur enthält, wenn die übrigen Requisiten des Betruges da sind, zum Betrug zugerechnet werden kann, ist quaestio facti, es hängt dies von allen möglichen thatsächlichen Verhältnissen ab; aber die Frage, die der Gegenstand der Gutachten gewesen ist, ist doch eine Frage, die mit den Prospecten in gar keiner Verbindung steht, eine Frage aus der allgemeinen Betrugstheorie. Ob man von dem Gesichtspunkte irgend einer rechtlichen oder moralischen Wahrheitspflicht heraus dazu kommen kann, auch wo weder falsche Thatsachen behauptet, noch wahre Thatsachen unterdrückt sind, das Verschweigen zum Betrug zuzurechnen, kann für Gründerprocesse und alle möglichen andern Betrugsprocesse eine irrelevante Frage sein. Daß hierüber unsere Meinung ausgesprochen werden sollte, darüber kann ich keine besondere Bedenken empfinden; und ob die deutschen Gerichtshöfe sich eines Besseren überzeugt haben, darüber werden Sie dann vielleicht das nächste Jahr belehrt werden. Aber unser Urtheil könnte ein Motiv für die deutsche Gesetzgebung werden, nach dieser Richtung hin mit Strafbestimmungen einzuschreiten.

Um zur Sache zu kommen und die wenigen Differenzpunkte zu markiren, in denen ich mit Herrn Stenglein und dem Herrn Referenten stehe, will ich Folgendes hervorheben.

Das Stenglein'sche Gutachten setzt stillschweigend voraus: wo eine Wahrheitspflicht allgemeiner Art rechtlich zu statuiren ist, ist auch das Verschweigen eine Unterdrückung wahrer Thatsachen; nur während in der Praxis diese Wahrheitspflicht auf die Societät zurückgeführt ist, ist sie in dem Stenglein'schen Gutachten zurückgeführt auf das Vertretungsrecht der Mitglieder des Verwaltungsraths, und wer auf dem Standpunkt steht, daß eine solche Wahrheitspflicht in diesem Verhältniß, sobald die Mitglieder zugleich Verwaltungsrathsmitglieder und Vorstandsmitglieder sind, besteht, muß auch sagen, daß das Verschweigen derselben zum Betrug gerechnet werden kann. Ich stehe auf dem entgegengesetzten Standpunkt; ich bestreite gegenüber dem Stenglein'schen Gutachten, daß eine solche Wahrheitspflicht statuirt werden kann, und wenn man trotzdem eine solche rechtlich begründen zu können glaubt, so bestreite ich, daß man dazu kommen kann, das passive Verhalten mit dem activen Thun gleich zu stellen. Der Herr Referent ist darin auch mit mir einer Meinung, seine Anträge differiren mit den meinen blos äußerlich. Die Differenz fängt gegenüber den Anträgen des Referenten an einmal im dritten Satz — und darin ist auch Herr Dr. Silberschlag anderer Meinung —, wo er sagt:

> Die getäuschten, mit den Gründern selbst oder ihren Complicen contrahirenden Actien-Käufer oder Actien-Zeichner sind stets auch beschädigt, so daß der Betrug der Gründer damit consumirt ist und eine weitere Beschädigung nachfolgender Actionäre strafrechtlich nicht mehr in Betracht kommt.

also: wo er die Beschädigung als vorhanden ansehen will, wenn nach der Meinung der ersten Actienzeichner dieselben einen höheren Anspruch an die Gesellschaft zu haben glauben, als ihnen thatsächlich zugestanden ist.

Ich habe am Schluß meines Gutachtens bemerkt, daß diese Frage noch auf einen anderen Standpunkt hinführt, den Begriff der Vermögensbeschädigung. Derselbe spielt eine große Rolle im Betrug. Wie kann man davon reden, wo es sich um fictive Werthe handelt, deren Werth vielleicht nicht anders zu bestimmen ist als nach dem Courszettel! Unter welchen Umständen kann man da eine Vermögensbeschädigung feststellen?

Das Gesetz interpretirt die Frage, ob eine Vermögensbeschädigung vorliegt, dahin, daß die Actionäre durch den Gründer geschädigt sein müssen; sie sind es aber nicht durch diese, sondern die Actionäre sind geschädigt durch Rechtsgeschäfte mit ihren unmittelbaren Vorgängern. Mit der Frage aber, ob das Verschweigen des Gründergewinns strafbar sei, hat diese Frage nichts zu thun. Ich glaube daher, es würde das Richtigste sein, wenn Sie über die ganzen Partie zur Tagesordnung übergingen oder nur die Anträge 1 und 2 des Herrn Referenten acceptirten, dagegen die Nrn. 3 und 4 ablehnten.

Was den Antrag Nr. 4 betrifft, so möchte ich mich den Ausführungen des Herrn Dr. Silberschlag anschließen. Ich würde eine bloße Ordnungsstrafe de lege ferenda nicht für genügend ansehen, um dem Gründungsschwindel entgegen zu treten. Ich würde das für bedenklich halten, denn das, glaube ich, können wir uns nicht verhehlen: das allgemeine Volksbewußtsein hat einen ganz gemeinen Schwindel darin gefunden und hat sich nicht gequält mit den doctrinären Unterscheidungen, mit denen wir uns befassen. Die allgemeine Volksüberzeugung hat nur einen Betrug darin gesehen und Herr College Silberschlag hat uns mit Recht darauf hingewiesen, daß die höher entwickelte Gesetzgebung Frankreichs den Gründungsschwindel einfach als Betrug geahndet hat; er ist ja auch nichts weiter, wenn man de lege ferenda redet, als Betrug. Hält man sich alle diese feinen Unterscheidungen vor, so sagt Einem nicht blos das moralische, sondern auch das rechtliche Gefühl, daß die Leute einen widerrechtlichen Gewinn haben realisiren wollen und es kommt nur darauf an, ob die Juristen die Machinationen finden, die sich von der ersten Manipulation an vollziehen bis zu den letzten Opfern. Ich kann es verstehen, daß man auch zu einer entgegengesetzten Ansicht kommt, und ich würde es verstehen und billigen, wenn man das Criminalrecht heranzieht, und Fälle derart als Betrug bezeichnet und ahndet. Die weiteren Gesichtspunkte aber, mit denen Herr College Silberschlag gekommen ist, scheinen mir außerhalb der Potenz der Abtheilung zu liegen, sie enthalten eine Frage, die in der Schwebe ist und die ihre ganz außerordentlichen Schwierigkeiten hat, sie führen mitten hinein in die Reform der Actiengesetzgebung. Diese Fragen würden eher der zweiten Abtheilung zufallen als uns. Deshalb glaube ich, daß diese Fragen nicht criminell zu lösen sind, sondern nur vom Standpunkt des Handelsrechts aus mit einer Reform der Actiengesetzgebung.

Ich würde, wenn der Antrag auf Tagesordnung angenommen werden sollte, nicht unglücklich sein. Gehen Sie auf das Thema selbst ein, so würde ich empfehlen, die Anträge 1 und 2 des Referenten anzunehmen und die Anträge 3 und 4 abzulehnen als mit dem Thema nicht zusammenhängend.

Professor Dr. **Zucker** (Prag): Herr Kollege Mittelstedt hat zum großen Theil bereits erwähnt, was ich sagen wollte. Ich trete dem Antrage auf Ablehnung der letzten beiden Punkte vollständig bei, muß aber gegen den Uebergang zur Tagesordnung stimmen.

Die gestellte Frage: „ob das Verschweigen eines Gründergewinnes bei Gründung einer Actiengesellschaft (als Betrug) den ersten Actienzeichnern oder Anderen gegenüber strafbar ist", ist vollständig richtig und hinlänglich allgemein gefaßt und es wird über diese Frage eine umfangreiche Antwort gegeben, in zwei Gutachten, deren Werth ich nicht unterschätze. Ich weiß nun nicht, warum der Juristentag, und wenn er auch in den Abtheilungen sich in geringer Zahl versammelt, nicht berechtigt sein sollte, hierüber seine Meinung abzugeben, warum die Entscheidungen hoher und höchster Gerichtshöfe uns in unserer Meinungsäußerung binden sollten. Ich glaube, die Frage ist einfach darauf gestellt, ob durch das Verschweigen ein Betrug verübt werden könne, und auf diese concrete Frage geben uns die beiden Gutachten und das ausführliche Referat des Herrn Kollegen Thomsen eine präcise Antwort unter der Abtheilung 1 und 2 und ich glaube, daß wir diese beiden Sätze annehmen können. Dagegen bin ich gegen die Absätze 3 und 4 des Antrages. Schon stylistisch erregt es eine gewisse Unbehaglichkeit, wenn gesagt wird, die getäuschten Actionäre seien auch geschädigt. Die Frage, ob Jemand geschädigt wird, ist eine quaestio facti; er ist im speciellen Falle nicht geschädigt, wenn er die Actien mit Gewinn weiter gegeben hat, und insbesondere constatire ich, daß beispielsweise das österreichische Strafgesetzbuch bestimmt: „wer Jemand in Irrthum führt, wodurch dieser o d e r e i n A n d e r e r Schaden erleidet". M. H., daß der Actienzeichner hier keinen Schaden erleidet, ändert Nichts an dem Thatbestand. Ich finde auch in diesem Fall den Betrug vollkommen constituirt in seinen Begriffsmerkmalen und sehe nicht ein, warum wir nothwendig haben, diese Unterscheidung, die mit der Sache nichts zu thun hat, anzunehmen; ich werde deshalb gegen den dritten Punkt stimmen.

Ebenso werde ich auch gegen den vierten Punkt stimmen, weil, wie schon erwähnt wurde, in demselben nur von der Actiengesetzgebung die Rede ist und diese mit der gestellten Frage nicht im Zusammenhang steht. Wir haben lediglich die Frage zu beantworten, unter welchen Bedingungen ein verschwiegener Gewinn strafbar werden kann; über die Kautelen einer späteren Actiengesetzgebung müssen wir nicht blos aus sachlichen, sondern aus rein persönlichen und formalen Gründen unsere Kompetenz ausschließen.

Ich schließe damit, daß ich Sie bitte, die ersten beiden Punkte anzunehmen, die Punkte 3 und 4 dagegen zu verwerfen.

Professor Dr. **Rubo** (Berlin): M. H., dem Antrage des Herrn Collegen von Lauhn, über die Anträge des Referenten zur Tagesordnung überzugehen, hat dieser so beredte Worte geliehen, daß ich nicht glaube, noch weiteres darüber sagen zu sollen. Ich möchte allerdings die Frage, die hier gestellt ist, — und zwar im Gegensatze zu dem Herrn Obergerichtsrath Mittelstedt, — als eine kommentatorische erachten. Die betrifft die Auslegung eines Paragraphen des deutschen Strafgesetzbuchs, und da glaube ich allerdings annehmen zu sollen, daß die Stellung des deutschen Juristentags den deutschen Gerichten gegenüber nicht eine solche ist, wie sie, trotz des Widerspruchs des Herrn Professor Schütze, gestern von Ihnen anscheinend für den Vorsitzenden des Schwurgerichts verlangt worden ist, indem er den Geschworenen eine bindende Rechtsbelehrung geben soll. Es ist mit Recht gesagt, die vorliegende Frage sei eine reine Examenfrage. Daß das Verschweigen von etwas nicht stets eine Entstellung von etwas ist, ist richtig; oftmals ist aber das Verschweigen auch eine Entstellung und wir haben gerade bei dem Paragraphen des deutschen Strafgesetzbuchs, betr. die betrügliche Verleitung zur Auswanderung, eine Abänderung durch die Novelle vom 26. Februar 1876 zur Würdigung des Falles erhalten, wo in dem Verschweigen eine Entstellung liegt. Wenn wir also sagen, das Verschweigen sei keine Entstellung, so ist das oft wahr, oft aber auch nicht, und ebenso verhält es sich, wenn der Herr Referent erklärt, Verschweigen sei keine Unterdrückung.

Mit Rücksicht auf diese nur nach Maßgabe der thatsächlichen Gestaltungen in den einzelnen Fällen lösbare Kasuistik, glaube ich, gehen wir über diese Interpretations-Frage nach dem Antrage des Herrn Oberstaatsanwalts von Lauhn zur Tagesordnung über.

Dann erlaube ich mir noch zwei Bemerkungen. Die erste bezieht sich auf Seite 110 des Mittelstedtschen Gutachtens, die auch von dem Herrn Referenten in Betracht gezogen und adoptirt ist.

Herr Dr. Mittelstedt hat aus den Motiven abzuleiten unternommen, daß der Täuschende nach dem Strafgesetzbuch bei Benutzung und Unterhaltung des Irrthums eines Anderen selbst noch einer positiven Irrthumserregung in quanto minus sich schuldig mache. Ich möchte annehmen, daß, als in Abänderung des Preußischen Strafgesetzbuches bereits in dem veränderten Entwurf unseres Reichsstrafgesetzbuches diese Worte „Unterhaltung eines Irrthums" hineinkamen, ausdrücklich gewollt wurde, daß eine positive Irrthumserregung nicht nothwendig wäre. Ich bin in der Lage, thatsächlich, und ich möchte fast sagen, authentisch aussprechen zu können: die Motive zum deutschen Strafgesetzbuch sind eine Privatarbeit und diese Absicht hat ihre ausdrückliche Anerkennung gefunden in dem Uebersendungsschreiben, welches der Bundeskanzler dem Norddeutschen Reichstage machte. Derselbe erklärte und zwar absichtlich: „Ich übersende anbei den Entwurf eines Strafgesetzbuches für den Norddeutschen Bund, wie solcher vom Bundesrath beschlossen worden ist. Zugleich füge ich Motive bei". Diese Trennung des Entwurfs von den Motiven war nach hinlänglicher Erörterung geschehen und eine absichtliche: ich bitte recht sehr darum, daß Sie die Motive nicht als Hilfsmittel authentischer Interpretation ansehen.

Ferner hat Herr Thomsen Ordnungsstrafe beantragt. Meine Herren, wir sind gerade in jetziger Zeit in Deutschland beim Zeugnißzwang in die, ich möchte sagen, mißliche Lage gekommen, von Ordnungsstrafen zu sprechen und sie als solche Strafen zu erklären, für welche das allgemeine deutsche Strafrecht noch nicht disponirt hat. Diese Ordnungsstrafen sind dem Namen nach allerdings besondere, sachlich aber kennen wir nur eine Gattung von Strafe überhaupt, und ich bitte, wenn der Antrag Thomsen angenommen würde, daß wenigstens das Wort „Ordnungsstrafe" in Wegfall komme.

Appellations-Gerichts-Rath Dr. **Silberschlag** (Magdeburg): Gestatten Sie mir noch einmal das Wort zu ergreifen, behufs weniger Bemerkungen.

Zuvörderst muß ich erklären, daß ich durch den ersten meiner Anträge, der dahin geht,

> daß das Verschweigen des Gründerlohnes für sich allein nicht als Betrug angesehen werden kann,

nicht entfernt beabsichtigt habe, irgend ein Erkenntniß in einem der Gründerprocesse zu kritisiren.

Mir ist kein Erkenntniß bekannt, in welchem gesagt wäre,

> jedes Verschweigen des Gründerlohnes sei Betrug oder überhaupt strafbar.

Ich glaube auch nicht, daß dies in irgend einem Erkenntnisse gesagt ist, denn bei jeder Gründung werden die Gründer vor Bildung der Gesellschaft irgend welche Auslagen haben, auch mancherlei Bemühungen aufwenden müssen. Wenn sie nun als Gründerlohn von der Gesellschaft sich blos ihre Auslagen erstatten und für ihre Bemühungen sich eine unbedeutende Entschädigung zahlen lassen, dies aber im Prospecte nicht ausdrücklich gesagt wird, so wird hierin bei jetziger Lage der Gesetzgebung doch Niemand etwas Strafbares finden können.

Aber Betrug ist es, wenn Gründerlohn durch Täuschung erlangt wird; dies kann geschehen durch falsche Angaben des Erwerbspreises im

Prospekte, aber auch auf andere Weise, z. B. durch Vorlegung falscher Gutachten oder Unterdrückung richtiger Gutachten. Ich erinnere mich folgenden Falles.

Ein Privatmann fand zufällig hier in Thüringen einen verlassenen Bergwerks-Schacht. Er erwarb eine Muthung und verkaufte dann sein Anrecht aus derselben an drei Banquiers für 20,000 Thaler. Diese Banquiers gründeten zum Betriebe des Bergwerks eine Actiengesellschaft mit einem Kapitale von einer Million und inferirten das Bergwerk dieser Gesellschaft zum Preise von 50,000 Thalern. Die Gesellschaft löste sich auf, nachdem sie sehr schlechte Geschäfte gemacht hatte. Es kam bei den Streitigkeiten zwischen den Actionären zur Sprache, daß die Gründer bei Inferirung des Bergwerks zu 50,000 Thaler einen recht erheblichen Gewinn gemacht hatten; hierin fand Niemand etwas Unrechtes; es stellte sich aber auch heraus, daß die Gründer sich vor Bildung der Gesellschaft fünf Gutachten von Bergververständigen über den muthmaßlichen Ertrag des Bergwerks hatten geben lassen; von diesen Gutachten hatten sie dem Publiko im Prospekte nur die beiden mitgetheilt, welche günstig lauteten, und hatten den Inhalt der andern drei Gutachten verschwiegen; hierin fand man mit Recht eine strafbare Täuschung.

Einer der Herren Vorredner meint, daß meine Anträge ad 3 und 4 in das Actienrecht gehören und also von uns hier nicht erledigt werden können.

Aber die ganze Frage des Gründerlohnes gehört recht eigentlich in das Gebiet des Handels- und Actienrechts; auch haben ja die beiden Gutachten aufs Gründlichste sich mit einer Anzahl Fragen des Actienrechts, namentlich mit dem Verhältniß der Gründer zu den Actionären beschäftigt. Ich sehe also keinen Grund, weßhalb ich in meinen Anträgen nicht das Gebiet des Actienrechts betreten soll.

Wenn jetzt unsere Reichsgesetzgebung sich mit der Reform unseres Actienrechts beschäftigt, so ist dies kein Grund, weshalb wir nicht unsere legislatorischen Wünsche in dieser Frage äußern können. Für sehr schwierig halte ich die Erörterung der von mir gestellten Anträge nicht, denn dieselben enthalten ja Nichts weiter, als was in Frankreich seit 1867 geltendes Recht ist.

Dringend wünschenswerth aber ist es, daß endlich durch eine Reform unserer Gesetzgebung das Publikum gegen eine Wiederkehr solcher Betrügereien und Schwindeleien im Actienwesen, wie wir sie seit 1870 erlebt haben, geschützt werde, und Pflicht des Juristentages ist es, hierauf hinzuwirken.

Ich empfehle Ihnen daher Annahme meiner Anträge.

Kreisgerichts-Rath **Loebell** (Luckau): Meine Herren! Ich will nur eine kurze Bemerkung machen: Derjenige Satz des Herrn Referenten, der schon von anderen Vorrednern angegriffen ist, scheint auch mir der gefährlichste zu sein, der Satz 3; der gefährlichste um deßhalb, weil er sich nicht blos auf den Fall der Täuschung durch Verschweigung, sondern auch auf den Fall des positiven Betruges bezieht; gefährlich auch deshalb, weil er selbst im Falle des positiven Betruges dadurch, daß er die Vollendung des Betruges in die Täuschung und objectiv vorausgesetzte Schädigung der ersten Zeichner setzt, die meisten Fälle von der Verfolgung ausschließt. Es ist von verschiedenen der Herren Vorredner bestritten worden, daß die ersten Zeichner allein stets geschädigt sind. Ich glaube aber, daß dabei in der Debatte nicht untersucht worden ist: worin liegt der entscheidende Punkt der Beschädigung oder Nichtbeschädigung, worin liegt in diesem Falle der Irrthum des Herrn Referenten. Der Herr Referent geht aus nicht von dem ökonomischen Effect, auch nicht von der ökonomischen Absicht, sondern rein von dem civilistischen Geschäft. Er sagt, wer eine Actie erwirbt, wird dadurch Theilhaber des Actienunternehmens; wenn das ganze Actienunternehmen so viel weniger werth ist, als der verschwiegene oder unterdrückte Gründerlohn beträgt, dann ist sein Antheil auch um so viel geschädigt. Das ist civilistisch vollkommen richtig. Ich möchte aber die Frage anregen: war die Absicht des Actienzeichners in der That darauf gerichtet, Theilhaber an dem Actienunternehmen zu werden, oder war es ihm nur zu thun um den Besitz eines Börsenpapiers, das er im Wege der Agiotage wieder los werden wollte, um den Besitz eines Börsenpapiers, das nach den Erfahrungen der Gründerjahre, selbst wenn die Prospectangaben unrichtig waren, und das Papier demnächst fiel, in der ersten Zeit nach der Gründung immer zu einem hoch getriebenen Kurse zu verwerthen war? Wie kann man aber annehmen, daß Jemand, der die Absicht gehabt hat, ein Börsenpapier zu erwerben und es dann zu einem höheren Kurse verkauft hat, geschädigt ist? Wir werden also den dritten Satz verneinen müssen, wenn Sie es nicht vorziehen, über sämmtliche Fragen zur Tagesordnung überzugehen.

Kanzler **Roßhirt** (Mannheim): Es werden manche Reden damit begonnen, daß man nur zwei Worte sprechen wolle. Ich will in Wahrheit mich dessen befleißigen.

Ich halte es für gut, daß nicht bloß abgestimmt wird, sondern für die Meinung, die ich für die richtige halte, auch noch ein paar Worte gesagt werden, und diese Meinung ist die, welche von meinem verehrten Herrn Nachbar vertreten worden ist. Ich habe schon an manchen Juristentagen erlebt, daß mein hochverehrter alter Freund v. Lauhn mit praktischem

Sinn gesprochen hat und daß sein praktischer Sinn von Erfolg gekrönt worden ist; ich wünsche ihm dies auch heute. Ich will keine Kritik üben an der Fragestellung, welche die ständige Deputation beschlossen hat, ich glaube vielmehr, daß durch die Aufwerfung dieser Frage in der That Gutes geschaffen worden ist. Ich danke den Herren, welche die Gutachten erstattet haben, wegen des Fleißes, den sie auf diese Frage verwendet haben, und ich glaube, daß diese eminent praktische Frage, diese quaestio facti, in der That durch die Erörterungen gewonnen hat, die in den Gutachten und die von Seiten des Herrn Referenten uns heute vorgetragen worden sind. Die Erörterungen sind wichtig für die Entscheidungen der Gerichte, das ist meine Ueberzeugung. Diese Frage ist nach meiner Ansicht eminent eine quaestio facti und daher kommen auch die verschiedenen Anschauungen in den Gutachten. Der Herr Referent hat mit Recht gesagt, er tadle nicht die Entscheidungen der Gerichtshöfe, nur die Begründungen. Worin liegt das? In den verschiedenen Anschauungen über die factischen Verhältnisse. Ich kann mir Fälle denken, in welchen in der That ein Verschweigen den Thatbestand des Betruges begründen kann. Nehmen Sie an, es tritt eine Gründergesellschaft zusammen, welche auf die redlichen Namen einzelner Mitglieder baut, aber doch Speculationen macht, die wir Alle heute verdammt haben; das Publikum glaubt, daß jene Namen unmöglich etwas Unredliches im Schilde führen könnten. — So lassen sich Fälle construiren, in denen, wenn auch nicht durch positive Handlungen, so doch durch das ganze Auftreten und das ganze Gebahren der Gründergesellschaft in der That ein Betrug verübt worden ist, und darum sind denn auch die Gerichte dazu gekommen, in solchen Fällen, wo sie nach den besonderen factischen Verhältnissen annehmen zu können glaubten, daß der Thatbestand des Betruges nach dem Strafgesetzbuch begründet sei, zu verurtheilen. Unsere Frage ist, wie gesagt, eine eminent praktische, aber auch eine eminent faktische und ich glaube, daß der Juristentag nicht berufen ist, diese Frage definitiv zu lösen. Daher stimme ich für die Anträge der Herren v. Lauhn und Dr. Rubo.

Obergerichtsrath Dr. **Mittelstedt** (Hamburg): M. H., ich glaube, daß Herr Professor Rubo und auch der letzte Herr Redner es sich mit der Frage über den Begriff des Verschweigens doch etwas zu leicht gemacht haben. Die Herren sind ja gewiß nicht verpflichtet, die Gutachten zu lesen, aber der große Unterschied zwischen dem Schweigen im Allgemeinen und dem qualificirten Schweigen des Herrn Referenten ist nicht genügend hervorgehoben. Das ist eine recht schwierige, vielfach erörterte Frage, der Gegenstand recht lebhafter Kontroversen, und die Frage hat den deutschen Gerichten unendlich viel Kopfschmerzen gemacht, sie sind gerade aus dem

Begriff des allgemeinen Stillschweigens trotz einer vorhandenen generellen Wahrheitspflicht heraus zu dem Thatbestande des Betruges gekommen, wogegen sich allerdings ein erheblicher Theil der Praxis und der Wissenschaft aufgelehnt hat, weil man der Meinung war, daß die Gerichtshöfe unter dem Strom der öffentlichen Meinung sich Mühe gaben, dem legalen Betrug eine Seite abzugewinnen, von der aus man dem Unwesen steuern könnte. Eine andere Meinung war die, daß es nach dem Ausspruch eines amerikanischen Juristen am besten sei, die Gesetze strikt anzuwenden, um zu zeigen, ob sie gut oder schlecht sind; sind sie schlecht oder unzureichend, so müssen sie im Wege der Gesetzgebung geändert werden, nicht aber soll die Praxis mit Auslegungen kommen, die nicht haltbar sind.

Was sodann die Motive zum Strafgesetzbuch betrifft, so habe ich dieselben gelesen. Wenn diese Motive nach Ansicht des Herrn Professor Rubo Unrichtiges enthalten, so hätte der Herr Reichskanzler besser gethan, sie zu unterdrücken.

Herr Professor Rubo hat anscheinend etwas übersehen, was wesentlich ist: die Begriffsmerkmale „Vorspiegelung von Thatsachen" oder „Unterdrückung von Thatsachen" sind Begriffsbestimmungen, die ein positives Thun unterhalten.

Es ist dann noch die Bemerkung hinzugefügt, daß, als im preußischen Staatsrath über die Frage abgestimmt worden ist, nicht ob man „unterhält" hinzufügen solle (denn wer etwas unterhält, der thut etwas), sondern ob man den Begriff des Benutzens hinzufügen solle, dies ausdrücklich verworfen ist. Der Begriff des Benutzens soll eben nicht als Betrug angerechnet werden.

Deshalb glaube ich und komme darauf zurück: so wenig Werth ich darauf lege, ob hier eine Resolution gefaßt wird oder nicht, und so wenig ich glaube, daß wir nach außen hin einen großen Eindruck damit machen, so scheint es mir doch zu viel Scheu zu enthalten, wenn wir dem einen oder anderen Rechtsspruch nicht eine andere Meinung entgegensetzen, wenn wir vielleicht aus Angst, den Einen oder den Anderen zu beleidigen, hier kein Urtheil abgeben.

Was speciell gegen die Sätze 1 und 2 vorgebracht ist, halte ich nicht von so großer Erheblichkeit, um meine Meinung zu ändern.

Professor Dr. **Rubo** (Berlin): Gegen die Ausführungen des Herrn Obergerichtsraths Mittelstedt möchte ich in einer Hinsicht protestiren. Wenn er erklärt, man hat geglaubt, daß die Gerichte in Ansehung der Gründerprocesse von der sogenannten öffentlichen Meinung beeinflußt werden, so möchte ich sagen: m a n hat es vielleicht geglaubt, aber nicht alle M ä n n e r. Ich für meine Person als Mitglied eines Gerichts lege einen entschiedenen

Widerspruch dagegen ein und möchte nur erklären, daß wir hier auf dem Deutschen Juristentage ohne Unterschied, ob wir früher Staatsanwälte und jetzt Richter, ob wir von jeher Richter oder ob wir Vertheidiger sind, doch darin zusammenhalten sollen, daß, wenn der Begriff der öffentlichen Meinung schon ein undefinirbarer ist, wir hier wenigstens auf die öffentliche Meinung nicht provociren wollen als diejenige Quelle, aus der ein schwerer Tadel gegen die deutschen Gerichte geschöpft wird.

Oberappellationsgerichtsrath **Lamm** (Dresden): M. H., ich möchte mir erlauben, einen Vorschlag zu machen, der vielleicht geeignet ist, die Bedenken zu beseitigen, welche gegen den Antrag des Referenten unter 4 verstanden sind. Ich glaube, daß diese Bedenken schwinden werden, wenn der Antrag etwas allgemeiner gehalten und gesagt würde:

> Es ist wünschenswerth, daß die Gesetzgebung für das rein passive Verschweigen des Gründergewinns bei Erlaß von Prospecten u. dgl. Strafen einführt,

so daß nur das Wort „Actien" in „Actiengesetzgebung" und dann die Worte „entsprechende Ordnungsstrafen" wegfielen. Im Allgemeinen ist es wünschenswerth, daß die Unregelmäßigkeiten, welche die Gründer von Actiengesellschaften durch Verschweigen des Gründergewinns vornehmen, mit Strafe bedroht werden. Es ist aber schwierig, die Voraussetzungen allgemein zu fixiren, unter denen das geschehen soll. Ich glaube, man muß sich im Allgemeinen darauf beschränken, auszusprechen, daß unter Umständen durch die in der Frage bezeichnete Handlung ein Betrug begangen werden kann. Ich würde aber nicht glauben, daß darin ein Grund liegt, ohne Weiteres zur Tagesordnung überzugehen; es lassen sich wenigstens negative Erfordernisse in Betreff der thatsächlichen Form der Handlungsweise, wenn sie unter den Begriff des Betrugs fallen soll, aufstellen und ich würde deshalb ganz unbedenklich den Anträgen Nr. 1 und 2 zustimmen.

Der Antrag 3 dagegen will mir bedenklich erscheinen aus den von einem der Herren Vorredner bereits ausgeführten Gründen. Ich glaube, daß man in dieser Allgemeinheit den Satz wohl nicht aussprechen kann, und ich würde der Meinung sein, daß eine Schädigung auf Seiten der ersten Zeichner nur dann eintreten könne, wenn sie zur Zeit des Zusammenbruchs des Unternehmens noch im Besitz der gezeichneten Actien sind.

(Die Debatte wird geschlossen.)

Referent Obergerichtsrath **Thomsen** (Hannover): M. H., ich habe nur noch wenige Worte hinzuzufügen.

Auf die Nrn. 3 und 4 lege ich sehr wenig Gewicht. Herr College Mittelstedt hat in seinem Gutachten die Nr. 3 gründlich erörtert und so bin ich eigentlich auf diese Weise dazu gekommen, dieselbe in meine Anträge aufzunehmen. Dieser Punkt der Schädigung gehört nicht gerade in die speciell vorliegende Frage, ich will deshalb auch nicht auf eine nähere sachliche Erörterung wieder eingehen. Nur Eine Bemerkung als Beispiel. Wenn mir betrügerisch eine tombachene Uhr als eine goldene verkauft wird und ich verkaufe sie einem Anderen wieder für einen höheren Preis, so, glaube ich, bin ich geschädigt und betrogen, nicht der Andere, und mir gegenüber ist und bleibt der Betrug consumirt.

Dann die Frage wegen der Tagesordnung. Ich habe mir schon erlaubt, im Eingange meines Referats zu erwähnen, daß wir mit dieser Frage von der bisherigen Praxis des deutschen Juristentages abgewichen sind. Die Frage ist aber einmal gestellt und muß deshalb auch erörtert werden. Die Bedenken des Herrn Collegen von Lauhn glaube ich aber doch nicht theilen zu können, daß wir die Autorität der Gerichte dadurch schädigten, denn wir sind ja schon häufig an eine Kritik höherer Gerichtshöfe herangegangen. So erheblich finde ich also diese Bedenken nicht, um deshalb zur Tagesordnung überzugehen.

Ich kann nur anheimgeben, die beiden ersten Thesen jedenfalls anzunehmen. Bei den beiden anderen mag es zweifelhaft sein, ob sie zur Sache gehören oder nicht. Ich habe nur aus formellen Gründen die letzte These hinzugefügt, um nicht der Auffassung Raum zu geben, als ob wir den Gründerschwindel sanctioniren. Nur dies hat mich bestimmt, die letzte These aufzustellen. Es ist ja nicht ausgeschlossen, daß die Gesetzgebung weiter geht, daß sie auch noch eine Betrugsstrafe dafür festsetzt; bis jetzt ist sie an diese Frage noch nicht herangetreten.

Die vierte These bitte ich also anzunehmen, während ich die dritte aus formellen Gründen nicht von so großem Gewicht halte und gern davon abstrahire, weil eben sie streng genommen logisch nicht zu unsrer Frage gehören mag. Materiell halte ich die These nach wie vor für richtig.

Ich bitte also, nicht ohne Weiteres zur Tagesordnung überzugehen, sondern jedenfalls die Nrn. 1, 2 und 4 anzunehmen.

Wenn ich noch ein paar Worte über die Anträge des geehrten Herrn Collegen Silberschlag mir erlauben darf, so glaube ich, daß der erste Antrag:

> Das Verschweigen eines Gründerlohns bei Gründung einer Actiengesellschaft ist für sich allein als Betrug oder überhaupt als strafbar nicht zu erachten,

wesentlich dasselbe sagt, was die Thesen des Herrrn Collegen Mittelstedt und meine Anträge schon aussprechen.

Der zweite Satz:

> Jeder Gründerlohn aber, der durch Täuschung oder durch falsche Vorspiegelungen erlangt ist, ist als durch Betrug erlangt anzusehen,

steht, wie ich glaube, bereits im Gesetz.

Der dritte und der vierte Satz scheinen mir beide zu weit zu gehen. Sie mögen an sich gerechtfertigt sein, aber sie enthalten so weitgreifende Punkte, daß, wenn wir darüber einen Ausspruch des Deutschen Juristentages herbeiführen wollen, erst weitere Vorberathungen stattfinden und gründliche Gutachten eingeliefert werden müssen.

Aus diesen Gründen muß ich Ihnen anheimgeben, diese Anträge nicht anzunehmen.

Stellvertretender Vorsitzender, Obertribunalsrath **von Koestlin** (Stuttgart): Wir schreiten jetzt zur Abstimmung. Zuerst ist abzustimmen über den Antrag auf Tagesordnung, der von den Herren von Lauhn und Rubo gestellt ist, sodann, falls die Tagesordnung abgelehnt wird, über die Amendements des Herrn Siberschlag, über die ich im Ganzen abzustimmen vorschlage. Wenn diese Amendements nicht angenommen werden, dann stimmen wir ab über den gedruckt vorliegenden Antrag des Herrn Referenten, dessen Ziffer 3 auf sich beruhen bleibt und in Bezug auf dessen Nr. 4 erst über den Antrag des Herrn Lamm abzustimmen ist, der dahin geht, die Ziffer 4 folgendermaßen zu fassen:

> Es ist wünschenswerth, daß die Gesetzgebung für das rein passive Verschweigen des Gründergewinns bei Erlaß von Prospecten u. dgl. Strafen einführt.

Die Versammlung erklärt sich mit dem Abstimmungsmodus einverstanden und wird darauf der Antrag auf Uebergang zur Tagesordnung angenommen. Die Abstimmung über sämmtliche andere Anträge ist dadurch hinfällig geworden. Ueber den Beschluß selbst soll der Referent, Obergerichtsrath Thomsen, in der morgenden Plenarsitzung referiren.

Da Advocat Stenglein (München), welcher Referent über die Frage 8 ist:

> Wie ist das forum delicti commissi für ein Preßerzeugniß zu bestimmen, welches von mehreren Orten aus vertrieben worden ist?

nicht anwesend ist, kann die Verhandlung über diesen Gegenstand nicht stattfinden und wird nach einigen formellen Mittheilungen des Vorsitzenden die Sitzung geschlossen.

(Schluß 11 Uhr 50 Minuten.)

Erste Sitzung der vierten Abtheilung am 29. August 1878.

(Anfang 11¼ Uhr).

Justizamtmann Dr. **Martin** (Jena): M. H., gestatten Sie mir im Auftrage der ständigen Deputation, Ihnen als Vorsitzenden für die vierte Abtheilung vorzuschlagen den Herrn Obergerichtspräsidenten Becker (Oldenburg).

(Allgemeine Zustimmung.)

Vorsitzender Obergerichtspräsident **Becker** (Oldenburg): Dankbar annehmend habe ich Ihnen vorzuschlagen, als meinen Vertreter zuzulassen Herrn Appellationsgerichtspräsidenten Kühne (Greifswald) und als Schriftführer die Herren: Rechtsanwalt Dr. Gutweiß, Gerichtsassessor Benedix und Amtsrichter v. Beaulieu-Marconnay.

(Zustimmung).

Die drei Materien, die wir zu erledigen hätten, sind:

1. Soll unter der Voraussetzung, daß die Zulassung zur Rechtsanwaltschaft bei einem bestimmten Gerichte erfolgt, der hier zugelassene Anwalt die in Civilproceßsachen gebotene Vertretung auch bei anderen Gerichten unbeschränkt oder unter welchen Beschränkungen übernehmen können?
2. Ist eine gemeinsame Prüfungs-Ordnung für deutsche Richter und Anwälte nothwendig? und wie ist sie auf der Grundlage der §§ 2—6 des deutschen Gerichtsverfassungsgesetzes zu gestalten?
3. In welchem Umfange soll ein Anwalt verpflichtet sein, ein angetragenes Mandat (a. in Civilsachen, b. in Strafsachen) zu übernehmen?

Auf Vorschlag des Vorsitzenden wird beschlossen, zuerst die Berathung eintreten zu lassen über die Frage:

Soll unter der Voraussetzung, daß die Zulassung zur Rechtsanwaltschaft bei einem bestimmten Gerichte erfolgt, der hier zugelassene Anwalt die in Civilprozeßsachen gebotene Vertretung auch bei anderen Gerichten unbeschränkt oder unter welchen Beschränkungen übernehmen können?

Vorsitzender: Die Gutachten sind den Herren bekannt. Als Referent wird fungiren Herr Obergerichtsanwalt Erythropel (Celle). Derselbe hat das Wort.

Referent Obergerichtsanwalt **Erythropel** (Celle): Seit der Zeit, wo Ihre ständige Deputation mir den ehrenhaften Auftrag ertheilt hat, über die heute zur Diskussion stehende Frage zu referiren, ist durch die Emanirung der Rechtsanwalts-Ordnung die von uns zu besprechende Materie in ein neues Stadium getreten. Es ist der Zweifel in mir entstanden, ob es heute überhaupt noch ein Interesse habe, die Frage, wie weit das Princip der Lokalisation die Stellung der Anwälte beherrschen soll, überhaupt noch zu erörtern.

Es läßt sich aber nicht verkennen, daß diese Frage in der Allgemeinheit, wie sie gestellt worden, auch einem bestimmten Gesetze gegenüber noch immer eine Bedeutung hat, und zwar einmal eine wissenschaftliche nach der Richtung hin, ob nach dem Gutachten des Juristentages die Rechtsanwalts-Ordnung die Materie in richtiger Weise geordnet hat und deshalb die Rechtsentwickelung in dieser Beziehung abzuschließen ist, und zweitens nach der Richtung hin, nach welchen Principien die Justizverwaltungsbehörden bei den durch das Gesetz ihnen ertheilten Befugnissen zu verfahren haben.

Ich habe deshalb geglaubt, das von mir früher übernommene Referat, auch nachdem die Rechtsanwalts-Ordnung als Gesetz promulgirt ist, nachträglich nicht ablehnen zu dürfen.

Wenn ich nun zu der Sache selbst übergehe, so darf ich vorweg bemerken, daß ich mich im Wesentlichen mit den in den beiden Gutachten der Herren Oberhandelsgerichtsrath Dr. Wernz in Leipzig und Appellationsgerichts-Präsident Dr. Kühne in Greifswald erstatteten Gutachten einverstanden erkläre. Diese beiden Gutachten differiren auch unter sich nur in unwesentlichen Punkten, wenngleich der verschiedene Zeitpunkt, zu welchem sie verfaßt sind, sich in der Art und Weise der Behandlung der Materie geltend macht. Während nämlich Herr Dr. Wernz die aufgestellte Frage an der Hand der Civilproceß-Ordnung als eine ganz offene behandelt, hat Herr Dr. Kühne unter Berücksichtigung des Umstandes, daß mittlerweile der Gesetzgeber die Frage in den Kreis seiner praktischen Erörterung gezogen hatte, den Regierungsentwurf der Rechtsanwalts-Ordnung und die Beschlüsse der Reichstags-Justizcommission einer Kritik und Besprechung unterzogen.

Nach Abschluß des letzteren Gutachtens ist nun das Gesetz vom Reichstage in drei Lesungen durchberathen und schließlich vom Bundesrathe angenommen worden.

Bei dieser Lage der Sache kann ich nicht umhin, die Bestimmung des Gesetzes Ihnen vorzulegen und muß Ihre Geduld für einige Minuten in Anspruch nehmen.

1. Die Zulassung eines Rechtsanwalts erfolgt bei einem bestimmten Gerichte, und zwar entweder bei einem Amtsgerichte oder einem der Collegialgerichte. § 8 und 18.

Der bei einem bestimmten Gerichte zugelassene Rechtsanwalt muß der der Regel nach an dem Orte des Gerichts, bei welchem er zugelassen ist, seinen Wohnsitz nehmen.

2. Der bei einem Amtsgerichte zugelassene Rechtsanwalt kann auf seinen Antrag zugleich bei dem Landgerichte, in dessen Bezirk das Amtsgericht seinen Sitz hat, sowie bei den im Bezirke des Landsgerichts befindlichen Kammern für Handelssachen zugelassen werden. Die Zulassung muß erfolgen, wenn sie nach dem übereinstimmenden Gutachten des Oberlandesgerichts und des Vorstandes der Anwaltskammer dem Interesse der Rechtspflege förderlich ist. — Der bei einem Landgerichte zugelassene Rechtsanwalt, welches zum Bezirk eines mehreren Bundesstaaten gemeinschaftlichen Oberlandesgerichts gehört, kann zugleich bei dem letzteren zugelassen werden, auch wenn dasselbe an einem andern Orte seinen Sitz hat. § 9. § 11.

Ist der Rechtsanwalt bei mehreren Gerichten zugelassen, so muß er als Amtsgerichtsanwalt am Orte des Amtsgerichts, als Landgerichtsanwalt am Orte des Landgerichts seinen Wohnsitz nehmen. § 18.

3. Auf Antrag eines Landgerichts können bei demselben Rechtsanwälte, welche bei einem benachbarten Landgerichte zugelassen sind, widerruflich zugelassen werden, wenn nach dem Gutachten des Oberlandesgerichts die Zulassung zur ordnungsmäßigen Erledigung der Anwaltsprocesse erforderlich ist. § 12.

4. Der Rechtsanwalt, welcher an dem Orte des Gerichts, bei welchem er zugelassen ist, nicht wohnhaft ist, muß bei diesem Gerichte einen an dem Orte desselben wohnhaften ständigen Zustellungsbevollmächtigten bestellen, an welchen mit gleicher Wirkung, wie an ihn selbst, behändigt werden kann. § 19.

Die Mehrkosten, welche bei der Vertretung einer Partei vor einem Collegialgerichte durch einen bei demselben zugelassenen Rechtsanwalt dadurch entstehen, daß der letztere seinen Wohnsitz nicht am Orte des § 18 und 37.

Gerichts hat, ist die Gegenpartei zu erstatten nicht verpflichtet, selbst nicht, wenn der auswärtige Anwalt als Armenanwalt beigeordnet ist.

§ 10. Der bei einem Collegialgerichte zugelassene Rechtsanwalt ist auf seinen Antrag zugleich bei einem anderen an dem Orte seines Wohnsitzes befindlichen Collegialgerichte zuzulassen, wenn das Oberlandesgericht durch Plenarbeschluß die Zulassung dem Interesse der Rechtspflege für förderlich erklärt.

§ 104. Der am Orte eines obersten Landesgerichts wohnhafte Rechtsanwalt kann bei diesem Gerichte zugelassen werden, wenn nach dem Gutachten des letzteren die Zulassung zur ordnungsmäßigen Erledigung der Anwaltsprocesse erforderlich ist.

§ 107. 5. Diejenigen Rechtsanwälte, welche vor dem Inkrafttreten des Gesetzes oder binnen 3 Monate nach demselben die Zulassung bei dem Landgerichte ihres Wohnsitzes beantragt haben, müssen nicht nur bei diesem Gerichte zugelassen werden, sondern können auch ihren bisherigen Wohnsitz beibehalten, auch wenn derselbe nicht der Sitz des Gerichts ist.

§ 27. 6. Insoweit eine Vertretung durch Anwälte geboten ist, kann nur ein bei dem Proceßgerichte zugelassener Rechtsanwalt die Vertretung als Proceßbevollmächtigter übernehmen. In der mündlichen Verhandlung einschließlich der vor dem Proceßgericht erfolgenden Beweisaufnahme kann jedoch jeder Rechtsanwalt die Ausführung der Parteirechte und für den Fall, daß der bei dem Proceßgerichte zugelassene Rechtsanwalt ihm die Vertretung überträgt, auch diese übernehmen.

§ 100. 7. Die Zulassung eines Rechtsanwalts bei dem Reichsgericht ist mit der Zulassung bei einem anderen Gerichte unvereinbar. Die bei dem Reichsgerichte zugelassenen Rechtsanwälte dürfen bei einem anderen Gerichte nicht auftreten.

Das ist die Antwort, welche der Gesetzgeber auf die heute hier zur Beurtheilung stehende Frage, welche ich noch einmal formuliren will, gegeben hat.

> Soll unter der Voraussetzung, daß die Zulassung zur Rechtsanwaltschaft bei einem bestimmten Gerichte erfolgt, der hier zugelassene Rechtsanwalt die in Civilproceßsachen gebotene Vertretung auch bei den anderen Gerichten unbeschränkt, oder unter welchen Beschränkungen übernehmen können?

Die referirten gesetzlichen Bestimmungen ergeben, daß als maßgebendes Princip der Grundsatz festgehalten ist, daß jeder Anwalt am Orte seines Gerichts wohnen und auf die Praxis bei diesem einen Gerichte beschränkt sein soll. Es ist daneben in die Hände der Justizverwaltung gelegt, einen Ausnahmezustand zuzulassen und ist zugleich der Grundsatz der

Lokalisation ganz allgemein dahin durchbrochen, daß in der mündlichen Verhandlung eines einzelnen Processes jeder Anwalt mit Einwilligung des Proceßbevollmächtigten die Vertretung der Partei übernehmen kann.

In den zu Gunsten der jetzt vorhandenen Anwälte getroffenen Uebergangsbestimmungen ist das Princip der Lokalisation ganz durchbrochen.

Meine Ansicht darüber, ob die Materie vom Gesetzgeber in tadelloser Weise geordnet ist, wird sich aus demjenigen ergeben, was ich zur Einleitung der Diskussion jetzt bemerken möchte.

Die zur Erörterung stehende Frage findet ihre Begrenzung einmal darin, daß die Zulassung der Rechtsanwälte bei einem bestimmten Gerichte erfolge. Nach der Rechtsanwaltsordnung wird es in Zukunft Anwälte geben, welche beim Amtsgerichte, solche, welche beim Landesgerichte, solche, welche beim Oberlandesgericht oder schließlich beim Reichsgerichte resp. beim obersten Landesgerichte zugelassen sind. Es steht nach der Fassung der Frage auch nicht zur Erörterung, ob und unter welchen Beschränkungen ein Rechtsanwalt zur Vertheidigung in Strafsachen, oder zur Parteivertretung bei einem Gerichte, bei welchem kein Anwaltszwang ist, also beim Amtsgerichte zugelassen werden soll. Es handelt sich nur um die Proceßvertretung vor einem Gerichte, bei welchem durch die Civil-Proceßordnung die Vertretung der Parteien durch Anwälte geboten ist, also vor einem Collegialgerichte. Die beiden erstatteten Gutachten fordern als das Wünschenswerthe die strenge Lokalisirung des Anwalts, sowohl nach der Richtung, daß der Anwalt an dem Orte, an welchem sich sein Gericht befindet, wohnen muß, also auch nach der Richtung, daß er nur bei diesem einen Gerichte zugelassen werden soll. Herr Dr. Wernz hält allerdings die Zulassung bei mehreren Collegialgerichten desselben Orts für zuläßig. Herr Dr. Kühne will die Thätigkeit eines Anwalts bei einem anderen Gerichte, als bei welchem er zugelassen ist, lediglich auf die Ausführung des Rechtspunkts und nur in der Weise gestatten, daß derselbe von einem bei dem betreffenden Collegialgerichte zugelassenen Rechtsanwalt, welcher der Verhandlung persönlich beiwohnen müsse, eingeführt wird.

Die Gründe, welche für diese Ansicht der Herren vorgeführt werden, sind der Natur des mündlichen Verfahrens, insbesondere desjenigen Verfahrens entnommen, wie es in der Deutschen Civil-Proceßordnung geregelt ist. Ich mache darauf aufmerksam, daß nach diesem Verfahren die Proceßleitung im Wesentlichen in die Hände der Anwälte gelegt ist. Die Thätigkeit des Gerichts besteht der Hauptsache nach lediglich im Fällen des Urtheils. Den durch Anwälte vertretenen Parteien ist es überlassen, die Termine, in welchen die Streitsache dem Richter vorgetragen und klar gelegt werden soll, zu extrahiren. Das Zwangsmittel, welches die Parteien zur Erzwingung einer mündlichen Verhandlung und damit eines Urtheils haben, besteht in der Möglichkeit eines Contumacial-Erkenntnisses, wenn die vom Gesetze vorgeschriebenen Ladungsfristen eingehalten sind. Eine Partei kann einen Proceß gegen einen säumigen Gegner nur vorwärts bringen, wenn sie auf das Sorgfältigste darauf achtet, daß die Ladung des Gegners zu dem vom Gerichtsvorsitzenden angesetzten Verhandlungstermine rechtzeitig und rechtsförmlich erfolgt ist. Im Anwaltsprocesse erfolgt nun während der Dauer des Processes die Ladung des Gegners und die Zustellung der vorbereitenden Schriftsätze nicht an die Partei selbst, sondern an ihren Anwalt, und zwar der Regel nach br. manu von Hand zu Hand gegen Empfangsbekenntniß. Wenn man diese Art und Weise der Behändigung eine Zeit lang praktisch besorgt hat, kann man sich der Ueberzeugung gar nicht verschließen, daß dieselbe für die rasche ordnungsmäßige Erledigung des Processes durch eine förmliche Zustellung durch den Gerichtsvollzieher gar nicht ersetzt werden kann und ist schon aus diesem Grunde die Lokalisirung der Anwälte am Orte des Gerichts eine Forderung der Nothwendigkeit.

Ich höre schon den Einwand, daß in dieser Beziehung durch einen Einhändigungsbevollmächtigten geholfen werden könne. M. H.! Der Einhändigungsbevollmächtigte, wie ihn die Rechtsanwalts-Ordnung statuirt, ist meines Erachtens eine unglückliche Concession an diejenige Richtung, welche die principiell richtige Lokalisirung der Anwaltschaft aus dem neuen Gesetze ganz herausbringen wollte. Ich fürchte, daß man mit diesem Institute, wenn es wirklich praktisch wird, sehr böse Erfahrungen machen wird. Der Anwalt, welcher nicht am Orte seines Gerichts wohnt, wird entweder einen dort wohnhaften Collegen zu seinem ständigen Einhändigungsbevollmächtigten bestellen. Da dieser College dadurch die Möglichkeit verliert, in allen Processen, in welchen der auswärtige Anwalt thätig wird, den Gegner zu vertreten, so wird sich ein beschäftigter tüchtiger Anwalt überhaupt auf eine solche Bestellung nicht einlassen. Es wird ein Verhältniß entstehen, wie wir es leider in der Provinz Hannover in den ersten Jahren nach Einführung unserer bürgerlichen Proceßordnung hatten, wo eine Anzahl untüchtiger älterer Anwälte in vollständiger pecuniärer Abhängigkeit die Einführung jüngerer Collegen besorgte. Wenn sich aber ein Anwalt zu solcher Stellung nicht bereit finden läßt, dann ist der Kreis derjenigen Personen, welchen der Anwalt zu einem ständigen Einhändigungsbevollmächtigten bestellen kann, ein ungemein kleiner.

Der Einhändigungsbevollmächtigte, welchen ich mir für alle meine Processe bestellen muß, hat das Schicksal aller dieser Processe in der Weise in der Hand, daß er durch Ausstellung unrichtiger Behändigungsdocumente oder durch Unterschlagung oder Verschleppung der ihm zugestellten Documente mich unwiderruflich um meine processualischen Rechte bringen kann. Ich kann contumacirt werden, wenn ich das ihm zugestellte mit der Ladung versehene Schriftstück nicht rechtzeitig bekomme. Ich kann die Frist zum Einspruch versäumen, wenn ich nicht die Behändigung des ungünstigen Urtheils erfahren habe. Mein Gegner kann eine versäumte Frist nachholen, wenn mein Einhändigungsbevollmächtigter ihm ein falsch datirtes Behändigungsdocument giebt. M. H.! man braucht dabei nicht an Collusionen mit dem Gegenanwalt zu denken. Es kann der letztere Fall schon eintreten, wenn der Gegner im letzten Augenblick einer Frist das Ladungs-Document dem vielleicht zufällig nicht zu Hause befindlichen Einhändigungsbevollmächtigten hinschickt und dieser aus Gefälligkeit am anderen Tage das Empfangsbekenntniß vordatirt.

Nach meiner zehnjährigen Erfahrung im hannoverschen Processe, welcher in dieser Beziehung vollständig identisch ist mit dem neuen deutschen Processe, würde ich mich und meine Clienten nicht der Gnade eines Einhändigungsbevollmächtigten überlassen.

Für die Gerichte kommt dann noch eins hinzu.

Das Empfangsbekenntniß eines Anwalts gilt als Ladungsdokument, als öffentliche Urkunde. Die Namensunterschrift des Anwalts wird im Laufe der Zeit so bekannt, daß man ohne weitere Beglaubigung dieselbe ohne Weiteres anerkennen kann. Den Zustellungsbevollmächtigten kann der Anwalt nach Belieben jeden Augenblick wechseln. Es muß dem Richter im höchsten Grade bedenklich sein, jede ihm producirte Unterschrift ohne Weiteres als ächt anzunehmen. Es kann die Bedeutung des außergerichtlichen Verkehrs unter den Anwälten nicht genügend hervorgehoben werden. Es fordert dieser Verkehr mit Nothwendigkeit eine strenge Localisirung.

Ein zweiter Grund, welcher auch demjenigen, welcher nicht als Anwalt practisch mit dem mündlichen Verfahren gearbeitet hat, ohne weiteres in die Augen springt, ist die Gefahr der Terminsverlegung. Weil das mündliche Verfahren die persönliche Thätigkeit der Anwälte beider Parteien bei der mündlichen Verhandlung erfordert, da ein Erkenntniß nur auf Grund der mündlich vorgetragenen Thatsachen abgegeben werden kann, und weil ein auswärtiger Anwalt leichter an der Wahrnehmung eines Termins behindert sein wird, werden die Verlegungen häufiger werden. Die Klagen über die Verlegungen, welche Sie namentlich aus Hannover besonders auch in dem Gutachten des Herrn Dr. Kühne hören, halte ich in dem Grade, wie sie vorgebracht werden, allerdings nicht für gerechtfertigt. Naturgemäß entziehen sich die Gründe der Verlegung dem Auge des Richters, welcher dem außergerichtlichen Geschäftsbetriebe fern steht, namentlich nach der Richtung hin, wie weit die Schuld an dem anderweit beschäftigten Anwalt, wie weit sie an der Partei selbst liegt. Es läßt sich auch bei der Terminansetzung durch den Vorsitzenden des Gerichts das Interesse des Anwalts mit dem des Gerichts an einer vollbesetzte Tagesordnung in der Weise verknüpfen, daß diejenigen Sachen, in welchen ein bestimmter Anwalt beschäftigt ist, möglichst auf denselben Tag angesetzt werden, aber man kann auch nicht verkennen, daß unter Umständen durch das Fehlen eines auswärtigen Anwalts die Geschäftslage des Gerichts vollständig in Unordnung gebracht werden kann, daß unter Umständen das mündliche Verfahren dadurch, daß man nicht fest auf das Kommen eines auswärtigen Anwalts rechnen kann, ein zeitraubendes, umständliches und unzuverlässiges werden kann, wie sich das Gutachten des Herrn Dr. Kühne ausdrückt. Ich als Anwalt bin auch in dieser Beziehung geneigt, die Frage auch von dem Standpunkte des auswärts wohnenden Collegen zu beantworten. Wie häufig passiren durch ein Versehen des Bureaus des Anwalts oder auch sonst bei der formalen Einleitung der mündlichen Verhandlung Fehler, so daß man nicht contumaciren, die mündliche Verhandlung nicht erzwingen kann; mit Rücksicht auf die Collegialität oder auf das Interesse des Collegen, die Sache zu fördern, geht der Anwalt trotzdem präparirt in die Sitzung, um eventuell zu verhandeln. Wie fatal muß diese Situation für einen Anwalt werden, welchem nur der schlechte Behändigungs-Apparat des Zustellungsbevollmächtigten zur Seite steht und welcher vielleicht eine unnütze Reise an den Sitz des Proceßgerichts machen muß. Man vergleiche insbesondere die Bestimmungen der Rechtsanwalts-Ordnung, nach welchen die Kosten dieser Reise der Gegner unter keinen Umständen zu tragen braucht. Ich möchte auch unter diesem Druck eine Praxis nicht führen.

Die Lokalisation des Anwalts ist aber nicht nur nach der Richtung hin Bedürfniß, daß der Anwalt am Orte seines Gerichts wohnen muß, sondern auch nach der Richtung hin zu fordern, daß er an demselben Orte nur bei einem Gerichte zugelassen werden soll. Für diese Forderung sprechen in eminenter Weise die sonst erforderlich werdenden fortwährenden Verlegungen. In dieser Beziehung trete ich dem Gutachten des Herrn Dr. Kühne in jeder Beziehung bei. Nach den Erfahrungen, welche wir in Celle gemacht haben, muß ich es im Interesse einer geordneten Rechtspflege für durchaus wünschenswerth erklären, wenn jeder Anwalt auf sein Gericht beschränkt wird. Die Nachtheile, welche wir im Hannoverschen bei unserer jetzigen Einrichtung der Anwaltschaft empfunden haben, würden in noch weit höherem Grade eintreten, wenn der Anwalt bei zwei Gerichten ausdrücklich zugelassen ist, also nicht bei einem Gerichte die Hauptbasis seiner Thätigkeit und damit das Gefühl hat, daß er die Sachen bei diesem Gerichte in erster Linie erledigen müsse.

Ich kann auch eine Ausnahme für den Fall nicht zulassen, daß es sich um ein Gericht zweiter Instanz handelt, denn ich habe als Anwalt erster Instanz häufig die Erfahrung gemacht, daß dem Anwalt im Laufe der Verhandlung die zur richtigen Behandlung der Sache erforderliche Objectivität verloren gegangen ist, und muß es unter allen Umständen für wünschenswerth halten, wenn die Sache durch eine neue Kraft bearbeitet wird, weil eben vier Augen mehr sehen, wie zwei.

Wenn ich also den regelmäßigen Geschäftsbetrieb nach dem neuen Verfahren nur bei strenger Localisirung der Anwälte für möglich halte, so muß meiner Meinung nach für Ausnahmsfälle den Parteien die Möglichkeit gegeben werden, sich auf ihre Kosten durch einen auswärtigen Anwalt vertreten zu lassen. Dafür sprechen alle diejenigen Gründe, welche von den Gegnern der Lokalisirung, insbesondere meinem Collegen Fürst in Mannheim auf dem Cölner Anwaltstage entwickelt sind: wie das persönliche Vertrauen eines Clienten, die besondere Bekanntschaft des Anwalts mit den in Frage kommenden Rechtsverhältnissen, die besondere Befähigung desselben überhaupt. In einem solchen Ausnahmsfalle wird die Partei die Kosten der Zuziehung von zwei Anwälten tragen können. Der Anwalt am Orte des Gerichts besorgt nach den Anweisungen des eigentlichen Sachführers die formale Proceßleitung und ist dafür der Partei und dem Gerichte gegenüber verantwortlich. Der auswärtige Anwalt kann in solchem Ausnahmsfalle auch in der mündlichen Verhandlung mit Genehmigung des eigentlichen Proceßbevollmächtigten ebenso wie dieser selbst auftreten und verhandeln. Nach den in Hannover gemachten Erfahrungen, ist es meiner Meinung nach eine unnütze Kraftverschwendung, eine leere Formalität, wenn man das Princip der Lokalisirung dadurch zum Ausdruck bringen will, daß der auswärtige Anwalt von dem Localanwalt eingeführt wird und nur in dessen Assistenz auftreten darf. Dies ist wenigstens für die gewöhnlichen Collegialgerichte der wünschenswerthe Zustand. Ich meine, es hätte auch beim Reichsgerichte so sein können, doch begebe ich mich hier eines Urtheils, weil ich über die dort in Frage kommenden Verhältnisse keine Erfahrungen habe.

Wenn wir von dem so gewonnenen Resultate aus die Bestimmungen der Rechtsanwalts-Ordnung noch einmal prüfen, so können wir im Ganzen und Großen unser Einverständniß mit derselben bekunden. Es ist dieselbe beherrscht von dem Grundsatz der Localisirung. Für den Fall, daß ein Mangel an Anwälten eintreten sollte, ist der Justizverwaltung, den Gerichten und den Anwaltskammern die Befugniß ertheilt,

Ausnahmen eintreten zu lassen. Es ist im höchsten Grade wünschenswerth, daß von dieser Befugniß nur im allergrößesten Nothfalle Gebrauch gemacht wird. Der § 27 der Rechtsanwalts-Ordnung trägt dem Bedürfniß einer Partei, sich in einzelnen Fällen durch einen auswärtigen Anwalt bei der mündlichen Verhandlung vertreten zu lassen, genügend Rechnung.

Im höchsten Grade zu bedauern ist die Uebergangsbestimmung, nach welcher man mit Rücksicht auf die augenblicklich vorhandenen Anwälte für diese die Localisirung ausgeschlossen hat. M. H.! glauben Sie nicht, daß ich die Härten, welche die Localisirung für diese haben kann, unterschätze. Das Obergericht Celle ist aufgehoben und ich selbst werde mein Domicil an einem anderen Orte nehmen müssen. Ich weiß also recht gut, was meine Forderung zu bedeuten hat, aber ich fürchte, daß in denjenigen Landestheilen, in welchen der Geist des mündlichen Verfahrens die Anwälte sowohl, wie auch die Richter noch nicht vollständig durchdringt, eine Verkümmerung des Verfahrens eintritt, wenn nicht die Organe, welche dies Verfahren vermitteln sollen, vollständig diesem Geiste entsprechen. Sollte dies nicht der Fall sein, sollten die Vorsitzenden der Gerichte streng auf eine vollständig mündliche Verhandlung bestehen, sollten nicht die Rechtsanwälte aus Collegialität gegen die auswärts wohnenden Collegen zum Nachtheil des Processes mancherlei Concessionen machen, dann werden die auswärts wohnenden Rechtsanwälte sehr bald ihre Praxis sich zu Gunsten jüngerer am Orte des Gerichts wohnhafter Collegen verflüchtigen sehen und es wird sich eine allmählige Localisirung vollziehen, welche die Betheiligten viel härter treffen wird.

M. H.! indem ich mein Referat damit schließe, verstelle ich folgende Resolution zu ihrer Beschlußfassung:

1. Der bei einem bestimmten Gerichte zugelassene Rechtsanwalt soll bei einem anderen Collegialgerichte der Regel nach nicht zugelassen werden und in Civilproceßsachen, in welchen die Vertretung der Parteien durch Rechtsanwälte geboten ist, die Gesammtvertretung einer Partei (Anwaltschaft) nicht übernehmen können.
2. Gesetzlich fixirte Ausnahmebestimmungen sollen nur im äußersten Nothfalle, wenn die bei einem Gerichte zugelassenen Anwälte zur Erledigung der dort anhängigen Geschäfte nicht ausreichen, Anwendung finden.
3. Die Vertretung einer Partei in der mündlichen Verhandlung soll jeder Rechtsanwalt mit Zustimmung des als Proceßbevollmächtigten bestellten Anwalts ohne Einschränkung übernehmen können; die dadurch entstehenden Mehrkosten hat unter allen Umständen die eigene Partei zu tragen.

Korreferent Oberappellationsgerichtsrath **Lamm** (Dresden): Als Korreferent erlaube ich mir nur wenige Worte zur Begründung meines Antrags, welcher dahin geht, zu beschließen:

In Civilproceßsachen ist die Beschränkung des bei einem Gerichte zugelassenen Rechtsanwalts auf die im Anwaltsprocesse gebotene Vertretung der Parteien vor demjenigen Gerichte, bei welchem er zugelassen ist, als Regel anzuerkennen.

Weitere Ausnahmen von diesem Grundsatze, als in den §§ 9, 10, 11, 12 verbunden mit § 114 und 27 der Reichs-Rechtsanwalts-Ordnung vom 1. Juli 1878 getroffen worden, sind nicht zu empfehlen.

In den vorliegenden Gutachten sind die Gründe überzeugend entwickelt worden, aus welchen die Localisirung der Rechtsanwälte als Bedürfniß und Regel anzuerkennen ist. Die Reichs-Rechtsanwaltsordnung hat nun zwar von diesem Principe, von der Anerkennung desselben so viele Ausnahmen gemacht, daß die Regel beinahe aufgehoben erscheint. Gleichwohl muß Bedenken getragen werden, dem Juristentage eine Mißbilligung aller oder einzelner hierauf bezüglicher Bestimmungen vorzuschlagen. Denn es handelt sich hier um eine Frage, bei deren sachentsprechender Lösung mit starrer Theorie nicht durchzukommen, sondern es die Aufgabe ist, collidirende Interessen — die des Sachwalterstandes, des rechtsuchenden Publikums und eines ordnungsmäßigen Prozeßbetriebs — mit einander zu vereinigen. Hierbei können auch Zweckmäßigkeitsrücksichten nicht aus den Augen gelassen werden. Die in der Rechtsanwaltsordnung aufgestellten Ausnahmen von dem Localisirungsprincipe erscheinen aber theils durch das Bedürfniß der Rechtspflege geboten, theils sind sie mit solchen Cautelen — Antrag des Landgerichts, Cognition des Oberlandsgerichts — umgeben, daß Unzuträglichkeiten kaum zu befürchten stehen. Auch durch die in § 27. dem auswärtigen Anwalte zugestandene Vertretungsbefugniß wird die Regel insofern gerettet, als diese Befugniß von der Zustimmung und Uebertragung des bei dem Proceßgericht zum Proceßbevollmächtigten bestellten Rechtsanwalts abhängt. Am bedenklichsten für den Proceßbetrieb kann erscheinen die in § 9 eingeführte Zulassung der bei den Amtsgerichten zugelassenen Rechtsanwälte bei den Landgerichten ihres Bezirks. Indessen spricht auch für diese Maßregel ein hoher Grad von Billigkeit sowohl als das Interesse der Rechtspflege, um die Niederlassung von Rechtsanwälten an den Sitzen von Amtsgerichten, wo ihre Thätigkeit sehr nothwendig sein wird, zu erleichtern. Auf diesen Erwägungen beruht der von mir gestellte Antrag.

Vorsitzender Obergerichtspräsident **Becker** (Oldenburg): Vielleicht einigen sich die beiden Herren Referenten über die Wortfassung des Antrages, der schließlich zur Abstimmung gebracht werden soll.

(Der Korreferent zieht den ersten Theil seines Antrages zurück und schließt sich dem Antrage des Referenten an.)

M. H., es liegt eine Zwangslage vor durch die erst nach Erstattung der Gutachten Gesetz gewordene Rechtsanwaltsordnung. Wir würden freilich manche Fragen auf Jahre hinaus ganz liegen lassen müssen, wenn wir sie nicht, nachdem sie durch Gesetz geregelt sind, der Kritik unterziehen wollten. Aber immerhin wird die Frage angeregt, ob es nicht jetzt zweckmäßig ist, es bei der Kritik des Grundsatzes bewenden zu lassen, und in Betreff der Ausnahmen, nachdem das Gesetz erlassen ist, zu beschließen, erst die Erfahrung abwarten zu wollen. Ich gebe anheim, diesen Gesichtspunkt zu erwägen.

Appellationsgerichtspräsident Dr. **Kühne** (Greifswald): M. H. Auch ich glaube nicht, daß es zweckmäßig sein würde, daß wir uns auf die einzelnen Bestimmungen, betreffend die Ausnahmen von dem Grundsatze der Lokalisirung einlassen; es würden sich dabei sehr erhebliche Differenzen ergeben. Ich z. B. bin sonst einverstanden mit den vortrefflichen Ausführungen des Herrn Referenten; aber in einem sehr wesentlichen Punkte weiche ich doch von ihm ab, nämlich bezüglich der Vertretung in der Sitzung. Ich kann die Substituirung für die mündliche Verhandlung, wie sie der Herr Referent zulassen will, und die Reichs-Rechtsanwals-Ordnung sie bereits für statthaft erklärt hat, nur für die schlimmste Durchbrechung des Princips halten. Zwar muß ich nach meinen Erfahrungen in Celle, wo der Herr Referent Anwalt ist und wo ich 6 Jahre Präsident gewesen bin, zugestehen, daß die Einführung des nicht lokalisirten und die sogenannte Assistenz des lokalisirten Anwalts dort zur reinen Farce geworden ist. Ich habe in meinem Gutachten gesagt, daß das auf lokalen Gründen beruht und daß es in der Rheinprovinz, wo ich allerdings nur kurze Zeit habe Erfahrungen sammeln können, nicht so ist. — Aber es hat jetzt nach Emanation der Reichs-Rechtsanwaltsordnung keinen Zweck, über diese Details zu streiten.

Ich glaube, es genügt für unsern jetzigen Zweck, wenn wir blos im Allgemeinen das Princip der Lokalisirung als das richtige hinstellen und vielleicht den Vorbehalt machen, daß wir bezüglich der einzelnen Ausnahmen die Erfahrungen abwarten wollen. Wohin diese Erfahrungen gehen werden, kann ich Ihnen im Voraus sagen: Die Erfahrungen werden die Nothwendigkeit der strengen Lokalisirung ergeben.

Was über diesen Gegenstand auf dem Anwaltstage verhandelt ist, hat mich in meiner Ansicht nur bestärkt. Leider haben mir diese

Verhandlungen den Eindruck gemacht, daß dort der Egoismus, das vermeintliche Interesse der Anwälte, stark hervorgetreten ist, wie ich das bei einem so ehrenhaften Stande nicht gewünscht hätte. Ich glaube, daß dort weniger wissenschaftliche Gründe als Rücksichten persönlicher Natur vertreten waren.

Also ich denke, wir warten die Erfahrungen ab; nach diesen werden die Herren, die jetzt das Princip der Lokalisirung so starr abweisen, vielleicht ebenso energisch dafür eintreten, natürlich mit einzelnen Ausnahmen. Was die Erfahrung wirkt, geht daraus hervor, daß die ganze Anwaltschaft am Rhein — ich erinnere mich nur einer Ausnahme — sich für das Princip der strengsten Lokalisirung erklärt hat und daß besonders ein hervorragender Anwalt in Cöln, Elven, gesagt hat: er könne sich nicht denken, wie es anders gehen sollte. Sie wollen auch berücksichtigen, daß in Hannover, wo mündliches Verfahren besteht, alle Anwaltskammern sich für die Lokalisirung der Anwaltschaft ausgesprochen haben. Vielleicht haben schon in 5 Jahren die Gegner der Lokalisirung ihre Ansichten geändert, und dann wird es auch an der Zeit sein, zu berathen darüber, welche Ausnahmen man ohne Gefahr, vielleicht sogar zweckmäßig im Wege der Gesetzgebung zulassen kann. Zur Zeit empfiehlt es sich abzuwarten, wie die Bestimmungen der Rechtsanwalts-Ordnung sich bewähren.

Advokat Dr. **Ickelheimer** (Frankfurt a. M.): M. H., gestatten Sie mir, auf Grund der Erfahrungen, die ich in der Praxis gemacht, die Befürchtungen zu widerlegen, die hier laut geworden sind. Bei uns in Frankfurt haben wir das Amtsgericht oder Stadtamt, das Stadtgericht, das Appellationsgericht, und die Anwälte plädiren bei sämmtlichen Gerichten; beim Stadtgericht und Appellationsgericht ist Anwaltszwang. Nun ist mir kaum ein Fall erinnerlich, in dem dadurch, daß Termine bei beiden Gerichten zu gleicher Zeit anstanden, ein Anwalt zu einer Terminsverlegung gekommen ist. Ich habe erst am gestrigen Tage Termin beim Appellationsgericht, beim Stadtgericht und zu gleicher Zeit bei der Strafkammer des Stadtgerichts gehabt; die sämmtlichen Termine sind gewahrt worden; das läßt sich sehr wohl machen mit Hilfe der Kollegen und der Unterstützung der Gerichte, indem die einzelnen Termine etwas in der Zeitfolge verschoben werden. Ich bin niemals aus solchen Ursachen zu der wirklichen Verlegung eines Termins auf einen anderen Tag gekommen.

Mir ist nun eine Bemerkung des Herrn Referenten besonders aufgefallen, nämlich die, daß es besser sei, wenn die Rechtssachen in der oberen Instanz in andre Hände kommen, da 4 Augen mehr sehen als zwei. M. H., Niemand kann leugnen, daß 4 Augen mehr sehen, als zwei, aber sie könnten genau dasselbe zur Begründung der Behauptung anführen, daß es besser sei, daß schon in der Vorinstanz 2 Anwälte dieselbe Sache bearbeiten, — 4 Augen sehen mehr als zwei! Ich glaube dagegen, daß es besser ist, wenn die Sachen in den verschiedenen Instanzen in derselben Hand bleiben; das dient besser dem Interesse der Parteien.

Ich enthalte mich eines besonderen Antrages, muß aber im Uebrigen bemerken, daß ich auch zu Denen gehöre, die gegen jegliche Lokalisirung sind und daß ich mich auf dem Anwaltstage in dem Sinne mit vielen meiner speciellen Kollegen ausgesprochen habe. Ich glaube, daß wir auf Grund unserer Erfahrungen und nach bestem Wissen und Gewissen unserer Ueberzeugung auf dem Anwaltstage in Frankfurt Ausdruck gegeben haben und eine bessere Grundlage, wie wir sie hatten, hatte und hat Niemand in aller Welt, weder irgend ein Richter noch ein sonstiger Jurist. Ich stehe noch heute auf diesem Standpunkte und glaube auch nicht, daß wir nach 5 Jahren oder nach irgend welcher Zeit zu einem andern Resultate gelangen werden.

Ich möchte Sie bitten, dem Antrag, der dahin geht, die Lokalisirung zum einzig richtigen Princip zu erheben, nicht zuzustimmrn.

Appellationsgerichtspräsident Dr. **Kühne** (Greifswald): Ich möchte darauf erwidern, daß alle Erfahrungen, die in Frankfurt a. M. gemacht sind, absolut nicht maßgebend sind; denn in Frankfurt gilt mündliches Verfahren ebensowenig wie in den altpreußischen Provinzen. Die Schlußverhandlung macht das Verfahren nicht zum mündlichen; es gilt dort ebenso wie in den alten Provinzen des preußischen Staates der Satz: quod non est in actis, non est in mundo, und wo dieser Satz gilt, da ist das Verfahren ein schriftliches. Die Herren werden ganz gewiß den Grundsatz der Nichtlokalisirung nicht mehr zu vertheidigen sich getrauen, wenn sie erst 5 Jahre in einem wahrhaft mündlichen Verfahren thätig gewesen sind.

Was das Bessersehen durch 4 Augen betrifft, so kommt es eben darauf an, daß die 4 Augen hinter einander sehen, so zwar, daß die letzten beiden einen andern Standpunkt gewinnen können. So, glaube ich, hat auch der Herr Referent die Ausführungen über das mit 4 Augen Sehen verstanden.

Die Gründe, welche ich in meinem Gutachten für die Vertretung durch andere Anwälte in zweiter Instanz geltend gemacht habe, will ich hier nicht wiederholen.

Dr. **Pann** (Wien): Wenn ich mir das Wort erbeten habe, so geschieht es, um die Anklage, der Anwaltstag habe in Frankfurt nur seine persönlichen Interessen verfolgt, zu widerlegen. Das war nicht der Fall. Ich glaube, man muß die Frage so stellen: was erfordert die Rechtspflege?

ist es zweckmäßig, das Publikum von den Schranken des Lokalisirungszwanges zu befreien, oder erfordert es die Rechtspflege, daß Jeder im Publikum seinen Anwalt nehmen kann, von wo er will? Wenn wir die Frage so stellen und den Standpunkt des Publikums ins Auge fassen, so können wir nur gegen die Lokalisirung sein.

Wir haben in Oesterreich allerdings nur schriftliches Verfahren und die Einwände, die dem Herrn Kollegen aus Frankfurt gemacht sind, werden ebenso auch mir gegenüber erhoben werden können. Dies hindert mich aber doch nicht, für die Beseitigung des Lokalisirungszwanges einzutreten. Es wurde in Oesterreich seit Einführung der neuen Anwaltsordnung viel über diese Frage debattirt und in letzter Zeit, wo das bisherige Princip der vollständigen Freigebung zu vielen Uebelständen geführt hat, hat man deßhalb auch die Frage über die Lokalisirung auf die Tagesordnung gebracht. Von einem Komité seitens des Wiener Advokatenvereines wurde diese Frage im Sinne der Anträge des Herrn Referenten erledigt. So sehr man aber der Lokalisirung möglichst das Wort sprechen möchte, die Wiener Advokatenkammer hat sich vor einigen Tagen entschieden gegen den Lokalisirungszwang ausgesprochen und zwar lediglich aus technischen Gründen, weil es nicht zweckmäßig sei, in das Princip der freien Advokatur die Lokalisirung hineinzuwerfen, und weil die Gesetzgebung im modernen Processe darauf hinarbeiten soll, die größte Flüssigkeit und Beweglichkeit des Proceßstoffes zu erzielen, also nicht Schranken aufzustellen sich veranlaßt sehen soll, die gegen die Interessen des Publikums bei Auswahl der Person des Vertreters gerichtet sein können. Man müsse Jedem die Möglichkeit eröffnen, den Mann seines Vertrauens, wo er auch immer im Lande praktizire, mit seiner Sache zu beschäftigen. Es sei eben Sache des Einzelnen, zu beurtheilen, ob er dadurch Schaden leidet oder nicht. Für die Leitung der Vorverhandlung bis zum Termin kann angesichts der heutigen Post- und Telegraphen-Einrichtungen ein Substitut vollständig Alles am Orte besorgen, und auch bei der wirklichen Verhandlung kann unter Berücksichtigung der jetzigen Kommunikationsmittel der Mann des Vertrauens pünktlich am Platze sein. Mit dem bloßen Festhalten einer bestimmten, zunftmäßigen Einschränkung können wir nicht mehr durchkommen und glaube ich daher, daß uns hierin die Wissenschaft zur Seite steht, wenn wir die Lokalisirung der Anwaltschaft auch für das mündliche Verfahren nicht als ein Bedürfniß der Rechtspflege erklären.

Advocat **Hartmann** (Nürnberg): M. H., ich möchte zunächst auch das Votum des Frankfurter Anwaltstages, an dem ich mich nicht betheiligt habe, in Schutz nehmen gegen den Vorwurf, als sei es aus persönlichen Motiven hervorgegangen oder aus dem Mangel an Erfahrung. Ich glaube vielmehr, daß es hervorgegangen ist aus der Zufälligkeit, daß fast nur Solche da waren, die keine Erfahrung betreffs der Lokalisirung gemacht hatten. Gerade weil ich ein entschiedener Anhänger der Lokalisirung bin, habe ich mich berufen gefühlt, das Votum meiner Collegen gegen die Unterschiebung persönlicher Motive zu verwahren.

Nirgends, m. H., hat sich eine so entschiedene Opposition geltend gemacht gegen die Lokalisirung, als gerade in Bayern, aber nirgends hat sich auch ein so entschiedener Umschwung in so kurzer Zeit gezeigt, als gerade in Bayern.

Ich glaube, daß ich mich mit der überwiegenden Majorität meiner Collegen im Einverständniß befinde, wenn ich sage: es ist ein wirklich nützliches Verfahren ohne Lokalisirung nicht denkbar. Der Anwalt, der wirklich mit Energie für die Rechte seiner Partei eintreten will, muß seinen Gegner am Platz haben. Die Einsicht der Urkunden, der collegialische persönliche Verkehr über die Aussetzung oder Trennung von Streitpunkten erfordert unbedingt ein fortwährendes Conferiren der Anwälte, was nicht möglich ist, wenn der Anwalt nicht selbst am Orte wohnt. Ich gebe auch dem Herrn Referenten darin ganz Recht, daß das Institut der Zustellungs-Bevollmächtigten auch nicht den mindesten Ersatz bietet; denn derselbe hat keine Acten, er wird einfach der Strohmann des Anwalts sein, der außerhalb des Gerichtssitzes domicilirt.

Dagegen scheint mir das Princip der Lokalisirung nicht die Centralisirung des Anwalts bei einem einzigen Gerichte, wenn mehrere Gerichte an seinem Wohnsitz sind, zu bedingen. Auch hier kann ich dem Collegen aus Frankfurt sagen und zustimmen, daß nach den Erfahrungen in Bayern, speciell in Nürnberg, wo also an zwei Gerichten prakticirt wird, auch nicht im mindesten Inconvenienzen durch Vertagung oder sonstwie entstanden sind. Es scheint mir auch keine Nothwendigkeit dafür zu sprechen, dem Anwalt, der eine Sache in erster Instanz vertreten hat, sie nicht auch in zweiter Instanz zu übertragen. Wäre das überhaupt im Interesse der Rechtspflege erforderlich, so würde es dahin führen, daß der Anwalt beim Amtsgericht nicht am Landgericht fungiren darf, weil auch hier 4 Augen mehr sehen als zwei. Wenn in einem Gutachten der Umstand betont ist, es möchten dadurch die Berufungen vermehrt werden, so glaube ich dem entgegnen zu dürfen, daß ein Anwalt, der in erster Instanz einen Mißerfolg gehabt hat, doppelt vorsichtig und objectiv die Sache betrachten muß, weil er sich ja hüten wird, in zweiter Instanz auch zu unterliegen. Der Anwalt aber, der die Sache einem Andern überträgt, wird dieselbe viel oberflächlicher behandeln als derjenige, der sie wieder in zweiter Instanz vertreten muß.

Ich möchte Ihnen deshalb empfehlen, sich hier lediglich im Sinne der übereinstimmenden Anträge des Herrn Referenten und des Herrn Korreferenten auszusprechen.

Dr. **Ickelheimer** (Frankfurt a. M.): M. H., gestatten Sie mir nur noch zwei Worte zur thatsächlichen Aufklärung. Herr Präsident Dr. Kühne hat ganz Recht, wenn er sagt, bei uns gelte der Grundsatz: quod non est in actis, non est in mundo; aber, m. H., die Schriftsätze dürfen nur Thatsächliches enthalten und die Rechtsausführungen sind dem mündlichen Verfahren vorbehalten. Es wird also so leicht kein Anwalt es darauf ankommen lassen, daß der Richter, ohne von beiden Seiten das Rechtliche der Sache vernommen zu haben, sein Urtheil fällt. In der That kommt das auch nicht vor, kein Anwalt unterläßt es, zu der mündlichen Verhandlung zu erscheinen und den Proceß, den er führt, von der rechtlichen Seite zu beleuchten. Damit scheint mir das hinfällig geworden zu sein, was Herr Präsident Dr. Kühne gesagt hat.

Appellationsgerichts-Präsident Dr. **Kühne** (Greifswald): Der Herr Vorredner scheint ganz übersehen zu haben, daß ein sehr wesentliches, vielleicht das Hauptgewicht bei der Beantwortung der Frage der Lokalisirung der Anwälte darauf liegt, daß die sogenannte Instruction des Processes im mündlichen Verfahren durch die Anwälte erfolgt. Dieses die Verhandlung vorbereitende Verfahren erfordert in gleichem Maße, wie die Verhandlung selbst, wenn nicht noch in höherem, die Lokalisirung der Anwälte.

(Die Debatte wird geschlossen und beide Referenten verzichten auf das Wort.)

Der vereinigte Antrag der Referenten wird auf den Vorschlag des Vorsitzenden in folgender Fassung angenommen:

> Der bei einem bestimmten Gerichte zugelassene Rechtsanwalt soll bei einem andern Collegialgerichte der Regel nach nicht zugelassen werden, und in Civilproceßsachen, in welchen die Vertretung der Parteien durch Rechtsanwälte geboten ist, die Gesammtvertretung einer Partei (Anwaltschaft) nicht übernehmen können.
>
> In Ansehung etwaiger zweckmäßiger Ausnahmen ist die Abtheilung der Ansicht, daß der Juristentag zur Zeit die Bestimmungen der deutschen Anwaltsordnung nicht zu beanstanden, vielmehr die Erfahrung zu erwarten habe, wie das neue Gesetz sich im Leben bewährt.

(Die Sitzung wird darauf um 12¾ Uhr geschlossen.)

Zweite Sitzung der vierten Abtheilung am 30. August 1878.

Beginn der Sitzung 10 Uhr 15 Minuten.

Vorsitzender Obergerichtspräsident **Becker** (Oldenburg): Die Sitzung ist eröffnet.

Ich habe zunächst den Herren mitzutheilen, daß die von uns gestern verhandelte Frage dem Plenum zur bloßen Kenntnißnahme mitgetheilt werden soll, wenn kein Widerspruch erfolgt.

(Zustimmung.)

Dann ist in Folge Ihres Auftrages das Büreau zusammengetreten und hat eine Liste der 10 Vertrauensmänner entworfen, die ich Ihnen jetzt zur Genehmigung unterbreite.

Vorgeschlagen werden:

1. von Beaulieu-Marconnay, Ober-Appellationsgerichts-Präsident (Oldenburg),
2. Erythropel, Ober-Gerichtsanwalt (Celle),
3. Dr. Schulz, Professor (Jena),
4. von Wilmowski, Justizrath (Berlin),
5. Dr. Martin, Justizamtmann (Jena),
6. Dr. Pann, Rechtsanwalt (Wien),
7. Dr. Zerbst, Rechtsanwalt (Jena),
8. Hartmann, Rechtsanwalt (Nürnberg),
9. Dr. Kühne, Appellationsgerichts-Präsident (Greifswald),
10. Becker, Ober-Gerichtspräsident (Oldenburg).

(Die Vorgeschlagenen werden von der Abtheilung bestätigt.)

Wir kommen nun zur Frage 10 unserer Tagesordnung:

Ist eine gemeinsame Prüfungsordnung für deutsche Richter und

Anwälte nothwendig? und wie ist sie auf der Grundlage der §§ 2—6 des deutschen Gerichtsverfassungs-Gesetzes zu gestalten?

Die bereits gedruckt vorliegenden Anträge der Referenten sind folgende:

Anträge des Referenten Dr. v. Schwarze:

1. Der Erlaß eines Reichsgesetzes über die Prüfungen für deutsche Richter und Rechtsanwälte ist dringend wünschenswerth.
2. Das Reichsgesetz hat allgemein bindende Normen aufzustellen, dagegen im Uebrigen die Ordnung und Handhabung des Prüfungswesens den Einzelstaaten zu überlassen.

   Insbesondere hat das Reichsgesetz nach Maßgabe der unter Nr. 4 f. vorgeschlagenen Sätze die Qualification und die Zusammensetzung der Prüfungscommissionen, sowie die Grundzüge des Prüfungsverfahrens und das Minimum der an die Candidaten zu stellenden Anforderungen zu normiren.

   Die Einsetzung einer Reichs-Aufsichtsbehörde über das Prüfungswesen ist nicht anzuordnen.
3. Eine Ausdehnung des dreijährigen Universitäts-Studiums (§ 2 des deutschen Gerichtsverfassungsgesetzes) vorzuschreiben, ist nicht erforderlich.

   Fällt die Absolvirung des Militärdienstjahres in die Studienzeit, so ist dasselbe in den bestimmten Studienzeitraum nicht einzurechnen.
4. Die in § 2 des deutschen Gerichtsverfassungsgesetzes vorgeschriebenen zwei Prüfungen bestehen je aus einer schriftlichen und aus einer mündlichen Prüfung.
5. Die mündlichen Prüfungen sind öffentlich.
6. Bei der ersten und der zweiten Prüfung werden Censuren über den Gesammtbefund der Prüfung ertheilt.
7. Die Prüfungscommissionen werden von der Landesjustizverwaltung eingesetzt.

   Die Mitglieder derselben werden im Voraus auf mindestens ein Jahr ernannt.

   In der Commission soll jedes Prüfungsfach durch mindestens ein Mitglied vertreten sein.

   Die Commission für die erste Prüfung ist aus Universitätslehrern und Praktikern dergestalt zusammenzusetzen, daß jene zwei Drittheile der Gesammtzahl bilden. Den Vorsitz führt einer der Praktiker.

   Die Commission für die zweite Prüfung ist aus Justizbeamten und Advocaten zusammenzusetzen.

8. Den Gegenstand der ersten Prüfung bilden: Rechtsgeschichte, Rechtsphilosophie, römisches Privatrecht, deutsches Privatrecht, Landes-Privatrecht, Strafrecht, Civil- und Straf-Proceßrecht, Kirchenrecht, Völkerrecht, Volkswirthschaft und Staatsrecht,

Alle diese Materien sind bei der Prüfung zu berücksichtigen.

9. Die erste Prüfung ist auf Erforschung der positiven Kenntnisse des Candidaten, seiner Einsicht in das Wesen und die geschichtliche Entwickelung der Rechtsverhältnisse, so wie darauf zu richten, ob der Candidat sich die für seinen künftigen Beruf erforderliche allgemeine juristische Bildung erworben habe.

10. Es empfiehlt sich, die erste mündliche Prüfung in zwei, zeitlich getrennte Abtheilungen nach bestimmten, in sich zusammenhängenden Gruppen zu zerlegen.

In diesem Falle ist in jeder Abtheilung eine besondere Censur zu ertheilen, das Gesammturtheil aber auf die Sondercensuren und die Censuren über die schriftlichen Arbeiten zu gründen und diese sämmtlichen Censuren nebst dem Gesammturtheile in dem Qualificationszeugnisse auszudrücken.

11. Die zweite Prüfung hat die Aufgabe, festzustellen, ob mit voller Sicherheit angenommen werden kann, daß der Candidat diejenigen praktischen Kenntnisse und Fähigkeiten sich erworben habe, welche für die erfolgreiche Ausfüllung einer selbstständigen Stellung im Justizdienste erforderlich sind.

12. Den Gegenstand der zweiten Prüfung bildet das geltende öffentliche und Privatrecht in seiner praktischen Anwendung.

Anträge des Korreferenten Dr. Brunner:

1. Mit Rücksicht auf die Stellung, welche die Reichsjustizgesetze dem Richteramte zuweisen, sind reichsgesetzliche Vorschriften über das juristische Studium und über die juristischen Prüfungen ein unabweisbares Erforderniß.
2. Dabei ist eine Verlängerung des juristischen Studiums über den Zeitraum von drei Jahren hinaus dringend rathsam und ohne jede Schwierigkeit ausführbar, soweit die praktische Ausbildung eine Verkürzung gestattet.
3. Das Prüfungswesen ist dahin zu ordnen, daß die erste juristische Prüfung als wissenschaftliche Prüfung die Garantie einer gründlichen rechtswissenschaftlichen Vorbildung gewähre, sowie daß die Prüfungscommissionen wenigstens zum Theil aus Lehrern der Rechtswissenschaft gebildet werden

Vorsitzender Obergerichtspräsident **Becker**: der Korreferent Professor

Dr. Brunner ist verhindert, heute zu erscheinen, und hat den Herrn Professor Gneist um seine Vertretung ersucht.

Herr Referent Dr. von Schwarze hat das Wort.

Referent Generalstaatsanwalt Dr. **von Schwarze**: M. H., ich möchte mir zuvörderst eine allgemeine Bemerkung erlauben. Gegen die von mir vorgelegten Anträge ist der Einwand erhoben worden, daß sie zu speciell seien. Ich hänge nicht so sehr an der großen Specialisirung derselben, habe aber um so mehr geglaubt dieselben Ihnen vorlegen zu sollen, als sie von den Collegen Gneist, Fürst und Gierke und auch anderen befürwortet sind. In Bezug darauf, ob und in wie weit ein näheres Eingehen auf die einzelnen Sätze gewünscht wird oder nicht, will ich erkären, daß ich mich sehr gern der Majorität unterwerfe, wenn sie einzelne dieser Sätze von der Tagesordnung absetzen will.

Was die erste Frage anlangt,

> ob überhaupt der Erlaß eines Reichsgesetzes über die Prüfungen für deutsche Richter und Rechtsanwälte geboten sei, —

so habe ich geglaubt, es sei eine zwingende Nothwendigkeit nicht vorhanden. Es wurde in den einzelnen Gutachten die Nothwendigkeit dadurch hauptsächlich motivirt, daß man sagt, es habe die Freizügigkeit der Advokatur und die Möglichkeit, daß der Richter in allen Bundesstaaten nicht blos formell sondern auch materiell die Voraussetzung seiner Anstellung daselbst erfülle, die Nothwendigkeit einer allgemeinen Prüfungsordnung begründet. Diese Ansicht ist nicht richtig. Denn auch wenn wir noch so specielle Normen in das Reichsgesetz für deutsche Richter und Anwälte aufnehmen wollen, wird doch nicht solche Specialität verlangt werden können, um auf Grund derselben behaupten zu dürfen, daß eine völlige Einheit und Uebereinstimmung der Prüfung eingeführt und garantirt sei. Ich kann mich auf sehr lange Erfahrungen berufen, daß bei einer Prüfung, Sie mögen die Ordnung gestalten, wie Sie wollen, das Resultat der Prüfung häufig davon mit abhängt, wer die Mitglieder der Commission sind und wie die Prüfungsordnung gehandhabt wird. Auch durch Instructionen und wie man sonst diese Normen nennen will, wird es nicht einmal zu erzielen sein, daß *innerhalb derselben* Prüfungscommission eine vollständige Einheit hergestellt wird. Ich brauche das vor Ihnen nicht näher zu begründen, aber jeder, der in Prüfungscommissionen gearbeitet hat, wird es bestätigen. Bei einer auf mehrere Tage vertheilten Prüfung Einzelner, wenn hierbei an den verschiedenen Tagen verschiedene Examinanden und Examinatoren beschäftigt sind, wird nicht einmal an allen Tagen dieselbe Gleichmäßigkeit und Stetigkeit in der Beurtheilung sich zeigen. Als Regierungscommissar bei den Prüfungen in Leipzig habe ich öfters Gelegenheit gehabt, dies zu beobachten, und habe ich mich dabei überzeugt, daß es bei dem Wechsel in den Personen der Examinatoren gar nicht anders sein kann. Ist das aber der Fall, ist es hier nach meiner Ueberzeugung nicht einmal möglich, daß eine solche Einheit in solcher Ausdehnung, wie hier vorausgesetzt wird, hergestellt wird, so möchte ich glauben, daß auch bei der Frage einer allgemeinen Prüfungsordnung das Verlangen nach einer einheitlichen Regelung hinfällig wird. Wünschenswerth muß man eine allgemeine Prüfungsordnung, trotz dieser Bedenken, allerdings erachten; ich möchte nur nicht glauben, daß wir durch den Ausdruck „geboten" eine so entschiedene Erklärung abgeben, nach der es kaum möglich wäre, ohne solche Prüfungsordnung die Freizügigkeit der Advocaten und andererseits die Verwendbarkeit der Richter in jedem einzelnen Staat auszusprechen. Was das letztere namentlich anlangt, so wird es unabweisbar bleiben, daß in den einzelnen Justizministerien der betreffenden Staaten die Frage wegen Uebernahme eines Richters aus einem andern Lande und die Anstellung in dem eigenen Lande, mehr oder weniger, ganz selbstständig nach dem Bedürfnisse und anderen Rücksichten entschieden wird. In Bezug auf die Geschichte der Frage bemerke ich noch, daß wir allerdings in der Justizcommission in der Mehrheit der Meinung waren, daß der Erlaß eines Reichsgesetzes wünschenswerth sei, uns aber nicht dahin haben verständigen können, auszusprechen, daß der Erlaß geboten sei.

M. H., ein Punkt, in welchem ich von der Anschauung unseres verehrten Professor Gneist und auch mehrerer der Begutachter entschieden abweiche, ist nun folgender. Es geht durch diese Gutachten der Gedanke: wir haben ein Universitätsstudium mit Vorbereitungsdienst für die spätere praktische Thätigkeit; getrennt wird das erstere von dem letzteren durch das erste Examen; der Vorbereitungsdienst schließt mit dem zweiten Examen ab. Nun stellen sich die Herren die Frage: wie wollen wir auf diese beiden Zeiträume, auf den Zeitraum des Universitätsstudiums und den der praktischen Vorbereitung, den Stoff vertheilen, den der junge Mann erlernen und verarbeiten soll, ehe er in den eigentlichen praktischen Dienst eintritt. So sagt man z. B., wenn wir das Universitätsstudium auf 3 Jahre beschränken, können wir vielleicht für den Vorbereitungsdienst 4 Jahre bestimmen; wenn wir dagegen das Universitätsstudium auf 4 Jahre verlängern, können wir den Vorbereitungsdienst auf 3 Jahre beschränken.

Eine andere Position ist die: wenn wir nur ein 3jähriges Studium verlangen, werden wir nur die und die Materien als Gegenstand des ersten Examens aufstellen müssen, daher in beschränkterer Weise, und der

Schwerpunkt würde mehr in den 4 jährigen Vorbereitungsdienst fallen und auch im zweiten Examen selbst in Bezug auf die Gegenstände der Prüfung eine weitere Ausdehnung eintreten können.

In diesem Punkte bin ich entschieden anderer Meinung. Persönlich möchte ich hinzufügen: ich examinire seit 25 Jahren in der sogenannten großen Staatsprüfung, seit länger als 12 Jahren bin ich Regierungscommissar bei der juristischen Facultät in Leipzig, namentlich bei den mündlichen Prüfungen zugegen; ich nehme auch Einsicht von den schriftlichen Arbeiten bei der ersten Prüfung. Ich habe mich nie überzeugen können, daß die Anschauung meiner Gegner, die ich eben zu referiren die Ehre hatte und die vorzugsweise in dem Gutachten des Collegen Gneist entwickelt wird, eine innere Berechtigung habe. Ich frage einfach: Was ist die Aufgabe des ersten Examens und was ist die Aufgabe des Vorbereitungsdienstes? und nach dieser inneren Gestaltung des Examens und seiner Aufgabe frage ich nun: worauf muß der junge Mann in seinem Universitätsstudium seine Arbeit richten und auf was bei dem Vorbereitungsdienst? Was ich für die Aufgabe des ersten Examens für richtig halte, das kann nicht davon abhängen, ob ich 4 oder 3 Jahre für den Vorbereitungsdienst verlange. Die Frage, ob 3 oder 4 Jahre für das Studium und ob 3 oder 4 Jahre für den Vorbereitungsdienst erforderlich sind, müssen nach meiner Meinung selbstständig und unabhängig von einander behandelt werden. Wir können nicht sagen, wir gleichen den gesammten Stoff gegenseitig aus, und wenn wir hier in das eine Stadium mehr nehmen, wollen wir dagegen in das andere weniger legen. Ich meine, die Dauer eines jeden der beiden Zeitabschnitte wird in Bezug auf das, was darin verlangt wird und gebildet werden soll, lediglich bestimmt durch die Aufgabe, die in dem Studium und dem Vorbereitungsdienst zu stellen ist.

Ich sage daher ferner, daß die Frage, auf wie lange soll das Universitätsstudium bestimmt werden? völlig unabhängig davon ist: auf wie lange soll der Vorbereitungsdienst bestimmt werden, und was wird darin verlangt?

Ich komme dabei auf eine sehr wichtige Frage, die in den Gutachten, überhaupt in den vielen Schriften über diese Frage in neuer und neuester Zeit immer ventilirt wird: wollen wir ein 3- oder 4 jähriges Studium? Da bin ich der Meinung, es ist durchaus nicht erforderlich vorzuschreiben, daß das 3 jährige Studium in ein 4 jähriges verwandelt werde. Wenn das Examen einen Prüfstein dafür giebt, was der junge Mann auf der Universität gelernt hat, so brauche ich nicht zu fragen: hast Du 3 oder 4 Jahre studiert, sondern was hast Du gelernt? Nehmen Sie 6 Jahre, so werden Sie immerhin im Examen sehen müssen, ob der junge Mann sich die nöthigen Kenntnisse erworben hat, aber nicht wie lange er studirt hat.

Nun sagen die Herren, es ist nicht möglich, bei der Ausdehnung der einzelnen Disciplinen in der neueren Zeit, besonders was das öffentliche Recht anlangt, daß ein junger Mann in 3 Jahren, selbst bei angestrengtem Fleiß, sich diese Kenntnisse erwirbt. Hiergegen muß ich bemerken, daß es nicht richtig ist, wenn in einzelnen Schriften behauptet wird, es sei in Sachsen ein 4 jähriges Studium vorgeschrieben. Wir haben keine Bestimmung dieser Art, sondern nur, daß einer 3 Jahre studiren soll.

Eine andere Frage ist die der Zwangscollegien. Wenn solche bestehen, kann man sagen, es ist nach der systematischen Ordnung der einzelnen Theile der Wissenschaft zu verlangen, daß 4 Jahre verwendet werden. Aber das ist eine Consequenz der gegebenen Verhältnisse; ich möchte in keinem Falle wünschen, daß man sagte: es muß 4 Jahre studirt werden. Gestatten Sie mir offen zu sagen: ich halte es in mehrfacher Beziehung für eine mißliche Sache, eine solche Vorschrift zu geben. Ich will dem Studenten nicht zu nahe treten; wir sind selbst alle Studenten gewesen, wir können nicht behaupten, daß wir vom ersten Tage an ununterbrochen fleißig gewesen sind. Leider ist aber jetzt der Fleiß nicht mehr derjenige, wie er zu meiner Zeit war. Verlängern Sie das Universitätsstudium, so sagen sich viele junge Leute: Du brauchst nicht blos ein halbes Jahr zu warten, ehe du an ein ernstes und nachhaltiges Studium gehst, sondern du kannst ein ganzes Jahr warten. Es ist ein alter Glaube unter den Studenten, daß das erste halbe Jahr dazu bestimmt sei, sich auf das Studium nur vorzubereiten. Ich muß ferner bemerken, Sie legen mit jener Ausdehnung der Studienzeit mehr oder weniger den Vätern mancher der jungen Leute eine große Steuer auf, und auch das muß an letzter Stelle mit berücksichtigt werden. Allein man kann von diesen nebensächlichen Gründen absehen. Ich glaube, wir haben zunächst festzustellen: was soll auf der Universität gelehrt und gelernt werden, worauf soll dann das Examen sich erstrecken? Wenn wir das wissen, dann können wir sagen: nun mag der junge Mann im Examen beweisen, daß er das, was er daselbst prästiren soll, gelernt hat, aber das soll und kann nicht davon abhängig gemacht werden, in welcher Zeit er sich diese Kenntnisse angeeignet hat.

Was die Aufgaben der Examina selbst anlangt, so glaube ich auch, wir müssen diese Aufgaben scharf präzisiren. Ich bin der Meinung, wir müssen im ersten Examen vor allen Dingen die rein theoretischen Gegenstände und die allgemeine Bildung der jungen Leute ins Auge fassen. Die wissenschaftliche Bildung derselben, welche sie im ersten Examen nachweisen sollen, soll der Art sein, daß sie in ihren Arbeiten von der Wissenschaft getragen und erfüllt, in der Praxis für ihre Arbeiten diese wissenschaftliche Grundlage sich erhalten und nicht nur praktische Routiniers werden. Die Aufgabe des zweiten Examens ist die, zu zeigen, ob der junge Mann geeignet ist, ein selbstständiges Richteramt, beziehungsweise die Advokatur zu übernehmen. Diese Aufgabe ist eine rein praktische und demgemäß zu gestalten.

Was die Zusammensetzung der Prüfungscommissionen anlangt, bin ich entschieden der Meinung, daß in der ersten Commission vorzugsweise Theoretiker thätig sein müssen. Practiker mögen zugezogen werden. Wenn Sie daran Anstoß nehmen, die Zahl der Theoretiker, bez. die der Praktiker zu bestimmen, will ich diesen Punkt gern fallen lassen. Dagegen halte ich es bei der Commission für das Richteramt und die Advocatur für nothwendig, daß praktische Männer, Justizbeamte und Advokaten, in dieselbe berufen werden. Ich habe in meinem Antrag auf das schriftliche Examen mich nicht weiter eingelassen; es herrschen verschiedene Controversen, ob bei beiden Prüfungen schriftliche Arbeiten verlangt werden müssen, ob Clausur-Arbeiten oder nicht, wie viele Themata gegeben und welche Wissenschaften berücksichtigt werden sollen. Dies Alles will ich übergehen.

Dann möchte ich auch gegenüber der Meinung in den herrschenden Kreisen Berlins bemerken, daß nach meiner Anschauung die mündlichen Prüfungen unbedingt öffentlich abgehalten werden müssen. Wir haben in Sachsen die Erfahrung gemacht; das sogenannte große Examen war früher nicht öffentlich. Ich kann nicht verkennen, daß mit der öffentlichen Prüfung Nachtheile verbunden sind, die sich namentlich in der größeren Befangenheit des Kandidaten zeigen, vielleicht auch manchmal einigermaßen in der Haltuug der Examinatoren, indem sie mehr oder weniger den amtlichen Ton einschlagen, der gerade im einzelnen Falle den jungen Mann gewissermaßen sprechunfähig machen kann. Aber die Nachtheile der nicht öffentlichen Prüfung sind viel größer. Diejenigen, welche die Prüfung schlecht bestanden haben, haben leicht Gelegenheit, nachträglich in ihren Kreisen einzelne Fragen und Antworten zum Gegenstande der Kritik zu machen, und sie als Beweis dafür zu benutzen, daß man sie ungerecht behandelt habe, dadurch aber das Examen selbst zu diskreditiren. Man hat es erlebt, daß sodann auf Grund solcher vereinzelter, oft unrichtig wiedergegebener Fragen und Antworten abfällige Urtheile über das Examen selbst auch von sonst verständigen Leuten ausgesprochen worden sind.

Das würden im Allgemeinen die Grundzüge sein, von denen ich ausgehe. Zum Schluß will ich bemerken, daß ich im großen Ganzen die Einrichtungen in Sachsen für vorzüglich halte, daß sie sich in den Hauptgrundzügen in der Praxis bewährt haben. Das erste Examen wird bei uns nach Schluß des Universitätsstudiums abgehalten, ohne daß gefragt wird, ob der junge Mann 3 oder 4 oder 5 Jahre studirt hat, und zwar durch Professoren in meiner Gegenwart und Assistenz, wenn Sie den Ausdruck nicht übel deuten, unter einer Art Controlle der Regierung. Das Verhältniß, welches sich hieraus entwickelt, muß ich als ein durchaus höchst angenehmes und zugleich der Sache förderliches bezeichnen. Nach Absolvirung des Examens tritt der junge Mann in den Vorbereitungsdienst ein; es ist nur vorgeschrieben, daß er entweder auf dem Bureau eines Advokaten oder auf einem Gerichte sich vorbereitet. Nach dem Reichsgesetz ist es kategorisch vorgeschrieben, daß er sowohl bei der Advokatur als auch bei dem Gerichte für den practischen Dienst sich vorbereite. In diesem Punkt halte ich das Reichsgesetz für eine wesentliche Verbesserung. Wenn der junge Mann im Vorbereitungsdienst 4 Jahre sich ausgebildet hat, wird er zum großen Examen oder Staatsexamen zugelassen, das theils mündlich theils schriftlich ist. In Sachsen examiniren in diesem Examen nur 3 Herren und zwar stets dieselben, und zwar jeder derselben über bestimmte Materien, so daß hierdurch eine gewisse Einheit und Gleichmäßigkeit in der Prüfung wie in der Beurtheilung der Leistungen hergestellt wird; ein Examinator nur Civilprozeß und Civilrecht, der andere Handelsrecht und Wechselrecht und was damit zusammenhängt, der dritte — das bin ich — Strafrecht und Strafprozeß. Außerdem sind Ministerialräthe gegenwärtig, die nicht examiniren, sondern nur am Schlusse des Examens mit votiren. Auf diese Weise haben wir es möglich gemacht, daß in den einzelnen Wissenschaften nach einem bestimmten Plan examinirt wird; der Examinator bleibt immer derselbe.

Noch eins; ich muß immer gegen unsern verehrten Professor Gneist kämpfen. Die ganze Einrichtung bei uns hat auf die freie Advokatur auch nicht den mindesten Einfluß. Der junge Mann, welcher Advokat werden will, muß dasselbe Examen machen, wie der Richter, und denselben Vorbereitungsdienst. Der Andrang zur Advokatur ist ebenso groß wie früher.

Correferent Professor Dr. **Gneist**: Da der designirte Correferent Herr Professor Brunner verhindert ist, so bitte ich in der üblichen Weise für ihn eintreten zu dürfen, um den Vortrag meines geehrten Freundes in einigen Punkten zu ergänzen und um die etwas weiter gehenden Anträge des Professor Brunner zu motiviren.

Die Eigenthümlichkeit unserer Frage beruht auf der Mannigfaltigkeit unseres deutschen Rechtsstoffs. Es ist einem Fremden fast nie verständlich zu machen, wie unser geltendes Recht aus römischem und deutschem Recht, aus kanonischen und lehenrechtlichen Principien, aus Praxis und Gesetzgebung sich zusammenfügt, und wie dies Gesammtgefüge dann wieder eine gemeinrechtliche Gruppe, eine preußischrechtliche, französischrechtliche und noch zehn andere Gruppen von einiger Selbstständigkeit und Bedeutung bildet. Das gemeinsame Band unter soviel Gliedern war bisher die juristische Universitätsbildung, die aber in Ermangelung eines Reichsgerichts und eines legislativen Centrums ein hohes Maß der Freiheit erhielt in Ignorirung des heute geltenden Rechts und die sich daher auch vielfach in Rechtsantiquitäten und allgemeiner Abstraction verirren konnte, welche dem Bedürfniß des praktischen Juristen keineswegs überall entsprachen.

Wenn dennoch der deutsche Juristenstand eine sehr ehrenvolle Stelle einnahm, so beruhte dies darauf, daß in den einzelnen Rechtsgebieten im Laufe der Zeit sich eine gegenseitige Ergänzung und Ausgleichung von Theorie und Praxis gebildet hatte.

In Preußen nahm man es ziemlich leicht mit dem Universitätsstudium und mit dem I. Examen; aber es folgte ein 4—5 jähriges Referendariat mit mannigfaltiger Beschäftigung und ernsten Repetitorien, guten Hilfsbüchern und einem strengen Assessorexamen, welches die wesentlichen Lücken ergänzte.

In Mecklenburg und einigen gemeinrechtlichen Gebieten hatte man ein schweres I. Examen und eine Art von freiwilligem Referendariat in der Advocatenpraxis, im Actuariat und anderen Uebergangsstadien in das Richteramt, aus denen sich ein anerkannt tüchtiger Juristenstand entwickelte.

Wieder besondere Ausgleichungen und Ergänzungen, die Ihnen der Herr Referent geschildert hat, haben sich in Sachsen gebildet.

In den Gebieten des französischen Rechts paßte das deutsche Referendariat allerdings nicht zu dem Proceßgange: aber der Praktikant fand Eifer und Anhänglichkeit an das Bestehende bei seinen Lehrmeistern, fand einen traditionellen Respect vor dem römischen Recht, gute Hilfsbücher und schließlich ein etwas strengeres Schlußexamen.

Im Gebiete der Hannoverschen Proceßordnung hatten sich einigermaßen analoge Verhältnisse gebildet.

In Oesterreich, Baiern, Baden war man bemüht, durch eine Verlängerung des academischen Trienniums eine solidere wissenschaftliche Ausbildung zu fördern, an die sich dann ein kürzerer praktischer Cursus anschloß.

Ueberall bot der schriftliche oder halbschriftliche Proceß ein continuirliches Praktikum dar, welches sich an die Universitätsstudien anschloß und mit dem Prüfungssystem so ergänzte, um den Bedürfnissen des Landes im Ganzen zu genügen.

In allen Theilen Deutschlands erfährt dieser Zustand nun aber eine völlige Umwandlung durch die Reichsgesetze. Der rein mündliche Proceß und die Ausdehnung des Einzelrichteramtes entziehen dem praktischen Lehrcursus in allen Gestalten den bisherigen Boden. Die gemeinrechtliche Schulung wird gänzlich erlöschen. Das preußische Referendariat wird seinen Namen wie lucus a non lucendo führen. Alle Schulung, die der gemischtmündliche Proceß noch ermöglicht, wird im Wesentlichen aufhören. Wie sich der künftige Vorbereitungsdienst gestalten wird, läßt sich eher noch aus der französischen Praxis beurtheilen, als aus unserer deutschen in ihren bisherigen Varianten. Jedenfalls wird sich der künftige Dienst bei den Gerichtskollegien auf einen überaus dürftigen Restbestand beschränken. Ich bitte in dieser Beziehung alle einzelnen Stadien des Justizdienstes durchzumustern, die wir selbst in unserem Praktikantendienst durchgemacht haben und uns zu fragen: Was kann davon übrig bleiben? — Sicherlich wird ein neuer Uebungsstoff sich ergeben bei den neuen Amtsgerichten und in der Advocatur. Aber wo sind die Lehrmeister für die nächste Generation unserer Referendarien? Wir Alten werden Zeit und Kraft vor allem nöthig haben zum Selbstlernen und es wird ziemlich lange dauern, ehe sich eine neue praktische Schule herausbildet. Die nächste Zeit bietet uns daher einen verhältnißmäßig so dürftigen und zerrissenen Uebungsstoff dar, daß es nicht leicht sein wird, einem Praktikanten volle drei Jahre in nutzbringender Weise zu beschäftigen.

Nun bleibt zwar das solide II. praktische Examen übrig, auf welches „wir in Preußen", in Sachsen und sonst bisher uns verlassen haben. Allein was kann ein praktisches Examen leisten, ohne einen entsprechenden Vorbereitungsdienst? Die beiden Dinge sind eben untrennbar. Mit der Praxis gestaltet sich auch das praktische Examen um. Die processualische Seite des künftigen Examens schließt sich an die neuen Reichsproceßordnungen an und es wird eine Zeitlang dauern, ehe wir dafür die wissenschaftliche Vertiefung gewinnen, die unsere älteren Proceßordnungen erlangt haben. Vorläufig wird es ein recht äußerliches Examen werden, wie über alle neuen Codificationen. Die andere Seite des praktischen Examens aber, das bestehende Landesrecht, steht gewissermaßen auf Abbruch durch das deutsche Gesetzbuch. Ein solcher Zustand ist dem Ernst und dem Eifer der Lehrenden wie der Lernenden wenig günstig. Und dieser Zustand wird eben ein gemeinsamer sein für ganz Deutschland. Eben damit wird ein Verhältniß der Concurrenz für alle Examinationscommissionen eröffnet. Die freie Concurrenz hat aber unabänderlich den Zug nach unten. Ich habe in der preußischen Praxis noch die Zeit durchlebt, wo wir die Prüfungen bei zwanzig Oberlandesgerichten machen konnten: da wußte Jedermann, wo es am leichtesten war und richtete sich nöthigenfalls darnach ein. Wir promoviren Doctoren bei zwanzig Universitäten: aber es ist leider nur zu bekannt, wo das Rigorosum am wenigsten rigoros ist. Wir haben zahlreiche Stellen für die ärztlichen Examina in Deutschland: jeder Arzt wird Ihnen sagen, welche Folgen diese Concurrenz für unser ärztliches Personal gehabt hat. Um ein Wort Stuart Mill's zu gebrauchen: Wir folgen dem großen Zuge der Zeit zur Verflachung und zur Mittelmäßigkeit, — demselben Zuge, dem unsere Parlamente, unsere Presse, unsere Literatur, unser geistiges Leben, unsere Kunst, unser Theater folgt — dem Fortschritt zur Mittelmäßigkeit, den auch die Specialisten mit ihrer Virtuosität unwillkürlich fördern. Man kann dabei leicht in den Verdacht eines befangenen Urtheils als laudator temporis acti kommen, wenn man, wie ich, die alte Schule des schriftlichen Processes und die Uebergangsschule durchgemacht, wenn man selbst fünf Examina gemacht und hunderte von Referendarien geprüft hat. Aber ich kann als Zeuge versichern, daß in den vierzig Jahren, während welchen ich beinahe im täglichen Verkehr mit denen stehe, welche die Ausbildung unserer Praktikanten vollständig übersehen, mir kein ernstes Urtheil vorgekommen ist, welches nicht zugestände, daß wir mit jedem Element des schriftlichen Processes und der Justizverwaltungsgeschäfte, ein Element der Ausbildung des Praktikers verloren haben und daß wir von Jahrzehnt zu Jahrzehnt die Anforderung an den praktischen Cursus trotz alles Widerstrebens um etwas haben herabstimmen müssen. Die Reichsgesetze bedeuten für diese abwärts gehende Richtung aber nur ein beschleunigtes Tempo.

So bleibt uns denn nur das Vertrauen auf die andere Seite: Die solide Universitätsbildung des deutschen Juristen wird uns die Mängel der mündlichen Proceßschule ersetzen. Aber wie soll sich diese Hoffnung erfüllen auf diesem Gebiet, wo wir die Folgen der freien Concurrenz schon übersehen können? Schon jetzt steht die wissenschaftliche Ausbildung der größeren Hälfte unserer künftigen Collegen auf dem Niveau des preußischen Auscultator-Examens (modo Referendariats-Examens), welchem viele Instructionen und Ermahnungen bisher wenig geholfen haben. Dies Niveau ist durch die freie Concurrenz in Zukunft das allgemeine. Die strengen Examinationscommissionen werden daneben gewiß ihren guten Namen bewahren, aber einen ziemlich geringen Zuspruch behalten. In untrennbarer Wechselwirkung damit ist und bleibt der „Studienfleiß" unserer Universitäten, bei dem wir nicht blos an die begeisterte Liebe für Wissenschaft, sondern an den Durchschnitt unserer academischen Jugend zu denken haben. Die freie Concurrenz entwickelt stets den feinen Sinn dafür, wo und wie man die Hindernisse der Carrière am raschesten und am leichtesten überwindet. Wie jetzt schon in größeren und kleineren Gebieten, so wird man künftig übersichtlich für ganz Deutschland wissen, wo man am angenehmsten und wo man am billigsten studiert, — wo das I. Examen am leichtesten, — das II. Examen am ungefährlichsten ist.

Mit dem so gebildeten Personal werden wir dann versuchen den erweiterten Anforderungen zu genügen, welche die Advocatur, das Einzelrichteramt, die gesammte Neubildung unseres Gerichtswesens an unseren Berufsstand stellt?

Gewiß kann eine Justizverwaltung auch mit einem bloßen Auskultator-Examen bestehen, wie die französische; — sogar ohne alle Examina, wie die englische. Es fragt sich nur wie? Auch wir würden dann unter zwanzig Advokaten je einen haben, dessen Ruf, Einkommen und gesellschaftliche Stellung, und dessen Aufsteigen zu den höchsten Richterämtern den Juristenstand glänzend repräsentirt. Aber was wird aus unseren Amtsrichtern, aus der Besetzung unserer Landgerichte, aus dem täglichen Dienst der Anwaltschaft und des Notariats, aus allen Elementen der Justiz, die mit dem Publikum im täglichen Verkehr stehen, nach denen das deutsche Publikum gewohnt ist eine gute oder schlechte Justiz zu bemessen. Es handelt sich hier um die Existenzbedingungen des deutschen Gerichtswesens, die gewöhnt und darauf berechnet sind, das lokale Richteramt tüchtig zu besetzen und dem Publikum eine vollgebildete, solide Anwaltschaft in jedem Städtchen zu gewähren, ebenso wie wir gewohnt sind, durch das lokale ärztliche Personal besser bedient zu sein als man es in England oder Frankreich beansprucht. Unsere Nation wird uns für die großen Justizgesetze wenig Dank wissen, wenn wir auf dem sicheren Wege der freien und leichten Konkurrenz solchen Verhältnissen unmittelbar entgegensteuern.

Bei der Frage, wie diesen Gefahren abzuhelfen, gehen nun aber die Meinungen unserer Praktiker außerordentlich weit auseinander. Da unsere Rechtspraxis sich in zahlreichen Varianten gestaltet hat, so variiren auch die Ideen über das worauf es ankommt. Der zufriedene Theil hofft, daß alles Gute, was „wir in Sachsen", „wir in Preußen", „wir" überall bisher gehabt haben, in die neuen Verhältnisse sich hinüberretten werden. Der unzufriedene Theil macht unsere Universitäten und unsere Examina noch schlechter als sie sind und benutzt die Parlamentsdebatten, um auf unsere Professoren und Studenten das Füllhorn seiner

Eifersucht, seines Zorns und übler Nachreden zu ergießen. Beide Theile aber kommen doch nur zu leicht darin überein, die Dinge gehen zu lassen, wie sie stehen — mit dreijährigem Studium, dreijährigem Vorbereitungsdienst, zwei Examina und guten Wünschen. Je mehr Abhandlungen über die Frage ich zu sehen bekomme und je schärfer sie kritisiren: desto gewisser bin ich über das Resultat, daß Nichts gesetzlich geändert werden dürfe, weil jede Aenderung zugleich eine Erschwerung und Unbequemlichkeit herbeiführen würde.

Ich halte dies für einen Irrthum, dessen Folgen jetzt analog in unseren Gewerbeordnungen sichtbar werden. Bei so einschneidenden Aenderungen der Gerichtspraxis, wie wir sie im nächsten Jahre eintreten sehen, denkt zwar der Anwalt und der Richter naturgemäß mit ernster Sorge zunächst an den Wandel, der ihm selbst bevorsteht. Allein wir sollten dabei das Schicksal der nächsten Generation und die Entwickelung des Ganzen doch nicht aus den Augen verlieren. Mit dem bloßen laisser aller werden wir eben so gewiß den Juristenstand sinken sehen, wie unsere alten ehrbaren Gewerbe. Wir sind es unserem Beruf schuldig uns die Wahrheit zu gestehen:

> Unser Juristenstand wird sinken, wenn wir nicht positiv eingreifen, um ihn auf der Höhe des geistigen Berufes zu erhalten.

Ich meine, das, was wir an dem praktischen Vorbereitungsdienst mit Gewißheit verlieren, müssen wir durch eine etwas gründlichere wissenschaftliche Bildung und den Ernst des wissenschaftlichen Examens wieder gut machen. Ich meine damit nicht mehr als das Maß der Anforderungen, die wir an unsere Aerzte, Philologen und andere Berufe in Deutschland stellen. Aber mit den bisherigen Durchschnittsleistungen unserer Universitäten und unseres I. Examens (namentlich in Preußen) können wir nicht fortbestehen, ohne rückwärts zu kommen. Ich meine nicht die Bildung eines Fachgelehrten, wohl aber eine gleichmäßige Durchbildung, die in allen Hauptgebieten ungefähr das verlangt, was wir bis jetzt für das römische Recht als Regel verlangt haben. — Eine Bildung, die nicht blos das Privatrecht, sondern das ganze in Deutschland geltende Recht umfaßt. — Eine Bildung, die außer dem für die Tagesarbeit Nothwendigen auch Staatsrecht und einige volkswirthschaftliche Kenntnisse einbegreift. — Eine Bildung, die sich nicht mit rasch eingelernten Definitionen begnügt, sondern ihren Stoff durchdenkt, wie es sich für den „gebildeten Mann" in unserem Lebensberuf geziemt. Das von einer Ueberzahl unserer Juristen in Repetitorien Eingelernte ist gerade für die Neugestaltung unseres Rechtszustandes so gut wie nutzlos. Für unsere neue Praxis hilft die Routinebildung außerordentlich wenig. Darin zurechtfinden kann sich nur der allgemein gebildete Mann; der Routinedienst bildet sich erst später wieder.

Alle Instructionen und Rathschläge für ein fleißiges zweckmäßiges Studium werden aber eben so wenig fruchten wie bisher, wenn wir nicht reichsgesetzlich eine Prüfungsordnung für das wissenschaftliche Examen schaffen, welche möglichst ständige, angemessen honorirte und für ihren Beruf geschulte Examinatoren aus dem Kreise der Praxis und der Universitäten bildet. Der Streit, ob es mehr Praktiker oder mehr Theoretiker sein sollen, scheint mir ziemlich untergeordnet; denn das Examiniren müssen sie beide erst lernen. Aber ehe diese Prüfungscommissionen nicht einigermaßen gleichmäßig ihre Schuldigkeit thun, werden alle Ermahnungen an unsere akademische Jugend vergeblich bleiben. Umgekehrt, wenn sie ihre Schuldigkeit thun, werden die Universitätsvorlesungen richtig gehalten, gehört und nutzbar werden. Verdienten die Universitäten und Professoren wirklich alle die Vorwürfe und den wegwerfenden Tadel, der ihnen in den Parlamentsverhandlungen zu Theil geworden ist: nun so hinge es nur von den Justizministern ab, die Commissionen mit tüchtigen Praktikern zu besetzen. Sie werden in kurzer Zeit die Professoren zwingen, ihren Gegenstand besser und praktischer zu behandeln. Wir sind beiderseits auf einander angewiesen: die Universitätslehrer auf ein erstes Examen, die Examinanden auf die Vorlesungen.

Wir kommen damit unabänderlich darauf zurück: den Schwerpunkt unserer Bildung in das I. Examen zu verlegen und das, was wir an dem Bildungsstoff im Vorbereitungsdienst und an dem praktischen Examen der Zukunft verlieren, an dieser Stelle zu ersetzen. Es führt das zu der zwiefachen Forderung:

1) Verlängerung des akademischen Trienniums um so viel, wie der Vorbereitungsdienst eine Verkürzung gestattet — wobei ein Zwischenexamen wohl überwiegende Gründe für sich hat.

2) Gleichmäßige Prüfungsordnung für das wissenschaftliche Examen, welches den bisherigen Maßstab für das römische Recht gleichmäßig auf die übrigen Unterlagen unseres Rechts anwendet.

Es ist dies im Augenblick die nahezu einstimmige Forderung der Universitäten. Ich kann sagen, daß ich keine Facultät und keinen Universitätscollegen kenne, der dieser Forderung nicht beiträte. Es waltet dabei kein persönliches Interesse ob; denn es ist für die Universitätslehrer völlig indifferent, ob die im Ganzen feststehenden Collegia auf sechs, sieben oder acht Semester vertheilt werden. Aber es ist die Berufspflicht der Universitäten heute die Forderung zu stellen, weil

1. seit etwa zehn Jahren der freiwillige Militärdienst so geändert ist, daß er mehr als ein volles halbes Jahr den Universitätsstudien entzieht. Dies Militärjahr wird in Preußen und in einer größeren Zahl von Staaten (in dem bei weitem größten Theile Deutschlands) eingegerechnet, und wir werden dies Verhältniß zu Grunde legen müssen, weil unsere Beschlüsse darin nichts ändern können, und weil es auch ein an sich gerechtes Verhältniß darstellt.

2. Weil die Universitäten vorzugsweise empfinden, daß die Neubildung unseres Rechts ein rasch eingelerntes Wissen völlig nutzlos macht und alle Seminarien und Specialkurse wenig helfen, da unseren Studirenden die Zeit und Ruhe dafür fehlt.

3. Weil auch die Universitäten es tief empfinden, daß unser Juristenstand zugleich eine staatsrechtliche und allgemeine Bildung besitzen muß, um die ihm gebührende Stellung im politischen Leben und speciell auch in der deutschen Presse einzunehmen.

Das nächste Interesse ist allerdings das der juristischen Praxis: vor allem um die Gefahren abzuwenden, welche durch die freie Advocatur uns erwachsen können. Ich glaube für die Advocatur ist die Frage geradezu Frage der Selbsterhaltung. An einzelnen Punkten Deutschlands läßt sich bereits ahnen, welcher Jammerzustand der Advocatur aus einem laisser aller hervorgehen kann. Es entsteht aus einer Ueberschwemmung der Advocatur mit Praktikanten unfertiger Bildung. Mit dem Sinken des geistigen Niveaus beginnen dann die schlechten Praktiken, mit dem Sinken der wissenschaftlichen Bildung entwickeln sich die Fehler des Charakters, gegen welche nur ein hoher, idealer, genossenschaftlicher Sinn die Advocatur zu schützen vermag. Wenn dann die Mißbräuche sichtbar werden, ruft man wieder vergeblich nach Beschränkungen der Advocatur durch einen numerus clausus und ministerielle Anstellung! Ist aber einmal das Durchschnittsniveau des Standes gesunken, so knüpfen sich so viele Interessen an den Besitzstand, daß eine Umkehr nicht mehr ausführbar ist. Geht der Advocatur dann die volle Ebenbürtigkeit der Ausbildung mit dem Richterstand verloren, so wird auch ein Hauptzweck der freien Advocatur verfehlt: die freie Berufswahl zwischen Advocatur und Richterstand. Ebenso wird der Zweck verfehlt, unsere Presse und unser politisches Leben durch den maßgebenden Einfluß der Advocatur zu heben.

Nicht minder kehrt für den Richterstand die Reihe älterer Mißbräuche wieder. Besitzen unsere Juristen nach bestandener Prüfungen nicht die volle Qualification zum Amt, so entsteht von Neuem die Mittelstufe eines unbesoldeten Assessorats mit langjährigem Warten auf ein

Amt und alle Bedenken, die das Streben nach dem Amt für die moralische Unabhängigkeit des Richterstandes im Gefolge hat.

Es wäre zunächst die Aufgabe der deutschen Justizminister, die Initiative zu den Maßregeln zu ergreifen, die zur Erhaltung eines würdigen Juristenstandes erforderlich sind. Die Vielgestaltigkeit unseres Examenwesens und unseres Vorbereitungsdienstes hat auch bei diesem Punkt eine klare, einheitliche Leitung unausführbar gemacht. Allein das Gesammtbewußtsein des deutschen Juristenstandes ist im Verlauf des letzten Menschenalters so weit erstarkt, daß wir auch aus unserer eigenen Mitte heraus die nothwendig gemeinsamen Maßregeln fordern könnten und sollten.

Die gemeinsamen Gesichtspunkte, die sich unabweisbar darbieten, sind:

Nothwendigkeit einer gemeinsamen Prüfungsordnung für das wissenschaftliche Examen;

Nichtherabsetzung, sondern womöglich Erhöhung des geistigen Niveaus des deutschen Juristenstandes;

also höhere Anforderungen an die wissenschaftliche Vorbildung und an die wissenschaftliche Prüfung als Ersatz dessen, was wir an dem praktischen Vorbereitungsdienst und Examen unvermeidlich verlieren werden.

Auf diesen Gesichtspunkten beruhen die Anträge des Herrn Korreferenten, die ich Ihnen auf das Wärmste an's Herz legen möchte. Wissenschaft und Praxis haben in nächster Zeit eine so schwere Aufgabe vor sich, daß sie sich gegenseitig ehren und helfen sollen. Ein positiver Entschluß in dieser Richtung wird nicht sowohl eine Concession an die Universitäten sein, als eine unabweisbar gewordene Ergänzung der Reichsjustizgesetze, um unsern Juristenstand vor dem Herabsinken auf ein geringeres Gesammtniveau zu bewahren.

Professor Dr. **Meyer** (Jena): M. H., ich knüpfe an die Worte des Herrn Referenten an, welcher sagte: wir müssen fragen, was ist die innere Bedeutung des ersten Examens, was ist die innere Bedeutung des Vorbereitungsdienstes, welchem Zweck dienen beide? Die Frage ist meiner Ansicht nach dahin zu beantworten: das erste Examen soll nachweisen, daß sich der Candidat eine gründliche theoretische und wissenschaftliche Bildung erworben hat, die Vorbereitungszeit soll ihn in den praktischen Dienst einführen, und das zweite Examen soll zeigen, daß er praktisch brauchbar ist.

Diesen Anforderungen aber entspricht die jetzige Gestaltung des Prüfungswesens durchaus nicht, namentlich nicht in der Form, wie es in Preußen existirt; im Großen und Ganzen ist es in den andern norddeutschen Staaten ebenso. Zuerst findet eine unbedeutende theoretische Prüfung statt, in der der Candidat nur die Elemente des Rechts zu wissen braucht; dann kommt die Vorbereitungszeit und nach dieser ein schweres wissenschaftliches Examen. Die wissenschaftliche Vorbereitung wird demnach nicht in die Universitätszeit gelegt, sondern in diejenige Zeit, welche zur praktischen Vorbereitung dienen soll, und ich glaube, es ist nicht zu viel behauptet, wenn man sagt, daß diese Gestaltung des Examinationswesens durchaus irrationell ist. Ich kann das, was der Herr Korreferent gesagt hat, in vollstem Maße bestätigen; ich kenne keinen Universitätslehrer, der nicht der Ansicht wäre, daß eine Verlängerung der Universitätsstudienzeit und eine Vertiefung des juristischen Studiums eine dringende, unabweisbare Nothwendigkeit für Deutschland sei.

Der Herr Korreferent hat im Wesentlichen schon angedeutet, nach welcher Richtung hin wir diese Vertiefung des juristischen Studiums suchen. Wir wollen einmal abgehen von der noch jetzt überwiegenden Behandlung des Rechtsstoffes in der Form von Vorträgen; wir wollen nicht, daß der Student rein receptiv ist, sondern wir wollen durch Seminarien, durch praktische und exegetische Uebungen die jungen Leute in die Rechtsquellen, in die Behandlung praktischer und wissenschaftlicher Fragen einführen und ihnen Gelegenheit geben, auf der Universität selbst thätig zu sein und nicht blos von Universitätslehrern zu hören. Ich darf wohl sagen, daß in der Zeit, in der ich auf Universitäten lebe, ungefähr 17 Jahre, ein gewisser Fortschritt nach dieser Richtung eingetreten ist, es wird jetzt viel mehr in den Seminarien geboten, als dies vor etwa 17 Jahren der Fall war. Aber wir müssen nach dieser Richtung hin fortarbeiten und noch mehr schaffen, als wir geschaffen haben, damit die jungen Leute, wenn sie in die Praxis hineinkommen, bereits gewöhnt sind selbstständig zu arbeiten.

Ein zweiter Punkt ist die Behandlung des öffentlichen Rechts. Es wird wohl Niemand, dem die Verhältnisse des deutschen Juristenstandes und der deutschen Universitäten bekannt sind, leugnen, daß die Bildung unserer deutschen Juristen eine überwiegend, ja fast ausschließlich privatrechtliche und strafrechtliche ist, und das zeigt sich auch durchaus bei den Prüfungen. Man findet immerhin auch jetzt eine große Anzahl von Leuten, die recht schön in ihren Pandekten und im Strafrecht Bescheid wissen, aber wenige, welche eine genügende Kenntniß im Staatsrecht haben, ja zum Theil herrscht in dieser Beziehung eine bodenlose Unwissenheit. Niemand wird leugnen, daß eine genaue Kenntniß des öffentliches Rechts nicht blos für den Richter, dem bei Entscheidung gewisser Processe auch staatsrechtliche Fragen aufstoßen können, nothwendig, sondern darüber hinaus für das ganze Volk von Bedeutung ist. Es ist nothwendig, daß die Juristen im öffentlichen Recht mehr geschult werden als bisher, und ich verlange nicht allein, daß der junge Mann auf der Universität Staatsrecht, sondern auch vor allen Dingen, daß er regelmäßige Vorlesungen über Verwaltungsrecht hört. Wir richten ja jetzt Verwaltungsgerichte ein, wir haben in Preußen Bezirksverwaltungsgerichte und das Oberverwaltungsgericht, — in diesen sollen auch Leute mit richterlicher Qualification thätig sein, und wie können sie ihre Functionen erfüllen, wenn sie nicht auch in diesen Gegenständen eine entsprechende wissenschaftliche Vorbildung erhalten haben?

Daran knüpft sich eine andere Frage. Wir haben nicht blos die Aufgabe, in unseren Facultäten Richter und Anwälte heranzubilden, sondern auch Verwaltungsbeamte, wir müssen also dafür sorgen, daß diejenigen Kenntnisse, die ein Verwaltungsbeamter braucht, an deutschen Universitäten geboten werden. Wir haben bis jetzt in Deutschland verschiedene Systeme. Das eine in Süddeutschland, namentlich in Württemberg geltende sieht von einer juristischen Bildung fast gänzlich ab, verlangt nur einige elementare Kenntnisse in der Jurisprudenz und schult die künftigen Verwaltungsbeamten fast lediglich staatswissenschaftlich. Das andere System, das in Preußen und Sachsen besteht, geht davon aus, daß der Verwaltungsbeamte zunächst ein juristisches Studium durchzumachen hat und eine erste juristische Staatsprüfung bestehen soll. Es ist allerdings dann für das zweite Examen, sowohl in Preußen wie in Sachsen, ein besonderes Examen und ein besonderer Vorbereitungsdienst in Aussicht genommen, da aber in beiden Staaten die älteren Bestimmungen über das Examen der Justizbeamten aufgehoben sind, so sind die Vorschriften nicht mehr recht congruent, und in Preußen ist thatsächlich der Zustand der, daß der junge Mann seinen Gerichtsassessor macht und dann in die Verwaltung übertritt.

Nun glaube ich allerdings, daß es richtig ist, dem Verwaltungsbeamten eine gründliche juristische Bildung zu geben, und ich will auch, daß derselbe strenge Studien im römischen Recht macht, nicht etwa weil er es künftig oft braucht, sondern weil er juristische Schulung haben muß, um die Rechtsfragen des Verwaltungsrechts, die ihm aufstoßen, entscheiden zu können. Der Studiengang und das erste Examen soll meines Erachtens für Verwaltungsbeamte und Justizbeamte durchaus gleichartig gestaltet sein. Wie es sich mit dem zweiten Examen verhalten soll, darüber kann man streiten. Es läßt sich viel dafür sagen, ein besonderes zweites Examen für Verwaltungsbeamte und für Justizbeamte einzurichten, aber man könnte vielleicht auch das zweite Examen für Justiz- und Verwaltungsbeamte gleichartig machen, wenn das schon öfter vorgeschlagene Princip zur Durchführung käme, die jungen Leute während der Vorbereitungszeit ein Jahr bei Verwaltungsbehörden arbeiten zu lassen. Mit Rücksicht auf den Verwaltungsdienst und diejenigen Leute, welche wir für diesen Dienst zu schulen haben, ist es nun ebenfalls nothwendig, daß auf das Studium der Staatswissenschaften ein größeres Gewicht gelegt wird, als bisher. Und für den künftigen Justizbeamten sind derartige Kenntnisse auch nicht vom Uebel.

Aus diesem Grunde fordern wir überhaupt eine Verlängerung der Studienzeit.

Nun wird vielfach behauptet und auch der Herr Referent scheint der Ansicht zu sein: ja, was kommt bei dem vierten Studienjahre heraus? Die Leute bummeln nur ein Jahr länger. M. H., ich halte das nicht für richtig, ich muß überhaupt unsere Studenten in Schutz nehmen gegenüber den Vorwürfen, die gemacht sind, gegenüber Behauptungen wie: es sei früher schon nicht viel gearbeitet, jetzt arbeite man gar nichts mehr. Das ist entschieden in dem Maaße nicht richtig, es findet gerade in neuerer Zeit an dem auf den deutschen Universitäten abgehaltenen Uebungen eine ziemlich lebhafte Betheiligung statt; ich habe selbst Erfahrungen, wonach die Zahl der Leute, welche an Seminarübungen Theil nehmen, stetig im Steigen begriffen ist. Glauben Sie daher nicht, daß die Verlängerung der Studienzeit dazu benutzt werden wird, um noch längere Zeit nichts zu arbeiten, das bekommt der Student allmählig satt. Jeder, der einigen Fonds in sich hat, wird bald selbst das Bedürfniß fühlen, zu studiren. Ich glaube und hoffe vielmehr, daß diese Verlängerung der Studienzeit zu einer gründlicheren Vertiefung der Arbeit führen und uns in den Stand setzen wird, besser gebildete Juristen in das erste Examen zu schicken.

Dr. **Pann** (Wien): M. H., wenn ich als Oesterreicher mir die Freiheit nehme, über diese Frage zu sprechen, die eigentlich nur eine Reform des deutschen Universitätsstudiums und des deutschen Prüfungswesens betrifft, so glaube ich hierzu eine Legitimation darin finden zu können, daß viele derjenigen Herren Fachmänner, welche sich über diese schon seit mehreren Jahren brennend gewordene Frage ausgesprochen haben, sich in sehr freundlicher Weise über die Einrichtungen des österreichischen Universitätsstudiums geäußert haben. Ich kann nicht ohne Befriedigung behaupten, daß wir in dieser Richtung so manches in Oesterreich haben, was in den heutigen Vorschlägen als frommer Wunsch für die künftige Gestaltung des deutschen Prüfungs- und Studienwesens vorgebracht wird.

Wir haben ein vierjähriges Universitätsstudium, in welchem nach zwei Jahren bereits eine Prüfung über römisches, kanonisches und deutsches

Recht verlangt wird. Erst wenn diese erste Prüfung abgelegt ist, findet eine Anrechnung der weiteren Universitätszeit statt. In den letzten sechs Wochen des vierten Jahres haben wir das eigentliche judicielle Staatsprüfungstentamen, welches die wissenschaftliche Befähigung über die specifisch österreichischen Rechts-Fächer abverlangt; und nach dem achten Semester kann dann ad libitum die dritte Staatsprüfung abgelegt werden, welche die staatswissenschaftlichen Fächer zum Gegenstande hat.

Sie sehen hieraus, daß wir durch diese vierjährige Studienzeit mit der Bestimmung, daß schon nach zwei Jahren eine Prüfung abgelegt werden muß, eine Nöthigung in den Studenten hineingelegt haben, schon während der Universitätszeit seinen Studien zu obliegen, und wir damit die Gefahr beseitigt haben, daß er bei länger gebotener Universitätszeit auch länger — um den Ausdruck wieder zu gebrauchen — bummeln kann.

Hierauf haben wir für die Justiz ein einjähriges gerichtliches Auskultatorpracticum und für die Advokatur eine dreijährige Rechts-Praxis theils bei Gericht, theils bei einem Anwalt, so daß nach einem Jahre schon die Richterprüfung, aber erst nach drei Jahren die Advokaturprüfung abgelegt werden kann.

Sowohl bezüglich der theoretischen als praktischen Prüfungen sind Verhandlungen über die Abänderung dieser Einrichtungen im Zuge; da man auch in Oesterreich nicht mit allen Institutionen der Universität und des praktischen Vorbereitungsdienstes einverstanden ist und weil man insbesondere in letzterer Beziehung eine gemeinsame Prüfungs-Einrichtung sowohl für Richter als Advokat zum Gesetze machen will. Man hält es mit Rücksicht auf die freie Advokatur und die in Aussicht stehende Einführung des mündlichen Verfahrens für geboten, eine gemeinsame Vorbildung für Richter und Advokaten gesetzlich zu normiren, und will damit insbesondere den leichteren Uebertritt vom Richteramt zur Advokatur und umgekehrt vermitteln. Speciell durch die Codification des österreichischen Privatrechts, und durch die Einführung des Handels- und Wechselrechts, ist das Studium des österreichischen Privatrechtes genau begrenzt und würde deshalb eine vierjährige Universitätszeit nicht erforderlich sein. Seitdem aber durch die Feststellung der öffentlichrechtlichen Verhältnisse in Oesterreich die staats- und verwaltungsrechtlichen Fragen an Bedeutung gewonnen haben, entsteht ein großes Bedürfniß, das Studien- und Prüfungswesen zu reformiren, und insbesondere nach der öffentlichrechtlichen Seite hin ein größeres Maß von Anforderungen an die Candidaten des Justizdienstes im Richteramt und in der Advokatnr zu stellen. Die Reform-Bestrebungen in dieser Beziehung haben in Oesterreich bereits große Kreise gezogen und haben uns dahin gebracht, daß wir uns eifrig mit dieser Frage beschäftigen.

Ich bin selbst seit Jahren Mitglied der judiziellen Staatsprüfungscommission und habe deßhalb Gelegenheit gehabt, mich mit den Fortschritten der Studirenden auf der Universität und mit ihrer Qualification zum praktischen Justizdienst zu beschäftigen. Aber nicht bloß mit den österreichischen Studienverhältnisse, auch mit den Verhältnissen des deutschen Universitäts- und Prüfungswesens habe ich mich eingehend beschäftigt und habe daher, ohne unbescheiden zu sein, einige Berechtigung, meine Ansicht in dieser Frage hier auszusprechen.

Ich sehe in dieser Beziehung die größten Schwierigkeiten darin, daß Sie ein vollständig zerklüftetes Privatrecht in Deutschland haben, und daß Sie daher nur ungeheuer schwer zu einer gemeinsamen Prüfungsordnung gelangen werden. Sie werden wohl entschuldigen, wenn ich die Meinung ausspreche, daß der im deutschen Gerichtsverfassungsgesetze hingestellte Satz über die Freizügigkeit der Richter von einem deutschen Staate zu dem andern mehr akademischer Natur bleiben wird; und daß, so lange Sie so viele partikulare Rechtsverhältnisse haben, die Berechtigung zum Uebergange aus dem einen Lande in das andere sehr selten zu einer praktischen Bedeutung gelangen wird. Es könnte in dieser Beziehung nur eine gänzliche Aenderung der theoretischen Prüfungen einen Weg dazu bahnen. Vielleicht gehe ich zu weit, wenn ich behaupte, daß Sie wie in Oesterreich nach der ersten theoretischen Prüfung aus dem gemeinen Rechte in einer zweiten Prüfung eine übersichtliche Kenntniß der einzelnen Theile des partikularen Privatrechts und des in Deutschland geltenden Staats- und Verwaltungsrechts verlangen sollten, und daß sich dann auf diese Weise ein Uebergang aus dem einem Lande in das andere ruhig vermitteln lassen wird. Ueberhaupt muß mehr gelernt werden, wenn Sie darauf Rücksicht nehmen, daß eine Menge moderner Culturfragen den Rechtsstoff bedeutend erweitert, und diese neuen Seiten des Rechtslebens eine Berechtigung erhalten haben, auf der Universität behandelt zu werden. Berücksichtigen Sie z. B. daß das Wasserrecht, Privilegien- und Markenschutzrecht, das Eisenbahn- und Frachtrecht, kurz eine Menge neue Rechtsgebiete des öffentlichen Rechts zugewachsen sind, die meiner Meinung nach von so großer Bedeutung sind, daß sie in vieler Beziehung das Privatrecht geradezu in den Hintergrund drängen. Was wollen Sie mit drei Universitätsjahren, wenn Sie diese große Menge von neuen Aufgaben ins Auge fassen, welche gegenwärtig für das Universitäts-Studium des einzelnen Juristen vorliegen. Sie können unmöglich glauben, daß durch ein dreijähriges Studium diesen Anforderungen entsprochen werden kann. Damit aber diese längere Universitätszeit benutzt wird, müssen Sie auch das Prüfungswesen in dieser Beziehung reformiren und bereits nach zwei Jahren eine Prüfung von den Candidaten verlangen.

So sehr ich für die freie Bewegung des Studirenden an der Universität bin, bin ich doch dafür, daß man für größere Gruppen von Studienfächern ihm einen gewissen Weg vorschreibt. Ich bin insbesondere dafür, daß man ihn nur anweist, in den ersten zwei Jahren die gemeinrechtlichen Fächer zu studiren, und in den beiden anderen Jahren die einzelnen territorialen Rechtsmaterien zu verarbeiten. Es wird dann unentbehrlich sein, ihm vorzuschreiben, daß er im dritten und vierten Jahre ein Collegium über Verwaltungs- und Staatsrecht hört, und daß diese Fächer auch bei der zweiten theoretischen Staats-Prüfung geprüft werden. Auf diese Weise werden Sie ihn mit einem solchen Apparat allgemein tüchtigen Wissens ausgestattet haben, daß er sich nach der gemeinrechtlichen ersten Prüfung mit voller Ruhe der partikularrechtlichen zweiten Staatsprüfung unterziehen kann, und daß er nach jeder Richtung sowohl den Rechts- als staatswissenschaftlichen Prüfungsstoff zu bewältigen im Stande ist. Es muß auch auf den Universitäten der Vortrag in dieser Richtung reformirt werden, es müssen den Studirenden die einzelnen Fächer in ihrer Gegenseitigkeit, in ihrem Ineinandergreifen vorgetragen worden, es muß die Beziehung des einen Faches zum anderen von dem Vortragenden dem Candidaten mitgetheilt werden, dann wird der Student von den Vorträgen Nutzen haben. Innerhalb vier Jahren können die Vorträge so eingetheilt werden, daß die ganzen Materien gelehrt werden. Wenn man also wegen der öffentlichrechtlichen Materien über die Erweiterung der Universitäts-Studiums auf vier Jahre im Zweifel sein kann, so glaube ich auch, daß wenn man der dreijährigen Vorbereitungszeit dem politischen Verwaltungsdienst wenigstens einen Theil widmen soll. Ein Jurist, der sich in das Gewoge des öffentlichen Lebens hineinwagt, muß sich nicht blos genaue Kenntniß des materiellen Privat-Rechts verschafft haben, sondern er muß auch über die bestehenden Rechtsgebiete der öffentlichen Verwaltung die heute von so großer Wichtigkeit sind, genau informirt sein. Ich bin mit den Anschauungen des Herrn Dr. Georg Meyer einverstanden, daß die Prüfung für Verwaltung und Justiz nicht eine verschiedene, sondern eine einheitliche sein soll. Auf dem Boden eines gediegenen privatrechtlichen und öffentlichrechtlichen Universitäts-Studiums, ferner auf Grundlage einer dreijährigen Rechtspraxis, wovon ein Jahr Verwaltungspraxis und zwei Jahre Gerichts- und Anwaltspraxis sein müssen, können Sie mit Ruhe den Candidaten in das praktische Leben als selbstständiges Justiz-Organ hineinstellen und können ihm mit Sicherheit die Handhabung der Rechtspflege als Richter oder Anwalt übertragen. Heute, wo das Laienelement so sehr in das politische Leben hineingezogen wird, ist es eine nicht zu leugnende Beschämung, wenn oft Richter oder Verwaltungsbeamte dem einzelnen Laien keinen Bescheid zu geben wissen, vor welche Instanz diese oder jene Frage gehört. Solche Dinge können nicht vor dem Ueberblick über die einzelnen Materien während der Studien geschärft werden. Ich beantrage daher nochmals die Scheidung, daß in den ersten beiden Jahren das gemeine Rechtsgebiet, in den beiden anderen Jahren aber das territoriale Rechts-Gebiet, incl. dem öffentlichen Recht gepflogen, daß Sie in der 3jährigen Vorbereitungszeit sowohl das Privatrecht als das öffentliche Recht zum Gegenstande des Vorbereitungsdienstes machen und daß Sie also in dem Hauptpunkte den Anträgen des Herrn Professor Gneist Ihre Zustimmung geben.

Appellationsgerichtspräsident Dr. **Kühne** (Greifswald): Ich wollte mir nur wenige Bemerkungen erlauben, die den Punkt 10 der Anträge des Herrn Dr. von Schwarze betreffen und daran einen Antrag knüpfen, welcher jenen Punkt modificiren und ergänzen soll. Ich will auf Alles das, was uns von den beiden letzten Rednern vorgetragen ist, nicht eingehen, sondern nur aussprechen, daß ich nach meinen praktischen Erfahrungen die Ueberzeugung nicht habe gewinnen können, daß ein 4jähriges Universitätsstudium zu erfordern sei; ich glaube nicht, daß dadurch die Vertiefung des Studiums erreicht werden würde, welche man davon erwartet. Ich bin früher in einer anderen juristischen Prüfungs-Commission 6 Jahre lang Examinator gewesen und bin jetzt seit mehreren Jahren Präsident der Prüfungscommission für das erste juristische Examen in Greifswald. Die praktische Erfahrung, welche ich in der letzteren Stellung gemacht habe, ist folgende. Wenn ein Candidat sich unmittelbar nach Abschluß seines sechsten Semesters zum Examen meldet, so haben ich und meine Collegen die Präsumtion: Der ist gut. Ein solcher Candidat ist gewöhnlich in allen Rechtsdisciplinen so gut bewandert, wie man es verlangen kann; er genügt ebenso in den Fächern des öffentlichen Rechts wie des Privatrechts. Wenn aber ein Candidat sich nach 8 oder 9 Semestern meldet, so haben wir die Präsumtion: der hat mindestens 5 Semester gebummelt und sich in möglichst kurzer Zeit die Kenntnisse nothdürftig angeeignet, welche nöthig sind, um das Examen möglichst zu bestehen. Diese Präsumtion hat uns selten betrogen, sich fast ausnahmslos als richtig erwiesen. Dadurch bin ich zu der Ueberzeugung gelangt, daß 6 Semester Studium ausreichen. Ich könnte das weiter theoretisch begründen, will aber nur diese Erfahrung mittheilen.

Ich stimme aber mit dem, was Herr Professor Gneist über das Zurückgehen der Ausbildung der Juristen namentlich in seinem gedruckten Gutachten gesagt hat, vollkommen überein. Ich habe als Referendar unter der Herrschaft der Preußischen Allgemeinen Gerichtsordnung gearbeitet.

Das durch dieselbe vorgeschriebene Verfahren eignet sich vortrefflich, um die jungen Juristen durch die Praxis auszubilden. Nachdem das sogenannte mündliche Verfahren in den altpreußischen Provinzen im Jahre 1846 eingeführt war, sind die Mittel für jene Ausbildung schon viel geringer geworden. Und nach dem Verfahren, wie es in Folge der neuen Reichs-Justizgesetze eingeführt werden wird, in welchem alles Referiren und Decretiren wegfällt, werden diese Mittel zur Bildung durch die Praxis noch viel geringer werden. Ich habe in meinen amtlichen Stellungen in Hannover gesehen, wie wenig das mündliche Verfahren in Civilprozessen Gelegenheit bietet für die gehörige Ausbildung der Referendare, die nicht mit tüchtigen theoretischen Kenntnissen ausgestattet sind. Zwar habe ich keine Urtheile darüber, ob in Hannover die jungen Juristen besser vorbereitet durch die Praxis in das letzte Examen gegangen sind, als es jetzt der Fall ist, weil ich nicht weiß, was zur Zeit des schriftlichen Processes dort durch die praktische Vorbereitung der Juristen geleistet ist; ich sehe deßhalb ganz davon ab, wie dort die Aenderung des Verfahrens in Ansehung der Ausbildung der jungen Juristen gewirkt hat; ich vermag auch über die Ausbildung der rheinischen Referendare kein Urtheil zu fällen. Aber es scheint mir nicht zweifelhaft, daß in den altländischen Provinzen Preußens die Qualifikation der jungen Juristen, die ihren Vorbereitungsdienst durchgemacht hatten, bis dahin, daß das im Jahre 1846 eingeführte Civilprozeßverfahren eingewirkt hatte, dadurch, daß die jungen Juristen nicht mehr kunstreiche Relationen und die sogenannten Status causae et controversae, sondern Referate für die sogenannte mündliche Verhandlung und abgesonderte Voten zu liefern hatten, eine ungleich bessere war, als nachher. Wenn ich nun die Mittel betrachte, welche in dem mündlichen Verfahren, wie die Reichs-Justizgesetze es vorschreiben, zur Ausbildung durch die Praxis und zur Vorbereitung der jungen Juristen auf ihren Beruf gegeben sind, so gelange ich zu der Ueberzeugung, daß nach dem Eintreten der Justizorganisation und der Einführung der Civilprozeßgesetze die Ausbildung, wenn wir sie durch die Praxis erwarten, noch geringer sein wird, als sie in Preußen nach der Verordnung vom 21. Juli 1846 bis jetzt gewesen ist.

Wir können, m. H., seit die Praxis nicht mehr die erforderlichen Bildungsmittel gewährt, — und darin stimme ich mit Herrn Professor Gneist überein — uns nicht anders einen ordentlich durchgebildeten Juristenstand sichern, als dadurch, daß wir, — was zumal durch die Erfahrungen in Preußen geboten erscheint — den Schwerpunkt der wissenschaftlichen Ausbildung mehr als bisher in die Universität verlegen.

Es handelt sich darum: wie ist dieser Zweck zu erreichen? Ich will mir nur einige Worte erlauben zur Begründung meines Antrages, der — wie gesagt — den Antrag des Herrn Dr. von Schwarze nur amendiren soll; statt weiterer Ausführungen beziehe ich mich auf das, was bereits über die Propositionen des Herrn von Schwarze gesagt ist. Ich darf es wohl aussprechen, daß dasjenige, was nach meinen Erfahrungen jetzt in Preußen im ersten Examen durchschnittlich geleistet wird — wenigstens von etwa drei Vierteln der Examinirten nur geleistet wird — lange nicht genügt, um den jungen Mann für einen wissenschaftlich für die Praxis genügend vorbereiteten Juristen zu halten. Aber wie erreichen wir, daß es anders und besser wird? Ich habe an einem anderen Orte früher mich direkt dagegen ausgesprochen, daß man ein Mittelexamen auf den Universitäten einschiebe; ich bin an sich kein Freund der chinesischen Methode vieler Prüfungen; ich bin der Meinung, daß dadurch ein Zwang in das Studium hineingetragen wird, welcher die Wissenschaftlichkeit desselben schädigt. Darum habe ich mich früher gegen ein weiteres Examen erklärt. Ich habe mich aber später dennoch überzeugt, daß es keinen anderen Weg giebt, den bisherigen Uebelständen abzuhelfen, als den, daß man die jungen Leute durch ein Mittelexamen zwingt, auf der Universität nicht lange unthätig zu sein, sondern von vornherein etwas zu thun. Ich schlage deshalb vor, daß in der Mitte des Universitätsstudiums, dessen Dauer gesetzlich nur auf 3 Jahre zu normiren ist, aber nach den zu stellenden Anforderungen thatsächlich in der Mehrzahl der Fälle 4 oder 5 Jahre dauern wird, ein Tentamen eingeführt wird, so daß die jungen Juristen die zweite Hälfte des juristischen Studiums in der Weise verwenden können, wie sie es verwenden sollen, namentlich zum Studium des öffentlichen Rechts, daneben aber zur Ausnutzung der Seminarien. Ich halte diese Ausnutzung der Seminarien für sehr wichtig. Sehen Sie sich aber einmal die Leute an, die gegenwärtig in die Seminarien gehen; sie werden dann finden, daß den meisten die nothwendigsten theoretischen Kenntnisse fehlen. Sie besuchen die Seminarien, nicht um das zu lernen was in den Seminarien gelernt werden soll, sondern um in ihnen nach 5, 6 oder 7 Semestern das bis dahin Versäumte nachzuholen, sich dort die Kenntnisse zu erwerben, welche sie dahin mitbringen und höchstens durch besseres Verständniß vervollständigen sollten. Sie können folglich in den Seminarien nicht das leisten, was dort verlangt wird, oder wenigstens verlangt werden sollte. Die Unwissendsten bleiben, wenn sie sich durch ihre Unwissenheit einmal tüchtig blamirt haben, ganz weg. Es ist möglich, daß an anderen Orten andere Erfahrungen gemacht werden; ich habe davon verschiedentlich Kenntniß genommen, daß es so ist, wie ich es mittheile. Man sollte deshalb die jungen Leute nicht eher zu den Seminarien zulassen, als bis man durch ein Mittelexamen sie für dazu qualificirt befunden und sie gezwungen hat, gleich von Anfang an zu studiren. Dann mögen sie in der ferneren Universitäts-Zeit, außer den Disciplinen des öffentlichen Rechts, was ich für wünschenswerth halte, auch noch staatswissenschaftliche, namentlich nationalökonomische Studien machen. Beiläufig will ich aber bemerken, daß ich keineswegs dafür bin, daß die Aspiranten des Richter- und Anwaltsdienstes ihre Zeit und ihre Kräfte während der späteren praktischen Vorbildung dadurch zersplittern, daß sie auch noch bei Verwaltungsbehörden arbeiten. Mein Antrag, welchen ich hiernach genügend erläutert und gerechtfertigt zu haben glaube, lautet:

> Die Verlängerung des juristischen Studiums über einen Zeitraum von 3 Jahren hinaus ist nicht vorzuschreiben.
>
> Dagegen empfiehlt sich die Vorschrift, daß in der Mitte des juristischen Studiums die Candidaten ein Tentamen zu bestehen haben, nach welchem sie mindestens noch 2 Semester lang ihre Studien auf der Universität fortzusetzen haben, bevor sie zur ersten juristischen Prüfung zugelassen werden können.

Oberbürgermeister **André** (Chemnitz): Meine Herren, ich bin unter Ihnen streng genommen nur ein geduldetes Mitglied, weil ich gegenwärtig in den Verwaltungsdienst übergegangen bin, aber es ist theils von Preußen, theils von Hannover die Rede gewesen und so habe ich mir gestatten wollen, einige Worte zu sagen; es sind glaube ich einige Punkte noch nicht berührt, die hierher gehören. Behufs meiner Legitimation zur Sache, die mir bei anderer Gelegenheit von einer Seite — und zwar gerade von Berlin aus — bestritten ist, weil ich preußischer Jurist wäre, will ich bemerken, daß ich nicht die Ehre gehabt habe, unter der preußischen Justiz großgezogen worden zu sein. Uebrigens würde ich es mir zur großen Ehre gereichen lassen, wenn es der Fall gewesen wäre; ich schätze, wenn ich auch hannöverscher Jurist bin, die preußischen Juristen nicht minder hoch. Dies nebenbei. Ich für meine Person bin von Geburt ein Hannoveraner und habe unter dem hannöverschen Justizministerium meine Examina und meinen Vorbereitungsdienst gemacht.

Wir hatten in Hannover ein 3jähriges Universitätsstudium, das Militärjahr nicht dazwischen, wir hatten die 3 Jahre für das Studium ganz allein, wir hatten also annähernd das, was Herr Dr. von Schwarze in seinen Anträgen hinstellt. Ich will nicht sagen, daß die hannöverschen Juristen etwas besonderes geleistet hatten, aber eine leidliche Ausbildung haben wir immer in Hannover gehabt, und einen besonderen Grund, dem hannöverschen Juristen den Vorwurf zu machen, die Justiz heruntergebracht zu haben, kann man nicht erkennen. Ich bin also der Ansicht, daß wir auch jetzt mit 3 Jahren fertig werden können, — allerdings mit Vorbehalt, die Ferien scheinen zu lange ausgedehnt zu sein. Lassen Sie mich diesen Punkt mit einigen Worten näher auseinandersetzen und die freundliche Bitte an die Herren Professoren daran knüpfen, daß sie das nicht als Mißachtung auslegen wollen. Ich verkenne nicht, daß die Professoren die Ferien nützlich zur Förderung der Wissenschaften, besonders zur literarischen Beschäftigung benutzen, aber mit dem Studenten ist es manchmal eine andere Sache. Wenn er 2²/₃ Monat in einer Tour nichts zu thun hat, ist man in Verlegenheit, was man in dieser Zeit mit ihm anfangen soll; ohne Beschäftigung zu Hause zu sein und sich von den Strapazen zu erholen, ist nicht die Methode, um sich an Fleiß und Arbeit zu gewöhnen, wenigstens müßten sie unter einer gewissen Anleitung stehen, so daß diejenigen, die es wollen, diese Zeit benutzen können, daß wenigstens ein Theil dieser Monate verwendet werden könnte, um auch unter Anleitung und nicht blos auf Compendien angewiesen, weiter arbeiten zu können. Wenn Jemand sich in der Lage befindet, nicht zu sehr auf die allgemeine Ausbildung auf der Universität Werth zu legen, die ich für meine Person hoch schätze, sondern wenn er genöthigt wird, mit seiner Zeit haushälterisch umzugehen, dann giebt es doch mit Rücksicht auf diese Ferien viele Mittel und Wege, um in 3 Jahren etwas zu lernen.

Die Anträge des Herrn Dr. von Schwarze bedeuten für Preußen eine Verlängerung des Studiums um ein Jahr; sie stehen in Verbindung mit dem Nachsatz, daß die Militärzeit nicht eingerechnet wird, das sind 4 Jahre. Die Anträge des Herrn Professor Gneist bedeuten 4 Jahre Studium mit der Möglichkeit, die Militärzeit nicht einzurechnen, wenn das Erstere von oben verfügt wird. Geschieht dies, dann sind wir auf eine Verlängerung von 2 Jahren gekommen. Diese Befugniß möchte ich doch nicht dem Justizministerium in die Hand geben, sondern es ist ein allgemeines Interesse, die Sache präcise auszudrücken, und da würde ich mich für die Anträge des Herrn Dr. von Schwarze erklären.

Ich hatte mir gestattet, über die Benutzung der Ferien einige fromme Wünsche auszusprechen, ich habe noch einen anderen Wunsch im Interesse der Jugend. M. H., ich glaube nicht, daß die Juristen, wenn sie zur Universität kommen, weniger fleißig sind, als die Mediziner, Theologen und Philosophen. Woran liegt es nun, daß gerade vorzugsweise bei den Juristen in den ersten Semestern weniger gearbeitet wird? Weil sie nicht wissen, was sie eigentlich sollen. Der Mediziner weiß, daß er im späteren Leben Krankheiten zu kuriren hat, er hat eine allgemeine Anschauung, der Philologe ist auf dem Gymnasium vorgebildet, der Theologe hat auch eine Idee, was er soll. Ich weiß nicht, ob es Ihnen auch so gegangen ist, bei mir hat es eines gewissen Zeitraumes bedurft, um das Chaos von

Vorstellungen und Begriffen so weit zu ordnen, daß ich schließlich nach 2 Jahren dahinter kam: da liegt der Punkt anzugreifen, man ging zurück und machte sich die Sache allmählich klar. Der Fehler liegt bei uns darin, daß beim Anfang dem Studenten zu wenig sachlicher Stoff entgegengetragen wird, und dieses zu ändern, ist nicht die Sache einer Prüfungscommission, auch nicht Sache einer Resolution.

Lassen Sie mich diesen Gedanken weiter zum Ausdruck bringen. Wir hatten in Hannover ein Civilpraktikum und ein Prozeßpraktikum und wir hatten darin sehr gute Unterweisung. Göttingen stand in dem Rufe, in den letzten Semestern die besten Praktika zu haben, man wußte, wie man studiren sollte. Wenn der Jurist nun zuerst Privatrecht und Civilprozeß abgemacht hat und dann an das öffentliche Staats- und Kirchenrecht kommen soll, ist das insofern nicht richtig, weil er bei dem jetzigen Gange der Entwickelung erst beim zweiten Theil in ein richtiges Verständniß durch die praktischen Collegien eingeführt wird Also wenn nicht auf den Universitäten ein anderer Studiengang eintritt, bin ich vorläufig gegen die beiden Examina. Man kann übrigens gute Zeugnisse haben und doch nichts leisten, ich habe die Erfahrung gemacht, daß diejenigen am meisten leisten und sich in der Praxis besser bewährt haben, welche mittelmäßige Zeugnisse bekommen haben.

Mir liegt es vor allem daran, hier die beiden Dinge auszusprechen, einmal, daß die Professoren sich die Frage vorlegen mögen: Wie ist es möglich zu machen, daß man jungen Leuten, die ganz als rudes hineinkommen, irgend einen praktisch greifbaren objectiven Stoff giebt, woran sie sich klar machen können, was alle diese Begriffe u. s. w. besagen wollen. Ich würde dankbar sein, wenn das Universitätswesen sich nach der Seite vervollständigte. Das zweite betraf dann die Ferienzeit.

Im Uebrigen freut es mich, daß die Meinung auch des Herrn Correferenten nicht dahin geht, die allgemeine Vorbereitungszeit einschließlich der Referendariatszeit noch zu verlängern. Das würde ich sehr bekämpfen müssen, denn ich muß es noch einmal aussprechen, was ich an einem anderen Orte bemerkte: wir müssen uns hüten, die Examina und die Unselbstständigkeit unserer jungen Leute über einen gewissen Zeitraum hinaus auszudehnen. Jedes Ding in der Welt hat seine Zeit; wenn einer 25 Jahre alt geworden und mit Fleiß und Anstrengung gelernt hat, muß die Möglichkeit wenigstens für ihn da sein, Abschluß zu machen; was man hinterher treibt, ist vielleicht geeignet, die Gelehrsamkeit zu erhöhen, aber auf der andern Seite tritt eine Einbuße an der Triebkraft ein; also eine gewisse Grenze giebt es.

Was die Bemerkungen des Herrn Präsidenten Kühne betrifft bezüglich der Schwierigkeit, nach dem neuen Verfahren die Vorbereitung der jungen Leute als Referendare so zu betreiben, wie früher, so theile ich allerdings diese Meinung. Es ist schwierig, einen geeigneten Beschäftigungsstoff für die Referendare zu besorgen, unter den Gerichten ist es bei den Amtsgerichten am leichtesten möglich, auch die Advokatur giebt dazu mehr Anhalte als die Beschäftigung bei den höheren Gerichten. Die bevorstehende Aenderung halte ich gleichwohl nicht für so schlimm, als es vielleicht dargestellt wird, aber es erfordert eine größere Sorgfalt von Seiten der Justizbehörden, um die entwickelungsfähigen Keime in dem neuen Verfahren herauszufinden, die geeignet sind, den jungen Leuten eine gehörige Vorbereitung zu geben.

Ich bin also für den Antrag des Herrn Dr. von Schwarze, bedaure aber für die Vermehrung der Examina um eins mich zur Zeit noch nicht entscheiden zu können.

Professor **Enneccerus** (Marburg): Gestatten Sie mir einige Bemerkungen über die Art und Weise, wie das juristische Studium heutzutage betrieben wird. Ich will nicht von denjenigen Studirenden sprechen, die die ersten Semester sehr wenig benutzen und nur in der letzten Zeit durch Repetitorien und literarische Hilfsmittel von unglaublich geringem Werthe sich zu einem Examen vorbereiten, welches vielleicht bestanden, vielleicht ohne Erfolg versucht wird; ich will nur von dem besseren Theil unserer juristischen Studenten reden. Diese zerfallen meines Erachtens in zwei Kategorien. Die einen sagen sich: In 3 Jahren kann ich den ganzen Stoff durcharbeiten nur in einer oberflächlichen Weise, ich kann mir die zum Examen nöthigsten Kenntnisse aneignen, zu eingehenden Studien ist keine Zeit. Danach handeln sie und erlangen eine ziemliche Sammlung von Kenntnissen: aber das Beste erreichen sie nicht, nämlich die Gewöhnung an strenges, juristisches Denken, die Fähigkeit, leichtere praktische Fälle schnell zu entscheiden, den inneren Zusammenhang der Rechtsinstitute zu erkennen, und im Gesetze nicht nur den Wortausdruck, sondern den wahren juristischen Kern zu erfassen, ein Punkt, der um so wichtiger ist, als jetzt überall neue Gesetze an uns herantreten. Die zweite Kategorie, die besten Studirenden machen es augenblicklich so: sie studiren zuerst fleißig römisches Recht, in höheren Semestern besuchen sie dann die Examinatorien und, wo solche vorhanden, die Praktika, und erlangen so eine gute civilistische Bildung unter Vernachlässigung des öffentlichen Rechtes. Da muß ich doch dem Herrn Präsidenten Kühne entgegenhalten, daß der Besuch der Examinatorien und Seminarien nach meinen Erfahrungen der beste Collegienbesuch ist, der überhaupt existirt; es werden diese Vorlesungen fleißig und zwar, je wissenschaftlicher sie sind, um so fleißiger und regelmäßiger besucht, von

Allen allerdings nicht, aber von einem sehr großen Theile. Bei uns speciell sind diese Seminarien die allerbesuchtesten Vorlesungen und ein größerer Prozentsatz wie sonst, $^3/_4$ ja $^4/_5$ der Zuhörer, hält bis zum Schluß aus. Die Praktika sind allerdings leider an manchen Orten geschwunden; das ist aber nicht die Schuld der Universitärslehrer, es liegt vielmehr an einer bedauerlichen Einrichtung des ersten schriftlichen Examens. Ich halte die so genannte wissenschaftliche Arbeit, die im ersten preußischen Examen verlangt wird, für absolut keinen Maßstab, der geeignet wäre, über die Kenntnisse und die juristische Fähigkeit sicher zu orientiren, namentlich für die zweifelhaften Fälle, wo man fragt: geht es noch, oder geht es nicht?

Ich will keinen Antrag in dieser Beziehung stellen, es ist aber nothwendig, reichsgesetzlich zu bestimmen, daß ein oder mehrere schriftliche Gutachten über praktische Fälle bei der ersten Prüfung zu erfordern sind. Ein solches Gutachten zeigt mir, ob der Betreffende etwas verstanden hat, und nicht nur, wie die jetzige so genannte wissenschaftliche Arbeit, ob er mit einer gewissen äußeren Geschicklichkeit aus 7 Büchern einen Aufsatz durch Mosaik zusammenzustellen vermag. Das scheint mir der wichtigste Punkt.

Ein zweiter Punkt schließt sich unmittelbar an dasjenige an, was Herr Präsident Kühne Ihnen vorgetragen hat. Ich bin auch der Ansicht, daß ein Tentamen nach einer gewissen Reihe von Semestern wünschenswerth ist, aber nur ein mündliches, worin ich, wie ich glaube, wohl auch mit Herrn Präsidenten Kühne übereinstimme.

Was die Formulirung betrifft, so würde ich eine kleine Modifikation wünschen, und mache einen, wie ich hoffe, annehmbaren Vermittelungsvorschlag:

> Frühestens im vierten Studiensemester ist ein mündliches Tentamen über das gemeine Privatrecht und dessen geschichtliche Entwickelung abzulegen, auf welches ein weiteres Universitätsstudium von mindestens 3 vollen Semestern zu folgen hat.

Damit kommen wir allerdings auf 7 Semester, aber diese kleine Verlängerung des Studiums ist meines Erachtens absolut nothwendig. Ich knüpfe da an meine früheren Ausführungen: Die besten Studirenden arbeiten sich zunächst in das gemeine Civilrecht, dann schon weniger gründlich in Civilprozeß und Criminalrecht hinein, besuchen Seminarien und gehen oft genug — mir selbst sind eine ganze Reihe von Fällen bekannt — in das schriftliche Examen hinein mit völliger Ignoranz in Bezug auf Staatsrecht und Kirchenrecht, ja ohne diese Disciplinen abgesehen vom Collegienbesuch auch nur angesehen zu haben, indem sie es für genügend halten, in der Zeit zwischen der schriftlichen und mündlichen Prüfung in diesen Dingen noch etwas nachzuholen, wohl wissend, daß die hier vorhandenen Lücken durch ihre bessere Beschlagenheit im Civilrecht ausgeglichen werden. Und nun, m. H., denken Sie sich in die Lage des Examinators, der den jungen Leuten gegenübersteht und sich sagen muß: ich sehe, der Examinirte hat in den practisch wichtigsten Materien gut gearbeitet, er versteht juristisch zu denken, er versteht praktische Fälle gut zu entscheiden, seine Antworten zeigen juristisches Verständniß, — und dann denken Sie sich, Sie sollen den Mann durchfallen lassen, weil er im Staatsrecht wenig und im Kirchenrecht vielleicht nichts weiß, obgleich Sie sich sagen müssen: ja, er kann das Alles in den 3 Jahren nicht prästiren! Aehnliches wird durch die Erfahrung fast überall bestätigt. Ich bin kein Lehrer des öffentlichen Rechts, ich muß gestehen, daß ich selbst für meine Thätigkeit kein Interesse habe an Allem, was ich befürworte, nur mit Ausnahme der schriftlichen Arbeiten, aber gerade deshalb kann ich von diesem unparteiischen Standpunkt die Bitte an Sie richten: Werden Sie den Lehrern des öffentlichen Rechts und was die Hauptsache ist, dem öffentlichen Recht selbst gerecht!

(Bravo!)

Correferent Professor Dr. **Gneist**: Es wird zur Abkürzung der Debatte dienen, wenn ich erkläre, daß ich den Antrag des Correferenten zu No. 3 zurückziehe; sodann daß ich meinerseits (abgesehen von der Frage, ob sie ausreichen), gegen die Anträge Schwarze hinsichtlich der Gestaltung der Prüfungen im Ganzen nichts einzuwenden habe, und nur bitte getrennt abzustimmen darüber: daß $^2/_3$ der Gesammtzahl Theoretiker sein sollen, sodann über Nr. 10.

Referent Dr. **von Schwarze**: Die $^2/_3$ der Gesammtzahl will ich fallen lassen, ebenso den Punkt in Bezug auf die Censuren.

M. H., ich werde mich ziemlich kurz fassen, so reich auch der Stoff ist, der mir entgegengetragen ist und so nahe auch für mich die Verführung liegt, auf einzelne Punkte näher einzugehen.

Ich bedaure zunächst lebhaft, daß mein sehr verehrter Freund Gneist geglaubt hat — oder hat er es direkt gesagt? — ich hätte gegen die Strenge des ersten Examens mich erklärt. Nein, gerade umgekehrt. Ich komme da zu einer Aeußerung des Herrn Professors Meyer. Ich bin allerdings erstaunt gewesen, daß er glaubt, die Verhältnisse in Sachsen so kennen gelernt zu haben, daß er behauptet, das erste Examen sei in Sachsen ebenso wie in Preußen, wahrscheinlich wie in ganz Norddeutschland. Nun, m. H., ich habe schon in der Einleitung ausdrücklich hervorgehoben, daß die Sätze, die ich hier aufgestellt habe, sächsischen Rechtes sind. Im ersten Examen bei der Universität Leipzig, welches ich aus einer ca. 15jährigen Amtirung als Regierungskommissarius genau kenne, kann ich versichern, erstreckt sich die Prüfung auf diejenigen Punkte, welche ich in

Ziffer 8 aufgeführt habe. Es wird bei uns vollständig alles dasjenige erfüllt, was die Herren jetzt als frommes desiderium für die Zukunft aufgestellt haben. Also von einer flüchtigen Kenntniß des Privatrechts oder Kriminalrechts oder des Strafprozesses ist gar keine Rede. Es wird bei uns mit größter Entschiedenheit verlangt, daß der junge Mann in den Fächern, die in No. 8 verzeichnet sind, diejenigen Kenntnisse erlangt habe, daß man sagen kann, er habe eine rechtswissenschaftliche Bildung erlangt.

M. H., wir haben ja in Sachsen ein abgeschlossenes Civilgesetzbuch. Dasselbe hat sich außerordentlich bewährt, die Praktiker sind damit zufrieden, und ich glaube, daß bei einer Revision desselben wesentliche Aenderungen daran nicht vorgenommen werden würden. Dessenungeachtet ist der Grundgedanke des Examens in Leipzig und des ganzen juristischen Studiums daselbst, daß das römische Recht vorzugsweise berücksichtigt wird. Es wird zwar auch über sächsisches Recht examinirt, es ist dies obligatorisch für das Examen, aber der Grundton der ganzen juristischen Bildung und diejenige Disciplin, die für uns bei der Ertheilung der Censur maßgebend ist, ist das römische Recht. M. H., ich brauche Ihnen gegenüber das kaum auseinanderzusetzen, daß ich diesen Gesichtspunkt für einen der wichtigsten Gegenstände in dieser Materie und die strenge Bildung im römischen Rechte für den Grund- und Eckstein juristischer Bildung erachte.

Ferner, m. H., will ich bezüglich der Strenge des Examens gerade in Leipzig Folgendes anführen. Wir haben in unserer juristischen Facultät mehrere gefeierte Professoren, die an verschiedenen anderen Universitäten docirt und examinirt haben, und erst vor Kurzem hat mir einer der Herren — ich will ihn nicht nennen, Sie werden ihn auch leicht errathen — gesagt: weder da noch dort — zwei der größeren Universitäten Deutschlands — wo ich so lange docirt und examinirt habe, werden so starke Anforderungen an die jungen Candidaten gestellt als hier bei Ihnen. Demnächst wird auch bei uns auf die politischen Disciplinen Werth gelegt, und zwar schon in den schriftlichen Arbeiten; und darin trete ich Herrn Professor Meyer unbedingt bei, daß es dringend geboten ist, diese Disciplinen bereits auf der Universität vorzutragen.

Nun, m. H., will ich noch eins bemerken. Es ist bei uns eine hergebrachte Sitte, daß derjenige, welcher den Repuls bekommt, von mir gefragt wird: wie haben Sie studirt? — und da höre ich manchmal Dinge, daß mir die Augen übergehen über den Unsinn, in welcher Weise die Studien gemacht worden sind. Ich habe eine Erfahrung in der Praxis gemacht, die mich bestimmt hat, den jungen Leuten Folgendes zu sagen: seien Sie froh, daß Sie durchgefallen sind; denn Sie würden in Ihrem ganzen Leben nicht im Stande gewesen sein, die Lücken auch unter der tüchtigsten Anleitung von Justizbeamten auszufüllen, die Sie in Ihrem Wissen gezeigt haben, und Sie würden zeitlebens ein lahmer Praktiker sein. Wir haben manche junge Leute, die den Repuls bekommen haben, hierdurch bestimmt, gründlich zu studiren, und haben sie auf bessere Bahnen gebracht, so daß sie sodann in der Praxis Tüchtigeres geleistet haben, als manche von denjenigen, die so knapp durch das Examen durchgerutscht waren und dann in die Praxis übergingen, ohne die genügende wissenschaftliche Bildung sich angeeignet zu haben.

Ich will ferner für Leipzig bestätigen, was Herr Professor Enneccerus gesagt hat. Bei uns in Leipzig werden die Seminarien vorzugsweise gut besucht; die jungen Leute finden da eine Anregung, die sie durch die Vorträge vom Katheder nicht erhalten können; es wird jeder für seine Person engagirt und zur Theilnahme herangezogen. Man spricht da leichter, man kann seine Zweifel vorbringen und findet Interesse an der Sache; die einzelnen Rechtssätze gewinnen praktische Gestaltung und dadurch Verständniß. Mir ist es auch so gegangen, als ich die Universität bezog, wie einem der geehrten Herren Vorredner; wenn man anfängt, die Rechte zu studiren, weiß man oft nicht recht, was man mit allem dem, was vorgetragen wird, machen und wie man es unterbringen soll. Diese Unruhe und Unsicherheit verliert man im Seminar.

Ich komme nun noch auf meinen Antrag unter Nr. 10 und da möchte ich bitten, denselben besonders in's Auge zu fassen. Ich habe ausdrücklich hervorgehoben, daß die erste mündliche Prüfung in zwei Abtheilungen zerlegt werden soll. Ich will über die Sache hier nicht ausführlich sprechen, dazu reicht die Zeit nicht aus. Ich will nur bemerken, daß dieser Gedanke, den ich seit länger als 10 Jahren vergebens praktisch in Sachsen durchzukämpfen bestrebt gewesen bin, auch noch jetzt nach meiner Ansicht die beste Handhabe ist, um das Universitätsstudium gründlich zu reformiren und den jungen Leuten die Möglichkeit zu gewähren, ihr Studium in passender Weise einzurichten und zu absolviren. Ich will daher heute zwar auf den zweiten Absatz keinen Werth legen, der ist schon gestrichen, aber ich würde doch bitten, den Absatz 1 beizubehalten.

Endlich will ich bemerken, — und auch darin stimme ich Herrn Professor Meyer entschieden bei — daß ich auch wünsche, daß bei der zweiten Prüfung das öffentliche Recht mehr als zeither berücksichtigt werde.

Was die Zusammensetzung der Prüfungscommissionen anbelangt, so ist bis jetzt nicht bestritten worden, daß in der ersten Commission Universitätslehrer mitsitzen sollen. Ich lege ganz entschieden Werth auf die Mitwirkung dieser Herren bei der ersten Prüfung, glaube dagegen, daß es ausreichend ist, daß bei der zweiten Prüfungscommission nur Justizbeamte und Advocaten thätig seien; beide Forderungen mit Rücksicht auf die Natur der einzelnen Examina.

Zum Schluß will ich noch hinzufügen, daß es bei uns in Sachsen bezüglich der Militärdienstzeit sehr häufig vorkommt, daß die jungen Leute ausstudiren, das Examen machen und dann erst ihr Militärjahr abdienen. Ein Einrechnen dieses Jahres in die Studienzeit ist schlechterdings unrichtig.

Ich will damit schließen, weil der Stoff so groß ist, daß man kaum weiß, wo anzufangen und wo aufzuhören. Ich bitte Sie, meine Vorschläge nochmals zu prüfen, und hoffe, daß Sie denselben Ihre Zustimmung geben werden.

Der Vorsitzende der Abtheilung theilt dann mit, daß der Herr Referent seinen Antrag unter Nr. 10 ganz zurückzieht, und schließt darauf die Debatte. — Das Schlußwort erhält noch der Herr

Correferent Professor Dr. **Gneist** (Berlin): Meine Herren, ich glaube, es wird zur Vereinfachung der Abstimmung dienen, wenn ich noch einige kurze Worte zufüge.

Es kommt nach meiner Auffassung auf zwei Dinge an, — zunächst das erste wissenschaftliche Examen. Dafür genügen meines Erachtens die Anträge sub 4—12 des Herrn Dr. v. Schwarze. — Schwieriger ist die andere Frage in Bezug auf die Universitätsstudien. Für mich wäre es wünschenswerth, wenigstens das hier ausgesprochen zu sehen: es ist dringend rathsam eine Verlängerung der akademischen Studienzeit, jedoch ohne Verlängerung der Gesammtzeit über 7 Jahre. — wie bisher in Preußen und Sachsen, — darüber hinaus nicht. Aber die Studienzeit ist zu verlängern, soweit eine Abkürzung des Vorbereitungsdienstes möglich. Nun wird es aber nicht leicht sein, diesen Satz zur klaren Geltung zu bringen, weil nämlich die präjudizirliche Bestimmung dazwischen tritt, ob das Militärjahr eingerechnet werden soll. Wird die Nichtanrechnung angenommen, dann entsteht der Schein, als ob der Brunner'sche Antrag und der meinige die Studienzeit bis auf 5 Jahre verlängern wollen. Das wollen wir jedenfalls nicht. Wir würden unsererseits, wenn das Militärjahr nicht eingerecht wird, mit einem Semester Plus schon zufrieden gestellt sein. Ich weiß dieser Unklarheit in der Fragestellung kaum abzuhelfen, muß aber doch wünschen, daß der Brunner'sche und mein Antrag in der jetzigen Fassung zur Abstimmung kämen, um zu sehen, ob innerhalb der Versammlung eine Geneigtheit in dieser Richtung ist.

Was den Antrag Kühne auf Theilung betrifft, so halte ich das Zwischenexamen für rathsam, ja nahezu unentbehrlich, wenn das Studium 4 Jahre dauert. Dagegen gar nicht für unbedenklich, wenn wir bei dem alten Triennium bleiben. Bei kurzer Studienzeit müssen wir uns gegen das Zwischenexamen erklären, weil es eine Zerstückelung und einen gewissen Seminargeist in die Studien bringt. Also bei 4 Jahren Studium nothwendig; bei 3 Jahren nicht unbedenklich.

Referent General-Staatsanwalt Dr. **von Schwarze** (Dresden): Ich möchte mir blos die eine Bemerkung erlauben, daß ich Sie bitte, gegen die Gneist-Brunner'schen Anträge zu stimmen, weil ich glaube, durch deren Annahme würde die ganze Sache wieder verdunkelt. Wenn wir sagen: „eine Verlängerung der Gesammtzeit von 7 Jahren", damit ist wieder in's Unklare gestellt, wie viel auf das Universitätsstudium und wie viel auf den Vorbereitungsdienst gerechnet werden soll. Es kann jedenfalls nicht zugegeben werden, daß wenn man die Studienzeit verlängern will, die Vorbereitungszeit abzukürzen sei, weil das Studium und der Vorbereitungsdienst, jenes wie dieser seine geschlossene und selbstständige Aufgabe hat. Ich kann nicht zugeben, daß man bei diesen Bestimmungen herüber und hinüber handelt, hier wegnimmt, dort zulegt, und beide Stadien nicht nach ihrer Eigenart behandelt. Ich muß dabei bleiben, daß durch die Gneist-Brunner'schen Anträge Unklarheit in die Aufgabe des Universitätsstudiums und des Vorbereitungsdienstes hineingetragen wird und wie äußerliche Momente als Trennungspunkte für materiell verschiedene Punkte behandelt werden.

Professor Dr. **Gneist** (Berlin): Ich frage den Herrn Präsidenten, ob wir nicht eine Fassung finden können, die die ursprüngliche Meinung ausdrückt: vierjähriges Studium, aber mit Einrechnung des Militärjahres.

Vorsitzender Ober-Gerichtspräsident **Becker** (Oldenburg): Ich bin mit den Herren Antragstellern einverstanden, die verlangen, daß zunächst Klarheit darüber sei, ob das Militärjahr eingerechnet werden soll oder nicht, damit die Abstimmung über die Studienzeit nicht verdunkelt wird. Bei uns wird das Militärjahr z. B. nicht eingerechnet. Wenn jetzt Einige davon ausgehen, es wird eingerechnet, Andere nicht, so giebt dies eine unklare Abstimmung. Meines Erachtens muß die Zeit abgerechnet werden, die nach aller Erfahrung zu Studien nicht benutzt werden kann, sondern höchstens dazu, um das Gelernte nicht wieder zu vergessen, — ein weiteres Studium wird in dem Militärjahr nicht möglich sein. Nun schreibt Herr Professor Gneist vor: 4 Jahre mit Einrechnung des Militärjahres. Was heißt das? Das heißt 4 Jahre, wenn er dient, — aber wenn er nicht dient, auch 4 Jahre? So ist unklar, ob die Frage nach Einrechnung des Militärjahres verneint, oder unbeantwortet bleiben soll.

Die Debatte über die sachlichen Fragen wird geschlossen. Nach fernerer längerer Debatte über die Abstimmungsweise erfolgt die Abstimmung. Durch dieselbe werden die Anträge des Referenten Herrn Dr. von Schwarze unter Nr. 1—3 angenommen, ebenso der Antrag des Appellationsgerichts-Präsidenten Kühne; darauf die Nr. 4 und 5 der Anträge des Referenten. Der Antrag zu Nr. 6 wird vom Referenten zurückgenommen; die Anträge desselben zu Nr. 8, 9, 11 und 12 werden gleichfalls angenommen. Die Beschlüsse der IV. Abtheilung über die vorliegende Frage lauten demnach:

1. Reichsgesetzliche Vorschriften über das juristische Studium und über die juristischen Prüfungen sind ein dringendes Bedürfniß.
2. Eine Ausdehnung des dreijährigen Universitätsstudiums vorzuschreiben, ist nicht erforderlich.

   Dagegen empfiehlt sich die Vorschrift, daß in der Mitte des akademischen Studiums die Studirenden ein Tentamen zu bestehen haben, nach welchem sie mindestens noch zwei Semester lang ihre Studien auf der Universität fortzusetzen haben, bevor sie zur ersten juristischen Prüfung zugelassen werden können.

   Das militärische Freiwilligenjahr ist in die Studienzeit nicht einzurechnen.
3. Die im § 2 des deutschen Gerichtsverfassungs-Gesetzes vorgeschriebenen zwei Prüfungen bestehen je aus einer schriftlichen und einer mündlichen Prüfung.
4. Die mündlichen Prüfungen sind öffentlich.
5. Die Prüfungscommissionen werden von der Landesjustizverwaltung eingesetzt.

   Die Mitglieder derselben werden im Voraus auf mindestens ein Jahr ernannt.

   In der Commission soll jedes Prüfungsfach durch mindestens ein Mitglied vertreten sein.

   Die Commission für die erste Prüfung ist aus Universitätslehrern und Praktikern zusammenzusetzen.

   Die Commission für die zweite Prüfung ist aus Justizbeamten und Advocaten zusammenzusetzen.
6. Den Gegenstand der ersten Prüfung bilden: Rechtsgeschichte Rechtsphilosophie, römisches Privatrecht, deutsches Privatrecht, Landes-Privatrecht, Strafrecht, Civil- und Straf-Proceßrecht, Kirchenrecht, Völkerrecht, Volksrechtswirthschaft und Staatsrecht.

   Alle diese Materien sind bei der Prüfung zu berücksichtigen.
7. Die erste Prüfung ist auf Erforschung der positiven Kenntnisse des Candidaten, seiner Einsicht in das Wesen und die geschichtliche Entwickelung der Rechtsverhältnisse, so wie darauf zu richten,

ob der Candidat sich die für seinen künftigen Beruf erforderliche allgemeine juristische Bildung erworben habe.

8. Die zweite Prüfung hat die Aufgabe, festzustellen, ob mit voller Sicherheit angenommen werden kann, daß der Candidat diejenigen praktischen Kenntnisse und Fähigkeiten sich erworben habe, welche für die erfolgreiche Ausfüllung einer selbstständigen Stellung im Justizdienste erforderlich sind.

9. Den Gegenstand der zweiten Prüfung bildet das geltende öffentliche und Privatrecht in seiner praktischen Anwendung.

Damit wäre dieser Gegenstand erledigt und es handelt sich nur noch um die Frage, wer den Vortrag für das Plenum übernehmen soll und ob die Beschlüsse dem Plenum zur Kenntnißnahme oder zur Berathung mitgetheilt werden sollen.

Referent Generalstaatsanwalt Dr. **von Schwarze** (Dresden): Ich würde mir erlauben, den Herren vorzuschlagen, die gesammten Beschlüsse dem Plenum nur zur Kenntnißnahme kurz motivirt vorzutragen, und glaube, daß es nicht gut ist, eine Diskussion im Plenum darüber zu veranlassen, weil, ohne dem Plenum zu nahe zu treten, gerade diejenigen Herren, die sich speziell für die Sache interessiren und Erfahrungen gesammelt haben, in dieser Abtheilung vereinigt gewesen sind und wir eine ganze Sitzung im Plenum mit einer ausgiebigen Diskussion ausfüllen müßten. Selbst wenn wir nur die letzten Punkte der Beschlüsse im Plenum zur Berathung stellen wollten, so kämen wir doch von den Spezialpunkten in eine Generaldebatte und damit sicher nicht zu Ende.

Rechtsanwalt **Beckh** (Nürnberg): Ich bin doch entgegengesetzter Ansicht als Herr Dr. von Schwarze. Ich halte die Nummern von 3 ab für so bedeutungsvoll und in ihren Folgen so unberechenbar, daß ich sehr wünschen möchte, daß diese Sache im Plenum zur Erörterung käme. Es ist gewiß eine große Anzahl von Mitgliedern vorhanden, welche an dieser Sache ein ganz spezielles Interesse nehmen, denen es nicht vergönnt war, in Folge der großen räumlichen Trennung der verschiedenen Berathungskörper an den Berathungen über diese Frage theilzunehmen. Ich gebe zu, daß dieselben über diese Sache nicht so unterrichtet sein werden, wie diejenigen Mitglieder, die in dieser Abtheilung sitzen; allein es ist eine Frage, über die sich doch Jeder der auf dem Juristentage Anwesenden schon seine Gedanken gemacht hat, und er würde ja auch durch das Referat im Plenum aufgeklärt werden. — Ich möchte daher bitten, die ganze Sache dem Plenum zur Berathung zu unterbreiten.

Professor Dr. **Dernburg** (Berlin): Ich würde wünschen, die Sache dem Plenum nur zur Kenntnißnahme zu überweisen. Was Sie beschlossen haben ist ein Compromiß und zwar ein Compromiß, welches ich, wenn ich ihm auch nicht vollständig beitreten kann, doch für rationell halte. Compromisse aber in Plenarversammlungen, in denen doch die Geister nicht so auf einander platzen können, auf's Neue zu bekräftigen, ist sehr schwierig. Es ist richtiger, wenn wir die Sache blos zur Kenntnißnahme überweisen, als daß wir aufs Neue einen erbitterten Kampf um die Prinzipien eröffnen, der hernach möglicherweise mit der Niederlage einer Partei endigt. Ich möchte bitten, es bei dem zu belassen, was wir nach meiner Auffassung wirklich errungen haben.

Correferent Professor Dr. **Gneist** (Berlin): Wenn ich noch eine Meinung communis utilitatis causa aussprechen darf, so möchte ich doch wünschen, daß ein Thema von allgemeinerer Bedeutung ins Plenum käme. Die erste Plenarsitznng wird meistens fast nur zu einer ceremoniellen Einleitung; für das Plenum in zweiter Sitzung haben wir bis jetzt nur die Traditionsfrage. Ich würde zur Belebung der Verhandlungen eine bedeutendere Frage für das Plenum wünschen.

Referent Generalstaatsanwalt Dr. von **Schwarze** (Dresden): Ich möchte dringend bitten, diesem Antrage nicht beizutreten. Ich pflichte vollkommen Herrn Professor Dernburg bei, wir können das Plenum nicht hindern, auf die Einzelheiten einzugehen, und dann sitzen wir am letzten Tage da und sind nicht im Stande, ein wirklich festes Resultat zu Stande zu bringen. Berücksichtigen Sie, daß das Auge des Publikums auf das Plenum und nicht auf die Abtheilungen gerichtet ist, und nun stellen Sie sich vor, daß wir trotz der vorzüglichen Leitung unseres Gneist doch schließlich mitten in der Sache abbrechen müssen und zu einer Abstimmung kämen, die erst recht keine Garantie ihrer Richtigkeit enthielte.

Rechtsanwalt **Beckh** (Nürnberg): Ich möchte mir erlauben, Herrn Dr. von Schwarze entgegenzuhalten: selbst wenn wir zu einem bestimmten Resultat nicht kommen, so ist das nicht so schlimm, wenn wir uns nur im Plenum darüber ausgesprochen haben; wir hätten dann doch einen allgemein interessanten Gegenstand für die allgemeinen Berathungen des Juristentages gefunden, und deshalb möchte ich Sie bitten, die Frage dem Plenum zur Berathung zu überweisen.

Die IV. Abtheilung beschließt:

1. Herr Generalstaatsanwalt Dr. von Schwarze (Dresden) wird mit dem Referat für das Plenum beauftragt;
2. die Beschlüsse sollen dem Plenum zur Kenntnißnahme mitgetheilt werden.

Vorsitzender Obergerichtspräsident **Becker**: Ich mache nur darauf aufmerksam, m. H., daß der Antrag auf Berathung ja von 10 Mitgliedern im Plenum wiederholt werden kann.

Da die Frage Nr. 11:

In welchem Umfange soll ein Anwalt verpflichtet sein, ein angetragenes Mandat (a. in Civilsachen, b. in Strafsachen) zu übernehmen?

nicht ein wichtiger Gegenstand ist und die vorige Nummer uns stark in Anspruch genommen hat, so ziehen die Herren vielleicht vor, die Frage 11 für den nächsten Juristentag zurückzustellen.

(Zustimmung.)

Generalstaatsanwalt Dr. **v. Schwarze**: M. H., wir wollen nicht schließen, ohne unserem verehrten Herrn Präsidenten für seine umsichtige Leitung der heutigen Verhandlung unsern Dank auszusprechen.

(Bravo!)

(Schluß der Sitzung 12 Uhr 45 Minuten.)

Zweite Plenarsitzung

am

31. August 1878.

(Beginn 9 Uhr 25 Minuten.)

Präsident Professor Dr. **Gneist** (Berlin): Ich habe die Ehre, die zweite Plenarversammlung des XIV. Juristentages hiermit zu eröffnen.

Das Protokoll der ersten Plenarsitzung liegt auf dem Tisch zur Einsicht der geehrten Mitglieder.

Ich habe noch vorzulegen den Kassenabschluß unseres Kassenführers, Herrn Geh. Justiz-Rath Borchardt, und kann mich wohl darauf beschränken, das letzte Resultat mitzutheilen.

Wir haben zur Zeit in geldwerthen Papieren circa 9000 Thlr. nominal und an Baarbestand 3640 M. 50 Pfg. Die Kassenübersicht wird nachher dem Protokoll beigedruckt.

Sodann habe ich noch mitzutheilen, daß ein Telegramm eingegangen ist von unserem Wiener Herrn Collegen Dr. Jaques mit herzlichem Gruß und lebhaftem Bedauern, daß sein Krankheitszustand ihm diesmal (zum ersten Male) die Theilnahme unmöglich macht; ferner eine Entschuldigung des Präsidenten Herrn von Keller, welcher augenblicklich den Vorsitz am Wiener obersten Gerichtshofe führt.

Sodann ist uns eine Schrift über das Einzelrichterwesen nach den Erfahrungen in Hannover, welche die Schattenseiten des Einzelrichteramts hervorhebt, mitgetheilt worden, mit der Bitte, davon Kenntniß zu nehmen.

Ich bemerke noch, daß in der Tagesordnung einige Druckfehler sich vorfinden. Dahin gehört, daß auf der zweiten Seite bei dem Gegenstand der Prüfungsordnung gesagt ist, die Abtheilung hätte ihn an das

Plenum zur Beschlußnahme und Berathung überwiesen, der Beschluß der Abtheilung ging nur auf Mittheilung.

Weiter muß ich noch vorbemerken, daß die zweite Abtheilung sich wegen zu geringer Anzahl der Theilnehmer nicht hat constituiren können, daß sie sich deshalb, wie dies auch früher geschehen ist, der ersten angeschlossen hat und also die erste und zweite Abtheilung zusammen verhandelt haben. Die Folge davon ist gewesen, daß ein paar Gegenstände nicht erledigt worden sind, nämlich die Frage:

1) Erscheint es angemessen, mit der Verheirathung die Rechtswirkungen der Großjährigkeit zu verbinden?

2) Rechtfertigt sich eine allgemeine Vorschrift des Inhalts, daß, wer ein Handelsgeschäft übernimmt oder in ein solches als offener Gesellschafter eintritt, falls die Firma unverändert bleibt, ohne Weiteres Activa und Passiva übernimmt?

Die erste und zweite Abtheilung beginnt mit der Frage:

Soll nach dem deutschen bürgerlichen Gesetzbuche das Eigenthum an einer beweglichen Sache durch Vertrag, sobald solcher abgeschlossen oder erst durch Uebergabe der Sache erworben werden?

Die Frage ist der Plenarversammlung zur Berathung überwiesen. Referent ist unser College Präses Dr. Albrecht.

Referent Handelsgerichts-Präses Dr. **Albrecht** (Hamburg): Meine geehrten Herren! Sie haben aus dem Munde des hohen Präsidiums soeben gehört, daß der Gegenstand, über den ich Ihnen zu berichten habe, von der vereinigten ersten und zweiten Abtheilung der Plenar-Versammlung zur Berathung überwiesen worden ist; ich werde daher etwas tiefer in die Materie eingehen müssen, glaube aber Ihnen das Versprechen geben zu können, daß mein Vortrag nicht allzulange dauern wird.

Die Frage ist:

> Soll nach dem deutschen bürgerlichen Gesetzbuche das Eigenthum an einer beweglichen Sache durch Vertrag, sobald solcher abgeschlossen, oder erst durch Uebergabe der Sache erworben werden?

Die neueren Rechte haben übereinstimmend im Anschluß an das altgermanische Institut der Auflassung die Bestimmung getroffen, daß zur Erwerbung des Eigenthums an einem Grundstück die Tradition nicht genügt, andererseits die Tradition auch nicht dazu erforderlich ist, vielmehr erforderlich ist die Eintragung der Eigenthumserwerbung in das Grundbuch. Für Mobilien gilt in Deutschland, insoweit nicht das französische Recht in demselben Aufnahme gefunden hat, das römische und zugleich germanische Recht, daß der Eigenthumserwerb nur möglich ist durch

Besitzübertragung. Auch die neuen Gesetzbücher, das preußische Landrecht, das österreichische Gesetzbuch, das sächsische Gesetzbuch erkennen an, daß zur Eigenthumserwerbung an Mobilien die Tradition erforderlich ist. Abweichend davon ist das französische und das englische Recht. Im Prinzip erkennen beide Rechte an, daß das Eigenthum an Mobilien auch durch Vertrag erworben werden kann. Bei dieser Sachlage ist gewiß mit Recht die Frage von der Deputation zur Begutachtung gestellt worden, ob nach dem künftigen deutschen Gesetzbuch zur Eigenthumsübertragung bei beweglichen Sachen der Vertrag genügen, oder Tradition erforderlich sein soll. Ueber diese Frage sind drei Gutachten eingegangen, eins von dem Appellationsgerichtsrath Bornemann in Naumburg a. S., eins von dem Bezirksgerichtsrath Dr. Seitz zu Lohr, und ein drittes von dem Kammer-Präsidenten Petersen zu Straßburg i. E. Das erste Gutachten spricht sich für die Nothwendigkeit der Tradition aus, indem es namentlich davon ausgeht, daß die Regel festgehalten werden soll, nach welcher durch obligatorischen Vertrag dingliche Rechte nicht erworben werden können, daß auch bei Festhaltung dieser Regel man mehr der Absicht der Parteien entspreche.

Von eigenthümlichen Grundsätzen, die ich nicht befürworten könnte, geht das Gutachten des Dr. Seitz aus; im Uebrigen kommt dieses Gutachten zu demselben Resultat, wie das umfassende Gutachten des Kammer-Präsidenten Petersen. Dieses letztere Gutachten weist zunächst eine Reihe von Gründen zurück, welche von Schriftstellern für die Nothwendigkeit der Tradition angeführt worden sind. Daß der Vertrag nicht ausreiche, um dingliche Rechte zu erwerben, sei unbegründet; ebenso sei unbegründet die Befürchtung, daß der Veräußerer einer Sache sein Eigenthumsrecht zu leicht aufgebe und außerdem liege, wenn man aus diesem Grunde die Tradition vorschreiben wollte, darin eine Bevormundung der Geschäftstreibenden, die nicht zu rechtfertigen sei. Ein anderer Grund für die Nothwendigkeit der Tradition sei der, daß der Eigenthumsübergang für den Richter leichter zu erkennen sein werde. Auch dieser Grund wird für nicht stichhaltig erklärt, indem darauf hingewiesen wird, daß der Richter den Willen der Parteien zu interpretiren habe und event. der Beweis dafür erbracht werden muß. Es wird dann an positiven Gründen angeführt, daß ja auch bei Grundstücken die Tradition nicht erforderlich sei; es wird ferner hervorgehoben, daß durch die Vorschrift einer Tradition der Verkehr in erheblicher Weise behindert werde; und es wird darauf hingewiesen, daß wir bereits eine Bestimmung in der Reichsgesetzgebung haben, welche die Tradition für unnöthig erkläre, indem das Eigenthum an Schiffen nach der bezüglichen Bestimmung des Handels-Gesetz-Buchs durch bloßen Vertrag erworben werden könne. Es wird ferner bemerkt, daß auch für die Waare auf dem Transport man eine Aushilfe habe suchen müssen, indem man dafür gesorgt habe, daß das Eigenthum während des Transports übertragen werden könne, ohne daß eine wirkliche Tradition der Sache selbst erforderlich sei. Es ist dann darauf hingewiesen, daß man, um dem Bedürfniß des Verkehrs Rechnung zu tragen, das constitutum possessorium im weiteren Sinne ausgedehnt habe, als nach dem bestehenden Recht sich rechtfertigen lasse. Auf Grund dieser Prämissen kommt der Gutachter zu dem Schluß, daß nichts dem entgegenstehe, vielmehr es zu befürworten sei, das Eigenthum durch Vertrag übergehen zu lassen, es sei denn, daß die Parteien das Gegentheil vereinbart hätten. Wollte man nicht so weit gehen, so wäre jedenfalls die Bestimmung zu empfehlen, daß, insofern die Parteien ausmachen, daß das Eigenthum durch ihren speziellen Vertrag übergehen solle, diese Vereinbarung der Parteien rechtliche Geltung haben solle. Was der Gutachter in seinem Gutachten befürwortet hat, hat er dann zu einem selbstständigen Antrag in der Sitzung formulirt, einen Antrag, der dahin lautet:

> der Juristentag wolle seine Ueberzeugung dahin aussprechen:
> „Die Uebertragung des Eigenthums an beweglichen Sachen ist in der Weise zu regeln, daß dasselbe durch Abschließung des Vertrages erworben werden kann, die Uebergabe der Sache sonach nicht erforderlich ist."

Ich meinerseits, meine Herren, der ich auch das Referat für die Abtheilung übernommen hatte, glaubte, mich nicht mit diesem Antrag, sondern mit den Ansichten des ersten Gutachtens, nämlich des Bornemannschen, in Uebereinstimmung erklären zu müssen. Die Gründe für meine Meinung waren im Wesentlichen die folgenden. Darauf, daß zur Uebertragung des Eigenthums an Grundstücken eine Tradition nicht erforderlich sei, sei kein Gewicht zu legen, da andererseits auch der Vertrag zur Uebertragung nicht genüge, vielmehr alle neueren Rechte, auch das neue französische Recht nach dem bezüglichen Gesetz von 1855 erfordere, daß, wenn das Eigenthum Dritten gegenüber Geltung haben solle, eine Transscription des Grundstücks in den Grundbüchern stattfinden müsse. Was die Transscription bei unbeweglichem Eigenthum sei, sei die Tradition bei beweglichem; wie die eine auf den Vertrag folge, folge auch die andere auf den Vertrag. Ich machte sodann darauf aufmerksam, daß die neueren Rechte regelmäßig dem gutgläubigen Besitzer einen umfassenden Schutz gewähren, und daß mit dieser Bevorzugung des Besitzers ein Recht prinzipiell nicht vereinbar sei, welches, ohne auf den Besitz Rücksicht zu nehmen, der bloßen Erklärung eines Contrahenten, daß er das Eigenthum übertragen wolle, eine rechtliche Bedeutung beilege, und zwar sei dies umsomehr als unvereinbar anzuerkennen, als bei solcher Erklärung der Erklärende nicht im Besitz der Sache zu sein brauche, sondern vielleicht schon die Sache sich im Besitz eines bonae fidei possessor befinde, so daß der angebliche Eigenthümer keine Rechte nach dem bestehenden germanischen Recht mehr geltend machen könne. Ich machte ferner darauf aufmerksam, daß auch die Regel des französischen Rechts nicht klar sei, daß es fraglich sei, ob das „à l'égard du vendeur“ nicht die Bedeutung habe, daß nur in Rücksicht auf den Verkäufer und dessen Gläubiger, nicht aber in Rücksicht auf dritte Personen das Eigenthum als übertragen gelte, und daß das englische Recht vielfach durch Ausnahmen durchlöchert sei. Endlich glaubte ich bestreiten zu können, daß der Verkehr eine Neuerung der bisherigen Gesetzgebung erfordere. Das Bedürfniß des Verkehrs mache sich zwar geltend in der von dem Begutachter, Herr Kammer-Präsidenten Petersen, angeführten Richtung, aber nicht um den Eigenthumserwerb, sondern nur um den Besitzerwerb zu erleichtern. Auf diesen letzteren komme es an. Wer keinen Credit geben will, werde sich bei der nackten Erklärung, daß ihm das Eigenthum übertragen werden solle, nicht beruhigen, vielmehr verlangen, daß ihm die Sache übergeben werde. Ebenso komme es demjenigen, der sich ein Connossement, einen Lade-, oder einen Lagerschein übertragen lasse, wesentlich darauf an, daß er in die factische Lage komme, sich den Besitz der Sache zu verschaffen, nicht darauf, daß er rechtlich Eigenthümer werde. Aus diesen Gründen und unter der Erwägung, daß in dem größten Theile unseres Reiches das Traditionssystem gelte, kam ich zu der Konklusion, welche Sie gedruckt finden, dahin gehend:

> Es empfiehlt sich, die Uebertragung des Eigenthums an beweglichen Sachen in dem deutschen bürgerlichen Gesetzbuche in der Weise zu regeln, daß das Eigenthum nicht schon durch Vertrag, sondern erst durch Tradition erworben wird.

Diese Ansicht fand dann auch in der Versammlung selbst mehrfache Unterstützung. Namentlich wurde darauf hingewiesen, daß es der jetzigen Richtung der Gesetzgebung wenig entsprechen würde, das Eigenthum durch eine bloße Erklärung der Paciscenten übergehen zu lassen. Es wurde bemerkt, daß die neue Konkursordnung für den Erwerb von Pfändern ausdrücklich den Besitz vorschreibe, daß sie nur das Faustpfandrecht anerkenne. Wenn, so argumentirt man, für die Erwerbung des Pfandrechts schon der Besitz erforderlich sei, um wievielmehr für die Erwerbung von Eigenthum.

Auch der Antrag, der von dem Herrn Gutachter gestellt wurde, fand mehrfache Unterstützung, namentlich bezog man sich darauf, daß durch das constitutum possessorium, wie es sich einmal in der Praxis vorfinde, die Sache schon nahezu so gestellt sei, wie sie stehen würde, wenn das Eigenthum durch Vertrag überginge. Dagegen wurde von anderer Seite geltend gemacht, das constitutum possessorium sei völlig zu verwerfen, die neuere Gesetzgebung solle es ganz abschaffen, es sei nur ein Mittel, demjenigen der sich zum praejudicium gegen die übrigen Gläubiger Deckung für seine Forderung verschaffen will, dies zu ermöglichen. Wieder von anderer Seite wurde bemerkt, man solle nicht so weit gehen, man solle das constitutum auf die Grenzen, die das römische Recht ihm anwiese, beschränken, dann würde es auch nicht mit dem Vertragsystem zusammenfallen.

Das waren im wesentlichen die Gründe, die für und gegen angeführt wurden. Zu denselben kann ich vielleicht noch aus der Debatte anführen, daß ich an den Fall erinnerte, wenn A dem B, B dem C das Eigenthum einer Sache übertragen habe und man nach dem Vertragsystem dem C die Vindication gegen A geben wolle, A nicht zu seinem Gelde kommen würde, wenn ihn B nicht vollständig bezahlt habe, und ebenso B nicht, wenn ihn C nicht vollständig bezahlt habe. Dagegen wurde allerdings seitens des Herrn Petersen bemerkt, daß ihn das durchaus nicht rühre, sein Princip sei nicht dahin zu verstehen, daß die Parteien von dem Vertrag nicht abweichen könnten, es stehe ihnen frei, zu vereinbaren, daß das Eigenthum nicht sofort nach Abschluß des Vertrages übergehen solle. Ich replicirte wiederum: ein System, welches in einer so großen Anzahl von Fällen außer Kraft gesetzt werden müsse, verdiene keine Befürwortung, auf welche Replik dann wiederum Herr Petersen duplicirte.

(Heiterkeit.)

Schließlich wurde der von mir gestellte Antrag mit einer nicht erheblichen Majorität angenommen.

Zu dem Antrage erlaube ich mir speciell noch folgende Bemerkung. Der Antrag selbst soll nur die Regel aufstellen, er soll namentlich nicht ausschließen, daß Ausnahmen, wie mein Princip sie zuläßt, gemacht würden. Vor allen Dingen war ich nicht gemeint, die Ausnahme auszuschließen, die das Handelsgesetzbuch bisher schon anerkannt hat; denn diese Ausnahme ist keine solche, die etwa aus einem höheren Gesichtspunkt sich rechtfertigen ließe, sondern die ganz ausschließlich ihren Grund hat in der besonderen Natur der Seeschiffe. Solche Seeschiffe, führte ich in unserer Abtheilung aus, seien niemals zu Hause, sie seien bestimmt, immer zu vagabondiren, und bei ihnen sei keine Uebertragung wie bei anderen Gegenständen auszuführen.

Ich machte ferner die Bemerkung, daß ich das Wort „Tradition“ gewählt hätte, um meinerseits das constitutum possessorium, soweit ich es anerkennen könnte, nicht auszuschließen, daß ich aber dem Beschlusse über die Frage, unter welchen Voraussetzungen das constitutum zulässig sein solle, nicht präjudiciren wolle, da darüber eine weitere Erörterung stattfinden müsse. Andererseits wurde in Bezug auf den Gegenantrag darauf hingewiesen, daß sowohl diejenigen für den Antrag stimmen könnten, welche ihrerseits meinen, daß durch den Vertrag schon die Uebergabe erfolge, wenn die Parteien nicht das Gegentheil vereinbart haben, — als auch diejenigen, welche ihrerseits weiter nichts wollten, als daß, wenn vereinbart sei, das Eigenthum solle übergehen, auch wirklich das Eigenthum übergehe.

Da nun der von mir gestellte Antrag von der Abtheilung nur mit nicht erheblicher Majorität angenommen wurde, so beschloß die Abtheilung, den Beschluß dem Plenum zur Berathung zu überweisen.

Ich meinestheils erwarte nun die Eröffnung der Berathung und muß Ihnen die Beschlußfassung überlassen.

(Bravo!)

Präsident: Ich eröffne, da der Gegenstand zur Berathung überwiesen ist, die Diskussion.

Herr Kammerpräsident Petersen hat das Wort.

Kammerpräsident **Petersen** (Straßburg i. E.): M. H., der Herr Berichterstatter hat so ausführlich über den Gegenstand referirt, daß ich mich sehr kurz fassen kann. Ich glaube aber doch, daß es nothwendig ist, da ein von meinem Antrage abweichender Beschluß von der Abtheilung gefaßt worden ist, noch einige Gründe geltend zu machen, die gegen den Antrag des Herrn Referenten, der mit geringer Majorität angenommen wurde, sprechen.

Ein Punkt, der in erster Linie in Betracht kommt, ist der: wen trifft bei dieser Frage die Beweislast. Hier möchte ich doch darauf hinweisen, daß in der Begründung der Nothwendigkeit der Tradition sich in der letzten Zeit ein großer Umschwung herausgestellt hat. Lange Zeit, Jahrhunderte hindurch, rechtfertigte man die Nothwendigkeit der Tradition einfach damit, daß man sagte: diese Nothwendigkeit liegt in der Natur des Vertrags, es widerspricht dem Wesen des Vertrages, daß er dingliche Wirkungen habe; — derselbe kann nur obligatorische Wirkungen haben. Das ist eine Ansicht, die man selbst im ältesten römischen Recht bei den Schriftstellern findet, — eine Ansicht, die dahin führte, daß man überall, wo es sich um die Begründung von dinglichen Rechten handelte, Tradition verlangte, sogar bei Servituten man zu einer quasi-Tradition seine Zuflucht nehmen zu müssen glaubte. Heute steht es nun ganz anders. Daß der Vertrag als solcher dingliche Wirkung haben kann, ist unbestritten, gerade auch bezüglich des Eigenthums; denn es ist im größten Theile Deutschlands heute schon die Nothwendigkeit der Tradition für die Eigenthumsübertragung an Grundstücken beseitigt. Auch wird unbestritten diese Einrichtung in dem neuen Civilgesetzbuch ihren Raum finden. Also mit dem Grunde, daß der Vertrag als solcher nicht dingliche Rechte übertragen könne, ist nichts anzufangen.

Wenn dieser Grund hinfällig wird, bezüglich der Eigenthumsübertragung an Grundstücken, so folgt aber daraus die Nothwendigkeit nachzuweisen, daß bezüglich der beweglichen Gegenstände die Verhältnisse die Tradition nothwendig machen, obgleich sie sich bei den Grundstücken als überflüssig herausgestellt hat.

Die Gründe, die in dieser Frage geltend gemacht werden, sind von ganz verschiedener Art. Es ist zu unterscheiden zwischen den Gründen, welche sich auf das Verhältniß unter den Parteien selbst beziehen oder auf die Feststellung der Absicht der Eigenthumsübertragung, und zwischen den Gründen, welche nicht in dem Verhältniß unter den Parteien, sondern in dem Verhältniß zu Dritten, in den Bedürfnissen des Verkehrs wurzeln. In der ersten Beziehung hat der Herr Referent schon mitgetheilt, was ich in meinem Gutachten geltend gemacht habe. Ich will nur einen Grund berühren, der von einigen der hervorragendsten Vertheidiger der Nothwendigkeit der Tradition als entscheidend erachtet wird. Es ist der, daß man sagt, es sei sehr schwer in jedem einzelnen Falle festzustellen, ob die Parteien die sofortige Eigenthumsübertragung, oder ob sie dieselbe erst im Augenblick der Uebergabe eintreten lassen wollten. Ich halte dieses Bedenken für durchaus übertrieben und mehr theoretisch; denn thatsächlich wird das Beweismaterial bezüglich des Vertrages in der Regel auch Gewißheit geben bezüglich der Zeit, in welcher die Uebertragung eintreten soll. Liegt eine Urkunde vor, so wird sie diesen wichtigen Punkt nicht mit Stillschweigen übergehen; kommt es zu einem Zeugenbeweis, so werden die Zeugen, die überhaupt Auskunft geben können, auch darüber Aufschluß geben können, in welchem Zeitpunkt die Uebertragung eintreten sollte. Jedenfalls glaube ich nicht, daß dieser Grund es rechtfertigen kann, die Uebertragung durch bloßen Vertrag ganz auszuschließen. Ich gebe zu, daß der Gesetzgeber einen dringenden Grund hat, jede Ungewißheit bei dem Vertrage auszuschließen; aber dazu giebt es ein sehr einfaches Mittel: man treffe in dem Gesetzbuch die Bestimmung, daß, wenn nichts anderes vereinbart wird, das Eigenthum mit Abschluß des Vertrages übergeht, und daß die Parteien, wenn sie etwas anderes wollen, eine andere Vereinbarung treffen müssen. Oder man mache die umgekehrte Bestimmung und sage: in der Regel erfolgt der Eigenthumsübergang erst im Moment der Tradition, die Parteien haben aber das Recht, ausdrücklich zu vereinbaren, daß das Eigenthum sofort übergehen solle. Das würde die Bestimmung, wie sie jetzt schon bezüglich der Seeschiffe besteht, ausdehnen auf Fälle ähnlicher Art.

Ich habe mir deshalb erlaubt, den Antrag zu stellen:

Der Juristentag wolle beschließen:

> Das Eigenthum an beweglichen Sachen soll, wenn die Parteien nicht etwas anderes vereinbaren, nicht erst durch die Tradition, sondern schon durch Abschluß des Vertrages erworben werden.

Oder wenn die Mehrheit das nicht für richtig halten sollte, so würde ich eventuell beantragen:

> Der Eigenthumserwerb soll in der Regel durch Uebergabe der Sache erfolgen. Es soll aber den Parteien das Recht zustehen, ausdrücklich zu vereinbaren, daß das Eigenthum mit Abschluß des Vertrages übergehen soll.

Also, m. H., ich wiederhole: der erste Grund, der als der entscheidende bezeichnet wird, kann nur eine solche Bestimmung in dem Gesetzbuch rechtfertigen. Es besteht nicht der mindeste Grund, die Parteien soweit zu bevormunden, daß man sagt: selbst wenn ihr überzeugt seid, eine Tradition nicht vornehmen zu können, aber doch den Eigenthumsübergang wollt, so dürft ihr das nicht. Eine solche Beschränkung der Parteien wirkt aber auch schädlich; denn es giebt eine Menge von Fällen, in welchen die Parteien ganz guten Grund haben, eine sofortige Eigenthumsübertragung vorzunehmen und doch die Tradition augenblicklich nicht erfolgen kann, oder wo sie ihren Grund haben, die Tradition zu verschieben. In dieser Beziehung weise ich nur auf die ganze Verkehrsentwickelung hin. Im römischen Recht war die Einführung der Tradition eine Erleichterung des Verkehrs im Gegensatz zu der strengen Form der Mancipation in der früheren Zeit. Es hat sich aber herausgestellt, daß auch die wirkliche Tradition durch körperliche Uebergabe nicht durchgeführt werden könne, daß der Verkehr dadurch in einer unerträglichen Weise belästigt würde. Darum hat man in immer erhöhtem Maße das Auskunftsmittel getroffen, unter dem Titel der symbolischen Traditionen eine ganze Menge von Besitzübertragungsformen zuzulassen, die heute nicht mehr als wirkliche Traditionen bezeichnet werden. Man hat sich aber auch im Publikum geholfen durch das einfache Mittel des constitutum possessorium.

In Frankreich galt bezüglich der Eigenthumsübertragung Jahrhunderte hindurch das römische Recht. Vor der Revolution war in ganz Frankreich die Tradition erforderlich, um eine Eigenthumsübertragung an Grundstücken vorzunehmen. Diese Bestimmung stand aber einfach auf dem Papier, sie wurde beseitigt durch den Verkehr, und es wurde stehend in jeden Vertrag hineingeschrieben, daß die Tradition erfolgt sei. In der Revolution, als der code civil zu Stande kam, erklärte man dann: wozu sollen wir eine Bestimmung aufrecht erhalten, die gar nicht mehr ausgeübt wird, von der ein Theil der Schriftsteller sogar nichts mehr wußte? Aehnlich ist es mit den beweglichen Sachen gegangen in allen den Fällen, wo die Parteien ein Interesse haben, Eigenthum zu übertragen, ohne doch die Tradition vornehmen zu können.

Die praktische Differenz zwischen den Anträgen des Herrn Referenten und den meinigen erstreckt sich nicht auf ein sehr großes Gebiet. Auch im Gebiet des französischen und englischen Rechts wird gewöhnlich die Uebergabe wirklich vorgenommen; wenn der Käufer ein Interesse daran hat, die Sache wirklich zu bekommen, so geschieht die Uebergabe ebenso gut wie hier zu Lande. Nur in den Fällen, in welchen es unmöglich ist, die Tradition vorzunehmen, wird Gelegenheit geboten, den Vertrag sofort definitiv wirksam zu machen, und solcher Fälle giebt es sehr viele. Thatsächlich, darüber waren wir auch in der Abtheilung einig, ändert sich nicht sehr viel im Verkehr selbst; in den Fällen, in denen in Frankreich die Tradition unterbleibt, wird hier ein constitutum gemacht; es wurde von fast allen Praktikern angeführt, daß das so sei. Nun ist es nach meiner Auffassung nicht richtig, wenn der Gesetzgeber sagt: ich mache eine Bestimmung, von der ich von vorn herein weiß, daß sie illusorisch ist, ich zwinge die Parteien zu einer Unwahrheit. Ich halte die Gesetzgebung für besser, die es den Parteien ermöglicht, ohne Hinzufügung einer Unwahrheit ihren Willen direct zur Ausführung zu bringen, anstatt auf einem Umwege.

Anders wäre es, wenn dritte Personen durch den Grundsatz, den ich Ihnen empfehle, benachtheiligt würden. Und damit komme ich also zu dem zweiten Hauptgrund, der für die Nothwendigkeit der Tradition geltend gemacht wurde. Man sagt, die Tradition habe bei beweglichen Gegenständen dieselbe Bedeutung wie das Grundbuch bei unbeweglichem. Das halte ich ganz entschieden für einen Irrthum. In der That wird das auch von den meisten neueren Vertheidigern anerkannt. Exner z. B. erklärt geradezu, dieser Grund sei aus der Luft gegriffen, es entscheide nur die Rücksicht auf die Absicht der Partei; selbst wenn wirklich körperlich tradirt wird, man also bemerken kann, daß die Sache aus dem Besitz einer Person in den der anderen übergegangen sei, — hat man dann eine Sicherheit dafür, daß der neue Besitzer auch Eigenthümer sei? Keineswegs. Diese Sicherheit hat man nur in dem Falle, wo die Absicht der Uebertragung nachgewiesen ist. Wenn das aber der Fall ist, so besteht überhaupt kein Zweifel mehr, es wird also nichts geändert. Es wird aber für den Dritten gar kein Hülfsmittel zur Erkennung der Veränderung geschaffen, wenn ein constitutum possessorium vorliegt, da sich in diesem Falle äußerlich gar Nichts ändert. Man hat deshalb schon daran gedacht, das constitutum possessorium zu beseitigen oder wenigstens die Gestalt, die es thatsächlich erhalten hat, zu ändern. Dann würde sich aber sofort herausstellen, wie sehr man den Verkehr belästigt, denn nur mit Hilfe dieser Fiction ist der heutige Zustand erträglich. Ich wiederhole also, daß der Eigenthumsübergang auch bei dem System des gemeinen Rechts in keiner Weise erkennbar ist. Insbesondere liegt, wenn ein constitutum vorgenommen wird, die Sache offenbar für Dritte ganz ebenso, als ob das Eigenthum durch Vertrag übergeht, übertragen würde. Der Eigenthümer, der verkauft hat, ist für den Dritten nach wie vor Besitzer der Sache.

Nun erkenne ich die Nothwendigkeit eines Schutzes für den Verkehr unbedingt an. Ich bin der Meinung, daß unser Recht möglichst streng sein solle und daß dasselbe, was bezüglich des Eigenthumüberganges von Grundstücken erstrebt wird, auch erstrebt werden muß bezüglich der beweglichen Sachen. Aber es muß ein geeignetes Mittel dazu geben, und die Tradition ist ein solches Mittel nicht. Ja ein solches Mittel, welches der Eigenthumsübergang bestimmt erkennbar macht, giebt es für bewegliche Sachen überhaupt nicht. Es liegt allerdings im Wesen des Eigenthums als eines absoluten Rechtes, welches jedem Dritten gegenüber wirkt, daß der Uebergang in einer für dritte erkennbaren Weise erfolgen muß. Das läßt sich bei Grundstücken durch das Registersystem erreichen, aber man kann doch nicht vorschlagen, daß der Verkauf jeder beweglichen Sache in ein Register eingetragen wird. Es bleibt also nichts übrig, als den Grundsätzen des germanischen Rechts entsprechend, die Wirkungen des Eigenthums zu beschränken.

Man darf es heute schon als feststehend betrachten, daß in dem neuen Civilgesetzbuch in irgend einer Weise dem Grundsatz des germanischen Rechts über die Beschränkung der Vindikation an beweglichen Sachen Rechnung getragen wird, mag das in der Art geschehen, wie es im Art. 306 des Handelsgesetzbuch geschehen ist, also durch eine Ausdehnung dieser Bestimmung auf das ganze Gebiet des Civilrechts, oder in der milderen Form, die in dem preußischen Landrecht und im sächsischen Recht gilt, und nach welcher der Eigenthümer dem redlichen Erwerber einer beweglichen Sache wenigstens das ersetzen muß, was er für dieselbe bezahlt hat. In beiden Fällen liegt hier ein Mittel vor, den redlichen Besitzer zu schützen, ein anderes Schutzmittel giebt es nicht. Dieses Schutzmittel, m. H., macht die Tradition einerseits vollkommen entbehrlich im Interesse der Dritten, und andererseits reicht die Tradition, besonders wenn man das constitutum possessorium zu Hilfe nimmt, nicht aus, um die Sicherheit des Verkehrs zu bewirken. Wenn der Antrag des Herrn Referenten angenommen wird, und der Gesetzgeber diesem Vorschlage folgt, und es bei dem gegenwärtigen Zustande beläßt, also die Möglichkeit gewährt, Eigenthum an einer beweglichen Sache durch constitutum possessorium zu übertragen, so ändert sich gar nichts an dem Bedürfniß nach einem Schutze für den redlichen Besitzer. Wenn derselbe Gesetzgeber den Grundsatz des germanischen Rechts annimmt und den dritten redlichen Erwerber in seinem Besitz schützt gegen die Vindikation, so bin ich nicht im Zweifel, daß dieser letztere auch geschützt werden muß gegen den Eigenthümer, der durch constitutum possessorium erworben hat. Wenn der Eigenthümer in einem Lande des französischen Rechts die Sache verkauft und nicht sofort tradirt und er verkauft dann später an einen zweiten Käufer, dem er den Besitz der Sache überträgt, und zwar durch tradition réelle, wie das Gesetzbuch sagt, also durch körperliche Uebergabe, so hat dieser zweite Käufer den Vorrang vor dem ersten. Er hat ihn aber nicht auf Grund der Theorie der Eigenthumsübertragung, sondern auf Grund der Bestimmung über den Schutz des redlichen Besitzers. Lassen Sie nun den Eigenthümererwerb durch constitutum possessorium vollziehen, so müssen Sie dasselbe thun, sonst hört der ganze Schutz auf; denn der Grund für diese Beschränkung der Vindikation ist doch der, daß wenn Jemand kauft, und er allen Grund zur Annahme hatte, daß der Verkäufer Eigenthümer sei und er hiernach Eigenthümer werde, er auch im Besitz geschützt werden muß. Dieser Schutz muß auch eintreten, wenn der Eigenthümer Jemand eine Sache verkauft und übergibt, obgleich er vorher durch constitutum possessorium einem andern das Eigenthum übertragen hat. Es wird hiernach thatsächlich nichts geändert, die Nachtheile der Verkehrsbeschränkung treten hier nicht ein, weil sie durch das constitutum possessorium ausgeglichen werden, aber man kann unmöglich solchen Zustand aufrechterhalten.

Schließlich sind noch einige practische Unterschiede zu erwähnen, die zu Gunsten des Systems der Eigenthumsübertragung durch bloßen Vertrag in Betracht kommen. Es ist von Bedeutung, daß der Käufer auch dem Eigenthümer gegenüber ein Vindikationsrecht bekommt, aber das würde sich nur im Concurs geltend machen. Etwas mehr Gewicht verdient doch der Vortheil, daß dem bösgläubigen Besitzer gegenüber der Käufer, wenn das Eigenthum durch bloßen Vertrag übergeht, die Vindikation hat. Es ist nicht sofort tradirt, die Sache kommt in seinen Besitz auf irgend eine Weise, der Käufer durch Vertrag kann, wenn er diese Sache im Besitz eines Dritten findet, sofort vindiciren; wenn er aber nicht Eigenthümer geworden ist, muß er sich erst die Klage von dem wirklichen Eigenthümer cediren lassen. Das ist nicht zu rechtfertigen und kann den Grundsätzen des Verkehrs nicht dienen.

Ein anderer Vortheil besteht darin, daß der Käufer, der durch bloßen Vertrag erworben hat, sofort über die Waare verfügen kann, auch wenn er noch nicht in den Besitz gelangt ist. Wenn durch Vertrag das Eigenthum erworben wird, so kann der Käufer weiter verkaufen und der dritte Käufer kann vindiciren. Das ist nun ein Beispiel, welches der Herr Referent gerade gegen meinen Antrag geltend zu machen suchte. Er sagte: wenn das zugelassen wird, ist eine vollständige Rechtsunsicherheit vorhanden, der erste Eigenthümer bekommt sein Geld nicht. Erstens ist nun aber nicht ausgemacht, daß die Zahlung immer erst nachträglich erfolgt, aber außerdem fällen alle Bedenken weg, wenn mein eventueller Antrag angenommen wird, daß das Eigenthum nicht ohne Weiteres durch Vertrag übergeht, wohl aber durch Vertrag übertragen werden kann. Will der Verkäufer dem Käufer unbedingt Credit geben und entschließt er sich, obgleich er noch keine effective Zahlung erhalten hat, dazu, daß er sagt: das Eigenthum geht von diesem Augenblick an auf Dich über, so daß Du über die Sache verfügen kannst, — ja, m. H., dann sehe ich nicht ein, wie er sich beschweren könnte, wenn nun ein Dritter kommt und sagt: ich habe gekauft und verlange, daß Du die Sache herausgiebst!

Uebrigens wird hier eine Frage hineingezogen, die eigentlich mit unserer Frage nichts zu thun hat, die Frage, wie überhaupt Sicherheit für die Zahlung geschafft wird. Ich würde für die Aufrechthaltung eines Privilegs für den Verkäufer, gegen das man so große Bedenken hat, wohl nicht stimmen.

Ich resumire mich, m. H., und sage: wirkliche Gründe, welche die Nothwendigkeit der Tradition bei beweglichen Sachen darthun, bestehen nicht, weder nach der einen noch anderen Richtung, die ich angedeutet habe. Praktische Vortheile sind immerhin vorhanden, welche für die Erleichterung des Verkehrs sprechen, und dem befürchteten Nachtheile wird vorgebeugt durch die Annahme der Grundsätze des germanischen Rechts über die beschränkte Vindication der beweglichen Gegenstände. Durch die Beseitigung der Nothwendigkeit der Tradition wird außerdem eine Menge von Streitigkeiten vermieden werden. Unter allen Umständen empfiehlt es sich, den Parteien, welche jetzt zu sehr beschränkt sind, mehr Spielraum zu lassen und ihnen selbst die Entscheidung über die Zeit des Eigenthumsübergangs zu übertragen. Deshalb empfehle ich Ihnen, falls der erste Antrag abgelehnt werden sollte, wenigstens die Annahme meines eventuellen Antrages.

Professor **Dernburg** (Berlin): M. H., ich habe eine sehr schwierige

Aufgabe, nach einem so ausführlichen und anschaulichem Vortrage über ein abstraktes Thema noch zu repliciren. Ich sehe mich aber doch veranlaßt, den Herrn Referenten Albrecht und die Majorität unserer Abtheilung nach besten Kräften zu unterstützen.

Die erste Frage, die Herr Präsident Petersen aufgeworfen hat, ist die der Beweislast. Das ist ja in der That eine wichtige Frage. Ich schiebe ihm die Beweislast zu; denn ich stehe auf dem Standpunkt, daß unser künftiges Gesetzbuch nur in dem Falle ein gutes sein kann, wenn es zunächst auf der Basis des bestehenden Rechts ruht, und nur in den Fällen, in welchen nachweisbar das bestehende Recht ein den Verkehr hemmendes Resultat giebt, von dem gemeinen Recht in Deutschland, in Preußen und in den gemeinrechtlichen Ländern abweicht. Die Anhänger des französischen Rechts werden sagen: sind wir nicht auch Kinder des Vaterlandes? Wir haben von vornherein den Herren des französischen Rechts ein reichliches Theil zugemessen und vorurtheilslos angenommen, wo uns etwas Gutes von dieser Seite entgegengetragen wurde; Zeuge ist unser Civilproceß. Wir werden aber doch kaum geneigt sein, einzelne Sätze aus dem Privatrecht herüberzunehmen. Dazu gehört auch der von Herrn Petersen Ihnen empfohlene Satz, der sein Correlat im französischen Recht, wie er selber angedeutet hat, findet, namentlich in dem Privilegium des Verkäufers, welches Sie nicht schaffen wollen.

Herr Petersen sagt, die Tradition ist ja verlassen, wir sind übergegangen zum bloßen Vertrage bei Grundstücken. Ich leugne das; wir sind übergegangen zum formalisirten Vertrage und es hat eine Autorität, wie Förster, sogar die Vertragsnatur der Auflassung bestritten. Wie wir also bei Grundstücken zum formalisirten Vertrage übergegangen sind, so müssen wir den formalisirten Vertrag bei Mobilien beibehalten. Das gebe ich Herrn Petersen ja zu, daß dieser formalisirte Vertrag der Tradition nicht die Wirkung hat, nicht das leisten kann, was die Auflassung leistet, aber weil es etwas weniger leistet, wollen wir deswegen die ganze Sache beseitigen? Das ist ein Schluß, der zu weit geht.

Es ist ähnlich mit dem constitutum possessorium. Die Franzosen haben seiner Zeit, da sie notarielle Urkunden zu machen pflegten und da die Notare beflissen waren, alle möglichen Rechte ihrer Partei zu sichern, das constitutum possessorium ganz allgemein in die Urkunden eingetragen, namentlich auch bei Grundstücken; schließlich sind sie dahin gekommen, daß sie das constitutum in der Weise verallgemeinerten, daß es schlechthin gleichsam die Regel wurde. Wir haben ihm diese Wirkung aber nicht gegeben, bei uns bleibt das constitutum die Ausnahme, die Tradition ist doch die Regel, und das constitutum, welches so mancherlei

Mängel hat, ist, wenn auch nicht ganz auszuschließen, so doch in der künftigen Gesetzgebung sehr zu beschränken, aber nicht durch einen Vorschlag, wie er uns gemacht wird, schlechthin zu verallgemeinern. Nach meiner Ansicht hat der Vorschlag, namentlich wenn wir uns auf den Standpunkt des preußischen Rechts stellen, viele Bedenken, und besonders hat der Vermittelungsvorschlag Bedenk en,man soll es den Parteien überlassen, ob sie das Eigenthum direkt übergehen lassen wollen, oder durch Vertrag!

M. H., was ist denn Eigenthum? wissen Sie es Alle ganz genau? was ist das Eigenthum an Mobilien? es ist das ein Problem, das mir auch manchmal Schwierigkeiten macht, aber davon bin ich ganz fest überzeugt, daß das große Publikum die Tragweite der Frage: ist das Eigenthum an der betreffenden Mobilie übergegangen? nicht erkennt. Jeder glaubt, wenn er verkauft hat, daß er auch das Eigenthum übertragen hat, und daß, wenn er gekauft hat, er auch das Eigenthum erworben hat, und wird unbedenklich sein, wenn diese Klausel des Eigenthumsüberganges in das betreffende Schriftstück hineingesetzt wird, aber hinterher wird er erstaunen, wenn er sieht, welche Folgen das nun haben soll. Der Käufer kann dann vindiciren und wenn er consequent sein will, so muß die exceptio non adimpleti contractus ausgeschlossen werden; der Käufer, der zugestanden hat, daß in den Vertrag aufgenommen worden ist „das Eigenthum ist übergegangen“, muß unterliegen, ohne daß er die Creditirung des Kaufpreises zur Geltung bringen kann, und wird sich außerordentlich wundern, welche sonderbare Wirkung eine so natürliche und selbstverständliche Klausel, wie die, daß das Eigenthum auf den Käufer übergegangen ist, haben soll.

Ich halte zunächst für das Verhältniß unter den Parteien den Satz des Eigenthumsüberganges, wenn wir ihn in deutscher Weise consequent durchführen, für einen sehr bedenklichen. Der Verkäufer, welcher dem Käufer die Sache versprochen hat und nachher in Häkeleien kommt, der dann weiter eine Sache verkauft, die nach der Meinung der französischen Juristen in das Eigenthum des Käufers übergegangen ist; — der veräußert eine fremde Sache und macht sich der Unterschlagung schuldig. Nun werden Sie sagen: „Das ist gut, das hält die bona fides des Verkehrs aufrecht!“ Ich halte ein so formulirtes Strafgesetzbuch für bedenklich, weil es sich um so feine persönliche Beziehungen, um solche Schwierigkeiten des einzelnen Contrakts handelt, daß ich nicht ohne Weiteres eine Unterschlagung in diesem Verhältniß annehmen möchte. Das also wäre mir das Bedenken in Bezug auf die Personen der Contrahenten selber. Ich würde nicht glauben, daß die Vindication angemessen ist; klage der Käufer mit der actio emti aus dem Kaufvertrage, da wird sich entwickeln, was für eine gegenseitige Beziehung zwischen den Parteien besteht; schließlich führt die actio emti zu demselben Recht, wie die Vindication. Die actio emti bewirkt eine Verurtheilung auf die Leistung der betreffenden Sache und dieselbe kann exequirt werden, wir haben ja die Real-Execution.

Was das Verhältniß zu Dritten anlangt, scheint mir die Ansicht des Kammergerichtspräsidenten Petersen ganz besonders bedenklich zu sein. Es handelt sich da um das Verhältniß der Gläubiger, vorzugsweise des Verkäufers. Es ist ein Conflict zwischen Gläubiger und Käufer, ein Conflict, der scharf und präcise heraustritt im Concurs: wollen Sie dem Käufer ein Separationsrecht geben, wollen Sie ihm ein Vindicationsrecht im Concurs geben? Darin zeigt sich die Frage theoretisch und praktisch in ihrem Brennpunkt. Herr Petersen sagt, das ist eine besondere Frage, den Concurs lassen wir bei Seite. Nein, m. H., die Concursordnung fußt auf dem Civilrecht, die Vindicanten müssen wir im Civilrecht bestimmen und wenn wir im Civilrecht sagen: der Käufer hat das Eigenthum der Sache, so muß er auch nach der Concursordnung das Vindicationsrecht haben, auch selbst wenn der Kaufpreis noch nicht bezahlt ist. Das ist die Consequenz, der Brennpunkt, und wenn Sie den Antrag Petersen annehmen und hinterher beim Concurs etwas Anderes bestimmen wollen, dann muß ich Ihnen vorwerfen, daß Sie kein consequentes Recht schaffen. — Ebenso steht es in Bezug auf die Pfändungen, ja, die Sache ist hier noch brennender. Die Pfändung würde nach dem System Petersen durch eine Interventionsklage des Käufers ausgeschlossen werden können, der Käufer könnte sagen: ich habe hier den Vertrag, die Sache ist mir verkauft und die Pfändung muß inhibirt werden. Ein hervorragender Praktiker hat angeführt, daß es dann unmöglich wäre, die Execution durchzuführen, da es jetzt schon so schwer halte, wenigstens in Preußen. Nach französischem Recht mag die Sache sich anders verhalten. Hier nun sagt man allerdings, das constitutum possessorium kann dem Käufer dieselben Dienste leisten, er kann derselben Simulation Vorschub leisten; Käufer und Verkäufer einigen sich, daß der Verkäufer für den Käufer besitzt. M. H., das constitutum possessorium wird naturgemäß von den Gerichten mit ganz besonderen Augen angesehen; man wird hier, wo eine Fiction mehr oder weniger zu Grunde liegt, viel leichter in der Lage sein, einer etwaigen Simulation auch entgegen zu treten. Es steht ganz anders, wenn das constitutum possessorium durch den Satz des Herrn Petersen ganz verallgemeinert wird, wenn blos der Vertrag genügt zum Uebergang des Eigenthums. Da ist es ganz außerordentlich viel schwieriger, die etwaige Simulation und Fiction auch vom Standpunkt des Richters, der die freie

Beweiswürdigung hat, zu erkennen, es werden auch unsere Richter, wenn die freie Beweiswürdigung zum Princip erhoben ist, doch immerhin gewisse Anforderungen an den Beweis stellen. Ich glaube nicht, daß der deutsche Richter mit der souveränen Selbstständigkeit, wie sie der französische Richter durch eine jahrhundertjährige Uebung hat, die Beweisfrage in's Auge fassen wird, er wird nach seinem Bestreben, die Sache gründlich bis in ihren Causalnexus zu verfolgen, trotz der Ermächtigung, die das Gesetz giebt, etwas genauer den Beweis fordern, und deswegen wird es viel schwieriger sein, nach unseren Auffassungen einen Vertrag, der äußerlich gar nichts Verdächtiges enthält, in welchem der Verkäufer dem Käufer die Sache zugesagt hat und das Eigenthum hat übergehen lassen, als einen simulirten Vertrag zu verfolgen. Viel schwieriger würde es so sein, als wenn ein constitutum possessorium vorliegt. Unter allen Umständen muß die Richtung der Gesetzgebung dahin gehen, das constitutum possessorium zu beschränken und es läßt sich beschränken, es ist nicht die Richtung der Gesetzgebung, dahin zu gehen, das constitutum possessorium zu erweitern. M. H., ich will nicht auf alle Einzelnheiten eingehen, ich möchte mich resumiren dahin, daß ich einmal die Beweislast dem Herrn Petersen zuschiebe,

(Heiterkeit)

dann, daß ich für das Verhältniß unter den Contrahenten die Bestimmungen mit Rücksicht auf die Unterschlagungen und mit Rücksicht auf die difficilen Verhältnisse, die doch immer nur aus dem Contract erledigt werden können, nicht für richtig halte, daß ich namentlich in Bezug auf das Verhältniß des Gläubigers eine solche Verallgemeinerung des constitutum possessorium, wie sie Herr Petersen vorschlägt, nicht für empfehlenswerth halte. Halten wir in dieser Beziehung an einem Rechtssystem fest, was sich im Ganzen bewährt hat. Herr Petersen wollte uns eine Menge von Streitfragen in die Schuhe schieben, z. B. die Streitfrage, ob iusta causa bei der Tradition erforderlich sei. Das hat damit nichts zu thun, die Frage wird immer bei der Eigenthums-Uebertragung bleiben: genügt die bloße voluntas, Eigenthum zu übertragen, oder muß dieselbe eine iusta causa haben? Mögen Sie das System Petersen oder das des Referenten annehmen, es bleibt immer dasselbe, es bleibt die Frage, wenn die Parteien erklären: das Eigenthum ist übergegangen. Den Causalnexus nachzuweisen, ist Herr Petersen schuldig geblieben. So würde es sich mit vielen anderen Streitfragen verhalten, die, wie Herr Dr. Albrecht bemerkte, auf dem Gebiet des Besitzes liegen und die noch gar nicht erledigt sind. Denn der Besitz ist ein selbstständiges Ding und Sie werden es nie dahin bringen, daß der Käufer sich mit dem Eigenthumsübergang begnügt und ohne den Besitz bleibt.

Also, m. H., ich bitte Sie, den Vorschlag des Herrn Referenten anzunehmen, als den nach meiner Meinung einfachsten, als den, welcher die Parteien dem überhebt, zu fragen, ob Eigenthum durch den Kauf übergeht oder nicht übergeht.

(Lebhaftes Bravo!)

Kammer-Präsident **Petersen**: Ich möchte mich zunächst dagegen verwahren, daß ich nur deswegen für mein System spreche, weil die Einrichtung im französischen Recht besteht. Sie besteht ja auch in England und Amerika. Ich habe mir aber auch klar gemacht, daß eine Hauptschwierigkeit für meinen Antrag gerade darin liegt, daß die Einrichtung im französischen Recht besteht, weil hiernach eher ein gewisses Vorurtheil dagegen, als dafür spricht. Ich meine aber, wir sollten alle Vorurtheile bei Seite lassen. Ich habe das Vertrauen, daß die Versammlung sich objectiv entscheidet. Ich bitte aber auch, mir zuzutrauen, daß ich ebenso befähigt bin, wie alle anderen, mich von jeder Voreingenommenheit los zu machen und ich glaube dies bei anderen Gelegenheiten bewiesen zu haben, indem ich Bestimmungen vorgeschlagen habe, die auf Beseitigung der Grundsätze des französischen Rechts hinausliefen. Hier bleibe ich dabei, daß die Beweislast den Gegner trifft, d. h. daß man Gründe zu einer Abweichung von den allgemeinen Grundsätzen haben muß. Der Vertrag im allgemeinen bindet die Parteien, der Inhalt des Vertrages wird in der Regel ausgeführt. Die Beschränkung der Parteien in der Befugniß, Verträge zu schließen, ist eine Ausnahme, die bewiesen werden muß, um so mehr, als man bei der Uebertragung von Grundstücken von dem Erforderniß, das man hier für nothwendig erklärt, absieht. Herr Professor Dernburg hat darauf hingewiesen, daß bei der Uebertragung von Grundstücken immerhin ein formalisirter Vertrag verlangt werde. Wenn die Tradition ein solcher formalisirter Vertrag wäre, dann würde ich dafür stimmen, ich glaube aber nachgewiesen zu haben, daß das in der Form, wie sie heute besteht, gar nicht der Fall ist. Wenn Sie das constitutum als einen formalisirten Vertrag betrachten, dann ist es anders, aber ich kann keinen Unterschied finden, ob Jemand im Vertrage sagt: das Eigenthum soll sofort übertragen werden, oder ob gesagt wird: Wir können Eigenthum nicht sofort übertragen; aber deswegen machen wir die Klausel des constitutum possessorium, nach welcher der Besitz in fingirter Weise übertragen wird. Wenn Sie das constitutum beseitigen wollten und könnten, so läge die Sache anders; allein das ist in Wirklichkeit von keiner Seite vorgeschlagen und würde sich als unausführbar erweisen. Deswegen kommen die Klagen wegen Beschränkung des Verkehrs so wenig vor, weil das einfache Mittel vorliegt, was für Ausnahmen genügt. Eine Unsicherheit wird nicht entstehen. Der Käufer wird in allen Fällen, wo es möglich ist, darauf bestehen, daß ihm die Sache übergeben wird. Man geht nun aber weiter und sagt: wenn du ein Interesse hast, zu kaufen, obgleich der Besitz dir nicht sofort übertragen wird, darfst du nicht einen wirksamen Verkauf schließen, d. h. du darfst nicht Eigenthümer werden. Herr Professor Dernburg hat darauf hingewiesen, daß die Zulassung der Eigenthumsübertragung durch bloßen Vertrag strafrechtlich bedenklich sei, indem der Thatbestand der Unterschlagung angenommen werden müßte. Auch dieses Bedenken kann ich nicht als gerechtfertigt anerkennen. Wenn ich heute bei einem Goldschmied eine Uhr kaufe und er tradirt sie mir, ich gebe sie ihm aber zurück und sage: ich werde sie mir holen lassen, und er verkauft sie nun weiter, so ist dies offenbar eine Unterschlagung. Wenn ich ihm aber dasselbe sage, und das Hin- und Hergeben unterbleibt, so muß der Vertrag dieselbe Wirkung haben, die heute die Tradition hat; der Mann weiß, daß es sich um eine fremde Sache handelt, und wenn er mit vollem Bewußtsein dieses Umstandes die Uhr verkauft, so hat er eine Unterschlagung verübt in dem einen wie in dem andern Fall.

Das Verhältniß zu Dritten habe ich ausführlich berührt. Ich glaube, Dritte sind nur zu schützen durch Festhaltung des Grundsatzes, daß der wirkliche reelle Besitz allein zu berücksichtigen ist. Wenn man daran festhält, fallen die meisten Bedenken. Wir haben den Grundsatz beim Pfandrecht angenommen, wie in der Abtheilung neulich sehr beredt ausgeführt wurde, um Dritte zu sichern: es soll ein Pfandrecht an Mobilien nur als Faustpfand erworben werden können. Ebenso will ich die Eigenthumsübertragung Dritten gegenüber nur wirksam sein lassen, wenn die körperliche Uebergabe erfolgt ist. Ich will nicht das constitutum, weil das nichts hilft; ich will, daß ein solcher fingirter Besitz dem Dritten gegenüber nicht wirksam sein kann, der in den wirklichen Besitz gelangt ist. Es besteht immer nur der eine Unterschied, daß man in dem einen Falle das constitutum hineinziehen muß und in dem andern Falle es unterlassen kann. Man sagt, es sei die Tradition immer etwas; wenn sie nicht viel bietet, so biete sie doch mehr als der bloße Vertrag. Ja, m. H., ich bestreite eben, daß das Gesetz wirksam ist für eine ganze Reihe von Fällen; ich behaupte, wo die Tradition möglich ist, erfolgt sie ohne dies; wo sie nicht möglich ist, wird der Vertrag doch nicht unterlassen, es wird eben ein constitutum gemacht. Es handelt sich also blos darum, ob Sie sagen: das constitutum sei besser als die bloße Erklärung, das Eigenthum solle durch den Vertrag übergehen, und davon kann ich mich nicht überzeugen.

Die Beispiele, die gegeben wurden von Concursen und Pfändungen, sind nicht entscheidend; durch das constitutum kann dieselbe Gefahr entstehen wie durch die Uebertragung durch bloßen Vertrag. Wenn ein Käufer eine Waare gekauft und bezahlt, sie aber noch nicht in Besitz genommen hat, so entsteht die Frage, ob er sein Eigenthum im Concurse geltend machen kann, ob er geschützt werden soll genau in derselben Weise, als wenn ein constitutum vorliegt, und wenn Sie strenge sein wollen gegen den Käufer, und die Gläubiger schützen wollen, dann müssen Sie die Bestimmung machen, daß auch das constitutum nicht wirksam ist, daß die Ansprüche der Concursmasse gegenüber nur Geltung erlangen können, wenn der Käufer in den wirklichen Besitz gelangt ist. Diese Bestimmung aber kann man brechen, ebenso wie das Pfandrecht in derselben Weise beschränkt worden ist; simulirte Verträge können durch keine Bestimmung verhindert werden. Wenn in den Ländern des französischen Rechts ein fraudulöser Vertrag gemacht ist, dann begnügt man sich in der Regel nicht mit der Bestimmung, daß das Eigenthum durch den Vertrag übertragen werden kann; dann macht man alle möglichen Kautelen, man geht zum Notar und leistet womöglich eine fictive Zahlung auf die Sache und überträgt das Eigenthum auf diese Weise. Gegen Simulationen können Sie mit civilrechtlichen Bestimmungen nicht auskommen, sondern nur mit Bestimmungen des Prozeßrechts, und wo die freie Beweisführung nicht hilft, da ist eben nicht zu helfen. Auch die strengsten Bestimmungen können solche Simulationen nicht hindern; es kommt blos darauf an, ob der Richter das glauben muß, was niedergeschrieben ist. Muß er es glauben, dann helfen alle Kautelen nichts. Ich kann mich nicht überzeugen, daß es leichter ist, wenn ein constitutum vorliegt, als wenn ohne ein solches das Eigenthum übertragen werden kann. Ich empfehle Ihnen nochmals meine Anträge, eventuell den zuletzt gestellten Antrag.

Reichsoberhandelsgerichtsrath **Wiener** (Leipzig): Wenn ich die Differenz richtig auffasse, so beruht sie darauf. Herr Präsident Petersen sagt: ich will scheiden Eigenthum mit Besitz von dem Eigenthum ohne Besitz und will, daß das Eigenthum ohne Besitz schwächere Wirkung habe dritten Erwerbern, insbesondere den Gläubigern des Verkäufers gegenüber. Dazu bedarf es besonderer Vorschriften. Das Bedürfniß wird in keiner Weise dadurch gedeckt, daß Sie die Tradition beibehalten. Von der andern Seite wird aber gesagt: zu diesen besonderen Vorschriften ist kein Bedürfniß vorhanden. Wenn die Tradition beibehalten wird, haben wir das Eigenthum mit Besitz, welches die stärkere Wirkung rechtfertigt.

Ich habe mich bereits in der Abtheilung dahin ausgesprochen, daß ich auf dem Standpunkt des Herrn Präsidenten Petersen stehe, und zwar, weil ich nicht finden kann, daß, wenn wir für den Eigenthumsübergang das Erforderniß der Tradition aufrecht erhalten, irgendwie das Bedüfniß gedeckt wird, welches dahin geht, dem Eigenthum mit Besitz eine stärkere Wirkung zu geben als dem Eigenthum ohne Besitz. Die Kernfrage ist die: was ist denn die Tradition und was wirkt sie? Meines Erachtens kann auch die Tradition lediglich eine Form ohne Inhalt sein, durch welche weder die Entstehung noch die Fortdauer desjenigen Besitzes bewirkt wird, der als äußerlich in die Erscheinung tretend zum Eigenthum hinzukommen muß, um im Verkehrsinteresse Ansprüche, welche auf den berechtigten Glauben an die Fortdauer des bisherigen Eigenthums gegründet werden, überwinden zu können. Dies beweist gerade, wenn auch nicht ausschließlich, doch insbesondere die Anerkennung des constituti possessorii. Bei aller Hochachtung, welche ich vor Ihrem heut zu fassenden Beschluß hegen möchte — die Richtung desselben ist schon ziemlich klar im Sinne der Aufrechthaltung der Tradition angedeutet —, meine ich, daß es opportun ist, die Frage heute nicht definitiv abzuschließen, sondern ihre weitere Erörterung zu vertagen, bis sie durch Erörterung zweier Punkte, über welche wir noch nicht klar sehen, noch weiter approfondirt ist. Der eine Punkt betrifft die Voraussetzungen der Wirksamkeit des constituti possessorii und das Wirksamkeitsgebiet, welches wir demselben in Zukunft vom Standpunkte der nothwendigen Wirksamkeit eingeräumt wissen möchten. Schon gegenwärtig wird von einer Seite behauptet, seine Wirksamkeit setze eine justa causa voraus, von anderer Seite dies bestritten. Sodann aber bedarf es der Untersuchung, ob nicht, gleichviel wie wir die Erfordernisse des Eigenthumsüberganges gestalten wollen, für bestimmte Collisionsfälle das Eigenthum ohne thatsächlichen Besitz gegenüber dem für das Auge des Publikums ununterbrochen gebliebenen Besitz des Voreigenthümers, ja selbst dem Erscheinen der Gegenstände im Verkehr als Eigenthum eines Anderen zurücktreten muß. Ich möchte vorschlagen, die Sache nochmals der Deputation zur weiteren Vorbereitung zurückzugeben, indem ihr dabei anheimgegeben wird, nach dieser Richtung hin neue Gutachten zu erfordern. An der Hand dieser Gutachten wollen wir dann auf einem späteren Juristentage die heute zur Beschlußfassung stehende Frage nochmals zur Erörterung und zur Erledigung bringen. Ich möchte hierzu noch kurz Folgendes bemerken: die Anhänger des Traditionserfordernisses empfinden selbst das in der Wirksamkeit des constituti bestehende Gegenargument. Es ist deshalb vom Herrn Professor Dernburg hervorgehoben worden, daß das constitutum possessorium immer mit scheelen Augen betrachtet werden und die Annahme einer Simulation erwecken wird. Ich glaube, daß die Frage der Simulation nicht das Geringste mit dem constitutum possessorium zu schaffen hat. Das Moment, welches für den Verdacht der Simulation wirkt, ist, daß sich die Sache im körperlichen Besitz des Exequenden und nicht seines angeblichen Nacherwerbers befindet. Es ist vollkommen gleichgültig, ob diesem körperlich oder durch constitutum tradirt worden war oder nicht. Die Thatsache erregt den Verdacht, daß bei der Pfändung das Object im Besitz des Exequenden gefunden wird und daß sie deßhalb auch denjenigen, welche dem Exequenden kreditirt haben, wegen seines Besitzes als noch in seinem Eigenthum stehend erscheinen durfte. Ob dabei für den stattgehabten Eigenthumsübertragungsakt eine bloße diese Wirkung habende Willenserklärung oder ein constitutum oder eine körperliche Uebergabe, der gleich darauf eine Zurückübertragung gefolgt ist, unterstellt wird, erscheint gleichgültig. Dieser aus dem thatsächlichen Besitz der Sache Seitens des Exequenden zur Zeit der Execution oder des Concurses geschöpfte Verdacht wird bestehen bleiben, Sie mögen die Tradition beibehalten oder für entbehrlich erachten wollen.

Die Frage aber, ob das Eigenthum, mag es erworben worden sein, wie es will, sofern nicht der wirkliche und fortdauernde körperliche Besitz desjenigen hinzukommt, auf den übertragen worden sein soll, in bestimmten Collisionsfällen schwächere Wirkung haben soll, werden Sie nicht damit erledigen, daß Sie heute sagen, die Tradition soll bestehen bleiben.

Die Stellung der Frage, wem die Beweislast obliegt, den Anhängern oder Gegnern der Traditionstheorie, führt meines Erachtens zu keinem Ziele. Es kommt darauf an, ob Sie sich dabei auf den historischen oder den speculativen Standpunkt stellen. Wenn Sie sich auf den Standpunkt der historischen Entwickelung stellen, so mag Herr Präsident Petersen die Beweislast haben. Wenn Sie sich aber auf den gewissermaßen metaphysischen Standpunkt stellen, von dem aus dem Vertragswillen jede Wirkung in Bezug auf die Vermögensobjecte der Contrahenten, die gewollt ist, sofern sie das Gesetz nicht verpönt, zuzuerkennen ist, so ist die Beweislast auf Seiten der Herren Referenten und des Herrn Professor Dernburg. Ich erlaube mir deshalb den Vertagungsantrag zu stellen.

(Bravo!)

(Die Debatte wird geschlossen).

Referent Präses Dr. **Albrecht** (Hamburg): M. H., ich fühle mich verpflichtet, noch einmal das Wort zu nehmen, um einen hier im Plenum begangenen Fehler gut zu machen. Ich habe nämlich unterlassen, denjenigen Herren, die nicht immer in der Abtheilung gewesen sind, mitzutheilen, daß die Civilgesetzbuchskommission in Berlin über diese Materie bereits Beschluß gefaßt hat und zwar dahin, daß der Erwerb des Eigenthums nur durch Tradition, durch den Erwerb des Besitzes erfolgen kann. Die Frage würde hier also die sein, ob wir eine diesem Beschluß der Kommission zustimmende Erklärung abgeben wollen oder nicht.

Die Entscheidung über den Vertagungsantrag muß ich Ihnen anheimgeben; nur auf eins möchte ich noch aufmerksam machen, daß der eventuelle Antrag des Herrn Petersen etwas Verlockendes hat und ich doch davor warnen möchte, ihn anzunehmen. Der Antrag geht dahin, daß, wenn die Parteien eine Uebereinkunft geschlossen haben, des Inhalts, daß in dem speciellen Falle das Eigenthum durch Vertrag übergehen solle, dann der Uebergang des Eigenthums durch Vertrag erfolgen solle. Das halte ich für verleitlich, weil man fragen wird, warum sollen die Parteien nicht das Recht haben, das zu thun? es ist ja ihr Eigenthum, das Eigenthum des Verkäufers! Aber, m. H., es handelt sich nicht um einen Vertrag, der die Paciscenten allein angeht, sondern auch Dritte insofern kümmert, als, wenn ich recht verstanden habe, die Gläubiger des Promittenten dadurch auch gebunden sein sollen. Der Vertrag würde also wirksam sein in Bezug auf die Rechte von Dritten. Nun geht aber unser modernes Recht dahin, daß man nicht dulden will, daß durch die bloße Erklärung einem Dritten präjudizirt wird. Ich glaube überdies, daß wir zu einem sehr merkwürdigen Rechtssystem gelangen, wenn wir es dem Wahlrecht der Parteien überlassen, von zwei Modalitäten der Eigenthumsübertragung die eine oder die andere zu wählen, darüber zu entscheiden, ob durch Besitzübertragung oder durch bloßes Wort das Eigenthum übertragen werden soll. Ich mache sodann noch darauf aufmerksam, daß das französische Recht, wie Herr Präsident Petersen schon hervorgehoben hat, eine Aushülfe gefunden hat, um eine der Unzukömmlichkeiten, welche für Dritte entstehen können, zu beseitigen: man schützt den Käufer, indem man ihm ein Privilegium im Konkurs des Verkäufers giebt. Ein solches Privilegium haben wir in der Konkursordnung nicht, wir werden es auch nicht einführen, selbst Herr Präsident Petersen würde es nicht thun. Ich meine also, daß ein Vertragssystem mit dieser Wirkung von uns gar nicht eingeführt werden kann.

Präsident Professor Dr. **Gneist**: Wir kommen zur Abstimmung. Zuerst über den dilatorischen Antrag des Herrn Oberhandelsgerichtsraths Wiener. Wenn derselbe nicht angenommen wird, folgt die Abstimmung über die beiden Abänderungsvorschläge des Herrn Präsidenten Petersen; zuerst über den prinzipalen, dann über den eventuellen. Wenn auch diese beiden verworfen werden, dann dürfen wir wohl annehmen, daß der Antrag der Abtheilung genehmigt ist.

Zur Geschäftsordnung hat Herr Professor Dernburg das Wort.

Professor **Dernburg** (Berlin): Nach meiner Meinung steht der Antrag des Herrn Oberhandelsgerichtsraths Wiener in einem materiellen Gegensatz zu dem Antrage der Abtheilung. Es handelt sich darum, daß Untersuchungen angestellt werden über die Tragweite des constitutum possessorium und über die nothwendigen Beschränkungen desselben. Diese Untersuchungen halten auch wir für höchst wünschenswerth und würden uns freuen, wenn dem nächsten Deutschen Juristentag hierüber Gutachten erstattet würden, wenn die ständige Deputation diese practisch wichtige und interessante Frage in's Auge fassen würde. Es steht das also in keinem Gegensatz. Ich würde deshalb Herrn Wiener bitten, diesen Antrag als einen regelmäßigen zu fassen und nicht auf einer Vertagung der Berathung zu bestehen.

Präsident Professor Dr. **Gneist** (Berlin): Ich muß das von dem Willen des Herrn Wiener abhängig machen, denn der Antrag ist als ein dilatorischer gestellt.

Zur Geschäftsordnung hat Herr Vicepräsident Dr. Drechsler das Wort.

Vicepräsident des Oberhandelsgerichts Dr. **Drechsler** (Leipzig): (Zur Geschäftsordnung): Ich glaubte, Herr Albrecht würde es selbst bemerken, daß er ausgeführt hat, daß alle nähern Bestimmungen über das constitutum vorbehalten blieben bei seinem Antrage. Es ist ausdrücklich bemerkt worden, daß die Annahme seines Antrages in keiner Weise einer nähern Regulirung der Verhältnisse präjudicire, und er hat sogar den Wunsch ausgesprochen, daß die Versammlung oder die ständige Deputation ersucht werde, demnächst die Frage zur weiteren Erörterung zu bringen.

Reichsoberhandelsgerichtsrath **Wiener** (Leipzig): Ich glaube doch, daß ich nicht recht verstanden bin. Mein Antrag hängt mit der zur Debatte und Beschlußfassung stehenden Frage aufs innigste zusammen. Ich behaupte, daß es sich bei der Erörterung der Frage, inwiefern es Bedürfniß ist, dem Eigenthum mit thatsächlichem körperlichen Besitz stärkere Wirkung zu verleihen, als dem Eigenthum ohne denselben, und zwar dem bona fide possessor wie namentlich dem Gläubiger gegenüber, — herausgestellt hat, wie die anscheinende Mehrheit der Versammlung sich die Deckung dieses Bedürfnisses von der Beibehaltung der Tradition verspricht, während eine solche nach dem Erachten der Minderheit die Tradition nicht zu leisten vermag. Wir sprechen implicite, wenn wir dem Antrage des Herrn Referenten beistimmen, damit aus: die Tradition erscheint uns unentbehrlich zur Sicherung Dritten gegenüber. Wir haben aber bisher die Frage, ob der Verkehrssicherheit mit dem Grundsatze: „tradirtes Eigenthum überwindet in allen Fällen Ansprüche aus einer äußerlich hervortretenden Besitzfortdauer des bisherigen Eigenthümers“ genügt ist, nicht genügend geprüft. Eine solche Prüfung auf Grund ausreichend orientirender Grundlagen kann zu dem Ergebniß führen: Die Tradition ist in Wahrheit eigentlich nichts als ein formalistischer Akt, der für die materielle Rechtssicherheit nichts Wesentliches leistet. Mein Antrag hätte keinen rechten Sinn, wenn er nicht als Absetzung der definitiven Beschlußfassung über die Traditionsfrage von der heutigen Tagesordnung aufzufassen wäre. Wir sollten doch bestrebt sein, solche weitgreifenden Fragen nicht so bald aus dem Bereich unserer Erörterungen verschwinden zu lassen. Gegenseitige Aufklärung und nicht Beschlußfassung erachte ich als den Hauptpunkt unserer Versammlungen. Es kann doch nicht als wesentlich erachtet werden, daß durch die Zeitungen ins Publikum getragen wird: Der deutsche Juristentag hat die Tradition gerettet, — und daß wir nach zwei Jahren, wenn wir die von mir angeregten Fragen isolirt erörtern und durch diese Erörterung eine andere Auffassung der principiellen Frage nahe gelegt wird, sagen müssen: auf die principielle Frage können wir nicht zurückkommen, wir schleppen die Kette eines Beschlusses nach uns, — den ich ja als Ergebniß einer bloß zufälligen Majorität zu bezeichnen weit entfernt bin — wir sind dann unfrei.

Präsident Professor Dr. **Gneist**: Ich muß den Antrag als dilatorischen zur Abstimmung bringen und anheim geben, die Bedenken als Gegengründe gelten zu lassen. Als Zusatzantrag ist er nicht eingebracht.

Professor **Enneccerus** (Marburg): Ich möchte zur Erwägung stellen, ob nicht vielleicht getrennt über den Antrag abgestimmt werden soll, indem ich den zweiten Theil von den Worten „zugleich aber" rechne.

Präsident Professor Dr. **Gneist**: Mir ist der Antrag auf Trennung bedenklich, jedenfalls hätte ich allein nicht das Recht, getrennt abstimmen zu lassen. Ein dilatorischer Antrag läßt sich seiner Natur nach nicht leicht trennen: aber Sie können ja das Gewünschte als besonderen Antrag bei der Deputation einbringen.

Bei der Abstimmung wird der Antrag Wiener:

> Die Entscheidung ad II A a auszusetzen und die ständige Deputation aufzufordern, die Frage zur nochmaligen Verhandlung und Beschlußfassung auf die Tagesordnung des nächsten Juristentages zu setzen, zugleich aber zur weiteren Vorberathung der Beschlußfassung Gutachten darüber zu erfordern, inwieweit auch bei Beibehaltung der Tradition es der Nothwendigkeit einer Beschränkung des Eigenthums ohne körperlichen Besitz gegenüber dem Eigenthum mit körperlichem Besitz bedarf, —

mit Probe und Gegenprobe abgelehnt; desgleichen der principale und der eventuelle Antrag Petersen. Der Antrag der I. und II. Abtheilung:

> Es empfiehlt sich, die Uebertragung des Eigenthums an beweglichen Sachen in dem deutschen bürgerlichen Gesetzbuch in der Weise zu regeln, daß das Eigenthum nicht schon durch Vertrag, sondern erst durch Tradition erworben wird.

wird „mit unzweifelhafter Majorität", wie das Präsidium konstatirt, angenommen.

Präsident: Ich bitte nun den Herrn Referenten Kammerpräsident Petersen über die Frage zu referiren:

Ob und inwieweit die Testirfreiheit mit Rücksicht auf eine Pflichttheilsverletzung eingeschränkt werden soll?

Referent Kammerpräsident **Petersen** (Straßburg i. E.): M. H., da der Beschluß der beiden Abtheilungen über die Testirfreiheit nur zur Kenntniß mitgetheilt werden soll, so kann ich mich, zumal mit Rücksicht auf die vorgerückte Zeit, kurz fassen.

Die Frage lautet:

> Ob und inwieweit die Testirfreiheit mit Rücksicht auf eine Pflichttheilsverletzung eingeschränkt werden soll?

Gutachten sind abgegeben von Herrn Appellationsgerichtsanwalt Meyersburg (Celle) und Herrn Geheimen Justizrath Professor Dr. Bruns (Berlin). — Beide Herren Gutachter haben sich grundsätzlich auf den Standpunkt des englischen und nordamerikanischen Rechts gestellt, des einzigen Rechtes, welches volle Testirfreiheit gestattet. Von Herrn Meyersburg wurde das noch in der Weise gerechtfertigt, daß ein Grund zur Beschränkung nicht vorliege, da der Gesetzgeber ganz freie Hand habe, nach wirthschaftlichen Gründen, überhaupt nach Gründen der Zweckmäßigkeit zu verfahren. Im Allgemeinen hat Professor Bruns denselben Standpunkt eingenommen, er hat aber doch die Meinung ausgesprochen, die Einführung des englischen Systems sei nicht möglich mit Rücksicht auf das Rechtsbewußtsein des deutschen Volkes und auf den großen Sprung, den man machen müsse, um zu diesem System überzugehen. Er will unbedingte Testirfreiheit gestatten zu Gunsten einzelner Descendenten, dagegen die Testirfreiheit beschränken, soweit es sich um Verfügungen zu Gunsten anderer Personen handelt.

Auf die Differenz bezüglich dieser Fragen bezieht sich der erste Antrag, den ich als Referent in der Abtheilung stellte, und der von dieser angenommen worden ist. Dieser Antrag lautet:

> Unbeschränkte Testirfreiheit ist in Deutschland nicht einzuführen, sondern die Beibehaltung von Pflichttheilsrechten geboten.

Der Antrag wurde bekämpft durch dieselben Gründe, welche die beiden Gutachter geltend gemacht haben, und zwar wurde geltend gemacht, man müsse zwar dafür sorgen, daß Niemand zu Gunsten anderer Personen verfüge, wenn er Frau und Kinder habe, dieser Zweck könne aber auch erreicht werden durch Vorschriften über die Alimentation aus dem Nachlaß. Die Abtheilung ging von der Auffassung aus, allen Gründen, die für die Testirfreiheit sprechen, werde schon Rechnung getragen durch die Möglichkeit, über einen Theil des Vermögens zu verfügen, hat es aber wegen beschränkter Zeit abgelehnt, noch weiter auf die Frage einzugehen und auch über die Höhe des Pflichttheils zu beschließen.

Ich hatte den Antrag gestellt, daß zu Gunsten einzelner Descendenten der Erblasser über die Hälfte des Vermögens frei verfügen könne, sonst aber nur über einen Kindestheil. Aber über diesen Punkt wurde kein Beschluß gefaßt, sondern blos über die anderen Punkte meines Antrags. Zu Nr. 1 des Beschlusses wurde geltend gemacht, daß dieser Satz dem in Deutschland bestehenden Recht entspreche, daß keinerlei Nachtheile sich herausgestellt hätten und keinerlei Gründe vorlägen, von diesem Recht abzuweichen, und die Abtheilung hat mit großer Majorität, wenn ich nicht irre, nur gegen eine Stimme diesen Satz angenommen.

Eine kleine Abänderung wurde von dem Antrage des Referenten beim zweiten Satz angenommen. Hier wurde beantragt, daß dem Ehegatten nur ein Anspruch auf Alimentation aus dem Nachlaß gestattet werde. Es wurde aber vom Herrn Dr. Seibert aus Darmstadt der Antrag gestellt, die Ascendenten hinzuzufügen, welcher angenommen wurde. Ein weitergehender Antrag dagegen vom Herrn Rechtsanwalt Beckh aus Nürnberg, auch das Pflichttheilsrecht der Geschwister anzuerkennen, wurde vom Antragsteller wieder zurückgezogen.

Ohne Widerspruch blieben die Anträge sub 3 und 4, welche sich die Abtheilung einfach angeeignet hat und welche einer besonderen Rechtfertigung kaum bedürfen. In Nr. 3 wird nur gesagt, daß das Annehmen der Pflichttheilsberechtigung unter gewissen Umständen, auf welche aber die Abtheilung nicht eingehen wollte, die Enterbung rechtfertigen könne. Bei Nr. 4 handelt es sich darum, daß im Gegensatz zu der in Frankreich bestehenden Praxis das Pflichttheilsrecht nur einen Anspruch auf Zuwendung einer bestimmten Geldsumme geben soll, aber nicht ein Recht auf einen bestimmten Antheil an dem Grundvermögen, so daß der Erblasser nicht anders beschränkt sein soll, als daß er eine bestimmte Summe Geldes dem Pflichttheilsberechtigten zuwenden muß.

Ein weiterer Antrag, den ich noch erwähnen muß, wurde dahin gestellt, daß außer dem Anspruch auf den Pflichttheil zu Gunsten des Descendenten, der Ascendenten und Ehegatten auch noch ein Anspruch auf Alimentation aus dem Nachlaß zuerkannt werden solle, ein Antrag, der mit den Bestimmungen des österreichischen Rechts übereinstimmen würde. Dieser Antrag wurde ebenfalls mit überwiegender Majorität, ich glaube sogar gegen die eine Stimme des Antragstellers, zurückgewiesen, weil geltend gemacht wurde, daß die Abtheilung mit der Frage der Alimentation gar nicht befaßt sei und daß es nicht zweckmäßig sein würde im letzten Moment eine solche Frage in die Debatte hineinzuziehen.

Präsident Professor Dr. **Gneist**: Ich darf wohl dem Herrn Referenten bestens danken und Herrn Oberhandelsgerichtsrath Wiener bitten, die Wechselrechtssachen vorzutragen.

Referent Reichsoberhandelsgerichtsrath **Wiener** (Leipzig): Ich habe die Ehre, Ihnen zu referiren, daß die beiden combinirten Abtheilungen zuvörderst beschlossen haben, entsprechend den Anträgen des Herrn Gutachters und des Referenten, dem Satze zuzustimmen:

> **Bei verweigerter Annahme eines Wechsels soll der Regreß gegen den Aussteller und die Indossanten, statt auf Sicherstellung, lediglich auf sofortige Zahlung der verschriebenen Summe abzüglich des Discontos, im Uebrigen den Bestimmungen beim Regresse Mangels Zahlung entsprechend gerichtet werden.**

Ich bemerke, daß dieses lediglich den Sinn haben soll: falls der Inhaber überhaupt Regreß Mangels Annahme nimmt, den Inhalt dieses Regresses zu bestimmen, nicht aber den Sinn, daß der Inhaber verhindert wäre, trotz verweigerter Annahme bis zum Zahlungstage zu warten und alsdann Regreß Mangels Zahlung zu nehmen.

Ich darf annehmen, daß die Gründe, welche der Herr Gutachter für diesen Satz entwickelt hat, und denen ich wesentlich nur beizustimmen hatte, auch von der Mehrheit der Beschlußfassenden in den Abtheilungen gebilligt worden sind. Es sind in Kürze folgende:

Nirgends wird im Princip bestritten, daß die Verweigerung des Accepts ein Regreßrecht geben soll. Ist dies aber richtig, so muß es juristisch die Bedeutung haben, daß Trassant und Indossant nicht blos Zahlung seitens des Trassaten, sondern auch Accept Seitens desselben versprochen haben, oder im Sinne der Auffassung des Handelsverkehrs ausgedrückt, daß im Wechselverkehr nicht blos auf die Zahlungsfähigkeit des Ziehers und der Indossanten, sondern auch auf die Zahlungsfähigkeit und den Zahlungswillen des Trassaten entscheidendes Gewicht gelegt wird. Wenn dies richtig ist, so ist die juristische Consequenz, daß wenn das garantirte Accept nicht geleistet wird, sich das Geschäft resolvirt, — oder im Sinne des Handelsverkehrs ausgedrückt, daß, wenn durch verweigertes Accept die Circulationsfähigkeit des Papiers gebrochen wird, diese Fähigkeit nicht hergestellt werden kann durch ein komplicirtes Kautionsstellungssystem, welches den Wechsel gerade als einen anomalen erscheinen läßt. Ausschlag gebend waren die praktischen Erwägungen, daß man durch einen Regreß auf Cautionsleistung nur Regresse kumulirt, da dem Regreß wegen verweigerter Annahme voraussichtlich der Regreß wegen verweigerter Zahlung folgen wird, daß in der Cautionssumme demnach Werthe durchaus unproductiv für den Cautionssteller festgelegt werden, daß respectable Kaufleute die sofortige Zahlung einer Cautionsleistung in der Regel vorziehen, daß die Streitigkeiten über die Geeignetheit von Cautionsobjecten zu den unfruchtbarsten gehören und daß, wenn man an ein Wechselgesetz mit internationaler Geltung denkt, schwerlich zu erwarten ist, daß England und Amerika ihr schlankes und glattes System des Regresses auf sofortige Zahlung, zu Gunsten eines unbehilflichen Cautionssystems aufgeben werden.

Von Herrn Dr. Feill aus Hamburg wurde der Vorschlag bekämpft. Es sei bei dem überseeischen Wechselverkehr durchaus nicht anzunehmen, einmal daß absolut in jedem Falle der Trassant überhaupt Accept versprochen habe, noch weniger aber, daß er Accept zu jeder beliebigen Zeit, wo der Remittent es fordern würde, versprochen habe. In dem Augenblick, wo der Inhaber den Wechsel empfängt, habe der Trassat oft noch keinen Avis. Es sei also auch nicht richtig, daß die einmal erfolgte Annahmeverweigerung den Schluß rechtfertige, es würde überhaupt später nicht angenommen werden, indem sehr häufig mit dem zweiten Dampfschiff erst der Avis komme. Es sei von diesem Gesichtspunkt aus bedenklich, blos weil der Avis im Augenblick noch nicht da sei, den Regreß auf Zahlung mit seinen Consequenzen der Zahlung nach Cours und von Provisionen in Wirksamkeit treten zu lassen.

Ich glaube, daß die Mehrheit der Versammlung gegenüber diesen gewiß nicht zu unterschätzenden Argumenten die Betrachtung mit dem Referenten in den Vordergrund gestellt hat, wie diese Erwägungen der Annahme das Wort redete, daß der ganze Regreß wegen verweigerter Annahme nicht für alle Wechsel gerechtfertigt erschiene und daß deshalb das Gesetz zulassen möge, für diejenigen Categorien von Wechseln, bei welchen die Voraussetzung, daß Accept überhaupt oder Accept in jedem Zeitpunkte garantirt sei, nicht zuträfe, einen entsprechenden, wirksamen Ausdruck hierfür auf den Wechseln selbst, wie z. B. „nicht zum Accept" oder „nicht vor einem Monat zum Accept" anzugeben, daß aber aus jenen Erwägungen gegen den Vorschlag, da, wo Accept bedingungslos garantirt sei, statt des Regresses auf Sicherstellung den auf Zahlung einzuführen, nichts Entscheidendes folge.

In Betreff der zweiten Frage bemerke ich:

Die Abtheilung hat beschlossen

Dem Vorschlage des Bremer Congresses der Gesellschaft für Reform und Kodifikation des Völkerrechts (1876):

„die Protestfrist (für einen Wechsel) soll wegen höherer Gewalt für die Dauer der Störung, aber niemals über eine kurze, ein für alle Mal durch das Wechselgesetz zu bestimmende Frist (etwa 14 Tage) hinaus erstreckt werden,“

ist nicht beizustimmen.

Der Sinn dieses Beschlusses soll nicht etwa sein, daß nur der zweite Punkt, die Fristbegrenzung, verneint wäre und daß die Versammlung gemeint hätte, daß man die höhere Gewalt ohne Rücksicht auf ihre Zeitdauer anerkennen solle, vielmehr wurde ihre Anerkennung überhaupt für unvereinbar erachtet mit der erforderlichen Wechselformstrenge. Man ging davon aus, daß der Vorschlag des Bremer Congresses zu Unrecht jedes individuelle in der Person des Inhabers sich ereignende, für diesen unverschuldete Hinderniß berücksichtigen wolle, während der Wechselverkehr von diesen subjectiven Momenten abstrahiren müsse: daß aber andererseits, insofern die Bestimmung den Zweck haben solle, objective Hindernisse, insbesondere das wiederholt betonte etwaige auswärtige Staatsverbot, den Wechsel zu präsentiren, bez. zu protestiren zu berücksichtigen, der Vorschlag wegen der hinzugefügten Frist, welche ja immer nur willkürlich bemessen werden könne, ohne daß sich die wirkliche Dauer des Hindernisses mit ihr zu decken brauche, unzulänglich sei. Positive Vorschläge, die diesseits zu formuliren versucht worden sind, haben die Abtheilungen ebenfalls, wohl den Gegengründen des Herrn Dr. Feill folgend, abgelehnt. Es war diesseits der Versuch gemacht, mit Rücksicht darauf, daß wir gesehen haben, wie nach der bestehenden deutschen Gesetzgebung die fremde Gesetzgebung bei Wechseln auf das Ausland, indem sie in der Lage ist, die Erfüllung der Bedingungen der Erhaltung des Regresses zu verhindern dadurch, daß sie die Präsentation und den Protest verbietet, auch die inländischen Regreßansprüche unmöglich machen kann, vorzuschlagen, daß derartige auswärtige Präsentations- und Protestverbote sowie andere im Zahlungsorte zur Verfallzeit vorhandene Nothstände, welche Präsentation, bez. Protest unausführbar machten, im Gegensatze zu blos subjectiven Hinderungsgründen für den Regreß der erfolgten Präsentation bez. Protestirung gleich wirken sollten. Es wurde hiergegen geltend gemacht, daß es nicht rathsam sei, den Wechselformalismus zu durchbrechen, daß damit der Gesetzgeber zur Aufstellung kasuistischer Details veranlaßt werde, deren Abgrenzung immerhin eine willkürliche sei, daß es ungerechtfertigt sei, den Aussteller, bez. die Indossanten den Verlust erleiden zu lassen, der durch Verlorengehen der Deckung nach der Verfallzeit, wenn auch objective Hindernisse dem Inhaber ihre Erlangung zur Verfallzeit vermehrten, eingetreten. Ich möchte es für möglich halten, daß die Ablehnung der betreffenden Vorschläge Seitens der Abtheilungen nicht den Sinn haben soll, damit apodiktisch zu leugnen, daß gewisse Temperamente in Bezug auf das Princip der Nichtberücksichtigung der vis major geltend gemacht werden könnten, bez. müßten, daß vielmehr die Abtheilungen sich nur haben davor hüten wollen, für die besondere Kasuistik billigend einzutreten, welche in den betreffenden Anträgen zum Ausdruck gelangt war. Ob diese Deutung irgend welchen Nutzen für die Zukunft haben kann, scheint mir sehr zweifelhaft. Die entsprechenden Vorgänge in der deutschen Wechselconferenz beweisen, daß die Anerkennung der Nothwendigkeit von Ausnahmen, sofern man sie nicht zu formuliren wagt, ohne Bedeutung ist.

Stellvertretender Vorsitzender Geheimer Staatsrath Dr. **Vollert**: M. H., wir haben dem Herrn Referenten unsern verbindlichsten Dank auszusprechen für das Referat aus dem Wechselrecht, das er uns soeben gegeben hat. Ueber die Beschlüsse der dritten Abtheilung wird zuerst Professor Dr. Gneist Bericht erstatten hinsichtlich des Beschlusses:

Die Rechtsbelehrung durch den vorsitzenden Richter soll für die Geschworenen kraft ihrer Amtspflicht bindend sein.

Berichterstatter Professor Dr. **Gneist**: M. H., die Grundlage dieses Themas hat bereits auf dem Salzburger Juristentag zur Beschlußfassung dahin vorgelegen: Soll der Spruch der Geschworenen wegen falscher Rechtsbelehrung angefochten werden können? Es waren Gutachten darüber erstattet, und auf Antrag des Referenten hat der Juristentag damals beschlossen:

1. wegen falscher richterlicher Rechtsbelehrung ist der Spruch der Geschworenen durch ein Rechtsmittel bei dem höchsten Gerichtshofe anzufechten,
2. die Rechtsbelehrung ist zunächst nach richterlichem Ermessen, stets aber soweit es die Staatsanwaltschaft oder die Vertheidigung verlangt, zu Protokoll festzustellen.

Ein dritter Antrag des damaligen Referenten: „Die Rechtsbelehrung ist für die Geschworenen gesetzlich bindend", blieb in der Minorität. Es wurde in diesem Beschluß von vielen Seiten eine Lücke gefunden; denn die Anträge des Referenten standen in einer unverkennbaren Connexität. Die Deputation hat daher die Frage wieder aufgenommen:

Soll die Rechtsbelehrung des vorsitzenden Richters für die Jury bei ihrem Verdicte gesetzlich bindend sein?

Es sind drei Gutachten erstattet: vom Ober-Appellationsgerichtsrath Lamm zu Dresden (XIV., Heft 2, S. 127), vom Professor Dr. Teichmann zu Basel (XIV., Heft 2, S. 145) und vom Professor Dr. Ullmann zu Innsbruck (XIV., Heft 2, S. 158).

Professor Teichmann ist entschieden gegen jede bindende Kraft der Rechtsbelehrung; er sieht darin eine principiell nicht berechtigte Beschränkung der Competenz der Geschworenen. Er ist auch der Ansicht, daß kein praktisches Bedürfniß vorliege, daß es unausführbar sein werde, weil man nicht controliren könne, ob der Geschworene der Weisung folge und Niemand ihm nachweisen könne, ob und wie er gefolgt sei.

Professor Ullmann ist entschieden entgegengesetzter Meinung; er sieht in der bindenden Kraft der Belehrung einen Kernpunkt des Instituts gegenüber der französischen Einrichtung. Er hält es durchaus für angemessen, im Gesetz die bindende Kraft auszusprechen.

Ober-Appellationsrath Lamm ist principiell ebenfalls der Meinung, die bindende Kraft sei nach der Natur des Gesetzes anzunehmen; er würde sie jedenfalls in den Katechismus der Geschworenen einschreiben. Er trägt aber Bedenken, sie gesetzlich zu formuliren, weil es eine lex imperfecta bleibe und nur eine moralische Verpflichtung begründen könne.

Unter diesen weit auseinander gehenden Gutachten hat sich der Referent am nächsten dem Gutachten von Lamm angeschlossen, wenn auch in etwas anderer Begründung. Der Hauptantrag des Referenten ist angenommen, und ich erlaube mir kurz zu resumiren die Motive, nachher die Einwendungen.

Der Referent ging davon aus: Wir haben jetzt in Deutschland wieder eine Reichsverfassung, ein Reichsgericht, ein Reichs-Strafgesetzbuch. Die drei Dinge gehören zusammen als die wichtigsten Grundlagen der Einheit unseres Rechtslebens, als die wichtigste Stütze der bestehenden Gesellschaft, als eine der wichtigsten Garantien der Verfassung. Denn das Reichsgericht entscheidet auch über eine Reihe von staatsrechtlichen Fragen, die wir doch, wenn wir eine deutsche Einheit haben wollen, nicht nach den Rechtsideen irgend einer Gruppe von Nachbar-Schöffen oder Geschworenen entscheiden können.

Ist es so, so folgt, daß jeder dem Gesetz folgen muß, mag er Richter, Geschworener, Schöffe oder Unterthan heißen. Die Richter sind dazu da, um die Gesetze auszulegen und wir müssen für jeden Angeklagten das Recht beanspruchen, nach dem Gesetz des Landes beurtheilt zu werden, — nicht nach dem durch irgend welchen Nachbar-Schöffen oder Geschworenen corrigirten, verbesserten, erst „lebendig“ gemachten Recht, sondern nach dem durch den höchsten Gerichtshof festgestellten Recht des Landes. Es würde eine Veränderung des status des Angeklagten herbeiführen, wenn der Schuldspruch nach Verschiedenheit der Besetzung des Gerichts bald von dem Gesetz abhängen sollte, bald nicht.

Nun ist es ja richtig, daß nach französischer Auffassung das Geschworenen-Gericht anders gedacht ist; zunächst als ein „Volksgericht“. Aber auch die französischen Gesetzgeber haben anerkannt, daß diese Volksgerichte gebunden sein sollen an das Proceß- und Strafrecht. Um die Geschworenen an das Proceßrecht zu binden, ist dem vorsitzenden Richter die Leitung gegeben, und um die Geschworenen innerhalb der Grenzen des Straf-Gesetzes zu erhalten, hat der französische Gesetzgeber die bekannte Fragestellung eingeführt. Man löst die gesetzlichen Begriffe in Thatsachen auf und läßt den Geschworenen nur die Wahl, diese Thatsachen zu bejahen oder zu verneinen. Die Schuld-Frage in Thatsachen aufzulösen, heißt aber doch weiter nichts, als eine Rechtsbelehrung geben, die man wörtlich so nehmen muß, wie der Richter sie definirt. Auch die französische Gesetzgebung hat den Geschworenen nicht selbst zum Gesetzgeber machen wollen.

Diese französische Fragestellung haben wir aus zahlreichen Gründen aufgeben müssen. Die Reichsgesetzgebung will die Schuldfrage nicht in Thatsachen auflösen. Es erscheint daher folgerichtig, daß man an Stelle der steifen, oft widerspruchsvollen französischen Fragestellung ein Surrogat giebt. Man setzt an ihre Stelle eine zwanglose populäre Belehrung des vorsitzenden Richters, die nach dem Bedürfniß bald enger, bald weiter gefaßt ist, und stellt dadurch das Band zwischen dem Gesetz und dem Geschworenengericht her, wie es die französische Fragestellung auch will.

Das ist der ziemlich einfache Gang der Sache. Wenn wir so weit sind, dann müssen wir aber auch mit dem Herrn Oberappellationsgerichtsrath Lamm sagen: daß wir nicht auf halbem Wege stehen bleiben sollen, daß wir noch einen Schritt weiter gehen und die Revision gegen eine unrichtige Rechtsbelehrung gestatten müssen; damit drückt man aber actuell aus, daß die Belehrung bindend sein soll. Man wird doch dem Reichsgericht nicht zumuthen, blos ein Gutachten abzugeben!

Also kommt man mit Lamm und Ullmann dahin: jeder Schritt, der die Rechtsbelehrung legal einführt, führt zu der weiteren Consequenz: der Geschworene muß durch diese Rechtsbelehrung gebunden sein. Es ist der natürliche Beruf des Richters, die Gesetze auszulegen, wie es der natürliche Beruf des Geschworenen ist, Thatsachen zu combiniren und durch Subsumtion des einzelnen Falles unter das Gesetz über Schuld oder Nichtschuld zu entscheiden.

Es fragt sich nur, wie die Sache legal formulirt werden soll. Es ist das allerdings schwierig. Wir meinen: Zweifel über den Sinn einer Rechtsnorm soll sich der Geschworene vom Präsidenten auslegen lassen, nicht vom Defensor, auch nicht vom Staatsanwalt, auch nicht von den Collegen; auch soll er nicht seiner eigenen vermeintlich richtigen Meinung über den Sinn des Gesetzes folgen, sondern er soll die Norm als Obersatz vom Richter annehmen. Wie läßt sich das im Gesetz formuliren? Nach dem Gesetzbuch von New-York kommt eine Instruction heraus, in der man geradezu sagt: den Obersatz sollst Du Dir vom Richter demonstriren lassen, aber concludiren sollst Du selbst. Allein diese Instruction bedarf stets wieder einer neuen Erläuterung. Ebenso schwierig gestaltet sich der Ausdruck, wenn man versucht, die Verpflichtung in den Amtseid aufzunehmen. Sie läßt sich nicht gut im Amtseide ausdrücken, so wie alle Specialitäten und Instructionen sich nicht in den Amtseid aufnehmen lassen.

Indessen ist in dem Strafgesetzbuch doch eine Brücke gegeben. Was der Geschworene zu befolgen hat, ist dasselbe, was der Richter zu befolgen hat: es ist seine Amtspflicht, dem Gesetze zu folgen, wie es die Amtspflicht des Richters ist, nach dem Gesetz zu entscheiden unter Controle des Cassationshofs. Es muß von dem Geschworenen verlangt werden, daß er seine individuellen Voraussetzungen unterordnet, wie jeder Gerichtshof seine persönliche Meinung unterordnen muß, wo das Gesetz dem höchsten Gericht die letzte Entscheidung überträgt. Wir muthen dem Geschworenen nicht mehr zu wie dem Richter.

Diese Gleichstellung hat früher allerdings Anstoß gegeben, weil man in dem aufgetragenen Wirkungskreise der Selbstverwaltung nur „Volksrechte" sah, nicht Amtspflichten. Allein in dem ganzen Rahmen des self-government, in welchem die Jury sich formirt hat, ist jede Function eine Amtspflicht mit der Verantwortlichkeit eines von der Staatsgewalt berufenen Beamten. Diese neuerdings festgestellte Wahrheit ist nun für die Geschworenen anerkannt in dem Reichsstrafgesetzbuch Abschnitt 28, in welchem die Amtspflichten des Geschworenen eingereiht sind in die Reihe aller anderen gesetzlichen Amtspflichten. Wir können also jetzt nach dem legalen Sprachgebrauch sagen: es ist für ihn wie für den Richter Amtspflicht, das Gesetz, so wie es unter der Autorität des höchsten Gerichtshofs ausgelegt wird, zu befolgen; das wird genügen.

In der Abtheilung wiederholte sich nun der schon in früheren Verhandlungen und Gutachten hervorgetretene Widerspruch Man war der Meinung, es habe keinen Sinn, dem Geschworenen eine zwingende Verpflichtung aufzuerlegen. Es sei vergebens, Verpflichtungen aufzustellen, deren Befolgung nicht zu erzwingen sei (als ob das nicht von allen Amtseiden gälte). Es bleibe nur eine moralische Verpflichtung. Es sei keine Möglichkeit, das Geschworeneninstitut als Volksgericht irgendwie in eine Subjection zu bringen zu der richterlichen Stellung.

Vor allen Dingen aber wandte sich der Widerspruch gegen einen zweiten Theil der Anträge des Referenten. Der Referent hatte ausgeführt: wir brauchen kein ausdrückliches Gesetz über die verbindliche Kraft der Rechtsbelehrung; es genügt, wenn wir wie Oesterreich verfahren, die Geschworenen verpflichten, dem Gesetz Folge zu leisten, und daß wir ein Rechtsmittel beim Reichsgericht geben, wenn der Präsident nicht richtig belehrt hat. Aus diesen beiden Momenten hat sich überall, in England, in Amerika, wie in den Colonien der Satz herausgebildet, daß die Geschworenen kraft Amtsflicht an die Rechtsbelehrung gebunden sind.

Man sagte dagegen: diese Conclusion sei nicht zutreffend. Daraus, daß der Geschworene dem Gesetz Folge leisten soll, folge noch nicht, daß er sich an die richterliche Auslegung des Gesetzes zu binden habe. Solcher Eid mache die Sache erst recht zweifelhaft. Auch daraus, daß eine Revision gestattet ist, folge noch nicht, daß die Befolgung der Rechtsbelehrung bindend wäre. Alle solche Mittel seien nicht koercitiv, in ihrer Wirkung problematisch; von anderer Seite war man der Meinung, es sei jedenfalls unnöthig, den zweiten Satz anzunehmen.

Das Ende war, daß der zweite Satz von der Mehrheit abgelehnt wurde, dagegen der Hauptsatz Annahme fand:

> Die Rechtsbelehrung durch den vorsitzenden Richter soll für die Geschworenen kraft ihrer Amtspflicht bindend sein.

Dieser Satz wird sich den in Salzburg gefaßten Beschlüssen als Nr. 3 annähernd anschließen, ein Zusammenhang wird sich darin herstellen lassen. Nur glaube ich, wird eine gewisse Lücke bleiben, ob und wie diese „Amtspflicht" in den Geschworneneid aufgenommen werden soll. Ich meinerseits erkenne indessen dankbar an: wir sind in der schwierigen Frage doch wohl wieder einen Schritt weiter gekommen.

(Bravo!)

Stellvertretender Vorsitzender, Geh. Staatsrath Dr. **Vollert**: Ich spreche auch diesem Herrn Referenten den Dank der Versammlung aus.

Wir gehen über zu dem Referat über die Frage:

Ob das Verschweigen eines Gründergewinns bei Grün-

dung einer Actiengesellschaft (als Betrug) den ersten Actienzeichnern oder Anderen gegenüber strafbar ist?

Referent Obergerichtsrath **Thomsen** (Hannover): M. H., in den Fällen des sogenannten Gründungsschwindels haben bekanntlich manche Gerichtshöfe Deutschlands eine erhebliche strafrechtliche Bedeutung dem Verschweigen des Gründergewinns beigelegt. Sie haben die Gründer für verpflichtet erklärt, allen Actionären die volle Wahrheit mitzutheilen, also auch den speciellen Punkt des Gründergewinns. Die Gerichte haben im Allgemeinen mehr oder weniger schroff den Grundsatz principiell aufgestellt, daß in dem passiven Verschweigen des Gründergewinns, als Verletzung einer besonderen Wahrheitspflicht, eine Verletzung des Strafrechts liege. Sie haben eines der Betrugsrequisite: Irrthums-Erregung oder Unterhaltung durch Entstellung oder Unterdrückung wahrer Thatsachen in jenem Momente gefunden. Die unserer Abtheilung vorgelegte Frage, die allerdings etwas allgemeiner gehalten ist, hatte wohl den Hauptzweck, daß der deutsche Juristentag erkläre, ob an der Hand einer richtigen Interpretation des deutschen Strafgesetzbuchs seine Ueberzeugung übereinstimme mit dieser Praxis deutscher Gerichte oder nicht.

Es lagen zwei Gutachten vor, von denen das eine, das von Herrn Advocaten Stenglein (München) principiell die Frage bejaht, jedoch das Vorhandensein einer Wahrheitspflicht nur in sehr beschränktem Maße annimmt. Das andere Gutachten von Herrn Obergerichtsrath Mittelstedt (Hamburg) verneint principiell die Frage durchaus, und deducirt, daß passives Verschweigen als Verletzung einer vielleicht existirenden besonderen Wahrheitspflicht an und für sich niemals das betreffende Betrugsrequisit erfüllen könne.

Im Anschluß an dieses Gutachten und in wesentlicher Uebereinstimmung mit demselben wurden die gedruckten Referatsanträge gestellt. Die Debatte, welche in der Abtheilung erschöpfend zu Ende geführt wurde, ließ nun wohl unzweifelhaft erkennen, daß im Großen und Ganzen die aufgestellten Thesen 1 und 2 den Beifall der Majorität hatten, daß also eine abfällige Kritik jener gerichtlichen Urtheile gerechtfertigt sei. Es wurde aber hervorgehoben, namentlich durch den Herrn Oberstaatsanwalt von Lauhn, daß eine derartige interpretative, kritische Arbeit nicht zu den eigentlichen Aufgaben des Juristentages gehöre, daß es besonders in diesem konkreten Fall sich nicht empfehle, eine formelle Kundgebung des Juristentages erfolgen zu lassen, einmal mit Rücksicht auf die sehr kleine Anzahl der anwesenden Mitglieder, und ferner mit Rücksicht auf die etwas allgemein gehaltene Natur der ganzen Frage.

Es wurde ferner betont, daß der Hauptzweck der ganzen Frage materiell schon erfüllt würde durch die beiden Gutachten und die daran geknüpften Erörterungen.

Mit Rücksicht auf diese Gründe hat die Majorität beschlossen, über die ganze Frage zur Tagesordnung überzugehen, und mit Rücksicht auf diese formelle Beschlußfassung glaube ich auf die materiellen Punkte der These hier nicht weiter eingehen zu sollen, und meine Referenten-Pflicht nicht zu verletzen, wenn ich alles Uebrige Ihnen verschweige.

Stellvertretender Vorsitzender, Geh. Staatsrath Dr. **Vollert**: Ich spreche dem Herrn Referenten den Dank der Versammlung aus und bitte nun den Herrn Referenten der IV. Abtheilung zu referiren über die Frage:

Soll unter der Voraussetzung, daß die Zulassung zur Rechtsanwaltschaft bei einem bestimmten Gerichte erfolgt, der hier zugelassene Anwalt die in Civilproceßsachen gebotene Vertretung auch bei anderen Gerichten unbeschränkt oder unter welchen Beschränkungen übernehmen können?

Referent Obergerichtsanwalt **Erythropel** (Celle): Die vierte Abtheilung hat sich mit einer Frage beschäftigt, welche, als sie von der ständigen Commission gestellt wurde, von großem praktischen Interesse war, aber nach Erlaß der Rechtsanwaltsordnung an Interesse erheblich verloren hat mit der Localisirung der Rechtsanwälte. Die Abtheilung war in die eigenthümliche Lage gekommen, daß von den Gutachten, welche erstattet waren von dem Reichsoberhandelsgerichtsrath Dr. Wernz (Leipzig) und Apellationsgerichtspräsident Dr. Kühne (Greifswald), sich das erste nur beschäftigen konnte mit allgemeinen wissenschaftlichen Erwägungen, während das letztere schon den Regierungsentwurf und den Commissionsentwurf der Rechtsanwaltsordnung in den Kreis der Erwägungen hatte ziehen können, — während jetzt die Rechtsanwaltsordnung selbst erlassen ist und vom Referenten mit berücksichtigt werden mußte.

Die Verhandlungen haben im Wesentlichen neue Gründe für das wichtige Prinzip der Localisirung der Rechtsanwälte nicht gebracht. Es ist im Wesentlichen das wiederholt, was für und gegen dieselbe auf dem Anwaltstage in Frankfurt und Köln und nachher auch im Reichstage gesprochen worden ist. Das Resultat war, daß die Abtheilung in ziemlich erheblicher Majorität der Meinung war, es sei die strenge Localisirung der Anwaltschaft als Regel zu fordern, und zwar wurden die Motive im Wesentlichen entnommen aus der deutschen Civilproceßordnung; Referent und Correferent sprechen sich dahin aus, daß ohne eine strenge Localisirung des Anwalts auf sein bestimmtes Collegialgericht derselbe nicht im Stande sei, einen Proceß zu leiten, wie es die Civilproceßordnung verlangt. Man war der Meinung, es sei weder die Vorbereitung des mündlichen Verfahfahrens, die ordnungsmäßige und rechtzeitige Ladung des Gegners, die Zustellung der Schriftsätze, noch auf der anderen Seite die richtige Innehaltung des Termins selbst zu ermöglichen, wenn der Anwalt nicht am Orte des Gerichts sich befinde.

Gegen die Localisirung wurden Gründe geltend gemacht, die nicht entnommen sind aus der Natur des Verfahrens, sondern wesentlich aus dem Grundsatz, es solle Rücksicht genommen werden auf das Bedürfniß des rechtsuchenden Publikums. Man meinte, es sei eine Unbilligkeit gegen das Publikum, daß der Client gezwungen werde, sich an einen bestimmten Anwalt zu wenden, daß er sich nicht an den Mann seines Vertrauens wenden könne. Von den Vertheidigern der Localisirung wurde dagegen hervorgehoben, daß für Ausnahmsfälle der § 23 der Rechtsanwaltsordnung genügenden Schutz gewähre.

Wie gesagt, der Beschluß der Abtheilung ging dahin, daß man im Princip annehmen müsse:

> Der bei einem bestimmten Gerichte zugelassene Rechtsanwalt soll bei einem andern Collegialgerichte der Regel nach nicht zugelassen werden, und in Civilproceßsachen, in welchen die Vertretung der Parteien durch Rechtsanwälte geboten ist, die Gesammtvertretung einer Partei (Anwaltschaft) nicht übernehmen können.

Was nun die specielle Bestimmung der Rechtsanwaltsordnung betrifft, nach welcher der Justizverwaltung die Möglichkeit gegeben ist, ausnahmsweise auch Anwälte zuzulassen, die nicht am Ort des Gerichts wohnen, so meinte die Abtheilung, es sei zur Zeit nicht richtig, wo man noch keine Erfahrungen über die praktische Anwendung des Gesetzes habe, sich mit den Bestimmungen des Gesetzes im Einzelnen zu beschäftigen, und es wurde deshalb beschlossen:

> In Ansehung etwaiger zweckmäßiger Ausnahmen ist die Abtheilung der Ansicht, daß der Juristentag zur Zeit die Bestimmungen der deutschen Anwaltsordnung nicht zu beanstanden, vielmehr die Erfahrung zu erwarten habe, wie das neue Gesetz sich im Leben bewährt.

Ich glaube damit mein Referat beendigen zu können.

Präsident Professor Dr. **Gneist**: Ich bitte nun den Herrn Generalstaatsanwalt Dr. von Schwarze, uns den letzten Gegenstand der Tages-Ordnung vorzuführen.

Referent General-Staatsanwalt Dr. **von Schwarze**: Meine Herren, die Frage über die **Reform des juristischen Studiums und die Einrichtung des Vorbereitungsdienstes** ist in neuerer Zeit vielfach erörtert worden; es giebt kaum eine Frage in der neueren Zeit, die mehr geeignet wäre, unsere Aufmerksamkeit und unsere Sorgfalt wachzurufen, als die eben berührte. Wir sind wohl alle der Ueberzeugung, daß es nicht hinreicht ein tüchtiges gutes Gesetz zu schaffen, sondern daß es ebenso nothwendig und geboten ist, auch dafür zu sorgen, daß die Justizbeamten und Advocaten auf der Universität und in dem Vorbereitungsdienst eine Ausbildung erhalten, die sie befähigt, das Gesetz auf verständige und sachgemäße Weise im Sinne des Gesetzgebers und im Interesse des Rechts anzuwenden, und daß ein selbst gutes Gesetz in seiner Anwendung eine Plage für das Publikum wird, wenn die Richter und Advocaten nicht diejenige wissenschaftliche und praktische Durchbildung erhalten haben, welche allein sie befähigt den höchsten Anforderungen zu genügen, welche an sie betreffs der Anwendung des Gesetzes gestellt werden.

Die Wichtigkeit und Bedeutung dieser Frage ist nun wesentlich gesteigert durch die Bestimmungen unserer neuen Reichsgesetzgebung, und wir haben uns nicht der Frage verschließen können: ist es geboten, daß nunmehr reichsgesetzlich die ganze Frage der Prüfung und des Vorbereitungsdienstes geregelt werde?

M. H., die ständige Deputation hat daher geglaubt, dem Bedürfnisse der Zeit Rechnung zu tragen, wenn diese Frage zum Gegenstande der Erörterung für den Juristentag ausgeschrieben wurde. Es sind 3 Gutachten erfordert worden, eingegangen sind sie von den Herren Fürst, Gneist und Gierke. Den Herren wird bekannt sein, daß die Herren Professoren Gierke und Gneist schon früher in mehreren lehrreichen Aufsätzen über diese Materie geschrieben haben.

Als mir der Auftrag zu Theil geworden war, über diese Frage dem Juristentag Vorschläge vorzulegen, habe ich eine Reihe von Vorschlägen formulirt, im Anschluß namentlich an die vom Herrn Professor Gneist in seinen Schriften dargelegten Propositionen. Einige dieser Vorschläge sind von mir zurückgezogen, einerseits deshalb, weil vielleicht die hier einschlagenden Fragen sich später bei einer definitiven Regulirung der Materie mit Leichtigkeit werden ordnen lassen, andererseits auch deshalb, weil Fragen dabei erörtert wurden, die vielleicht in ihrer Specialität weder der Zeit noch auch unserer Aufgabe nach geeignet waren, Beschlüsse herbeizuführen. Im Uebrigen sind dagegen die von mir gestellten Anträge von der Abtheilung mit überwiegender Majorität angenommen worden, und es wird sich bei dem gegenwärtigen Referat empfehlen, vorzugsweise denjenigen Punkt in's Auge zu nehmen, der eine besonders lebhafte Debatte hervorrief und wo auch die Majorität nicht als eine überwiegende sich herausgestellt hat.

Weggelassen worden ist von mir mit Zustimmung der Abtheilung der

Satz 2 zu den ursprünglichen Anträgen, den Sie auch nicht mehr auf der heutigen Tagesordnung finden, und der die sehr heikle und schwierige Frage erörtert, wie weit soll das Reich bei Regulirung der Frage vorgehen und in wie weit soll dieselbe den einzelnen Bundesstaaten überlassen bleiben? Wir haben geglaubt, daß diese Frage nicht eigentlich das juristische, als vielmehr vorzüglich das politische Moment der Frage betrifft, andererseits aber gemeint den Satz unter 1 wiederholen zu können, wie er auch im Wesentlichen mit dem Beschluß des Juristentages in Hannover übereinstimmt und gleichsam die Spitze der ganzen These bildet.

M. H., in materieller Beziehung will ich ferner hervorheben, daß der von mir formulirte Vorschlag in Bezug auf die Zusammensetzung der Prüfungscommissionen in der Abtheilung keinen Widerspruch gefunden hat, ebenso wenig, daß die beiden Prüfungen aus einer mündlichen und schriftlichen bestehen sollen, wobei ich die Frage nicht habe erörtern wollen, in wie weit diese schriftlichen Arbeiten in der Clausur sämmtlich oder nur zum Theil oder gar nicht gemacht werden sollen. Auch hier haben wir geglaubt, daß die Fragen zu sehr in das Detail gehen und hierbei noch die Erfahrungen in den einzelnen Ländern mit zu verwerthen sein werden. Ebenso hat der Satz 4 in der Abtheilung einen Widerspruch nicht erfahren; vielmehr konnte man annehmen, daß die Versammlung in dieser Frage vollkommen mit dem Antrage des Referenten übereinstimmt.

M. H., dann hat weniger vielleicht die Debatte, aber die Vorträge des Referenten und Correferenten haben sich mit der Frage beschäftigt: welche Aufgabe soll beiden Prüfungen gestellt werden? Was das erste Examen anlangt, mit welchem das Universitätsstudium abschließt, so hat sich, glaube ich, in der Versammlung nicht eine Stimme dagegen ausgesprochen, daß hier eine streng wissenschaftliche, tüchtige Durchbildung verlangt werden soll, und daß nach den Erfahrungen in den einzelnen Ländern wohl in dieser Beziehung zu wenig von den Candidaten, die dem ersten Examen sich unterziehen, verlangt worden ist, daß es dringend geboten sei, eine vollständig umfassende wissenschaftliche Durchbildung des jungen Mannes zu erzielen, daß es zu beklagen sei, wenn man glaubt, daß der junge Mann mit einiger oberflächlicher Bildung in den einzelnen Materien sich begnügt, um in den praktischen Vorbereitungsdienst eintreten zu können. Vielmehr war man allseitig der Meinung, daß in Wahrheit ein Vorbereitungsdienst für den Candidaten und also eine Vorbereitung für seine spätere richterliche Stellung oder die Advokatur dringend voraussetze, daß er wissenschaftlich tüchtig geschult sei, weil nur dann die Praxis die weitere Ausbildung des jungen Mannes übernehmen kann. M. H., in Folge dessen hat die Abtheilung auch dasjenige angenommen, was hier in Bezug auf die Aufgaben der ersten Prüfung unter Nr. 6 (S. 238) formulirt worden ist. Es soll der Gegenstand der ersten Prüfung sich auf das Gebiet des gesammten Rechts erstrecken, und wir sind der Meinung gewesen, daß ein Bedürfniß vorliege, daß auch das akademische Studium erstreckt werde auf Völkerrecht, Volkswirthschaft und öffentliches Recht. Es wurde von zwei Seiten mit großer Entschiedenheit betont, wie nöthig es sei, daß nunmehr auch das öffentliche Recht seinen ihm gebührenden Platz einnehme. Wir waren daher auch der Meinung, daß die Aufgabe der ersten Prüfung so zu formuliren sei, wie es unter 7 (238) Ihnen vorgeschlagen wird. Wenn ich dabei noch eins bemerken darf, eine Aeußerung, die nur von Ihrem Referenten gemacht ist, die aber nicht Widerspruch gefunden hat, daß selbst in denjenigen Ländern, wo gegenwärtig bereits ein abgeschlossenes Civilgesetzbuch vorhanden ist, dessen ungeachtet es dringend geboten sei, nach wie vor das römische Privatrecht als die Grundlage der juristischen Bildung zu behandeln und sowohl in den Vorlesungen, als im Examen als diese Grundlage anzuerkennen.

M. H., was das zweite Examen anlangt, so haben wir geglaubt, auf die Sätze uns beschränken zu dürfen, die unter 7 und 9 (S. 239) vorgetragen sind. Ich brauche dieselben nicht näher zu motiviren; sie sind geboten durch den Zweck des Vorbereitungsdienstes und die Aufgabe des Examens, welches sich an diesen Vorbereitungsdienst anschließen soll. Dabei will ich nicht unerwähnt lassen, daß in Bezug auf die Einrichtung des Vorbereitungsdienstes keine besonderen speciellen Anträge gestellt sind, daß von mehreren Seiten, namentlich vom Correferenten geltend gemacht wurde, wie künftig der Vorbereitungsdienst mit der Einführung des mündlichen Verfahrens eine wesentlich andere Gestaltung erhalten müsse, daß insbesondere eine größere Schwierigkeit in der Durchbildung des jungen Mannes im Vorbereitungsdienst beim mündlichen Proceß sich zeigen würde, als wie es beim schriftlichen Proceß bisher der Fall war, daß man es aber in's Auge zu fassen habe, ob es nöthig sei, einen vierjährigen Vorbereitungsdienst vorzuschreiben, wie es bereits in mehreren Ländern der Fall sei, oder ob man sich bei veränderter Einrichtung des Vorbereitungsdienstes auf 3 Jahre beschränken könne. Es wurde dabei hervorgehoben, ob es, nachdem man die Anforderungen an das erste Examen, wie an das Universitätsstudium überhaupt gesteigert habe, nicht zulässig sein könnte, etwa die Zeit des Vorbereitungsdienstes zu verkürzen, namentlich gegenüber den Erfahrungen, die man in einzelnen Ländern in der Richtung gemacht hat, ob es bei einer größeren Erleichterung des Universitätsstudiums, nachdem man die Anforderungen an dasselbe und den Candidaten im ersten Examen und das, was er im zweiten Stadium erlernen und durch das

Examen nachweisen soll, fester formirt hat, nicht zulässig sein werde, das zweite Stadium zu verkürzen. Es ist zu einem bestimmten Antrage nicht gelangt; es beruht aber auf dieser Erwägung vorzugsweise der Gedanke, der in dem Gutachten von Gneist und in seiner Schrift zu Tage tritt, daß er sagt: „Ich betrachte die ganze Zeit von Anfang des Universitätsstudiums bis zum zweiten Examen als eine Vorbereitung überhaupt für den Dienst in der Justiz und werde nun innerhalb dieses 6, 7 oder 8 jährigen Zeitraums die einzelnen Materien vertheilen, wie sie nunmehr sich für das Bedürfniß herausstellen werden, und ich werde danach sehen, was ich in die eine und was ich in die andere Abtheilung legen kann," eine Anschauung, mit der ich principiell nicht einverstanden bin, weil ich glaube, daß die Aufgaben des Universitätsstudiums und des ersten Examens, wie andererseits die Aufgaben des Vorbereitungsdienstes und des zweiten Examens so vollständig selbstständig neben einander stehen und daher auch vollständig selbstständig und unabhängig von der Zeitdauer zu reguliren sind, daß ich nicht aus der einen Abtheilung in die andere etwas hinüber verlegen kann, nicht die ganze Zeit als fortlaufenden Uebungsdienst betrachte, sondern daß ich in diesen beiden Aufgaben zwei vollständig isolirte getrennte Aufgaben erkenne.

Nun, m. H., ist vorzugsweise gesprochen und discutirt worden über die Sätze, die Ihnen hier unter 2 (S. 238) vorgetragen sind. Hier ist von der Abtheilung beschlossen worden, auszusprechen, es sei nicht erforderlich, eine Ausdehnung des dreijährigen Universitätsstudiums vorzuschreiben. Mit dieser Frage in allernächsten Connex trat nun die Frage wegen des freiwilligen Militärdienstjahres, ob und inwieweit dieses Jahr bei der Feststellung der akademischen Studienzeit zu berücksichtigen sei, und ferner wurde damit in Verbindung gebracht die Frage, die in Absatz 2 der Nr. 2 eine vorläufige Erledigung gefunden hat. Gestatten Sie mir, daß ich mit dem zweiten Satz der Nr. 2 den Anfang mache.

M. H., es ist namentlich von Gierke in der von mir citirten Abhandlung und im Anschluß hieran von der Mehrzahl der Schriftsteller nicht nur in Deutschland, sondern namentlich auch in der außerordentlich lehrreichen Schrift von Kleinwächter in Oesterreich auseinandergesetzt worden, ob es nicht zweckmäßig sei, die erste Prüfung in zwei Prüfungen zu zerlegen und zwar dergestalt, daß die Stoffe, welche den Gegenstand dieser in zwei Theile zerlegten Prüfung bilden sollen, nach Maßgabe der Studienordnung und nach Maßgabe der inneren Kohärenz in die eine oder die andere Abtheilung dieser Prüfung vertheilt werden. Ich werde auf diese Frage hier nicht eingehen, ich halte nach meinen langjährigen Erfahrungen — ich bin über 20 Jahre Mitglied der Staatsprüfungscommission meines engeren Vaterlandes und länger als 12 Jahre Regierungs-Commissar bei den Prüfungen in der juristischen Facultät zu Leipzig — mich in der Ueberzeugung bestärkt, daß die Zerlegung des ersten Examens in zwei Abtheilungen die einzige Möglichkeit ist, eine gute Reform sowohl für das Universitätsstudium als für das Examen selbst zu erzielen. Ich hatte in dieser Beziehung auch einen Antrag formulirt und in ihm proponirt, daß es sich empfehle, dieses erste Examen in zwei Abtheilungen zu zerlegen. Dagegen hat Herr Präsident Kühne den Vorschlag gemacht, welchen Sie hier in Absatz 2 reproducirt finden. Herr Präsident Kühne schlug vor, daß in der Mitte des akademischen Studiums ein Tentamen eingerichtet werden solle zur vorläufigen Prüfung der Studirenden, um nach den Ergebnissen dieser Prüfung bemessen zu können, ob und inwieweit der Student zu dem weiteren Studium übergehen könne. Dieser Antrag des Herrn Präsidenten Kühne fand vielseitige Zustimmung und war andererseits Anlaß dazu, daß einer der Herren Professoren darauf aufmerksam machte, wie möglicherweise durch dieses Zwischenschieben einer vorläufigen Prüfung die Nothwendigkeit gegeben sein würde, eine längere Studienzeit vorzuschreiben als drei Jahre.

Was nun die drei Jahre anbelangt, so wurde darauf hingewiesen, daß in der Mehrzahl der deutschen Länder bereits obligatorisch die vierjährige Studienzeit vorgeschrieben sei, und daß diese vier Jahre gewissermaßen zu einer unabweisbaren Nothwendigkeit dadurch gestempelt würden, daß man die Zahl der Aufgaben für die erste Prüfung immer weiter ausdehne. Es sei namentlich fast unmöglich für einen jungen Mann, wenn man nicht einige Rücksicht auf herkömmliches Bummeln legen wollte, in drei Jahren die zu bewältigenden Stoffe so zu verarbeiten, wie es jetzt als Aufgabe der ersten Prüfung verlangt werde; man glaubte daher, daß das vierjährige Studium sich von selbst empfehle.

Die Majorität war im Anschluß an die von mir gestellten Anträge anderer Meinung. Wir waren der Ansicht, daß die Frage, ob der junge Mann das prästire, was er prästiren soll, um in das praktische Vorbereitungsstadium übertreten zu können, am besten durch das Examen selbst gelöst werde, und daß man nicht sagen könne: derjenige wird es prästiren, der vier Jahre studirt, und derjenige nicht, der blos drei Jahre studirt hat; das hängt alles davon ab, wie der junge Mann seine Zeit benutzt hat und wie er befähigt ist. Es wird sich Niemand zum Examen melden, als bis er fühlt, daß er im Stande ist, das Examen zu bestehen.

Aus diesen Gründen glaubten wir, daß es nicht nothwendig sei, vorzuschreiben, daß das dreijährige Universitätsstudium auf vier Jahre verlängert würde.

Nun kam in Frage, wie wir das Freiwilligenjahr behandeln wollten. Wir hörten von mehreren Herren, daß das Freiwilligenjahr gewissermaßen in die Zeit des akademischen Studiums hineinfalle dergestalt, daß der junge Mann — um mal so auszudrücken — erst ein Jahr studirt, dann ein Jahr dient und dann das dritte Jahr wieder studirt. Es wurde die Frage aufgeworfen, wie dieses Freiwilligenjahr zu behandeln sei. Mehrseitig wurde erklärt, daß namentlich bei den jetzigen militärischen Anforderungen nicht anzunehmen sei, daß der junge Mann während seiner Militärdienstzeit mit einigem Erfolg dem juristischen Studium obliegen könne und es sich daher von selbst verbiete, das Militärjahr als Studienjahr zu behandeln. Es ist deshalb bei der Abstimmung die Frage an die Spitze gestellt worden: Soll das Militärjahr überhaupt eingerechnet werden? Bei denjenigen jungen Leuten, die nach der Universitätszeit ihre Militärpflicht erfüllen, erledigt sich diese Frage von selbst. Da war nun die Majorität — ich kann eigentlich sagen, wenn ich von der großen Schwierigkeit der Fragestellung absehe: wir Alle — einig darin, daß das Militärjahr nicht in die Studienzeit eingerechnet werden dürfe.

Nun kam ein Antrag, der dahin ging, es solle eine vierjährige Studienzeit bestimmt und das Militärdienstjahr eingerechnet werden. Es war mir wenigstens die Grundidee und die Consequenz dieses Antrages nicht ganz klar geworden. Denn es entsteht dann die Frage, wie derjenige zu behandeln sei, der überhaupt nicht dient, der vielleicht wegen körperlicher Schwäche wieder entlassen wird. Die Majorität der Abtheilung hat deshalb den Satz so construirt, wie er jetzt Ihnen vorliegt:

> Eine Ausdehnung des dreijährigen Universitätsstudiums vorzuschreiben ist nicht erforderlich.
>
> Das militärische Freiwilligenjahr ist in die Studienzeit nicht einzurechnen.

Es kann sich also die Sache im einzelnen Fall nur so oder so gestalten, während der Satz stehen bleibt, daß das Militärjahr nicht eingerechnet wird.

Indem ich nun zum Schluß übergehe, erlaube ich mir im Allgemeinen zu bemerken, daß wir Alle in der Abtheilung ohne Unterschied der Stellung zu den einzelnen Fragen getragen sind von der Ueberzeugung, daß nur durch eine Ordnung der Prüfungen, wie sie hier vorgeschlagen ist, und durch eine andere verbesserte Ordnung des Universitätsstudiums und des Vorbereitungsdienstes etwas Ersprießliches geschaffen werden könne. Es wird sich mit Consequenz als nothwendig ergeben, daß wir eine Garantie dafür schaffen, daß die Justizgesetze auch wirklich den Werth in der praktischen Anwendung erlangen, den sie jetzt nur noch auf dem Papier haben. Wir glauben, daß in einzelnen Detailfragen der Reform der Examina zwar vielfach eine abweichende Meinung stattfinden kann, im großen Ganzen aber unsere Anträge dem Bedürfniß am Nächsten kommen. Ob und in wie weit nicht eine Reform in Bezug auf das Studium der Jurisprudenz, in Bezug auf die Zahl und Reihenfolge der Collegien, in Bezug auf die Stellung der einzelnen Materien zu einander sowohl im Bildungsgange des Studenten als auch in Bezug auf die Prüfung nöthig ist, das sind Fragen, die tiefer liegen und auf die die Abtheilung auch nicht eingegangen ist, so wünschenswerth und dankbar es auch gewesen wäre, wenn einige der Herren Professoren, die wir in ziemlicher Anzahl in unserer Mitte sahen, uns darüber Aufklärung gegeben hätten. Indessen es war keine Zeit dazu da, und außerdem wird manches auch erst später in Frage kommen und zu erledigen sein, wenn es sich um diese Reformen im einzelnen Detail handelt.

Ich war beauftragt, Ihnen diese Sache zur Kenntnißnahme mitzutheilen und nicht zur Berathung, und ich hoffe, daß ich unparteiisch und sachgetreu das Referat erstattet habe.

(Bravo!)

Präsident Professor Dr. **Gneist**: M. H., wir werden das alle dankbar anerkennen.

Damit ist die Reihe der Berichte erledigt, und es fragt sich nur, ob die letzte Frage:

> In welchem Umfange soll ein Anwalt verpflichtet sein, ein antragenes Mandat (a in Civilsachen, b in Strafsachen) zu übernehmen?

bis zum nächsten Juristentage vertagt werden soll.

(Der Juristentag beschließt die Vertagung dieser Frage.)

Herr Professor Dr. Meyer (Jena) hat das Wort zu einer persönlichen Bemerkung.

Professor Dr. **Meyer** (Jena): Der Herr Referent hat sein Bedauern darüber ausgesprochen, daß die anwesenden Professoren sich nicht auch über die Studien- und Collegienordnung geäußert hätten. Ja, m. H., der Gegenstand stand nicht zur Debatte, man hätte also uns sagen können, wir sprächen über Dinge, über die wir zu sprechen nicht befugt seien. Deswegen habe ich wenigstens für meine Person nicht darüber gesprochen. Wird gewünscht, daß darüber im Juristentag discutirt werde, so werden wir im nächsten Jahr oder später mit Vergnügen bereit sein, unsere Ansichten darüber zu entwickeln.

Generalstaatsanwalt Dr. v. **Schwarze** (Dresden): Ich möchte darauf nur erwidern, daß ja über mehrere Fragen des Universitätsstudiums von mehreren Herren und zwar auch von Nichtakademikern gesprochen wurde, ohne daß irgend eine Competenzeinrede erhoben wurde. Ich habe aber auch ausdrücklich hinzugefügt, daß wir uns mit der Sache nicht beschäftigen konnten, weil die Zeit dazu zu kurz war, und also ist irgend ein Vorwurf nicht ausgesprochen worden.

Präsident Professor Dr. **Gneist** (Berlin): Ich darf diesen Zwischenfall damit wohl für erledigt ansehen.

Damit ist unsere sachliche Tagesordnung erschöpft.

Es bleiben uns aber noch wichtige Geschäfte für die Constituirung des Vorstandes übrig: die Wahl der ständigen Deputation. Für die Wahl der ständigen Deputation bestimmt unser Statut:

> Vor dem Schlusse eines jeden Juristentages wird von der Plenarversammlung durch Acclamation oder in einem einzigen Scrutinium durch Stimmzettel eine aus neunzehn Mitgliedern und dem Präsidenten des letzten Juristentages, als Ehrenpräsidenten, bestehende ständige Deputation gewählt. Die Liste der zur Acclamation vorzuschlagenden Personen wird durch den Präsidenten der Plenar-Versammlung, seine Stellvertreter und je zehn von jeder Abtheilung gewählte Vertrauensmänner gemeinschaftlich festgestellt.

Dieser Vorschrift gemäß ist verfahren. Die vier Vicepräsidenten und 30 Vertrauensmänner sind zusammengetreten, um eine Liste aufzustellen. Die Vorschlagsliste lautet:

1. Dr. Albrecht, Handelsgerichts-Präses zu Hamburg.
2. Becker, Obergerichts-Präsident zu Oldenburg.
3. Dr. Borchardt, Minister-Resident, Geh. Justizrath zu Berlin.
4. Dr. Brunner, Professor zu Berlin.
5. Dr. Drechsler, Reichsoberhandelsgerichts-Präsident zu Leipzig.
6. Dr. Hauser, Appellationsgerichts-Rath zu München.
7. Dr. Jaques, Hof- und Gerichts-Advocat zu Wien.
8. Dr. v. Keller, Gerichtspräsident zu Wien.
9. v. Köstlin, Obertribunalrath zu Stuttgart.
10. Kühne, Appellationsgerichts-Präsident zu Greifswald.
11. Makower, Justirath zu Berlin.
12. Professor Dr. Georg Meyer, zu Jena.
13. Petersen, Kammerpräsident zu Straßburg i. E.
14. Dr. v. Schwarze, Generalstaatsanwalt zu Dresden.
15. Stenglein, Advocat zu München.
16. v. Stößer, Kreis- und Hofgerichts-Director zu Mannheim.

17. Thomsen, Obergerichts-Rath zu Hannover.

18. Dr. v. Wächter, Wirkl. Geheimer Rath, Professor zu Leipzig.

19. v. Wilmowski, Justizrath zu Berlin.

(Die Wahl der genannten Mitglieder der ständigen Deputation erfolgt durch Acclamation.)

Ich darf also die Liste als genehmigt ansehen, und ich werde die Ehre haben als zwanzigstes Mitglied nach den Statuten der ständigen Deputation anzugehören.

Ich möchte noch bemerken, daß in den letzten Jahren eine förmliche Constituirung nicht mehr stattgefunden hat; sondern die Deputation ist durch die Geschäftslage genöthigt gewesen, die in Berlin anwesenden Mitglieder zu Geschäftsführern zu machen. Dieselben werden wie bisher die schleunigen Dinge (mit den im Reichstag anwesenden Mitgliedern) erledigen, unter Benachrichtigung der übrigen Mitglieder und Einholung der Zustimmung, wo solche statutengemäß erforderlich ist.

Es ist damit auch dieser Gegenstand erledigt, und ich würde jetzt die Frage stellen, ob sonst noch aus der Mitte der Versammlung Gegenstände zur Erörterung kommen sollen.

Herr Beckh (Nürnberg) hat das Wort.

Rechtsanwalt **Beckh** (Nürnberg): Meine geehrten Herrn Collegen, ich bitte um Entschuldigung, daß ich mich in der Lage befinde, einen kleinen partikularistischen Schmerzensschrei ausstoßen zu müssen. Als in der ersten Plenarsitzung der Bericht des Herrn Schriftführers der ständigen Deputation vorgetragen wurde, ist mir der Satz aufgefallen:

> In Baiern hat die Gesetzgebung in den beiden letzten Jahren kein civilrechtlich, strafrechtlich oder processualisch wichtiges Gesetz produzirt.

Derselbe Satz findet sich nun auch in dem gedruckten Berichte produzirt. Es ist nun zwar dieser Satz so, wie er hier steht, unanfechtbar, allein es ist ein zweiter Satz nicht dabei, der angesichts der übrigen Ausführungen des Berichtes nothwendig wäre. Der Bericht erstreckt sich nämlich nicht blos auf die Gesetzgebung und die Fortschritte derselben privatrechtlichen Inhalts, sondern auch auf das öffentliche Recht. Betreffs Sachsens sind namentlich die Fortschritte der Gesetzgebung in dieser Richtung vorgeführt, in gleicher Weise auch für Württemberg bezüglich des Gesetzes über die Verwaltungsrechtspflege am 16. December 1876. Nun, m. H., haben wir in Baiern unter den schwierigen Verhältnissen, mit welchen wir dort bekanntlich zu kämpfen haben, es doch dahin gebracht, daß nach schwerem Ringen durch zwei Legislaturperioden hindurch endlich ein sehr bedeutungsvolles Gesetz geschaffen worden ist, nämlich das Gesetz über den Verwaltungsgerichtshof und das Verfahren in Verwaltungsrechtssachen. Dieses Gesetz ist im vorigen Winter bereits zwischen der Regierung und der zweiten Kammer vereinbart gewesen, und es ist im Sommer dieses Jahres auch von der ersten Kammer adoptirt und dann publicirt worden. Es enthält dieses Gesetz einen ganz eminenten Fortschritt auf dem Gebiete unseres öffentlichen Rechtes, des bairischen Staatsrechts, wie wir vielleicht seit 1848 keinen gleichen gemacht haben, und ich halte es in der That für genügend wichtig, daß in einem Nachtrage zu dem Bericht dieses Gesetzes Erwähnung geschehe. Es wird ja dieser Bericht einen integrirenden Bestandtheil der Verhandlungen des Juristentages bilden, und die ständige Deputation wird vielleicht in einem Nachtrage auf Grund erholter Information diese Ergänzung stattfinden lassen können. Es that mir leid, die geehrten Herren noch in der letzten Stunde des Juristentages derart behelligen zu müssen, allein in meiner doppelten Stellung als bairischer Jurist und Mitglied der bairischen Volksvertretung hielt ich mich für verpflichtet dies zu thun.

Justizrath **von Wilmowski** (Berlin): Ich acceptire als Schriftführer diese Ergänzung des Berichts. Die Herren Mitglieder werden mir zutrauen, daß auch ein Schriftführer nicht sofort Alles erfahren kann. Meine Quelle für meinen schon früher redigirten Bericht hatte mir keine Mittheilung von dem Gesetz machen können, welches allerdings seitdem, wie ich inzwischen erfuhr, kürzlich für Baiern erlassen ist. Aber es erübrigt wohl, dafür einen besonderen Nachtrag zu bringen, da wir nun durch den eben gehörten Vortrag in Kenntniß gesetzt sind.

Präsident Professor Dr. **Gneist**: Da sonst kein Gegenstand angeregt ist, liegt mir nur noch die angenehmste der Pflichten ob, die Pflicht der Dankbarkeit zu erfüllen.

Zunächst die Bitte an die Vertreter der großherzoglichen Regierung, in unserem Namen noch einmal den ehrerbietigen Dank auszusprechen für die Auszeichnung, die uns zu Theil geworden ist durch die Theilnahme Sr. Königl. Hoheit des Erbgroßherzogs an der Eröffnung des Juristentages.

Sodann den lebhaftesten Dank an die großherzogliche Regierung für die wohlwollende und freundliche Aufnahme des Juristentages im hiesigen Lande und für das, was sie selbst gethan hat zur Verschönerung unseres Daseins, namentlich für das herrliche Fest in Dornburg. Es ist notorisch, daß Weimar und Jena in engen Beziehungen zu den Grazien und Musen stehen, aber die intime Verbindung mit dem Jupiter pluvius haben wir noch nicht gekannt,

(Heiterkeit)

und bitten um hohe Verwendung für unsere Juristentage in künftigen Fällen.

Sodann unseren Dank an das Localcomitee, dessen Mühen und Sorgen wir genügend kennen. Es hat das schöne Bewußtsein, daß ihm Alles vortrefflich gelungen ist. Es ist freilich schwer zu sagen, was am Meisten gelungen. Ich kann nur vermuthen, daß unsere jüngere Generation am lebhaftesten empfinden wird, daß der Commers ganz famos verlaufen.

(Heiterkeit.)

Jena ist das Herz Thüringens der Lage nach, und wir haben gefunden, daß von dieser geographischen Lage sich auch der Einwohnerschaft der entsprechende Antheil mitgetheilt hat. Wir haben uns gemüthlich und wohl gefühlt, wie kaum jemals, und wir bewundern die Leistungsfähigkeit der Stadt, die doch nicht zu den Metropolen des deutschen Reichs zählt, eine ziemlich ansehnliche Versammlung in dieser Weise intensiv zu bewirthen und zu erfreuen.

Ist freilich unsere Versammlung diesmal nicht so zahlreich wie sonst, sind wir mühsam bis an das dritte Hundert gelangt, so bedarf es kaum der Erinnerung daran, daß nicht blos das ungünstige Wetter, sondern offenbar die unerwünschte Unterbrechung unserer kurzen juristischen Ferienzeit durch die Parlamentswahlen diese wie andere Versammlungen sehr bedeutend geschmälert hat. Es ist uns auch in der Deputation von zahlreichen Seiten aus versichert worden: wir wären herzlich gern gekommen, können aber die erst nach dem 30. Juli begonnenen Ferien nicht noch einmal unterbrechen. Ich hoffe, daß künftighin die etwas verlängerten Gerichtsferien unsere Zusammenkünfte befördern werden. Vielleicht auch, m. H., daß die Reorganisation der Zukunft schon gewisse Schatten im voraus wirft, daß es schon heute fühlbar wird, wie viele mit Sorge einer Wandlung ihres Lebensberufs entgegensehen, die im nächsten Jahre eintritt.

Erlauben Sie mir, das noch mit einem Wort zu berühren. Es ist die gewaltige Aenderung, und wie wir glauben der Fortschritt zum Bessern, diesmal vorzugsweise auf Kosten der Anwaltschaft gemacht, welche die schwerste Sorge der Reorganisation trägt, und ich glaube nochmals dankend anerkennen zu müssen, wie über jedes Lob erhaben die Haltung unserer deutschen Advocatur gewesen ist in der Förderung des großen gemeinsamen Werkes. Es ist aber auch für die richterlichen Beamten und die Staatsanwaltschaft die Wandlung des nächsten 1. October eine ernste Frage, und wir alle werden die Empfindung haben, daß große Schöpfungen ihren Segen selten auf diejenigen zunächst erstrecken, die daran mitarbeiten, sondern daß den eigentlichen Segen und die Freude daran in der Regel erst eine etwas später lebende Generation hat, die uns hoffentlich Dank sagen wird für das, was die Gegenwart geschaffen hat.

Die Bitte darf ich aber wohl hinzufügen, daß die umgewandelten Verhältnisse, die jeden von uns im gewissen Maße in seiner bürgerlichen Existenz treffen, kein Hinderniß sein mögen für die Fortdauer der Verbindung, die wir geschlossen haben, und daß mit dieser Verbindung fortwirken möge das Band der Hochachtung und der Freundschaft, was sich in sehr weiten Kreisen unserer Juristenwelt durch den Juristentag gebildet hat; daß es dem Juristentage auch ferner beschieden sein möge, ein gutes Theil der ehrenvollen Wirksamkeit fortzusetzen, die er bisher geübt hat.

Mit diesem herzlichen Wunsch, m. H., gestatten Sie mir, die heutige Plenarsitzung und damit die Verhandlungen des XIV. Juristentages zu schließen.

(Nach einer Danksagung des Herrn Dr. v. Schwarze für den Vorsitzenden Schluß der Sitzung 12 Uhr 50 Minuten.)

Druck von G. Jansen in Berlin.

FSC
www.fsc.org
MIX
Papier | Fördert
gute Waldnutzung
FSC® C083411

Kolibri 360 GmbH
Ferdinand-Jühlke-Straße 7
99095 Erfurt, Deutschland
produktsicherheit@kolibri360.de